国家出版基金项目
NATIONAL PUBLICATION FOUNDATION

海上絲綢之路文獻集成

總主編　陳支平　陳春聲

歷代史籍編

14

主編　范金民

海峽出版發行集團
THE STRAITS PUBLISHING & DISTRIBUTING GROUP
福建人民出版社

本册目次

海國圖志續集二十五卷首一卷

〔英〕麥高爾撰　〔美〕林樂知　〔清〕瞿昂來同譯

《海國圖志續集》二十五卷首一卷，英麥高爾撰，美林樂知、清瞿昂來同譯。卷首爲高麗當時之情形，由高麗洋海關稅務司鄧鏗作。卷一至卷一二爲有關英、俄、土、印度等國際關係之内容。卷一三至卷二五爲傅蘭雅口譯、徐建寅筆述之英國賈密倫與裴路所撰輪船佈陣等。據中國國家圖書館藏清光緒二十一年（一八九五）上海書局石印本影印。

海國圖志
續集

光緒乙未冬月
上海書局石印

序

西歷九百八十年至一千十五年俄立國未久之時有稱為大之俄皇拉沃地迷阿者始奉希臘教令國中棄其一切拜偶像等舊俗皆奉此教俄國教化之行始此東羅馬朝皇（即希臘朝皇）以其妹妻之遂為俄與東羅馬相親之始洎亦稱為大之俄皇伊萬（亦名約翰）第三在位時（一千四百六十三年至五百五年）東羅馬朝失於土耳其今之土京即其京也其公主名沙斐亞逃至西羅馬京城後即為俄皇伊萬所娶為后是則俄與東羅馬朝世為婚姻顧昏媾而念國讎恃兵力以張國體始萌克復土京再興東羅馬朝之意然而尚未之行至一千七百六十四年俄皇格得靈第二毅然行之土耳其贊然敵之俄更得奧之援土實大敗英普二國見俄奧駸駸乎將得土京大有害於其國合力抗拒歐洲一大東局於是創自是以後英則必欲保全土朝不使分崩離析且其地為印度屏藩印度愈強保土朝愈力俄則格得靈以後之皇知其地甚廣得土朝反貽後患不復思得土京故邇來俄之於土明明謂欲救其同類之司拉甫人同教之希臘人而已乃英尚疑其有前皇之意時事之亟實由於此是書所載條將近日俄土之戰之本末有關於歐洲各國及文件往來若何辦法之處言之甚詳又於英俄無所偏袒持論之公讀者自能辨別不待予之贅言矣

光緒念年歲次甲午春二月林樂知序

海國圖志續集

原引

邇來俄土之役以英國中大臣所見而論如左

一土國歐洲屬省生亂以致俄土之戰是由俄私謀詭計而來

一論其戰亦極不公且偽甚並非欲保土屬受害之人實欲長其國權

一俄皇於未戰之前曾顧其國體甚言不思求得地之益亦許不得土京

一俄皇於此一端其言已虛偽不足信況更於他事欺誑英國國家

一英國本國為保護力阿受害之事大勸阻止國家之意遂使俄膽敢與土戰是不啻阻英以助俄於此不義之戰

與俄同罪於英利益有害亦不得辭其咎

至於俄之所見又如左

一土省生亂是為土管理暴虐所致

一修理其事惟有探原修改一法若僅恃土國應許不足恃所以欲成其事須於土應許之外另有一擔保

一土國若見歐洲各國重壓必欲其出一擔保土無不從然必欲歐洲各國同心而辦始能有成

一歐洲各國欲同心合辦時英於其中妄疑俄國土於是有恃於英倔強不從

一在土京各國大臣會議時以理而論以國體而論是應勉強土國從其所議若土見各國一心斷無不從可以免

戰

一但歐洲各國既不如是勉強土國不能使俄棄其欲與各國合辦之意遂不出而獨辦

一如是則戰非俄所願迫於不得已且仗公義

一英不但敵各國會議以阻救土屬之事且嗣後論及俄之情形意見率多荒謬恣意妄辱使其救人之美意反無

以見

以上兩見確係如是其兩國皆自以為是可知然論其極其真是在其所見二者之中是書所論即以確實憑據表

明其真是之所在使讀者自審也

海國圖志續集卷首

一千八百八十九年

高麗洋關稅務司鄧鏗著

小序

東亞細亞各國形勢以高麗為樞紐彼各國漠不加意而歐洲各邦亦置若罔聞不知其中危機如矢在弦躍而未發嘗於俄之威加高麗見之　高麗商務本不足論而所當加意者在攘奪戰爭之危機且其機非遠即在目前吾甚願閱是書者證以時事如行海然礁石森立危在咫尺勿為煙霧所蔽實與我泰西各國外務商務大有關繫一千八百八十三年　予始至高麗襄理海關稅務自彼時至今從旁究察俄高交涉事情詳細備錄以奉當事者省覽　倫敦坦姆斯報印度坦姆斯報並倫敦斯坦特報予皆采取其論有關於東亞細亞情事均深切著明是編直揭俄國詭謀並為高麗計畫

海國圖志續集　卷首

第一章　東亞細亞日迫情事

歐亞各邦近注目東偏小國此小國介於大國之閒無異投骨於地將羣起而相牙也　倫敦坦姆斯報新坦特報及印度坦姆斯報並他新報如中國日本新聞紙皆有論及　麗事一千八百八十五年英人拷爾貢現署緬甸公使在倫敦水師陸軍書院講論東亞西亞事以驚當事坦姆斯報摘錄其說云俄國都城大宴暗謀高麗之俄官伊難替夫彼時土拷蠻葉爾羌等處部落並愛斯扣孛兩回黨派人至俄求保護俄借以為用俄於灑拉阿富汗之北謀甫起築礮臺以備印度而窺中國俄見英國政府嚴厲無隙可乘近五年英稍弛矣中國願與英國之剛毅政府同心協力以禦北方東亞西亞之英商全恃英國家威力而東方大局之勢非俄郎英英必於東偏洋海一決雌雄法人或於東方廁一足亦未可定顧法人於東京所為不直已被華人覷破安南一隅實為法人頸骨上之大磨石欲釋此重負而懼失體面不置重兵則守之甚難中國振興武備以慣經戰陣之兵鎮守朔方俄人於彼蠶食鯨吞一若不動聲色舉重若輕所得邊疆海口非果欲行商務也實欲耀武揚威侵陵小國以圖進取其為害詎中國而已哉英亦為所侵損也然天下各國必不肯任俄所欲為英人東來之意華人亦漸明曉因願與英聯為同盟中國官長略識英人之好處此中英之一機會也印度與中國聯接電線中官已所深願中國初欲接電至哈克圖阿爾泰山北路拜開耳湖之南距北京一千英里經由荒漠後郎覺察謂緊要信息易落敵人手中已而中止又有人謂由緬甸暹羅接連距中國現止二百里耳中國與日本均知俄人脾胃及俄所行為此二國能與印度結好三國合為一氣則東方之太平可保印度總督精明强幹足為英國家生色惟英政府漠視東方屢失機會若以為無甚緊要而不知艱險之勢郎在目前迨至大難一發將任我英一國抵禦俄人戰局既開兵餉浩大恐一發而難收矣衆人聞之咸以為然　極納爾伊難替夫曾充駐中國公使一千八百七十年天津殺俄人三名因構釁佔黑龍江南海邊一帶地方直至圖們江此江為高麗東北界一千八百八十年俄立陸路通商和約又與高麗私立附約遂逾圖們江而南　一千八百八十五年拷爾貢曰俄人誆騙高麗高麗於八十四五年兩次求俄保護俄人詭為不欲新聞揚播並欲欺我歐人以為俄於此無甚益處且滋無謂之費拏佛司替新報在俄京言之甚詳　坦姆斯報曾揭錄其暗謀並陸路通商約章　日本

東京新聞紙館得高麗漢城信論俄國與高麗立約並附約近於坦堋斯報見之並云此私約附於一千八百八十四年六月俄公使常孛所設之約中國派前署上海美國總領事德餒前往高麗蓋欲助高麗也乃不謂德餒竟力唆高麗國王允許俄約次年七月施行日本報云附約謂俄與高麗兩國均派官員至各邊界在伊索曼廓湖外四圍三十英里內為通商免稅地界慶新地方新設俄商及俄官公所並駐紮俄軍一支第五款謂通商口內所欲完稅之貨於慶興地方一概免納貨稅第六款謂俄貨既因慶興地方十三個月外可運高麗不拘何地何口一概免稅一千八百八十六年以前凡高麗人民居住俄界內者即為俄人奉俄差傜彼此交界處各距一百英里外準照尋常稅則收稅　東洋新聞所述如是惟是斈佛司替報謂俄未允高麗求保護事而何以此次竟暗立是約　於此可見俄不但不惜無謂之費且更進求其大利益蓋俄人久垂涎注目而未獲者今可如願以償矣

第二章　俄人覬覦高麗證據

拷爾貢論英國商務之興衰必於東亞細亞海上決之俄與歐洲不能與英爭而於東方一帶海疆已足為英德中國日本害彼不肯循規蹈矩開拓商務而於四國所疎忽處強作壟斷以是天下無一國願俄於東方興旺者　俄人與中國爭伊犁於東洋爭對馬島已窺見俄之狡計中東經此欺陵即能明曉關繫所在不得不與英國聯好矣中東與英三國果同心戮力不憚征繕之勞則東方太平之局可期長保高麗所居地位為東海一大關鍵海口水道煤礦皆屬緊要若以高麗為局外之邦不許有一人霸佔高麗即可長保然高麗黯弱殊甚每每首鼠兩端八十二年起即暗與中國日本暨英國相敵而詭為相從向來東方利權各國相均自高麗一附俄人則俄勢偏重我英國與中日須設法挽回英坦堋斯報云我英所屬地界俄決不能佔踞並不能佔我威力所及之地界試思高麗一邦究與我英有分屬否　俄今恫喝高麗高麗畏之如虎任其所欲為而無不勉從所立私約竟是霸佔高麗之鐵劵高麗北境圖們江南三十英里之慶興地方開拓俄界幾許英與中大有關係以俄軍漸南也俄欲掀翻東方大局應如何削其偏重之權　本年三月十六日我於天津時報內曾登一論論高麗商務及各國交涉事并云令高麗作為局外之國從現在茫無頭緒之際整頓一番東方可免爭奪之禍目前所共曉者三端一則高麗諂事俄

國二則高麗自蹈危機害及駐高公使之各大邦各大邦欲强高麗守局外欲俄繳還陸路通商和約即令俄國謹守各大國斷定高麗為局外之例　查俄國於高麗並無貿易商務所積慮弁心者無非交涉佔便宜之事　高麗雖小弱然在東亞細亞關繫既重目前即十倍顯露而其所傳布實無一體面名稱　一千八百八十四年五月中國大官寓書高麗所言極有關係謂高麗陸路通商約大可以免此書全錄於字林報彼時東洋法國新聞紙傳述謂屬確實其言設為問答大略如下　一問俄高交界處有無甌脱空地曰自圖們江口起二十里北為俄境南為高境由此上沂左為吉林右為高境　二問俄高以江為界只有二十里之廣應否設通商口岸曰彼此交界如有千里之遥則設立通商口岸便商有益今祇二十里海口通商已足自無須江岸通商　三問俄如發兵强逼在彼通商奈何曰近年高麗與各國立約皆為通商起見同敦和好若俄國行强俄即非理有權之大邦可出而斷其是非　四問俄既再三欲與域内通商抑别有他意否曰俄高貿易甚微想其中必别有意見人莫不窺見其隱陸路設口收税總不及海口之便且其船貨出圖們江抑仍作陸路收税乎即設一關欲禁偷越亦甚不易　五問俄人來意究屬為何曰彼意欲借小嫌隙以圖霸踞陸路通商每多轇轕之事易生齟齬　六問何以免兩國爭嫌曰交界處生釁隙約有三端一在邊界造礮臺屯陸軍二内地藏匿逃人三逃亡之人令其入籍查公法不准於交界處造礮臺各國皆有送還逃亡之例高麗不與俄國設立送還逃亡之約日後必有齟齬然即有是約俄決不若高麗守約之堅高麗現有二黨一為守舊黨一為開化黨乘交界貿易之便擅自出入如是則宜設卡稽查俄國荒土最廣極欲高麗苦人前來開墾荒土偏以有益高麗為詞　七問俄高設此陸路通商關卡與中國有關涉否曰中國邊界際接二國且距圖們江口祇二十里到海甚近應由中國派員至彼劃清疆界而守之否則俄界漸侵我界將有不及阻遏之勢　又俄如决與高麗結約應派一有識使臣往與定議謂陸路通商一節暫緩施行其貼近中國處請俄使通知中國可於此會面定切要之約即照公法約定各歸逃匿之人計議定後立寫約條為據予觀此舉在高麗固未必便宜古來强凌弱大侵小史不絶書縱令商務得益必不足償其委曲之苦況其未必得益耶倘俄使回國而高事未定則後患未有涯也　彼時字林洋報於俄高立約兩月前已論載其事中國公忠大員欲中國

家保此藩邦乃二年前已許高麗為自主之國與各大國立約然保高麗即所以自保彼泄泄者何仍漠焉不察也

一千八百八十三年中國始須發條約其未發之前中國商貨納稅均照英使巴夏禮所定稅則抽收

附中高通商條約

高麗久屬中國附庸藩邦論禮數規矩向有定章無庸更改現因東西洋各大邦與高麗立通商約所有向來海禁一律寬弛彼此商民可以均佔利益管理邊界趕集規條亦因時從寬現所設水陸貿易條約中國家格外施恩賞給屬國不可視同平等鄰邦其條款如下　一中國北洋通商大臣派理事官駐高麗通商口岸管理中國商民理事官與高麗官平等高麗須以禮相待如遇要務不能與高麗官定議者須稟北洋大臣咨請高麗國王諭該國官員和衷辦理高麗王亦派大員駐天津等處料理高麗商務該員與道府州縣平等遇有難定之事可由駐津高麗官稟請北洋大臣酌奪各該員所需經費由該國籌給不得科派商民駐津高麗官不守官箴辦公不合由北洋大臣咨會高麗國王即令撤回　二高麗通商口內有中國商民詞訟由中國理事官訊斷如原告係高麗人被告係中國人中國理事官應拘被告審訊如原告係中國人被告係高麗人應由高麗官拘被告之高麗人送理事署與中國官會訊若高麗人在中國通商口內有涉訟者不論原被告須由中國官照例訊斷抄案移送高麗理事官倘高麗人不服審斷許高麗理事官稟請中國上司再派覆訊不論在中國高麗有高麗人為原告者中國差役人等不許收受賄賂一經察出惟該管官是問如有犯法逃匿該國由本國理事官關移該國官拘送歸訊途中不許虐用私刑惟嚴加管束而已　按此二欵非友邦條約可比中國應如何照各國定約並有無利益此編不能博引繁稱又非如德餒三十頁書可論盡中高情事因不復贅德餒所著論說三十頁各處分送上年十二月　一十七日上海文匯報出有一論云德餒在高麗都城充洋務大員二年後始著論說人皆謂其有助俄意欲以高麗獻俄又謂德餒受中國恩而不肯俯順駐高中國官人咸以此少之　所論過於激烈在賢者亦或不免德餒果有奸計鋪平道路讓俄人進來外似癡呆而內則包藏禍心此三十頁書即為大奸慝欺人之徵驗然吾儕不論其事如何但就其書而論之似覺誠實果係骨鯁獲譴日後必有人剖白當初穆麟德在高時高麗國王委以相從乃誤闢

收稅整飭政務、穆麟德以為道可大行、無如高國力薄難從、嫌其鋪張太早、國因重困、關稅甚微、不敷經費、其養蠶及他生理、亦因無力、而延宕中國、初許高麗與各大邦立約、以為自主國、後仍以藩屬待之、穆麟德為俄之指臂、唆使高麗聽俄保護、自此信一傳、郎令德餒接其任、八十五年、德餒亦入俄彀、奸謀相繼、日本以二百年前於高麗頗有威權、日本人與高麗新黨暗謀、思復其舊、俄國久欲於東海溫帶口岸屯聚水師、因之乘隙而進、然南邊英國美國皆以禮相將、允高麗自主、而欲救其患難、不任其落他人之手、是則德餒極應仰體英美兩國家之意、何至憒憒似此、中國令德稅務司派人整頓高麗關務、已扼高麗要領、英國欲以中國抵禦俄人、虛與委蛇、美國有一種人聽信前公使而亦效恫喝、高麗國王庸懦無能、見中國官則從中國、見俄國官則從俄、穆麟德既僨轍於前、德餒復覆轍於後、英美大邦、皆不願俄出太平洋、以是聞此二人所為、咸相薄之、究之德餒欲助高麗自主、致開罪而被黜、德餒著書自明、謂日本先與高麗約、使人請命中國、而中國辭不與聞、北京人皆輕此藩邦、是德餒所為、獨不重與高麗乎、德餒附俄之說、有何憑證、中國如派一公正之員、與德餒和衷共事、復何懼俄之有　以上節錄文匯報論閱者即知為德餒解嘲、此為何人筆墨、可以想而知矣　一千八百八十八年十二月初八日、予於天津西字新聞紙論餒一書云、俄高密約、憑據予早得之、八十七年七月、據德餒稱、有人欲害高王、此說果確、高麗相臣閔詠益及德餒得有確據、何不赴高麗都城、於各國公使前陳請公斷、而何以高王以俄公使韋孛為心腹、獨令閔詠益乘俄國兵船出高麗海乎、且不令眾公使知乎、此高麗深願俄一國保護之證也、茲願高麗永以俄為恃、日後一無懊悔、不勝大幸、史冊所載、波蘭國芬蘭國瑟門卸國士扣斯坦國等、初皆由俄保護、今此數國、俄已改為數省、而驅迫其國主裔孫貴戚官紳、至細比里亞冰疆各礦充當苦工、俄若一得高麗、詎肯任其自主乎、此不待言而知矣　去歲十月二十四日、予於香港西字新聞紙論俄高密約證據、以天津西字報摘倫敦斯坦特報之論、明明高麗派員至美國及歐洲各國、皆俄公使韋孛主謀　駐華興頓之高麗公使參贊阿侖、於七月十九日有要事至紐約、訂定日後公使署收發電信、由東洋遞傳、因從前由東細比利亞上海傳遞者、均有躭延、並不與轉遞故耳、阿侖既與電報局訂定、復闔白華興頓外務大臣、電局人詢阿侖有何要公、阿侖答以事難明言、復言城內有一號家欲與高麗交易、我來商酌此事彼此可以得益高麗有金礦美國西省人皆所注意舊金山有殷富數人明曉礦務欲往開採業請高麗政府以事有益想必允許又言高麗地勢扼太平洋之要樞所以俄國定必强令自主若中英兩國在高麗握其要領郎壞俄國事等語阿侖此言已吐露俄高隱事且云俄定強為保護阿侖抑知高麗一隅中英日本三國皆大有名分在乎阿侖本美人受高麗職司何反為俄人著急何漏洩高麗本國事尚俄人兵馬一進高麗高尚能自主乎阿侖本傳教牧師尤不應如是伊與高麗公使到舊金山與新報館人言高麗為東海一舌地介於日本中國之間倚仗俄國為聲援俄果得太平洋南邊口岸則北冰洋口岸可廢以是注目於高麗其意與英及中國相反若然高麗不將分裂乎阿侖口吐俄人陰謀分割高麗俄人定先下手阿侖身受高國厚祿何不早關白高王令擇善全之策高麗能及早驚覺求各大邦公同保護尚未晚也噫如阿侖者堪充公使署參贊職乎　阿侖明言高麗事即俄事其助俄實無異助高否則中國據其要領英郎得而主持之且謂中國與俄相反然則為高麗官屬皆將盡忠於俄耶阿侖且少待英國美國中國日本國決不任俄人跡越圖們江一步此圖們江乃天限俄高高人必不能久倚俄國高宜自拔於危險之中確為局外自主邦使其疆土為中俄英日間之甌脫地永享太平長無爭奪擾攘之患乃予所日夕禱祠求也　一千八百八十九年三月十六日天津西字報論高麗云高麗負債已遍中國日本英德美俄各邦皆有之鑄錢局已停歇以無經費故其由東洋購到銅料皆抵押於商家所有進欵大都浪費即如購買舊輪舟等皆是也前赴日本不通商口岸儘可乘便輪船至東洋由陸路前往乃特僱輪船所費較大又合股囤積米穀而昂其價以病民又多冗員空耗糜費國無利益興旺事業都城為憸壬聚會之所陷害良善暴虐民生通國沈湎於酒色之中荒淫無度日事吵鬧國家已至危亡時候所用之西人新俸無着其兵糧官俸亦常欠缺不給

初至彼中見此情形殊覺可駭乃迄今仍不悛改自通商以來高麗國政一味因循惶惑不決先時依附中國嗣復瞻徇東洋旋即求俄保護又向布向美向意大利總欲肺附有銀錢之國以便私圖而國計民生全不在意以為內庫銀多郎可自主以厠列於大邦　究之政事不脩郎有多銀亦無裨補國無一定行政之則上下蠱惑事無一成　予恐高麗或亦自覺其非希冀康復如肯力去其私見屏除奸慝而自處於局外能保國裕商則多錢善賈者

誰不樂往今欲借鉅款而終不能得商務難以振興以人皆不信託也高王抑知藏富於民乃爲國本許民富則國强民貧則國弱今君欲富而民聽其窮如欲前進而足屢郤也烏乎可　高麗實一陽開地獄所作所爲無非自損其興旺之根本而又害及駐彼公使之各邦則是我英有名分於彼豈可任其壞亂若是

第三章

英國印度各報論俄人動静

觀印度坦坶斯報論俄高交涉可以覘英國家之意見東亞細亞交涉之權英中俄三國均平俄今欲駕而上之權即不平以英論之俄已漸侵及我然尚未涉及我界我亦不肯讓其采入我兵力所及之區至若中國則情形大異矣俄人絡繹不絶向東向南進中國地界並闖入其藩屬地界如一千八百五十八年細比利亞南疆黑龍江南界及沿海要地皆俄人佔踞是以遼東無東海疆六十七年俄取瑟格林島（庫頁舊地）人上段七十五年兼併其下段七十年有天津案俄遂乘釁南下佔據琿春法人謂俄欲葬彼三人故特拓如是大地界近數年來俄人專意東方欲吞取高麗前年英以俄故經營巨文島（西名海密登）以阻俄志俄爲之奪氣乃俄人以危詞相迫唆使討還英以與中國交好勉從其請而適隨俄術中當討還時中國有軍駐高麗雖日本美國早與高麗立約而各邦尚暗認爲中藩八十七年允還巨文島時英人建議紛紛有謂以一小島而啟中國嫌隙殊不值得以是決計退軍並約不可任他邦佔踞以彼其時尚冀中國之能阻俄人也中國果若是機警不任我英於高麗佔便宜則於俄之動靜尤宜格外警心以全力阻止之乃自還巨文島後俄不復有所忌憚長驅遠駕思以鐵路運兵以窺伺東方今祇二年內俄於高麗已據要領我英不幾爲所朦乎　前數月英華各新報稱高允俄設密約高既屬中藩則此約應由中朝主裁何以中國不與聞乎其大致爲商務而細覈其條款俄已阨高之吭增通商口岸三處內地亦增三處且專與俄人交涉他國不與聞其慶興地方有一隅地界劃歸俄人興建房屋開廠製造爲俄新疆並駐俄兵俄亦甘言誘高謂高在俄通商亦可如是高人許俄人隨意行駛圖們江更有一欵謂俄人有犯法由俄官審斷不令高官會訊尚有數條漸漸洩露茲不具論總之有此約與我英及中日安危關係披覽地圖即知日本尤爲喫緊自此以後俄人運糧出兵無庸在北太平洋冰疆琿春等處逕發即在高麗預備軍械戰艦日本在其對岸時欲受其驚擾以是歐洲各邦

及美國在太平洋有商務關繫者皆應顧而警心俄若據高日堅爲舌地主人勢必先爭對岸豈任日本爲所偪而不一援手乎至於俄之於中水陸緊接勢力百倍俄權漸傾於東矣　昔以高麗爲藩籬今若俄於高麗屯軍相隔祇一水俄水師又漸擴充使我於太平洋不得安逸英應假威於東方與中戮力一心以保危局　高麗得失又與印度相關印度新聞紙頗爲著急坦堈斯報論中亞細亞之薄卡拉瑟瑪鑾兩處俄人經營裏海鐵路云督造鐵路之愛能考夫請歐洲諸國人內法人爲多看新開之薄卡拉瑟瑪鑾鐵路此郎警覺我英以俄人在彼復大興作也　俄將軍索孛留夫前在阿富汗打仗謂我俄欲攻印度甚屬易易今瑟瑪鑾築連鐵路即爲攻印之初基但令俄兵一渡印特斯江印度河即得矣俄在中亞細亞愈强則英之印度愈弱歐洲之英外務亦易與講矣是印度之英權本在俄掌握中俄便可得黑海全權黑海讓俄則印度可寬鬆矣今俄軍出東海相爭以是英人時防印度也　索孛留夫常與黑龍江俄將軍伊難替夫通信可知中亞細亞與東細比利亞一氣貫通　俄於中亞細亞之伊犁等處或與東細比利亞之邊海高麗一帶猛拖一擊勢必震動印度英印度與中國兩相倚伏如得有鐵路相通則互相援應英於東方得犄角之勢俄志必不得逞　印度坦堈斯報謂英還巨文島英於中皆失計而高麗又岌岌危殆想今中國應亦自覺其誤迄未能止俄南轅也　印度坦堈斯報以爲高麗關隘泊船處海島水道煤礦等尚未到俄手中而不知俄高已設密約高欲倚俄爲自主且許俄人隨時進兵可以假道俄並武斷高麗之是非噫俄之勁旅拷薩克郎爲俄武斷之具從前諸小國爲俄所吞皆拷薩克之力也　中英日本三國力可以制俄人能使高麗居局外何以英德美等大邦日坐視彈丸之高麗危亡迫急而不一爲綢繆及之乎若俟二三年後細比利亞之俄鐵路連絡築成其危險有百倍中國日本須於俄鐵路未成之前設法挽回事已急矣萬不可再有觀望也　一千八百八十七年六月二十三日坦堈斯報錄俄都一論云衆謂東方鐵路決難成功今可成矣細比利亞鐵路直至東太平洋邊界西接俄都聖彼得斯堡俄今通國關心於東方俄親王瑪扣爾至伊卡台林孛此處有博物賽會距俄京三千三百餘里欲往湯姆斯克開大書院在伊卡台林孛東南三千餘里順道東至圖們江查閱鐵路　俄軍機呈送鐵路圖於俄王自湯堈斯克至歐庫斯克復自歐庫斯克至斯脫留聽芷克此處在阿摩與江之北支河西名昔爾卡按阿摩與江即黑龍江由此水路東至興凱湖滿州東一名康卡湖

上岸再接鐵路至暉春其測量建築工程初由兵部與烏蘇里省總督拷夫並東細比利亞總督伊難替夫辦理八十八年起築約五年造成成後水陸聯接西由俄都聖彼得斯堡東至太平洋海岸約十五日可到由聖彼得斯堡至梯育們五日由梯育們至湯姆斯克三日由湯姆斯克至斯脫留聽苙克二日（按地圖是處山林極多且程途較遠似不止二日）斯脫留德苙克至興凱湖四日興凱湖至暉春一日此路本無貿易實為行軍而築伊難替夫與拷夫在彼一帶查勘地勢業已數月再四疏請俄王欲從拜開耳湖東至昔爾卡江此路一通則歐庫斯克兵可尅期調至遼海有管驛站之提督扑西亞脫請歸伊監辦否則蒲卡拉等處工竣郎由愛能考夫率領工人至細比利亞起築以愛能考夫精於築路工既省而價亦省也　報内又載一信云前數年我在俄探聽新聞以俄慣做大事而此項鐵路工程尤大照地圖劃出之路築建計五年造成凡從俄都至東海疆遊者祇須十五日可到現俄都至伊卡台林孛之鐵路已通俄請英國人至伊卡台林孛看賽會親王瑪扣爾代俄王出巡至伊卡台林孛遊人隨大隊而往一無阻隔自伊卡台林孛至梯育們鐵路現已動工第二段接至湯姆斯克是處為細比利亞省城戶口殷繁四野饒沃產葡萄等果彼處新設大書院候親王開院行禮湯姆斯克以東地廣人稀土壤磽瘠然與軍務有關商務雖不興而軍務可償商務之缺且迤西鐵路亦正為軍務設也黑龍江總督拷夫會同細比利亞總督伊難替夫屢請俄廷速成此路以便調兵而東現俄王允許由湯姆斯克至歐庫斯克由歐庫斯克至拜開耳湖並至斯脫留聽苙克乃泛黑龍江之支江（昔爾卡江）由水道至興凱湖登陸再接鐵路至暉春昨俄王命將此段工程派由驛站大臣扑西亞脫督辦彼一帶人烟稀少向無道路通行今一築鐵路師行如平地尅期可至豈不可駭歟　細比利亞昔未開墾并無道路衆以為荒野而無用現查彼一帶植物甚饒五金礦亦多水土並不惡俄如認真開墾較所欲爭之印度高麗等更勝且無一人與之爭奪其從伊卡台林孛至德波斯克並至湯姆斯克歐庫斯克一帶鐵路百姓在彼遊玩運貨初未知國家之為行軍設也　此路告成即他國人亦稱便由英倫敦都城至東亞細亞烏蘇里海邊祇須十八日耳英如仿而行之由印度西築鐵路行優夫來提斯江至土耳其其利甚溥又喀納塔太平洋之路通行雖不及細比利亞之迅速較行南洋紅海舊路似稍勝也　俄拏佛司替報云俄欲派格物之人至東方一帶探查令礦師伊允撓夫

率領之以汽車有用火油代煤本日後東方鐵路擬即用火油行車探查人分兩班一探路徑一查開火油井俄廷資給八萬羅卜飭水陸各軍引護並令烏蘇里總督助之

海國圖志續集目録

英國麥高爾輯著

美國 林樂知
寶山 瞿昂來 同譯

克里迷亞之戰本末

溯自一千七百七十四年於枯曲克那基立約以來至一千八百五十三四年俄國謂土屬基督教人基督者天主耶穌希臘等教之總稱下亦稱回教外人以別於土國回回教人俄皆得以保護各國謂如是則礙歐洲大局欲去其權以歸各國掌理於是有克里迷亞之役其未戰以前情事曾載明於一千八百五十三年十月英國佛靈司康薩得與其軍機大臣文件中今節錄其文於左

助土之先應確知助土無損於英否土與英不相背不至英欲和而土欲戰否土因不得伸其自主之權不服俄約束十二兆基督教人不反因得伸其權任二兆回人歐洲土屬回教人其時約有此數肆意暴虐基督教人否且土得英法之助不將猥自强大欺陵弱小否　吾知土實有如是之可慮者故英若出兵助土是自損政令昧厥本心無益有害　必欲助土凡議兵議餉或戰或和之事土皆一一聽命於英而可不然不能為之興師　然自識者論之必謂土不必計矣當思英與各國關係如何蓋俄若一得土京或土屬地俄在歐洲如虎傅翼愈足可畏故究其終極惟有與俄抗衡一戰雖然如是言戰固非師出無名但專注歐洲各國利害與政教所由非為保土土地矣然時至今日宜思大者遠者奚暇為土謀即日後息兵立約亦當顧各國利權教化從長計議俾各國共享昇平之樂如是則勝於以歐洲饒沃之區被蠢魯回人故作不靖多多矣暗指土國

此文件由大臣阿白亭傳於軍機軍機大臣幾皆以為然惟派而茂司登獨謂業已有礮船一幫駛往助土惟有使土不失寸土專為庇土而已至佛靈司康薩得欲土允各國所行基督教規善待其所屬基督教人免歐洲再生禍患迂矣迨後派而茂司登一再思之亦與佛靈司康薩得意見吻合故致書於克蘭侖登曰時在一千八百五十五年所論整理土屬回教外人之事尚有餘意七條如左

一使回教外人例得從軍幷得由升階擢至軍中官職

一許回教外人遇有民情犯法等案得為見證

一應立會審公堂凡有回教人回教外人互相涉訟皆歸兩教中會審官員判斷

一凡回教人官土省中撫憲須派銜職相當回教外一人副之於撫憲有涖事偏私虐民受賄等情副者得以奏聞

一回教外人或在土京或在外省無論文武等職皆許肩任幷速即如是簡派以顯是條實據

一土京外省宜一概禁止捐納蓋難保無匪人倖進至服官後或由不學無術或因情性乖戾或借得缺以贖捐資致有酷虐小民之事

一非但回教人與別教人皆宜等視即或土國外國有先從回教後改別教者均不議罰

迨一千八百五十六年各國大臣集法京立和約土皇有赫推夫明卽諭旨與各國大臣所有修改各條與夫別款赫推夫明中一一備載各國大臣莫不鄭重誌之謂此赫推夫明之益良非淺鮮於是各國亦許不以赫推夫明為干預土國之據蓋互相訂定謂土皇尤以回教人所得利益願與回教外人一體均沾則各國認土自主之權國中政事各國概不干預是則土苟不踐其言各國之所許亦必旋廢吾為之下一轉語庶露派利和約第九條反言之意是約於蓋印畫押後英公議堂大臣會議時亦曾議及此條如派而茂司登曰赫推夫明中所允行之事不得不行業已將赫推夫明誌實於約其中所定之件備列於約設或不遵各國可以干預夫至各國干預遣使為之已足矣遣使已足者非謂不可干戈從事　又如掰蘭司登曰約中縱有他國不以赫推夫明為憑干預土國之詞然各國常行之法與未戰以前當行之道從未一言計免則征伐之權操仍在我

是年春派利和約既定至一千八百六十年五月初四日俄宰相親王街告司告夫會各國使臣查勘保斯尼阿海竟果斐那保該力阿三省皆土屬回教外人苦況嗣即傳檄各國敦請行遣使干預之事即派而茂司登所謂遣使為之已足者也今節其文於左曰

各國近日於東局之事議論紛紛不能備述然本國從無詭謀詭計於其間有滋人議之處惟本意所在不可不一

陳明故今為此文以言其概　本大臣閱近年本國駐土各官報章屢言回教外人之省官員不法回教外人困苦情形歷歷如繪至保斯尼阿海蒐果斐那保該力阿為尤甚事非一朝計將安出微特無望轉機并且日甚一日上以告土皇冀其悔悟曾示以報章而不省下以勸回教外人毋使發難又苦無善法以久持伏思事不專係本國一國是以曾將報章之詞決裂之機他國孤與土爭土即面從終為無益須各國大臣披肝瀝膽與土明議良策以濟艱難之意為各大國詳哉言之以勢甚岌岌所當維持補救之者不能少緩亦不容稍隱非謂獨斷獨行有所希冀焉　今所宜行之事莫如各國與土同派使臣往回教外人之省會查果確如報章所云否再戮力同心會同土國設一定章以期大有造於土之回教外人實為至計　此則並非干預土事撓其大權實如此通融辦法厥有三利土屬回教外人知各國惻然動念為彼請命可望轉危為安其利一也土知各國急謀土難以安其國顧係友邦雅誼可與各國安心酌度無有疑貳其利二也各國救災恤民得以永相輯睦法良意美其利三也今人見一孺子將入於井尚急呼往救豈有十二兆回教外人陷於水火反可漠視是以吾　大皇帝欲以不忍人之心行不忍人之事也各國大臣蒿目時艱諒不以斯言為河漢苟其謀之不臧礙土體制抑或躊躇莫決坐昧先幾則滋蔓難圖其憂方大

觀此文則知立派利和約四年之後俄告與立此約各國謂土於赫推夫明所行概置不行如各國實察其言為不謬即一心共持大局非思獨攬保土之權也於是各國令駐土官員以回教外人近況土於赫推夫明所許究屬何如等情回報英之領事先後所報除近時駐土使臣來約得外皆衆口一詞謂回教外人身家性命日受制於回人無從訴告土之官吏尤為罪魁禍首歐洲皆文治之邦豈能容此來約得則謂土治回教外人尚無不善兼能曲體敖情無微不至天壤間寬容仁厚恆受不白之冤者莫回人若也來約得故作違心之論以歧視其初見於意云何解人可索吾不必言然若是之是非倒置以誑國家試由其為欽使時言觀其昔時游歷所記焉可其誌拔希百助土國一類兵名一則曰

拔希百助人類不一皆糾自各省以成一隊內以有膽識者為首土朝給以文憑可豢養馬兵四五百名至千名以

外設人或不足多招流民盜賊以足其額恒資食于鄉逞其所欲民以是畏甚其首游行無定如各省中欲借其兵彈壓則擇多酬其值可飽肆劫掠者為之其誌阿迷里亞見聞一則曰

阿迷里亞地方其教堂門低如竇入則欲背曲至膝以其限回人之牛馬等進此汚踐也導引人葉古柏告予有一處無辜被殺者三百餘人同行者與吾言可駭可驚之事多類此

來約得又至一地筆其所見曰

其地連於山麓可層累而上初上有自上墜下者骷髏也繼上而纍纍在望者白骨與破衲也再上則矮叢短樹中全尸之骨難以悉數上至壁立峭折處所見更夥首骨則老者幼者齒未生者齒已脫者莫不隱約可辨也尸骸徧野礙足難行不禁為之股慄矣葉古柏見予色變謂予曰此猶未甚僅逃免鋒鏑墜崖而死者請從予行

葉古柏遂導來約得至山巔見一骨沒坦地下臨大江死者為誰避回難之回教外人也來約得記其事曰

凡有男女老少咸來此人迹不到之地苟延殘喘不意土國大吏勃特閭之卽令兵丁圍繞此山以待其憊時暑甚回教外人止備三日之糧爾糧盡思降勃特以咕嘞經立誓謂交出軍械財物則生若尚不汝容有如此經回教外人曰諾豈知枯特（勃特軍名）上山收軍械畢乃殺之有厭殺者推入於江免者一人云其時據來約得謂婦稚被擄為奴外無辜死者萬人云試問何以使回人妄殺如是曰無他回人貪其器用財賄及其婦女而已至來約得所記忒可買地方一事為時尤近蓋來約得過其地數日後忒可買婦女死於枯特兵者無算逃者刃戕有婦稚逃至山口為兵追殺者三百人居民死者過半一景教牧師亦與焉凡美國良池教堂村社均為邱墟又錄來約得回人紀畧曰

凡有不從回教者無論其基督教與否回人恆不與往來視若仇敵卽立約發誓亦不信守不為回人者惟有兩途自擇非從其教有死而已有一不從回教支派名壓雪提者百年以來備遭荼毒土南省人姬妾侍婢恆自彼以術羅致各省大吏年以兵至其地殺其人擄其幼小販鬻為常事卽以所得之值供勃特用款此與拔格達特及馬蘇二處軍需不足官吏縱兵入壓雪提中搶掠以補軍費皆駭人聽聞之事彼時鄉人一聞兵至急逃避有老者不能行避入暗室兵皆殺之劫掠一空焚燬殆盡其兵首年力已衰亦添薪助火老而彌篤回人野性至是大肆

此皆在克里迷亞未戰以前之事來約得之所紀如此夫英領事等本與俄不合不以俄言為然至其所報則欲不與俄同而自同可知土自克里迷亞之戰以來至近日俄土之戰依然苛政是行與克里迷亞未戰以前無異是則赫推夫明久作廢紙土實不令人認其自主之權矣初各國以其有赫推夫明可望新土之國是以引為與國今既若此各國有辭國必自伐而後人伐之洵然

各國得告司告夫之檄文所查情形抑復相同如彼

乃其時適有土南西利亞地方亂殺回教外人之事各國大臣皆急謀此難故反置告司告夫檄文為緩圖英法二國之意以為克里迷亞之戰業經救土拒俄奪其獨攬保土之權則除暴止亂責在兩國不得不以干戈從事派而茂司登意亦如是惟曰吾恐法兵一入西利亞即據為已有不肯退出也土皇使其首相恐人曰如他國據有其地亂將自此大矣英駐法使臣致意法駐土京使臣亦以土人至急無能擇更將思亂為恐獨法外部大臣曹文納則不然曰土之恐詞不足信倘因為此懼則以後土若有亂再出此言何以為計

英外部大臣勒塞所見與法外部同曰近得西利亞亂耗悉戰死者之外被戕者五千五百人其孤寡乏食流離載道者不下二萬人回人則疾視其死而不救更可駭者突而喻克茂地方大吏與司猛先搜盡回教外人器械再絶其食閱八日乃令兵殺之聞他處回人亦若欲盡滅回教外人者吾　國家見土無仁心以除其害故允法皇來文與歐洲兵往西利亞以免後患已定撥水師兵船一幫長驅而進有　特旨下水師提督謂事急則登岸開仗云

英法乃與共立派利和約各國另立專條允其代各國干預土國土皇仍以前言恐之英法謂益師可也土見兩國實逼處此畏其甲兵之彊乃佯言以許之曰兩國來免吾難吾甚幸矣英法之師遂進英統兵大使臣特活林即與法之同往大臣查得素為首惡中之尤係一大吏派賽乃土欽差大臣富愛賓以為其人無罪英法大使臣則實指其罪不請於土遽欲加之以刑富愛賓謂眾怒難犯使大馬色地方回人因此作亂危乎不危英法大使臣謂吾有水陸大軍在知所以制之乃將派賽再問定罪縊死好大言妄為之回人至是氣懾皆低首下心曾無一人敢思逞罪人斯得善後宜籌特活林草一治勒白能（西尼亞別邑即作亂之處）章程使土准行土曰否不有派利和約認土自主之權一

言乎英法則不與論辨以兵待之土懼從之法於西利亞戍兵一年以觀其後所定章程雖未盡善然西利亞從此大定凡得章程之益者亦賴是以安

當其時俄則宰相親王銜告司告夫奉國家之命聽英法干預土事并令西利亞沿海俄水師兵官俱受英法水師提督節制且當是時英宰相大臣等皆疑法有異志派而茂司登尤恐法自西利亞進窺埃及欲法減期撤兵告司告夫行文彼國駐各國使臣以明其利害曰

戍兵一年計時將至本大臣觀其時勢不無顧慮憶前次　貴大臣在法京會議曾奉　上諭謂撤兵之前土尚未定保護之法使回教外人有恃無恐則撤兵不能無患各大國宜先時計免以期善始善終云云本大臣揆之所見所聞惜自戍兵以來實不能免此懼至西利亞各國人民亦急急然以撤兵後皆有身家性命之憂會繕公稟以告各大國願　貴大臣將此情形使先時會議各大臣知之為幸本大臣以為不顧西利亞情形不顧先時所定保護回教外人之法撤兵時已行回教外人已得其保與否不使會議各大臣計及撤兵後之危本大臣以為於分有虧今則先言於前撤兵後之關係已為指明可不任其責矣今　大皇帝特命　貴大臣遵此使會議各大臣皆知此意不疑云

然則俄之私謀詭計明證安在俄遵派利和約告於與立此約各國謂土背其赫捱夫明仍害回教外人欲各國共立救免良法至各國查閱之後知其事有過於告司告夫所云者而英為甚於西利亞事俄亦欲各國一心干預見英法進兵先為之助撤兵先陳其害俄究未嘗有一兵在西利亞也

海國圖志續集卷二

英國麥高爾輯著
美國　林樂知
寶山　瞿昂來　同譯

英於東局改行新法

向來英國干預土事必先遣使臣責問不從然後干戈從事至克里坦島一名干地亞多希臘人隷屬土耳其今歸於英亂時在一千八百六十六七兩年希臘人不服於土欲以此島歸其本國遂有此亂尚如是英大臣中派而茂司登尤以此法為然嘗於一千八百二十七年十二月初六日行文柯特里論希臘事曰

吾觀同盟之國也俄法為希臘請命之事土必不從然不可因此退處局外以貽天下笑惟有另籌善策以成倫敦所定和約之意如勸土恐土明辨於土土皆置之不理惟有脅之以兵而已

初克里迷亞之戰已畢派而茂司登曾謂欲土遵守派利和約遣使干預已足至一千八百六十年於西利亞事遣使不足欲發兵强之故後有兵往西利亞之事其明證也其在公議堂解派利和約保土一言謂本國立約之意欲保土耳其地非欲保土耳其朝云

當英法既平西利亞之亂適土新立一皇羣望其以治勒白能新章有益於國推廣行之以改從前弊政是以告司告夫檄文尚未計及派而茂司登亦乘此時由致駐土京使臣蒲而淮書中勸土皇將寬待庶民興旺內地之事前皇所徒託空談者一一徵之實效尤欲土皇以清除後宮禁止興造裁汰盜臣為事先之圖云

夫先遣使干預不從然後以兵勉强之法英之法亦歐洲各國之法而為英歷來大臣所常行之法也如霍蘭得曰土耳其人疾各國如仇曾有先哲阿迭生者謂國中各新報及好談國政之人未嘗無恣意妄論斷無有思土國興旺為吾國之福者凡為政者幾人人有大臣蔡紱姆之意謂不可與土親暱此意布皇於七年之戰時亦以為然若俄於一千七百七十二年遣大隊兵船伐土其時吾國則如何與俄同盟助俄而已計俄在吾國口岸修畢戰艦吾英國助以軍械火藥焚土一城及土兵船幾盡俄兵船之周巡於土沿海者五六年云如白克曰

向無人言土於歐洲各國有所維繫恆蔑視不從回教各國欲力征誅滅譬之野番兇猛尤甚倘有人等而上之必為從人唾罵揆之聖教人心實不容此殘忍之國立於歐洲聲教中也

麥敦叨曰公心而論俄自七年以來於土強項不從之處可謂容忍已極謂予不信請觀色飛亞遣使一事則當咎俄容忍太久不當咎俄干預過早矣昔色飛亞國遣使至土京交蒲扯賴地方所定和約土則囚其人於賽混叨驛即七間樓中七年俄初含之及土之加兵希臘也戮其丁男婦稚燒其村社斬其樹木滅其巧藝俄猶忍之俄之於土可謂厚矣

一千八百二十八年皮而在下議院言曰七月初六日立約之前吾國家知土國將販希臘婦稚由馬理亞至埃及為奴即行文土國大吏派灑謂如此苛理敗俗之事本　君主決不准行吾　國家定不許其嘗試云

一千八百二十八年正月二十九日大臣羅賽而在下議院言曰英法於土從未苛待抹准立拿之戰英法敗土其地在希臘之南明照倫敦和約至於謂土向為吾英同盟之國則一千七百九十九年以前從未相合況不及二十年以來吾英駐土使臣阿白纇懼土朝不以使臣之禮相待逃回本國非不相合之一證乎

克里迷亞之戰之前英宰相阿白田者論事貴平立言尤慎亦嘗為是言曰雖有人望土奮興然究難必土見他國干預則飾詞以應之及至事後則又前言頓嚴至其治國之法兇惡殘忍已極吾為此言非信俄與二國京城中所報實本國使臣領事等文書中皆如是云云也土俄兵連禍結不知伊於何底然土如一敗回教外人必乘機叛土叛土則吾英尚可助土為害強制其人受回人羈勒乎

以上皆欲行舊法者之言也夫行干預之法以保回教外人則雖欲滅土而土存行新法不保回教外人則不欲滅土而土亡一千八百六十六年底新法始行令之宰相狄司立一名皮根士非而實為主謀其法不得干預土事若他國干預英則拒之是則任土以有利於己者治其國而已倘更有從旁勸勉之者必使土虐人愈甚未受回人壓制者皆受其毒矣非予甚言若此有一千八百七十六年藍書中英外部大臣大闢文書可證其文曰

從保斯尼阿海蒐果斐那叛亂以來本國不願他國干預土事亦不願任勸土之職使其自思有利於國者任其自

為而已倘土問英意見若何亦告以舍是別無他法事之危急皆由土柔弱所致土若早能自立何至如是凡派領事干預既有礙其自主之權且使不服於土之人皆以叛亂為外國來救免之計是使外國干預其事伊於何底此新法稱為狄司立之法不稱為大闢之法者以其十二年前即一千八百六十四年大闢欲行之法猶舊法也其言曰吾觀土朝亡將立致亡土者即在上所虐害之人其人得位乘時必有一番新政吾國通商可得大益乃今之老成謀國者定欲扶持土朝不使其人得國是明與其人為敵於吾國亦無所益也甚矣其惑也

是言與其藍書中之文明明相反而卒行新法者何哉吾以為其故有二一大闢性最畏葸憚肩重任是以明知保土以失好於亡土之人無益終不敢於可行之時一踐其言也一因其見有果敢之人忽思推諉大事一任狄司立為之而已則從衆也大闢同僚謗其不從衆見於英俄幾欲開釁之時先已辭退貪安無事吾以為此不足責凡忠於國是者且宜深感惟至事急時不能勝外部大臣之任質之大闢當亦以為然爾

始行新法之時英之宰相亦名大闢尸位而已軍機大臣領袖實狄司立為外部者史坦立即今之大闢也嘗攻克里坦島之亂與實主議其事故與之宰相侯爵蒲司德行文彼國駐法使臣曰本國雖可使土皇不失位然其回教外人本國人中亦有與彼同類同教何能不惻然動念救其人至何處為止

俄駐與京使臣問蒲司德曰至何處為止作何解曰與欲出而援救使其人自主立一名屬於土實則自主之法如是可使土皇與而來若回教外人首領之名永不啟釁本國於此尤有關係可免將來大亂

一千八百六十七年正月初一日蒲司德又行文彼國駐法京使臣議修一千八百五十六年派利和約及約中續增之條款云

是年正月二十二日又行文彼國駐土京使臣曰

數年來所行補救之法識特無補時局而且事之決裂較前更甚自其全局而論已非一千八百五十六年時情形其時所定條約及後續增各款今皆不足且土視為具文於回教外人仍無所益為今之計莫如將其人歸各國保護准其各類各教皆得行自主之權而可

法國亦以爲然謂今日之土儼如病人各國會議醫治莫如施以割股之法奏刀砉然以克里坦島割歸希臘俄相告司告夫亦有此意并陳其所見謂各國使土屬同教外人皆歸自主庶不至如前徒勞無益轉致患難日增云迺數國已從此法一國獨否一國者何英也英既不從反以土所自定克里坦島章程得請於各國皆從之然此章程與先時土所自許修改之法無異坐而言者從未起而行克里坦島人依然受其苛政其亂至今未已

英國麥高爾輯著
美國林樂知
寶山瞿昂來　同譯

英於東局獨排眾議

一千八百七十五年夏保斯尼阿海蒐果斐那亂作東局又為之一變人皆疑俄有私謀詭計使其生亂而不知非也至英外部大臣大闢又疑與國指使曾於一千八百七十七年二月二十日在上議院言曰吾已明告於奧不必遣使干預奧之官民實知之也云爾然試觀土屬回教外人苦況則亂原自悉夫人所至要者一保性命一保體制一保自主之理一保財產回教外人於四者之中無一或有不啻為法外之人而已至於公堂涉訟無論原被告如訟回人訟詞皆不收受亦不許為見證如有為回教外人作見證者回人必多方以讐之身家性命吁其危矣所謂法外者既不能恃律法以自保亦禁用軍械以自防任回人虐而無禁而已此皆有明證非予言之過當是則可謂俄私謀詭計使其生亂乎該省中各國人確知其事者三年前土屬司拉甫省作亂之時已知其故由於土使人無以為生皆欲致死使然然疑俄者終不見信不如示以明證以見予言之不謬有大晤士報館探新聞人史剔而們致書於其報主曰

土待回教外人實出情理之外即公堂上皆與為敵無一為之公判如回人奪其地以為己有擄其女以為婢妾等案皆偏袒回人不與審理不論何處凡有識之士吾聞其眾口一詞皆如是云

探新聞人韓伐司曰今日往見德國領事包剔馬見予至其地一若無人相阻彼甚駭異予與領事及署中各人談次間所有變亂情形告予甚詳予故知保斯尼阿確實生亂之故在此不在彼據其所告及他可信之故皆謂由於殘暴好殺土之虐政使然英人聞之必難見信除雪拉奇服地方及幾處都會有領事外其餘各村落時有殘殺之事回教外人身家性命實不能自保巡役於此目為之瞽官吏亦任其自然常以為不聞不見故回人愈無所懼英有閨秀名歐粥者以其勇於為善襄助醫治保斯尼阿海蒐果斐那回教外人故其名甚著亦謂叛亂之故決非

他國指使時有土皇家所請醫生與國馬加人一偏好於土深惡保斯尼阿而來若之人也乃其告歐洲之言有曰
以吾所見將有大亂其故甚明非他國唆聳所能致實親見有土之包收捐稅者暴斂橫征官吏貪污等弊也
保斯尼阿意大利領事杜蘭圖意亦如是以為非得善治之法如治勒白能章程以安其衆恐不能無後患
至海蒐果斐那省中回教外人已將官吏兇暴貪賄等情及所以叛亂之故繕一公禀呈於各國英則由其領事花
唔士達於外部矣
再觀與國宰相安得蘭雪文件吾知證據已足其文件自始至終皆深惡痛切於土之詞明明謂保斯尼阿海蒐果
斐那之亂土實使然回教外人見鄰國中與彼同類同教者安富尊榮在在可以自主極享其教之樂愈覺己之身
家性命不能自保但知其教之苦一言以蔽之其人自知如奴隸云
其文件除土國外共立派利和約各國皆有畫押與國家又告英外部大臣大闢謂各國責土修改之法須有擔保
保其必行否則不能使回教外人安於為民不再生亂
上所引之證據可以明俄坦白無他矣然疑俄者難開其悟吾更以一千八百七十五年藍書所紀土皇之言為證
若再不信則以何者為可信土皇之言曰
民之亂也誠哉由於官之貪婪不法其大本大原在於包捐稅者抽收過重欲漁利使然
亂原已悉試言英與各國所出關於東局之要議焉可吾曾言保斯尼阿海蒐果斐那之亂由於土不由於俄而俄
亦不遣使干預者蓋未至有伯靈會議紀略時與實主議其事且除英一國不願各國干預外各國皆欲和衷共濟
也至英之不與各國同謀其事有二
一為派領事查報之事當各國議派領事官往叛亂處查報英外部大臣大闢始則不以為然行文吾國駐土使臣
哀立浩曰
各國議派領事之說土首相曾於　貴大臣前咨請本國與各國同派然本大臣已於前八月二十四日文中關知
貴大臣謂本國家恐外國有領事出而干預不合於理不願有此本大臣亦曾謂干預其事不合土之自主且使

亂人視為能使各國垂憐來救其人以撓土權之至計必不可於此開端使日後干預土朝內地之事於無窮也

後則勉强從之派花唔士為領事其訓詞有曰

各國雖皆派領事訓詞亦同然　貴員宜獨斷獨行無容從眾不可於回人亂人前俾知有同謀之意可明告亂人不必有恃於各國所有患難可述於土所派之使臣與彼商議本國亦將勸土皇設法拯救然不可謂本國有所應許以任其責至其地後凡有人細訴苦情僅可聽受回報不可稍有計議使其人誤以為有恃無恐有所挾持以要求土所派之使臣也

觀此則知英國家急欲使回人亂人知其不與各國同謀之意領事花唔士果信守其言不敢少異觀意大利國領事杜蘭圖由電報申詳彼國駐土使臣高迭文中不列花唔士之名可見節其文曰

本員與德奧斯馬加俄法等國領事皆受訓詞欲土使臣立一土與海蒐果斐那彼此相安之法昨晚議及約有三要一要各國同謀一要息兵一要於枯煞地方立一眾議會使土所派之使臣與亂人首領及各國所派領事將長治久安之策一一詳議

高迭得此文後即回報其國曰

昨晚接得領事杜蘭圖由官司德地方發來電文除英領事外各國領事議定之意已悉并請詳示訓詞等情前來本使臣即飭其隨同各國領事辦理至與土使臣面談欲執定主意云

英既明明相助於土土自不從所議故杜蘭圖謂吾見土使臣總不聽人干預雖知事之關係甚大然不知如何議結該處將軍惟急欲用兵將亂人概行勦滅是愈重其害非所以平定也平定之道吾以為保斯尼阿海蒐果斐那須有如勸白能章程而可云

初土欲英領事與他國領事同往者其計甚譎其意甚惡當時英有撫字弱小之仁故名譽之隆於斯為盛歐洲之東皆震土知有英領事與議亂人必不設備俟其首領邀集其人出而會議可乘間襲殺也後果有亂人百有八十名乘其議先約不得攻殺回兵回兵亦不得攻殺其人花唔士并謂回人必不包藏禍心以慰亂人是以不虞他變

豈知議後各國領事一離其地哭有二隊回兵將亂人殺傷過半如此私下害人敗壞聲名之事士大吏入告土皇反以為得計英領事花唔士謂此事若早有一日恐害及其身然至害及亂人則英之領事與駐土使臣視若固然絕不介意且英之使臣回報本國謂此事不足深信吾以為英使臣即實言花唔士保其無恐之人竟被回兵謀殺亦無損於英何必飾詞乃爾至領事花唔士則更有榮焉土大臣蘭司器德行文英駐土京使臣使臣達於外部外部大臣大闢再錄一稿示領事其文曰

貴大臣已知馬蘭司德地方有亂派往彼處之人即駐剳雪拉奇服之 貴國領事花唔士在案其人情性和平才能邁眾克副其任本國寅感實深將花唔士從優酌保何如所有本國感激徽忱望 貴大臣代達外部大臣知之為幸

一為議行安得蘭雪文件之事英外部大臣大闢論及此意即行文駐奥使臣蒲堪能曰

據奥駐本國使臣蒲司德來文稱彼國行文於土非欲僅以好言相勸必欲得土之擔保使彼國責土修改之事以期必行否則不能使亂人釋其兵器云云本大臣答以貴國之見則然若本國祇有因時立言以昭友邦之誼不知其他

奥駐本國使臣蒲司德又稱前次已陳彼國之於土非僅欲以好言相勸必欲土將彼國所陳修改之法許其必行又欲土與各國明定約章以行其修改之法出一文憑以為修改之實據不然各國不能平其亂又稱俄使臣告以俄國家之意亦欲土出一明文并得本月二十四日電報悉法意二國皆明有此意若本國之意不合彼則爽然若失實出望外云

大闢後又行文告知蒲堪能曰

即英駐土京使臣哀立浩亦行文勸大闢與各國同心以安得蘭雪文件責土土見各國皆然斷無不從節其文曰

各國苟於安得蘭雪文件所開意見相同各令駐土使臣逼土本使臣以為使土遵守不難也

於是大闢視安得蘭雪文件欲不從而不能欲強從而又不願即將文件逞意貶駁不遺餘力復恐哀立浩於此大

件與各國有同情札其論及此文件不得以明文相助僅可虛詞了事云
土知大闢阻止各國干預悅甚哀立浩告大闢謂將　貴大臣札飭大略電報傳至土外部大臣即有回文稱謝不盡云於是土於安得蘭雪文件雖若可行終視為廢紙
夫與為主議會同各國干預志在必行計誠善矣他國亦已從矣其如英之不願何與相安得蘭雪見英獨岸異將各國議行之事一派領事一為其所出文件概皆抗拒遂得俄相親王銜告司告夫往德京之間亦往德京與德相畢斯馬克俄相告司告夫再議別策以期亂事早定此三大臣所議名曰伯靈即德京會議紀畧其款有五
一保斯尼阿海蒐果斐那難民現無教堂民屋并難餬口土必為之鳩材以俾重造設法賑濟俟其能自謀食為止
一土所派往賑濟難民之大臣必欲與安得蘭雪文件所開各國使臣商議而行
一宜息止回兵以免再與保斯尼阿海蒐果斐那人為敵宜集在一處以俟洩其鬪志
一亂人即回教外人宜留存軍械與回人一律不得偏枯
一各國所派領事等官宜詳察土究如何辦理以及若何招回難民使復本處等事
紀畧中又謂倘息回兵之期已屆各國所議之事未見施行則與德俄三國必欲審度情形續議條策使各國相安於無事云
一千八百七十六年五月十五大闢接得紀畧之日亦接得英駐俄使臣之文有曰
本使臣知俄皇祇期免亂欲與各國共平土之亂省非有利己之意
法意二國亦皆有俄皇之意故一得伯靈紀畧即發電報以云有同志大闢則非特不以紀畧為然且為土皇思所以駁之故得此紀略之日即肆意鄙薄以示土之駐英使臣并行文英之駐德使臣勸色勒其大旨謂紀略第一款可駁之處有三所費太鉅不能籌此款項一也凡亂人所自壞責土修償顯示不公二也如是之妄行賑濟必使受賑者貪安利便失其志氣天下之大萬民之衆若是行之弊所必至三也
與法兩國家更以大闢首駁之詞駁之可謂無人可駁與謂大闢之所駁先是上已允行今各國之意不過催土實

踐其言非另有所要求也法則謂大闢不依此議必至復戰戰則其費較之撫恤難民更鉅云夫他國從未計及大闢所謂妄行賑濟之處益曾明言俟彼自能謀食為止也大闢於紀畧第二款則以礙上自主之權駁之於第三款則以息兵恐損土軍威駁之於亂人宜存軍械一款則尤不以為然謂亂人如有軍械一遇回人必至相鬬噫大闢不欲其相鬬不使亂人留存軍械是使有軍械之回人以敵無軍械之亂人可無所抗拒一一就擒矣是駁也若接英駐奧使臣之文有為言之者其文謂前與蒲司德安得蘭雪商議蒲司德謂不可使亂人不存軍械安得蘭雪亦謂如回人不存軍械則可然回人自幼已將軍械隨身欲其一朝釋去大難使回人與亂人均存焉可云

他國皆勸大闢毋固執前言宜有變通之計即英之駐德使臣亦回報曰

德相畢斯馬克謂本國若有善法紀畧中各款彼亦甚願修改并謂德與俄所定之計法意兩國已允英獨不然卒與五大國之意相左若居事外是可惜爾

五日後畢斯馬克又言不能使英從五國之意惜哉

法外部大臣亦謂英於伯靈會議紀略各款竟不相合可異而亦可惜矣嗣二日之後又告英駐法使臣謂　貴國於會議紀畧惜不引於同心吾業已勸　貴國軍機大臣以期一悟矣

又云與使臣回國後其參贊大臣奉安得蘭雪札示來告如本部能使英於息兵一款或可與各國相合則在土京議行之事尚可稍緩云

駐英意大利使臣亦曰大闢於伯靈會議紀畧竟一一辯駁惜哉然他事無論望其於息兵一款不以為非使土聽受并或不出一言使土無所恃不至拒而不納則亦已耳蓋土若知英無助意則其不願行之各款吾可望其尤從至於俄則吾知其必無私意惟急欲平亂而已土若不行紀畧各款必欲另籌一定之法矣

法外部大臣又力勸英國家當熟思審處毋拘守成見退居人後若是則六國同心不難也英駐法使臣回報亦謂法外部大臣之意謂各國若不同心俾得早為息兵則土屬各省皆將生亂必至土崩瓦解各國亦有滋蔓之憂勢將大壞

英大闢及宰相之外各國皆知若依大闢之意將貽深患於無窮大闢於各國勸勉之言皆置不欲聞故其告滿司德曰吾不能再籌他法法國家問其可再會議否則曰會議無害然不得根原議於何有大闢雖知無會議之處然根原所在卒不肯言總之各國欲救回教外人而英則否任土自爲而已致大闢與英駐土使臣袁奎浩文中有云本大臣已告土駐本國使臣本國不願任勸土之責任土思有利於已者自爲而已又一千八百七十六年五月十九日文中謂本國自保斯尼阿海蔑果斐那叛亂以來甚不願各國干預土事云

英雖欲離散各國而五大國則定欲合意同謀觀於一千八百七十六年五月二十九日意大利駐土使臣高送行文彼國曰

今法使臣接得電報令其與俄德與使臣及本使臣等以伯靈會議紀畧爲稿本行文土朝云云今各使臣集在德使臣使館中同心定議同出一文　貴大臣觀此移呈文稿則知伯靈會議紀畧五款已盡載在內擬明日將文呈於土廷云

豈知至明日土皇已廢故高送即發電音回報云呈文一事須俟土新皇接位各國認定後爲之

當其時與爲盟主俄僅在附從之列意法德亦與爲睦俄次之英則袖手旁觀非特不與爲合反將各國忿欲免亂平定回教外人者之意設計阻之乃俄皇於一千八百七十六年六月投袂而起不復如前次居於人後有意大利外部大臣與彼國駐俄使臣之文可證其文曰

據俄使臣來云彼於昨日接得彼國外部大臣電報悉俄皇之意欲明告於土五大國仍相合以謀土亂如土皇所允行修改各事非得實據則五大國與土爲難云云此意與本國軍機大臣之意洵不謀而合讀前咨駐土使臣文中亦曾令彼明告土皇各國於土新立之皇雖有善意望其實心行事力除弊政然各國非遂晏然置土亂事於不問惟有不待勉強凡土部臣皆知事甚危急將人所責其行者一一自行庶可免他國干預等情在案想俄之使臣知有此咨文回報彼國是以其所得電報與本國前咨駐土使臣之文有同情也

俄又遲行文於大闢曰　貴國欲土免亂之意究竟何若倘能如各國所議或更有善策能不貽各國深患並能保

土不滅國所甚願蓋總期相謀相合也
大闢曰除回人與亂人再決勝負外無有他法
夫回兵訓練已久器械亦復精良以之攻數百千戈不備不知戰律之亂人大闢以為必勝勝則亂人不敢格外要
求如土行克里坦島章程無有異言矣夫行克里坦島章程譎計而已
未幾俄相親王銜告司告夫令彼國駐英使臣施物樂告大闢各國欲土屬省皆歸自主試觀其以為然否大闢竟
不以為然遂使東局可為之時又失

海國圖志續集卷四

英國麥高爾輯著　美國林樂知　寶山瞿昂來　同譯

虐害保該力阿人事 擇其有證據者錄於篇

噫人之好逆億以為知者何其甚也即吾英明識之人皆妄言保該力阿人慘被殺戮惟俄之故以其叛亂之由皆俄所指使云云并云先時土朝發練軍往保該力阿彈壓俄駐土使臣意獮廼剔夫阻之土遂如其意撥色開雪亞拔希百勛二種兵往使彼殘殺過甚以快意獮廼剔夫之心且謂有私通俄者將保該力阿死亡人數不過三千過分言之侈傳於英使俄有辭責土云

夫如是云云有證據否曰無有不過妄測私議而已然疑俄之人謂俄必如是是以雖無證據妄言而不顧也語云凡有辯論有言否者不必令其必有證據有言是者不可無證據故吾雖不必證言俄使臣必無阻土發練軍之事然以俄為確有此意者非特無所證據直故作違心之論也

至於先查叛亂之由英駐土使臣哀立浩曾派一人名排令往保該力阿面查回報先是欲派他人後因其人非向土者未果特派排令者以其心向於土也排令以其妻父為重譯其人亦心向於土與土親暱者也吾所以瑣言及此以見排令如有偏袒在土斷不在俄乃後排令回報則甚公允並無偏護

其報作亂之由則謂十四年前有人在蒲加立司得（羅曼尼阿京城）立一保該力阿會思擾亂保該力阿人云觀其所言會若為外國人所立故百人中有九十九人謂此必俄人為之後其報章辯正曰

閱吾報者恐其誤以會為外人所立然立會之首實久家於羅曼尼阿或色飛亞之保該力阿人名益咨司克文可夫郝立拖等雖久居於外然於保該力阿不可稱為外人也其首領中又有一人名啞特洒里實不知其或係俄人或居於俄之保該力阿人與否至吾報章所云實未有外國人與於叛亂之意

排令查叛亂之由確係如是又云不論何處凡有土之官吏回教外人即苦之今春尤甚一由土之大員孟某德雖

有明文許修改一切弊政，而卒不行，一由保該力阿人奏聞土皇，土皇不聽，并由捐稅太重云。捐每百抽六十七分，額外需索不訖。美國亦派一人，名司克鏤，往保該力阿，其人所報與排令同。然人皆不信，必欲得土所自報及與土親暱之人所報，此雖不公，然亦可引以為證。費里保巴勤地方所設特問保該力阿亂人額外衙署中報章，有云羅曼尼阿色飛亞所設之會，久欲設計，使在魯之米里亞之保該力阿人作亂，使得大變，保該力阿可以自主，行新政云。

此報章雖哀立浩不以為然，然其確實叛亂之由，與排令、司克鏤所報皆同。又有土皇所派一人，名察克，往近朵津伯江維拉葉省查報亂始，觀其報章與上額外衙署中所有之報，皆無有暗指俄國激動亂人之意。夫俄人見保該力阿人立會求遂所欲，有如英人前見意大利麥齊尼及楷來牌地二大臣求遂所欲，為之隱傷於心則有之；或俄人見會中苦乏，助以資財，使成其意，與前英人助意大利二大臣有同情，亦有之。然英國家並未相助楷來牌地以敵兩西雪里，愈可知俄國家更不相助保該力阿人矣。蓋前英人曾有痛心疾首，復以資財親助楷來牌地，不能言英國家之意；則俄人即有痛心疾首，助會人以資者，可云俄國家之意耶？況排令所報且謂俄無一人與於保該力阿之亂也。四年前，有羅馬君牧師告予：意大利中各小國合而為一，其端實自英之蘇蘭司登啟之。其所著一書，論及南百里其時尚未合於意國，為法蒲邦朝人所據之事，其筆較楷來牌地之刀更利，是以激動歐洲各國之心，使意相楷華在法京會議，陳其國家之苦，各國皆信其言，致有色而否里爭之戰見於意國史記，又使楷來牌地得以奪回教皇所轄各邦云云。是以君牧師見狄司立為英相，今而後喜可知也。曰：意大利其將英之助以復舊制乎？

牧師所見甚是，使一千八百五十九年之初，英國不換國政，或可有奧人仍據有維尼濺及浪保迭二處，蒲邦朝人仍治南百里三處皆意屬，後為楷來牌地復合於意。蓋前為英相之大關及狄司立不願意大利合為一，有其所講之論及所行文件可證。至英國人民則不然，即派而茂司登亦與國人意相合，故於楷來牌地興兵克復之時，不助亦不阻，居於局外而已。夫奧人在維尼濺、浪保迭，蒲邦朝人在南百里，或有暴虐之事，然視回人於保該力阿回人亦非土國土著，故以他國僭據者相比，則以知禮之人比生番，無可比也。夫生番為政，或貪晏安，或受賄賂，則受治之人尚有生理，然此不可必，苟或一朝奮發兇性大肆，則生民塗炭矣。今回人雖重法國，稍襲其文貌，然其心尚野，回教外人身家性命恒懸於回人之手。

亦無律法相保若無可言夫回人非天生是獨亦非其性本惡惟其所行之教於回教外人總視以為敵所行律法亦不稍庇回教外人視若草芥兼有古語相傳先入為主故習染甚深痼今紀二事為證一則有人名司剔而們自海島果斐那致書於英大晤士大報曰日者於營中醫生處見其醫治十三歲回教外孩云被回孩用洋槍所傷回人見之反稱其能讚揚不已事聞他國領事欲土查究僅派人查報卒置不理後領事欲土官吏治以應得之罪派酒異曰予不已查報乎夫土於回人干犯法紀則查而已矣從未責罰至於回教外人則未查先罰如此故分軒輊噫亦奇矣

然據實而言回人罔法以害回教外人如無使臣領事干預其事查且不查遑論罰乎

一見於排今所報保該力阿之事曰今觀保該力阿人情形與前無異仍被回人虐害吾試以確有可憑者為證以見回人無一不持軍械前日有一回孩稍受回外婦人抵觸即開槍以傷其腹云夫至回孩皆敢以傷人為戲則回教外人身家性命尚何可言初何俟他國激動以生其亂哉故人謂保該力阿民人相安年歲豐稔皆不足信益彼所見者在回兵未滅之先而非在回兵殺奪之後也況物產豐盈回人可以坐享其成并其可以享利者而絕之有是理乎非予一人之私言凡領事報章使臣文件及久居於保該力阿之人無不如是云云紛無可紀

至城中官吏亦使人得以獲財以便其漁利密特大臣尤慣為此事云

倘疑俄之人不信予言或信其同類之言吾即以其言為證如倫敦司坦得大報主人亦疑俄之人當其派探報人往土查報司坦得大報主人曰宜據實詳報不可虛飾意欲顯俄之惡也及其回報則出意外不勝駭異今錄其一千八百七十八年三月八日由土京回報一則曰人謂俄雖立約仍欲行其故見將土割餘數省激其生亂以期滅土為快雖然吾若土國人恐俄照約而行不恐俄有他意俄如違約設計以激動人心土不易滅如照約而行善為撫治滅土必矣何則俄如於保該力阿二年之中使其人身家性命皆得自保稅課亦復公平則保該力阿將日漸富庶吾知鄰近之民咸生慕焉謂彼何甚樂此何甚苦咸願受一廛而為之氓矣阿得里安堡（土舊京在保該力阿交界處）中十

五萬居民相去不遠咫尺亦將曰噫身其地者何幸如之不能保其必無蠢動有一英人居此已久土之官吏與其治法皆所素悉能道其詳一日告予謂當日土定保該力阿之界若將阿得里安堡劃歸保該力阿則可冀興旺甚速且得與土京通商回人可獲大利其如土難割愛事不果行何夫苟如其人所見則在阿得里安堡之人失其所望其能久待乎推之色爾尼楷七萬居民見有新開海埠極其富庶亦不能無動於中吾知土輸於俄之阿米尼亞巴東阿特漢喀斯白耶集等處忽成繁盛之區其得來必從阿斯隆等處居民皆將有適彼樂郊之思矣（此係土俄既戰後情形以其無心流露保該力阿之苦比明言者更足見信故錄之）以上證明保該力阿之亂原已足以下試查俄使臣意掰迺剔夫阻土發練軍請土撥亂兵之事果有所據否

一千八百七十六年五月初三傍晚土京接得電報悉百尼果立斯太（在保該立阿）叛亂初四土即遣練軍八百由土京前往初五六日又令守京將軍愛得乃統兵一千六百名另有旗牌官數員及馬三十四匹行山礮一副前往初八之前由土京而往練軍已有三千至初八日又發阿得里安堡援後兵洋槍四百箱火藥彈子等二千二百箱初三叛亂之日已有四隊兵往彼彈壓初四另有援後兵三百隨往此皆明載在土京中新報及立伐德新報又腓力巴城有人致書於土之官報今節其二則一曰腓力巴官吏發電報往阿得里安堡請兵隨有兵一百五十名往彼彈壓腓力巴官吏亦令彼處援後兵官領兵佐之兩日後又發兵二隊由鐵路前往一曰土精練軍帶有礮數尊到腓力巴後即同彼處援後兵及拔布百助追殺亂人云據土京中官報民報謂十五日又有三隊兵從土京往保該力阿十六日又發一隊步兵二隊馬兵十七日有出夫克及阿白特而禁二兵官隨往

又有土派人查保該力阿之亂其報章云其亂始於腓力巴府屬已為土皇御前軍壓止矣

英副領事杜坡一於五月初六申詳英駐土使臣哀立浩曰地方官聞知有亂即集兵搜捕自回兵至後即安堵無恐至由省所發援後兵及由土京往者仍復絡繹不絕云初九副領事杜坡一又申詳使臣謂除初七日申明之後其事無甚大異以吾觀之兵至之後民心已安云

英駐土使臣哀立浩於五月初七行文英外部大臣大闢更明謂從土京發往保該力阿之兵已有五千云

五月初八河得里安堡接得打打白柴葉地方回兵首黑放司電報謂已將無軍械之回教外人一村落飽其所掠云

夫保該力阿亂事無甚要緊五月初八所發之兵已足滅此朝食副領事杜坡一亦謂初九兵至之後民心即安是知初九之前其亂已平矣

至回兵亂殺百姓之事排令報章所紀謂初七日在克里蘇勒初九日在白打十三日在彼魯司別柴則該處大吏來希得爲之主謀至三十日在溥耶奇觀則練軍中副將出夫克所爲將無辜生民誅滅殆盡云

由是觀之保該力阿一有亂機土於是日即發練軍往彼平亂故一千八百六十七年九月二十一大闢文中有曰保該力阿之亂無甚可畏惟阿得里安堡中大臣急欲發兵以致匪人皆冒兵丁乘機搶奪殘殺之慘實爲百年來所未有又謂不特亂兵如是即土之練軍亦復加害無辜赤子云觀上逐日所記則知搶掠殺害等事皆在亂平之後練軍與亂兵所爲而罪首禍魁尤在土之官吏密特更爲首惡之尤何以言之英所派大臣名少而司蔡至土京後即令二人往保該力阿查報一爲領事指而浮得一爲武員阿道其得該處回人田主之證即回報曰至其地後各田主皆謂土治百姓苛甚是以作亂而尤歸咎於排力巴大臣阿克夫謂觀其行事非國家令其如是必任其所爲而已

密特其時雖非首相實爲軍機大臣領袖故派出夫克往保該力阿之後日以殺人爲事密特反從優以保舉之英大闢指斥其人亦袒庇不究更有阿得里安堡大吏爲英大闢所唾罵者亦密特之故舊其人諭施令克亞縣官海希大給拔希百助軍械使其在所轄縣境殺害回教外人海希大不從密特即派出夫克爲之其時海大希非特不從其命且將其縣中回教外人力爲保護另免七村落於難後大闢行文指斥出夫克土朝欲海希大爲見證以保出夫克海希大亦不從密特遂黜之更有甚者美國參贊司克鏤第二次報曰保該力阿官吏能作非分之事者其國家必升以官爵或賜以寶星云出夫克見英外部大臣大闢行文斥其暴虐即以抗大闢之言登於土國官報英大唔士大報述其略曰吾在保該力阿所行之事皆分所當爲且遵土皇之命故與提白里力排耕剔里力皆有憑

據可以或燒或殺或威逼人也如其不信請觀憑據

英駐土使臣哀立浩行文大闢、亦略言及此事曰、本大臣曾告土兵部大臣、人皆不滿於出夫克若尚欲姑為縱容不一、查問則出夫克所云有國家憑據敢於妄行者人皆信以為實將壞土之聲名矣

美參贊司克鏤於第二次報中亦云人謂保該力阿亂殺之事、非土皇之意土皇實未知之然其派往彼處平亂後復統兵往色飛亞之阿白特、而禁前兵部大臣黑深兵夫尼、及密特大臣等、雖非有所指使皆實知之夫土事必甚不可為是以參贊司克鏤敢明言如是觀此則保該力阿之事、俄使臣意搿迺剔夫果有私意其間否吾非為意搿迺剔夫辨惟不欲使本國人以虛為實率爾偏袒致人誚吾國之不明也至保該力阿所死人數何止三千、美國參贊司克鏤查報謂其所查之處不下一萬五千人、排令所報腓力巴一府實有一萬二千、杜坡一所報之數與司克鏤同、此皆指受害極重之處而言他處死者所在多有、尚不在此數保該力阿希臘主教哀克柴謂死者約共有二萬五千、此為得之總之土若有密旨傳於回人、今彼得以殘殺況回教外人服飾與回人不同、尤易辨別故不特在保該力阿死者甚衆即在黑海左近及小亞細亞等處被害者亦復不少

海國圖志續集卷五

英國麥高爾輯著　　美國 林樂知
寶山 瞿昂來 同譯

英於東局前後異法

試觀英國家於保該力阿之事如何辦理凡云國家者蓋指宰相及外部大臣而言以其掌理交涉事務權比他人為重故也吾既言土皇一知保該力阿之亂至明日即發兵又摘錄哀立浩五月初九之文謂所發練軍已有五千既知五月初九亂事已平回兵亂殺之事在亂平之後矣至英共悉其地有亂殺之事則在六月二十三由倫敦日報而知後六月二十五公議堂大臣花司剔以所聞問宰相狄司立狄司立曰所得消息與日報不同異於各大臣所聞夫保該力阿將亂之機似有外人至其地不論何教何類由焚燒村落而始其時土無練軍在彼民不得已力求保護於是有寄居保該力阿之拔希百助及色開雪亞二種人與外人交戰以致啟釁觀其百姓情形似有亂殺之事然以吾所聞惟交鋒甚猛兩不相讓以殺人為快事故至慘惻若斯本國駐土使臣哀立浩聞知其事已於五月內請土皇發練軍往保該力阿彈壓拔希百助色開雪亞矣至舍此以外並無他聞

觀其所云其異有三日報所紀無有不合之處且與後排令司克鏤所報亦同一也狄司立所言英駐土使臣哀立浩已於五月內請發練軍彈壓拔希百助色開雪亞豈知練軍一至其地非特不為阻拒且同惡相濟二也狄司立以拔希百助亦為外人若色開雪亞之寄居保該力阿謬妄殊甚三也

七月初十狄司立又謂保該力阿之戰非練軍與亂兵所為不過民持軍械相殺而已此說與土因哀立浩之請發練軍之事又不合總之狄司立始欲庇色開雪亞人後又欲偏袒回人故其言曰回人行事甚決絕不故意累人遇有亂事無不急為禁止

其時保該力阿亂殺之證漸多故七月十八又有人問狄司立狄司立乃將色開雪亞力為保護論其寄居保該力阿後情形曰色開雪亞人得土分與之地寄居之後二十年以來洵屬安居樂業從未有人言其好勇鬬狠故作不

靖之處但東方之民（色開雪亞亦在其內）情性如何人皆知之且色開雪亞人皆有軍械隨身倘有人燒其村落毀其田廬彼自不待土皇之命即為報復是以至於五月底尚有相殺亂戰之事亦事所宜有無足怪者今本國領事已將此事報知哀立浩哀力浩力請土皇免亂土皇亦已樂從矣

試更證他人之言則狄司立之說不攻自破有大唔士大報探報人隨土軍在魯米里亞論色開雪亞人曰其人為虮為蛇恒以搶殺度日云排令報章亦謂色開雪亞自居保該力阿以來日以盜殺為事又有一證即與土親暱之人亦必見信土公議堂大臣畢得乃基於一千八百七十八年二月初七在公議堂言曰色開雪亞人所為之事人皆知之近來俄土交戰之由大抵為其人所致乃人尚欲庇護其人不知何故吾既不願聽人之妄言亦不堪言其所行何若惟吾在維屯地方襄助撫憲及議會內事已久且土朝曾派吾查報該處色開雪亞人動靜是以能道其詳憶數年前本國因色開雪亞人無居址令各處妥為安插與以土地牲畜籽種并為起造房屋本國之待其人可謂至優且渥乃其人既至之後既為盜竊之行攘雞攘羊無所不至他若好嗜殺人搶幼稚為奴之事已彰彰在人耳目無俟贅言矣曾有人將此情形上訴國家國家不聽且多方掩飾以為不足掛齒致近日俄與土戰職是之由尚欲袒庇其人是與彼同心明為黨惡也（其人敢言若此公議堂後遂永閉并後若有敢言之人坐以徒罪）

或謂狄司立實不知色開雪亞為何如人故所言若是然彼既明言二十年以來色開雪亞人洵屬安居樂業無有人謂其生亂之處則非不知而言實有為而言又況本國領事各官所報狄司立無不詳知

所云色開雪亞人誘拐保該力阿死難人家幼屬及與鄰民為難并有隨軍布國營務司員與與於亂殺之回人相告言及一亂殺尤甚之事狄司立於三禮拜前業已知悉并所有文書明言德法兩國皆有確實報章謂保該力阿亂殺之事甚屬兇惡亦無不知何後於七月三十一日有公議堂下院大臣論及來得報章狄司立尚謂此乃巷議街談不足深信乎

況狄司立曰本國駐土使臣自五月初保該力阿初亂以來以至六月凡論保該力阿之事及與土朝責問之詞皆有文書在此人謂吾不知吾如何不知

至大闢在公議堂所論保該力阿之事惟不袒庇拔希百助色開雪亞二種人而已其見與狄司立同故無庸詳述惟七月十四衆派蒲蘭得為首往見外部大臣大闢問以國家於東局若何謀畫大闢曰辱承明問敢不盡言惟欲先知公議堂各大臣之意與國人所見若何為幸蓋外部之職所任皆君國大事而又為公議堂大臣所役使之人若不先聆雅教勢必動拂衆意向以為有公議堂之國為外部大臣誠非易事職是故爾　大闢雖謙遜若此然其與衆派各官論歐洲大勢曾載於七月十五大唔士大報今摘其言曰目前之事人即不能盡知斷未有不知惟欲預論日後之事稍覺難耳然以吾所見而論雖土事若斯斷不能擾亂歐洲致兵連禍結蓋環顧各國動靜法意德三國皆不欲戰可以存而不論至於本國之與俄與本國則惟懼有迫之以不得不戰而非實欲有戰誠以本國無一人不知戰是危事皆非所願若奥則與馬加有名號相爭之處（謂於奥稱皇於馬加祇稱君主）自顧未遑斷不能侵伐人國況其國中人類各殊設東局有變其關係之處危與土同即有私心希圖利己亦未必欲戰若俄則其民雖與土屬回教外人有同樂同憂膠漆相投之誼然權不自操惟俄皇是聽俄皇則又非樂於戰鬭之人而且近得中亞細亞地方所費已鉅迄今國用不足國難未平他務方殷更不欲戰大闢所言如是不足稱先見之明蓋曾幾何時英朝忽令公議堂大臣籌撥兵餉預備兩大隊兵前往并有一幫礮船違約而入地中海通黑海水道（西名大達納而）矣況他國亦已示知大闢謂英不從伯靈會議紀略必至色飛亞與莽台尼格羅皆作亂與各國俱有維繫然大闢祇求各國安於無事則彼甚快以為各國有同意矣

迺因色飛亞及莽台尼格羅與土國已動干戈保斯尼阿海嵬果斐那亦已難作保該力阿又皆人心紛亂手足無措故衆派各官欲確知英國家本意又問究竟若何謀畫大闢曰今雖土屬背土作亂然本國家從未計及干預其事并欲使各國亦不作是想望其與本國有同意蓋土若患自内生日即頽廢與他人無與無能為力究其終極本國惟有平心觀望而已即二十年以前本國任保土之責以其若疾病者然保其不為人謀害未保其自殞或忽身故也　貴大臣等思此數言知本國於土屬之亂其法如是且本國不願干預其事又欲力勸他國不使干預然觀此情形想他國必有同意正無俟他人之勸也

大關雖明言其法如是然亦何足重乎蓋在保該力阿保斯尼阿海蒐果斐那所相爭相殺之人一則土所練習之兵有軍械以資殺掠一則為土所素虐之人既無軍械且半皆婦稚如是而尚欲平心觀望乎然此則大關之法也以回兵之至强敵回教外人之至弱而又不欲他人干預是何異豺與羊鬭大關惟坐視其旁又不顧他人出而救羊乎且其盡力勸人不干預之説其盡力之意蓋謂他國干預伐土英必救之觀一千八百七十六年七月初一大關與英駐俄使臣勞夫德斯丈已知隱含此意其文曰俄駐本國使臣來見問及土若與色飛亞交戰本國果全依不干預之法否本大臣答以誠哉是言惟須明知倘若他國干預本國非仍坐視不動云此文隱有倘俄敵土英必救土之意謂予不信請反觀以下大關之文焉可

大關將行文英駐土使臣哀立浩先於一千八百七十六年八月二十九以電報言其略謂本國人聞保該力阿之事皆深惡痛絶於土非復如從前之憐土矣故俄若下令欲與土戰本國則束手無策故以必不失和為貴　貴大臣與土商議宜揆度情形審量而出亟力勸土皇低首下心不可有恃於英依然强項又欲使土朝部臣皆知今日情形也

既發電報略言其意後於九月初五行文道其詳曰今欲關知　貴大臣者從前本國人民與土相愛相憐之意至今盡失蓋保該力阿來信謂土兵丁將無以自保之人盡加殺戮本國人聞之無論尊卑貴賤無不於土疾首痛心即極之俄與土戰本國家勢難保土因一國之故以致大拂初意且不能不貽羞於違約為之怏怏是以望土事早定大局不至失和為要本國家任從　貴大臣之意便宜行事而已觀本大臣以上所言可知時事孔亟皆土所自致宜急使土朝部臣知之又不欲　貴大臣危厲其詞必欲强土不至失和俾其俯從所請云

觀此文則知若非英人於秋間一國若狂激其憤怒俄如欲救回教外人與土用兵英必保土無疑

一千八百七十六年五月二十五日大關行文駐土使臣哀立浩亦曰前日與土駐本國使臣梅蘇祿所論各事昨日文中業已言及其時本大臣又告知土使臣謂毋使土國家誤會英不從伯靈會議紀略之意蓋本國家所以不從者以為於理不合非真欲助土況現在情形與本國人之心較之克里迷亞戰時大變土若尚以彼時本國所為

之事望之於今則誤甚處此事勢土惟可望本國有助土之意不能望有助土之實矣本大臣與土使臣談論不過如是未嘗敢謂本國家有一定謀畫也

然所云不敢謂英國家有一定謀畫是尚欲觀釁而動故必以八九月間大闢與哀立浩之文觀之始共知自八月二十九以來英國家之法全變蓋前此尚不欲各國干預土事俄若以兵敵土英欲力為抗拒而英之宰相與外部大臣大闢於公議堂將閉之日尚不信保該力阿所有之事也迨至後探報人詳述白打地方亂殺之事及司克鏤報章亦云然於是英人心大慟徧國中羣議欲干預土朝欲哀立浩下旂回國宰相外部不合衆意欲其辭退急謀衆議僉同共衷一是矣

至是人皆咎搿蘭司登謂其激動人心以與國家相抵觸吾試相時而論一辨其誣可也觀夫一千八百七十六年八月中旬英宰相及外部所行之法尚如前所云不許遣使干預土事俄如干預英必出而敵之大闢以為此係良法且謂俄國用不足斷不敢加兵於土苟英出而排解俄必計阻豈知英國人一聞保該力阿省白打地方亂殺之事其法即不足恃於是大闢不得不籌他法謂英國人心洶洶莫不惡土俄即下令欲與土戰英則不能出兵保土甚非立約之意矣

觀此則先時大闢之意尚以為英遵派利和約必宜以兵保土然至八月二十九以後此意遂棄而不顧一千八百七十七年二月初九大闢在公議堂上院言曰一千八百五十六年派利和約係關緊要請貴大臣一觀此約則知本國祇充重視土自主之權使其不失土地並無他國不遵此約本國出兵相敵之意故依此約本國不肩出兵保土之責若搿蘭司登與衆所講之辭則在九月初九即其所出之論亦不過前此兩日然則人皆謂搿蘭司登激動人心豈非造言誣罔耶蓋自非日報所載亂殺之事徵實於查報各官所報又非得司克鏤報章將其事據實詳陳過於人之所聞搿蘭司登甚不欲揚言於衆論及其事況其後所講之辭所出之論非特不激動人心人心且因此大慰蓋先時國人惟知憤怒計無所出及搿蘭司登謂事已至此惟須易法不必易人若一國盡釋其疑大闢更博訪周諮公忠體國則必與國人合意行其所當行之事國人之怒於是始平惟心尚切於其事而已夫搿蘭司登非不欲保有土朝惟欲使土屬亂省自主故其言有曰

邇來土屬希臘教人與俄稍形疏遠是以司拉甫心（保斯尼阿等人類名）若見他國不因利己之心為彼請命則其嚮往之誠比見有希冀自强為彼請命者（指俄）更切故吾英宜及此時與各國同心協力保全土國毋使各國瓜分致生大亂吾之一言一行時恐其貽此咎必欲力免為幸

後獮蘭司登詳論此意曰若能救土屬之人而仍能不失土朝之權則固所甚願蓋若救其人而不顧其權勢必各國羣起爭地之思有礙和好故人若有問予如何分得土省吾則曰何可分焉其省非俄與奧與英所宜有祇可屬於該省之民各歸自主斯為名正言順吾心所切禱者也設各國若建官以治土省而不全奪其權事亦可行然吾謂試明告於土謂各省之貢獻歸於土其主名仍屬於土各國亦不侵伐夫土惟自今以往永遠不可再行强暴殘忍之事以害保該力阿人則此策較善士必樂從

獮蘭司登又曰欲回人永不滋擾閭閻望土所派大小各官盡由其殘暴之地遷出境外並不留一物或者其可免乎其意蓋謂土朝不得再行權於保該力阿矣

獮蘭司登又力勸英親暱各國尤宜與俄同心協力曰各國一心不特事關緊要而且如是則事無不成可以遂其所願然有兩國其權實超他國之上而責更較重者俄與英也各大國中他國均能掣肘其事而能使事全然阻止者非俄即英非英即俄設英欲阻此良法惟天降之罰人誰敢問俄若為鬼為蜮設心不良亦有何人能問夫吾雖不能謂俄必無私心然天良尚未泯焉吾觀其民皆切東局之憂不忍坐視要皆天良發越之故是以欲大局謀出萬全在於與俄同心同德非僅虛與委蛇而已俄若以陸路之權敵土無人能抗而英水師之權亦然設英令統帶現泊弼斯開海灣兵船水師提督告知土朝謂土未悔罪改過重懲虐民之人從此不行殘忍之事之先不許一人一馬一礮一船過黑海地中海伊其安海以助土兵試問土兵如何是以兩國權合大莫與京吾英何為不與俄合尚欲記俄宿怨逆俄之詐億俄之不信耶

此皆獮蘭司登與衆所講之辭又有其書中所記曰吾英宜與俄共為砥柱以成和局此其時也所有與俄不合之處俟其實有詐虞之心從而議之未晚其時獮蘭司登為阻英助土之首而其所講之事人謂不合於其同類中先

時為首之人不知因獬蘭司登才識過人羣推為首以感動國家即先時為首之人如大臣格蘭會亦曾與獬蘭司登俱至勃蘭克地方所講之處坐其側聽其宣講無有不合况大臣黑丁登親往土國查閱地方情形比其反也亦言其所見今摘其一千八百七十六年十一月初三在開粒地方所講之論曰土所許願將歐洲文明之治治其國以改弊政者不一而足均為空談而已其所允無告之民修改各事前言未踐後則復然此可見其所允於民之事無一或行夫土既明明不能自行所許以保其民若歐洲各國出而保其民使土得善治之法則吾英於此更為責所難辭豈不欲設法干預使土屬各類各教皆得一律寬待將土所不能行者代為行之乎乃各國皆有此意而英於此時尚否即使英有此意不知出於自然而非國人所勉强否至國人忽聞保該力阿之事而怒亦其勢必然無足怪者蓋先時國人知有他計敵俄以為不必干預土事者居半及聞保該力阿亂殺之慘於是羣知土政之弊至於此極莫不髮指皆謂土若不設法救解保護其人并保後不再行本國家不能恃吾民輸軍資出兵保土云夫此阻英助土之意國人之見既明且於國亦無所損也

黑丁登回國後又述其在土京與土大臣所論曰土大臣之意謂俄是彼國之敵英為疑俄之故雖非愛土可謂彼國之友至他國則不知其敵與友與否并云究其終極俄必攻土英必保土他國則各自為謀而已土京中各大臣皆存此意而忘其危然亦無怪其然吾英數年來所行之事實不得不使其有此意耳雖邇來吾英人意見與前迥異然恐土京大臣終視吾宰相意之所向故不論大闢或駐土使臣哀立浩若何行文勸土如其吾宰相皮根士非而起而言曰敵土則害英則土朝知吾英猶守初見至於釁啟干戈終必出而助土矣

格蘭會與獬蘭司登意見相同亦欲勉强土朝試以二事證之可信一在一千八百七十七年十月十一英大臣少而司褒指格蘭會而言曰彼與各大臣俱以為本國宜會同他國强土遵行會議所定章程云後見一在一千八百七十七年二月二十日英宰相皮根士非而即狄司立於公議堂上院言曰格蘭會及其同人等皆謂吾英宜强土遵行本國所陳之法云

至阿格大臣非特與獬蘭司登同欲阻英之助土而其欲勉强土朝之心且較獬蘭司登更切

當時不特爵蘭司登黑丁登大臣等識見相同即上下二院議政大臣平時與爵蘭司登不同見者至是亦合乃獨有一宰相皮根士非而不以為然於九月二十日有言曰吾不能謂一國之見與吾一人之意同如依一國之見而行將大礙英之利益且壞歐洲各國和好云噫宰相獨存私見吾不知英之利益何在歐洲各國和好何在尚早與各國同心協力志在必行歐洲決不有戰乃辛使英居事外而今日之英非為各國所恨即為其所疑何益之有夫皮根士非而未言之先吾英各大臣及民中識時務者皆衆口一詞以為不可助土必欲勉強及其既言之後則又言人人殊各存其見矣

海國圖志續集卷六

英國麥高爾輯著　美國　林樂知　同譯
寶山　瞿昂來

土京會議紀略

當英派少而司侯往土京為全權大臣會議時國人皆以為然祇有一大報論及此事獨以為否會議之先德奧俄法意五國之見皆於三事吻合一土屬擾亂確實緣由土之行惡政也二如平定其亂必欲使亂省自主也三土朝如無擔保保其所許終歸無益勉强之法必欲行也以上三事俱從藍書中摘出

一千八百七十六年八月底意大利謂奧國與各國所至要者同行一文於土朝云英駐土使臣聞之急發電報報知英外部大臣大闢謂各國同行一文之事必不可行云至少而司侯往土京時道經意大利京城遂入見外部大臣論辦東局要事外部大臣曰土朝若不實有擔保將其回教外人善為撫治各國終於心不安又必不欲各國以所議行之事為必視派利和約為其拘束即今所派各大臣亦毋為和約所拘不能暢陳其說若議定之後陳於土皇諒亦不拒而不納也

一千八百七十六年九月二十六日俄國家亦有此意見於大闢與良立浩文中曰今日下午俄駐本國使臣來見密與吾言近日所得其宰相告司告夫之意謂俄國家欲陳明於英奧兩國土若不依現定和議使亂省自主則有三事宜行奧宜發兵據守保斯尼阿一也俄宜據守保該力阿二也六國兵船進保斯花勒斯峽三也告司告夫又謂一言及此三事已足令土聞之生懼可强其必從所請可以免戰可使東方回教外人得土朝一律寬待後又來文稱若各國兵船進保斯花勒斯一事已足其餘二事可不必行云

如是則欲如俄之與人無競與世無爭者鮮矣蓋若各國兵船駛近土京英一國之船較各國所有更夥若俄則甚少是以俄不啻以土京首歸英權所得而俄若不與聞者即與聞而亦無奢望者不特表其無私意且知英疑夫俄者俄則不疑夫英矣

各國兵船進保斯花勒斯一事，奧國甚以為然。英駐奧使臣問奧相安得蘭雪曰：土若見各國兵船來前，貴大臣以為土其許進大迭納而乎？（由地中海進黑海之水道）安得蘭雪曰：未必抗拒，否則明與歐洲各國為敵，土其敢乎？但安得蘭雪猶以為未足，行文大關曰：不但土與色飛亞、莽台尼格羅宜立息兵之約，各國亦必欲豫立若何平定之法，强土遵依為要。

德國亦以為然，欲土於大關文中所陳三事之外，使亂省多得自主之權。蓋有英駐德京參贊大臣之言曰：德國外部大臣蒲樓謂必欲設一善法，使將來保護受難之人。吾揣其意，蓋欲使其人多得自主之權也。後又告予，謂必欲原始要終，設一善法，救其人於水火之中，使歸自主云。

法亦急欲行勉强之法，且力請英外部大臣大關從伯靈會議紀畧，而大關及宰相謂其所以不從之故，半為土若不遵必欲勉强也。

試覆述外部大關及宰相皮根士非而之言曰：本大臣等不從伯靈會議紀略者，以紀略中所責土之事，量土必不能行，不能行而各國必欲用兵據其地，是廢所宜行之約，礙土自主之權，本國家是以不肯允從也。若允從其紀略，則將土若不遵必欲勉强者而亦允之矣，是豈本國之心哉？

是則宰相外部明謂從伯靈會議紀略即從勉强之法，故如其所云，五國均已准行勉强之法矣。

五國將簡大臣往土京會議時，其同心合意之事有四：知首惡出於土行政之人，一也；土政必欲探原修改，二也；各國理應干預，令土遵行各國所定修改章程，三也；為保不忍人之心及歐洲和好之益起見，如土不從，必欲勉强，四也。

一千八百七十六年八月底，英宰相及外部之意亦有四：一謂保斯尼阿、海蒐果斐那、保該力阿三省之亂，不過地方上稍作不靖而已，其保斯尼阿、海蒐果斐那之亂，實由奧官員詭計與國家之指使，若保該力阿則由私下結會之人激動性情溫柔之色開雪亞挨希百助使然；二謂探原修改事不可行，惟土以兵力壓止亂人可也；三謂阻止各國干預土朝是英國家之責；四謂倘有他國勉强土朝，英國必欲保土全權云。

其時英之宰相與外部其見尚如是乃未幾大闢見一國人心已變其法全不能行遂有所謂俄若出而敵土英則不能出而保土甚為可恥之言後大闢不特從干預之法而亦欲勉強土朝故於一千八百七十六年九月二十二日大闢行文衰立法謂各國必欲土改一治亂省之法有擔保以保其必行始可釋然無憾云夫所云必欲者解即勉強也

吾試更摘少而司衰將往土京會議英國家訓彼之詞以明大闢欲土於亂省改法之意何若其詞曰色飛亞莽台尼格羅今此情形可存而不論惟欲土與各國所派會議大臣在土京立約即畫押為定使保斯尼阿海蒐果斐那無論其名屬於土與否均得自主俾其自理其事自保其民免土暴虐若保該力阿亦許其一律自保不至再行土之虐政云

此尚訓詞大略欲少而司衰至土京後與各國大臣臨時詳定者也其詞雖未必極其嚴厲然英國家志在必行故於土不願各國干預思以密特大臣所定章程以郤之英國家謂少而司衰宜有定意毋為其計所惑又將少而司衰錄往土京之訓詞摘於左曰

土今不從各國所請本國家不以為然曾告土國謂徒事應許無濟於事即使本國家能從他國均所不持今當速平亂省為至要然觀其情形惟在各國合謀而成至土所應許之詞迄今尚未全行不能見信於各國　土所許修理之事雖各大臣會議時不能置而不顧然欲平其亂非空言所能集事因關歐洲和好大局各國理應自查土立何法平定亂省更欲立土設可恃擔保保其必行　恐各國大臣會議時或　貴大臣一至土京之後土又將設難抗拒是以本國家預言及此使　貴大臣不為其所惑有辭以處土　土行兇暴以壓保該力阿之亂已激天下之公憤必欲立法以免其再行　知土朝自一千八百五十六年立派利和約名列萬國以來所應許修改之事無力能行蓋觀於土省各官知而不行土不責問可知

此訓詞之文雖僅大闢簽名實軍機各大臣所會同議定者也

向來英所不願干預之法至是已變故又有數大臣謂必欲土設一足恃擔保以免將來再行弊政一千八百七十

六年十月二十六日有大臣名寇勞司者、謂是年秋一聞保該力阿亂殺之事、公議堂各大臣、及凡有臣民莫不同深痛惡、大關所欲罪其首惡一丈、必欲實在奉行、非欲其空載在藍書也既有一千八百六十一年、勒白能之事、則今日保斯尼阿海蒐果斐那、保該力阿之事宜一律辦理云、一律辦者即干預之謂也

數禮拜後又云各國應明知果操何法以治土省可以長治、行之有效吾以為時至今日土向來應許之事均歸廢紙者、欲其必行、不能再緩、譬之借利於人、收債者至當合券償矣

又有大臣名腦斯可於一千八百七十六年十一月十三日有言曰、治土省之法若非修改歐洲和好之基不能立於不敗、譬如人病瘻癘、非從原根究僅恃外面醫治終不能去死肌殺三蟲患仍未已和局終虛

觀上各大臣所云、則知其時英國家與國人無有異詞、亦與各國所見相同、

俄朝見英國家有此意指、悅甚、故於大關請往土京會議之時所陳會議大略、俄相告司告夫謂除認保土全權外半與已同、今摘其與大關之丈曰

各國如欲實事求是使不至屢作不靖、是以絕其生亂之根、絕其根必以保土全權為緩圖、顧歐洲和好大局為至計一千八百五十六年、所定派利和約、土實首先不遵各國理應明告土朝謂此後何以使各國仍留此約於不廢土既不能行各國所請、各國應為代籌一策以期必行、方今他國慨然於時事孔亟、實由前此之徒事彌縫、半途輒止而本國之不能復循故轍、必欲得確實修治之法焉、為尤甚、蓋亂方未已以致礙我利益、我國之所惡也諒各國亦皆有東顧之憂是以欲各國合謀同享昇平爾、至本國之並無私意、前次軍機大臣已屢言於先矣

會議之先俄皇於一千八百七十六年十一月初十日在冒司可俄舊京言曰、歐洲各國一意定議是所至要、茍或不然、以至不能得土之擔保于一人必欲獨興舉國之師、吾知凡隸吾版圖者、諒無不公忠體國、應予名募也

十三日俄皇遂令興師、而其故詳於俄相親王衛告司告夫檄文之中、今錄其丈曰、

保該力阿等處屢遭慘殺、幾血為之流、屬在歐洲、無不深慟、　各國軍機大臣因此欲保不忍人之心及交相和好之至意、書經彼此咨商、必欲免除其害、　迨今各國軍機大臣、已令兩面息兵可不至膏血原野、又欲立一安於不

敗之基使回教外人可以自保土朝官吏不得與彼為難以免歐洲再生禍端　本國家見係於本國一國之事者小係於不忍人之心及歐洲和好之事者大是以曾力請各大國同心妥議實見諸施行以濟時艱以孚衆望　乃各國大臣商議已有一年之久尚不能定奪致土皇乖閒得招亞細亞阿非利加二洲中回教兇惡之人以制回教外人使其無以為生遂致残殺之慘震動歐洲而罪首禍魁尚未加以法網是以其惡愈縱土國中徧遭荼毒此皆各國所明知非吾一人之虛語　觀此情形吾　皇上雖欲力求各國同定意見不能不興兵以為之備吾　皇上最不喜言者兵然歐洲各國仗義行仁之事尚未保其必行則不能一日息肩云請　各國大臣將此文言於各外部大臣知之再泐一稿留存為幸

一千八百七十六年十二月初五德相畢斯馬克在公議堂將俄皇在冒司可所講之詞一為述及謂保該力阿残殺之事已激動各國仁愛之心倘各國會議不成俄皇不能得其平治之法欲獨自興兵本國必不相阻以俄之所欲即本國所欲知其必無他意也且吾國與俄和好之意非他人所能閒試觀吾國與俄奧二國先時所定相助之約至今如故從未改易庶可知矣　此蓋在會議前三禮拜畢斯馬克明告各國德奧二國若見所議不成俄欲出兵決無不從之辭也

法國外部大臣公爵狄開雪亦明謂俄若出兵敵土法則為局外絕不與聞其事云

意大利外部大臣狄魄里尼司亦於會議前謂時已急矣不當顧小利而忘大義置惻隱之心政教之事於不問云

各國大臣將欲會議之時英宰相告知土駐倫敦大臣屋第恩曰俄土交戰雖不能遽分勝負然後必俄勝無疑云

由是觀之各國大臣至土京會議先有一事甚明謂不能定議於土必欲勉強若非出於各國必出自俄出自俄而各國無有異詞則此後兵連禍結土任其咎試觀英國家訓所派會議使臣之詞可見矣方英之派少而司襃往土京會議也其訓詞曾曰會議時當宣本國家之意使土朝知悉於其暴虐之政定不能忍倘今此各國大臣欲議保全土國之法土皇決意不從則此後兵革之危咎歸土皇及勸土皇不從之人而已

一千八百七十六年十二月初五英所派會議大臣少而司襃遂至土京嗣除土不得與聞外各國大臣先將若何

會議之處略一審定遂於二十三日會議連議至一千八百七十七年正月二十日猶未畢二十一日始為末次會議其會議時先定要議各事為土不從之故為之漸減迨至減除幾盡土尚不肯俯允於是少而司褒將其國家所欲言之意告知土朝謂土於派利和約獲益甚大六大國無不皆守此約而土皇於其約中亦有應許修改國政之辭亦須遵守若土皇至此事急時尚不肯從六大國所議尚不能行派利約中所許滅土之危可以立待少而司褒又將其訓詞之意告知土朝謂如有危難本國不任其咎惟土皇與勸土皇不從之人肩其責而已各國會議大臣亦令少而司褒致意土之會議大臣謂以上所云係末次之語無復有他說矣

有人謂少而司褒不依其訓詞言之過當豈知於一千八百七十七年五月初五英國家不但謂少而司褒無誤乃事且自君主以下公議堂各大臣皆謂其告土朝咎歸土皇之語甚是云

觀上所議知土國家似被六大國從重審問定罪而陳其罪案者即英所派之會議大臣少而司褒也

乃土朝卒不從其所議自外觀之得不訝其異甚然亦不必訝也其信以為俄土交兵係英者大不能見土之敗坐視不前也久矣是有故在可得而言也

前訓少而司褒之詞已明指英斷不恕土之虐政倘土不從各國議保土朝永固之意將來啟釁咎歸土皇及勸土皇不從之人而已此係英軍機大臣之意更有大臣鄭重言之謂先時土所應許之詞必欲實見諸行事云戶部大臣亦謂須徹底究治不得徒事敷衍又有外部大臣謂必欲得土擔保保其修治之法必行云以上所云皆指土若不從必欲勉強

豈知至會議前一日外部大臣大闢致書於少而司褒曰本國家現已計定無論陸軍水師不願與各國用兵敵土云此書係十二月二十二由倫敦所發至少而司褒接閱已在會議一禮拜之後先是十二月十九即會議前四日大闢已將此意告知土駐英京使臣謂土若不從各國大臣所議本國家決不勉強然若因此失和亦不可望英相助云十二月二十四土駐英京使臣見大闢致其外部大臣色非土之會議大臣所發電報曰本大臣將　貴使臣與英外部大臣大闢所云之意言於本國首相本國首相感甚請　貴使臣為首相致謝英外部大臣又請將首相之命告

知英外部謂本國家當此時事孔亟愈望英國家相助今英之外部大臣曉暢戎機心不偏倚辦理交涉事務措置裕如與本國家相好於無間真沐再造之恩云

吾不知土之外部言於首相者何事致其感謝若是吾知定是大關所云不願與各國出兵敵土之意即賀之大關亦以為然也乃土駐英京使臣慕所羅謂色非所發電報係知大關有稱頌土大臣密達之詞故因此致謝云吾謂不然豈有土使臣不以英不出兵敵土之說報知土朝而僅以稱頌之詞回報乎

要之大關未告少而司裒之先已於會議前四日告知土駐英使臣謂土若不從各國大臣所議本國家決不勉强可以無懼大關又恐少而司裒多言致敗急於一千八百七十七年正月十三日致書少而司裒曰會議業已不成矣　貴大臣必不可稍顯勉强之意亦不可出言過重令人誤解有勉强之意也

大關亦告法駐英使臣謂各國欲勉强土朝本國則斷不從命云即土京會議各大臣欲將所定各條陳於土朝大關亦不許少而司裒簽名其上且見所議之事斷為減除愈以為快致土之首相知少而司裒與外部大臣及宰相意見歧異少而司裒回報本國亦謂至事急時土首相總有恃於吾之外部大臣與宰相云

英國家初訓少而司裒之詞甚善惜會議之前人無知者惟宰相所講不從各國勉强之論則人皆知之土亦知之是以羣知英之法如是

其法如何曰一面暗有敵俄之意一面暗有倘俄敵土英則相助之意有一通知國政之新報論其事亦如是俄宰相亦知之矣何以見其然也當英駐俄使臣見俄宰相之後回報國家謂吾見俄相俄相恐吾宰相所講不從勉强之論傳至土朝彼將愈有所恃不從六國所議為之戚戚云

少而司裒會議後回至本國於一千八百七十七年正月二十日在公議堂上院言曰各國大臣之至土京會議也首欲土與色飛亞息兵繼欲得土善治各省之法更欲力免俄土於戰是以曾明告土朝謂土若不從所勸則亡國之禍他國不任其咎莫不惴惴焉懼會議不成俄土必將有戰也

會議時俄已令兵至俄土交界處待命而行是以勢甚岌岌而英宰相所講之論實有以壯土之寒心而土更有可

恃者二也少而司袞謂一則土自以為俄若滅土關係歐洲者大各國斷難坐視英之公議堂各大臣及各新報論其事皆以為然英之駐土使臣亦有同見英之宰相及外部大臣大闢亦謂英縱不能與俄敵土然關係英者太且有派利和約何可廢焉是以土即國破人亡一敗不能復振吾英何能不出而自保利益遵守派利之約二則倫敦大報謬謂俄兵不足軍械餉需俱不精備未必能勝且陸軍疾病者半未必用兵可無懼也

少而司袞謂土若不信俄兵不足知其必欲出戰無人阻焉則會議所定各事土必遵行可以免戰

凡有詳知土國律例者必以少而司袞之言為不謬何也土律例有云無論土皇侵伐人國與其自禦人敵未得墨夫尼回教主意旨土皇不能出兵欲得墨夫尼旨意必先知土之兵與餉俱足可操必勝之權而後可據伊登云墨夫尼旨意是所至要如不待其意旨先行出兵墨夫尼可廢其皇激人叛之其律例如是故若英與各國同心不使土有所恃則不敢不從不從則勉强誰謂土之兵力能敵歐洲各國墨夫尼能出意旨與各國戰乎故勉强者即所以保土厚土而不然者即所以壞土滅土也

海國圖志續集卷七

英國麥高爾輯著　美國 林樂知 同譯
寶山 瞿昂來

土京議後情形

試觀會議不成之後俄與各國之於土乎夫知又書中所稱六大國皆名勸和之國然五國所欲勸和者土與發難之回教外人英則異是當英國官民等一聞保該力阿之事莫不同深痛惡嗣知　國家與各國有同意并派少而司袞至土京會議人心於是始定惟靜俟若何會議而已英國家見人心已定謂其頓忘保該力阿之事聽度與否吾實不知至會議後英國家仍執故見不與各國同衷則非無據初派少而司袞時外部大臣大闢令其必欲得土擔保及至會議時則又令所欲擔保各事漸漸減除及至各國顯有失和之意令常駐土使臣下旂回國英國家即告知土朝謂吾之召回使臣衷立浩非為此意

夫五國以為土與發難之回教外人有釁故派大臣會議勸和而英則不然以為俄土相爭會議之事實為俄土排解於何見之見之於一千八百七十七年正月二十二日少而司袞回報本國之詞謂派吾勸和俄土之至意迄用不成云又有一千八百七十七年二月二十日宰相皮根士非而在公議堂上院自設問答之詞曰本國大臣少而司袞在土京為何事曰為勸和俄土云夫即作勸和俄土而論不和亦不可以咎俄蓋會議時少而司袞已將各國大臣之意告知土朝謂此後俄與土戰咎歸於土況有派利和約第八條所定謂土與俄立此約各國若有交涉之事有礙和好其未用兵之前要使與立此約各國先為勸免云又有一千八百七十一年所定約後之批謂今德奧英俄土各國大臣集議共認萬國交涉最要之理係各國若未商議允准不得有一國輕棄此約並擅自改易云夫俄土未用兵之前俄曾請各國勸免及至事不獲免各國亦准俄加兵於土故於俄有何責也

各國大臣會議之前二日法駐英京使臣見外部大臣大闢問曰關係於英者大英國家肯與五國勉强土朝否大闢曰不能强土從各國大臣所議即至事出於戰亦不救土云大闢欲使德國家知者亦如是何以知之各國大臣

會議五日之後大闢致書於駐德京英使臣曰昨接　貴大臣電報云德駐本國使臣已將本大臣所云不能强土從所議之事報知其意又云德國家已告知　貴大臣謂六大國若不一心挾制土朝恐土有恃無恐必至於俄失和云云夫本國家不能强土從各國大臣所議即至事出於戰亦不救土前與俄駐本國使臣亦言之矣本大臣屢次所陳不外此意云

夫五國皆欲勉强土朝以免兵患而英則不然任俄土交戰而已然俄尚不欲戰也一千八百七十七年正月十九日俄相告司昔夫檄飭俄駐各國使臣以達於各國曰

今為土不依各國大臣所議是以東局危急情形又變本國家初為事關各國欲安於無事必欲六國一心同理六國亦以為然所難者欲使土治回教外人一律慈祥公恕以免再亂有傷各國仁心并礙和好耳先時因大有關係於奧本國是以與奧議定條欵咨明各國以期共知共聞起而行之所定條欵於安得蘭雪文件中已為陳明各國與土曾皆允許特未一行為憾後有伯靈會議紀略有數國以為可行而乃未蒙各國俱允因此其事抑復中止及至保該力阿忽遭慘殺更有土廢皇之變土與色飛亞莽台尼格羅之戰在在均關危急各國大臣於是起而復議而英國家所首議立一和好之基保於弗替以期各國派大臣將此意在土京詳議者各國皆有同心及至土京會議之時將若何可以和好若何可以修土國政之意先為集議呈於土朝使知此係各國之同見而土終堅忍不從計各國欲定東局和議者已有一年之久而總以土皇不守前約輕棄各國所陳之意使東局時事非特無望轉機且更覺有礙歐洲和好之憂隱傷各國仁心之懽本國家見此情形於未出一謀之先欲知各國之意究將若何措置雖各國之意已於土京會議時可以概見然土仍輕棄各國蔑視和好土京所議抑復不從各國於此果何以使會議之意卒使可行請　貴大臣示知各國意之所向將此文言於各國外部大臣知之再㴁一稿送存各國外部可也

此支之無一語忤英也如是即英獨阻止各國勸和之意而俄仍無一詞責英俄於伯靈會議紀略不過謂未蒙各國俱允亦未指明英而言也

會議不成之後英外部大臣大闢以為必不有戰而英之衆見則不然以為俄已有他國不能定議必欲獨興舉國之師之命故必有進無退決不食言見怯貽笑於人也

一千八百七十七年二月初八日大闢於公議堂上院論及會議後情形曰會議之事雖已不成而亦已成數事會議時可望有平定之機稍懈俄欲戰之心聞俄國中有預料戰事之危不思急戰者一也會議各款先時土皆不從故各國俱欲勉强令土懼而可望其從或可免戰二也土即不從之後俄可明告其民謂事關六國土不從是抗六國非與吾一國抗也吾何必獨出而與土爭乎如是則更何至於戰

夫大闢以不戰之言慰國人人皆信之後至宰相與部臣來約得激動人心有事於戰大闢知不合於朝遂退而不仕亦可見其忠於國不欲戰之心矣吾於大闢何責焉然其議辦東局之法不可不論然不易論存不可訕上之心而論或不公欲公其論而或類於訕上故吾不必言試以前訓少而司衮之詞及寇勞司腦斯可二大臣之言與一千八百七十七年二月初八日大闢所講之論比例以觀焉可再觀英國家前後異詞焉可初一千八百七十六年十一月英國家謂土皇不可以前所未行之應許望見信於各國者至一千八百七十七年二月則以為可望見信又於一千八百七十六年十一月謂不可徒示虛文應許修理各事者至一千八百七十七年二月則亦以為可是年訓少而司衮謂當明告土皇不可不從各國大臣所議者及竟至不從則將所議反為減除若忘前次之言矣英之無常也如是而俄尚未急欲用兵也一千八百七十七年三月三十一日六國大臣在倫敦所定約稿不過責土皇實行其應許之辭六國祇令駐土使臣及領事官等伺其後而已俄皇將此約稿令其駐英使臣遞於英外部大臣大闢即令其告大闢曰俄於東局一事受損已多壞吾民生勤事礙吾國中通商更因調兵五十萬餉需所費不貲若其事未定不能遽爾撤兵本國並非好戰惟不能無因而自退云

倫敦所定約稿即俄之衷的美登俄已告知他國矣今錄於左使人知俄之衷的美登若尚有待焉而非急欲戰也其文曰

今欲平定東局前曾派大臣往土京會議之六大國知事之成先在六國意見皆同然後再一意闢知土朝謂東局

之事關於六國土所應許修理各事亦關於六國今六國已允土與色飛亞息兵議和至莽台尼格羅六國以為其界須定保亞納江須得彼此駕駛船隻歸於通商公用是為至要可望久安又欲土照平常駐劄各兵外所有多招之兵盡行撤散前在土京所議平定各省亂事之意六國已任土自行不可再緩土於一千八百七十六年二月十三日所出通檄各國之文及會議時陳於各國大臣之意六國皆已知悉為此土將丕煥新猷大利於國之時六國宜亟思一法以免交涉於各國之事又望土始終行之六國不復與聞惟令駐土使臣及領事官等伺其若何舉行而已倘土仍不行依然虐待回教外人使屢長亂階則六國先明告土朝謂既不利於六國亦有拂於衆心六國宜同出良法以保回教外人以全歐洲和好之至意云

此約稿似無損於英可使英與各國同心矣然自會議之始以至於今終因有阻止之人故不與各國合土朝見此大有足恃凡可以扶土之弊救土之衰者概不俯從并此約稿亦不納矣所定約稿初則各國俱無異詞後英則定欲於約稿後另添一條於是五國亦紛紛為之致各國同心不可再失之時又為英一國而失土朝見約稿後有英所另添一條知係保護其國喜甚遂棄約稿於不顧謂予不信請觀一千八百七十七年四月初五日土京意大利參贊大臣回報彼國之文焉可其文謂日者與土外部大臣晤談土外部大臣謂吾國於約稿上所添之詞與英有同意信吾國於英皆憐助土國甚為欣幸云云本大臣答以本國望土朝興旺保其全權是也土外部大臣又謂是以知吾國與英有同意也本大臣則直告以欲保土朝於不敗在於土與各大國和衷共濟不在於望各國之互相歧異云

土宰相密達謂此約稿之文自吾視之無有損土全權礙土自主之處即或隱含此意言之甚輕非不可從其如言國家輕人重己倨傲之習卒不可回何不觀其宰相之言尚不足以知約稿之若何易行而卒不行也

英國麥高爾輯著
美國　林樂知
寶山　瞿昂來　同譯

俄土之戰咎有攸歸

觀土巻所云則知土終強項不從英亦不與各國同心矣俄於是惟有獨自加兵於土一千八百七十七年七月二十三日俄皇詔國人以戰曰朕以恭膺天眷總理萬方知爾民人等忠心體國憂朕之憂見土虐回教外人不忍坐視必欲土朝改此弊政以慰於心與朕實有同意深堪嘉尚朕以保爾等性命身家為急哉自朕嗣統以來常欲國安於磐石不事兵爭即前有海蒐果斐那保斯尼阿保該力阿之變朕惟急與歐洲各友邦和衷共議以期不失和好使土皇立一定章以免三省官吏荼毒生民而已凡此土所應為之事皆其先與各國立約許行者也乃卒至不行并土京會議紀略亦置之度外朕計無所出於是與各國復立一約稿將土京會議大意載於其中謂此係各國之意望土起而行之豈知士卒堅忍不從為此定和無策若非加之以兵何以雪公憤而遂人心今特告爾民人等土實迫朕以不得不戰前所云必欲獨興舉國之師者此其時矣仰皇天眷佑今日特命待在交界處五十萬大軍過界爾等其知之此諭大俄阿來克闌恆特二十三年即一千八百七十七年四月十二日在克斯乃夫地方發意法德奧接閱此戰令皆心竊然之無有異詞英則知俄皇有戰令即於一千八百七十七年五月初一日行文拒之今摘其文曰土雖不從約稿然尚欲行其先時之應許告司告夫謂土不能行其所許及各國所勸之意本國家不以為然云

英國家又謂俄出令敵土是違一千八百五十六年派利之約所載俄與立此約之各國總欲重視土之自主及保其全國之詞又謂俄不與各國商議獨自敵土是獨斷獨行與其先時陳於各國之言亦背矣

總之英於前雖云戰之咎歸於土雖因有派利和約第八條及一千八百七十七年約後之批各國已派大臣在上京會議至此時而反咎俄之違約矣英之無常焉如是其若之何英常謂俄其狡譎吾不知他國能不咎英實不足

恃否。

英國家之意若是之屢變則有何解曰此即東局可危之機也當少而司袞會議之後俄將戰之先英派來約得爲駐土使臣見土皇後知若非一反少而司袞戰則咎歸於土之意以咎俄則事不可爲矣然欲使衆人皆知咎之不在於土必欲土行其應許以明土非迫俄之戰而後可戰則歸罪於俄來約得則其計狡甚不爾也爲土設一紀略謂土之不從約稿人鮮不得有恃於英以激俄之戰俄見人心如是遂將戰之咎獨歸於土矣

噫俄則並未言咎歸於土英之少而司袞前實奉國家之命宣各國大臣之意以告土朝者也紀略又云土欲各國不以戰之咎歸於土必欲使人知願意求和且將求和之意歸於各國掌握而可又云俄土若出於戰國人不願助土吾國家已無能爲力惟有早自求和以觀俄之從與否倘從而不戰則俄可歸各國勸和可使俄息兵而土特有各國在亦可息兵矣兩兵俱息和之基也倘俄不從而戰則俄實欲戰人可咎俄矣且土更可執派利和約第八條以退强俄若不能退亦以告天下土實亟欲求和云

來約得以此狡計欲爲土皇反其先時咎土之意不亦可笑也歟土皇果從其計通檄各國謂派利和約第八條之意不可廢云

英外部大臣大闢亦墮其術中謂不遵派利和約第八條不足以服土獨是各國則不然謂皆土京會議及倫敦所定約稿實爲此和約第八條之故今則其計已窮矣俄再將此意檄知各國而英獨曰否

海國圖志續集卷九

英國麥高爾輯著　　美國 林樂知　寶山 瞿昂來　同譯

局外與定和之要法

一千八百七十七年正月二十六日英宰相於公議堂上院言曰欲知吾國家於東局若何觀前年五月中之文件可知其辦法云其文件所論即大關指明極有關於英國利益不能不視為局外之四事一埃及一蘇彜士河一大迭納而及保斯花勒司兩水峽一即土京何以言之俄與土戰埃及與蘇彜士河須置在局外兩水峽非得英之允許不可有改前議若土京則英不能任其失於人手然所云埃及與蘇彜士河置於局外者俄土皆不可在該處用兵方貽平允乃英則許土在該處用兵拒俄俄則信英之言反不能用兵禦土然俄則並無一言責英任英偏土而已故俄宰相告司告夫行文於英謂埃及蘇彜士河准置在局外不作戰地兩水峽任從各國議定至於土京則可為俄有以期早息兵事然願歸各國商議而定不欲其入於人手以啟爭端云然英未接此文之前英內部大臣寇樂士論曰俄師不可逼近土京至欲據為已有無論其時之久暫萬萬不可云寇樂士此言並未行文通知於俄故俄可謂不知然俄極欲與英相好毋啟猜嫌故聞寇樂士如是云云欲得其詳乃其時俄駐英使臣適回於俄故欲聞其詳而不得迨又至英遂將俄皇欲和之法言於大關曰所云埃及蘇彜士河及兩水峽置在局外無不可行至土京則可得而暫守蓋兩國戰爭無不可入都之理且若不得土京則戰何時止俄非必欲得土京惟欲畢戰事不得不作如是想倘英知此意於俄兵未至土京之先早與各國令土求和則俄兵且可不近土京遑論得乎若英懼戰事蔓延礙於印度或阻英與印度通路則於俄絕無所益俄必不然云

然疑俄者終謂俄皇之法不足信然使果不足信則英宜早與俄絕何疑之者已非一日而終不與俄絕也是疑者之妄不問可知況俄皇曾謂其法若不合於英願英宰相為之更改夫俄若是之坦然於英而尚欲疑之乎至英所欲保土朝及土京與兩水峽不可為人有之至意俄皇無不許可觀於近今俄所立散司迭發拏之約俄亦行英之

意未變其所允許也試以俄師未渡朵淖伯江之前俄皇行文於英內載和土各款與散司迭發拏之約比例以觀
可以知俄皇之行顧言矣其文係一千八百七十七年六月初八日所發由俄駐英使臣蘇物樂呈於英朝而其首
列一事係俄皇欲盡力與英和好望英亦有同意
其文中亦謂交戰時斷無有令兵不入人之都者故土京欲得則得非人所能阻惟相時而動非欲據為已有而已
英國家可以無恐
其文中又謂俄則急欲與土議和若議和於俄兵過巴耳刊山之後則和土各款不無更改今將各款開列於左
一巴耳刊山北保該力阿之地各國應保其名屬於土實則政歸自主
一土之兵丁官吏均應由保該力阿遷出凡有礮台棄燬於地平之
一保該力阿設官自理應即令團練兵彈壓以資臂助
一保該力阿之地在在巴耳刊山南者及凡有土屬回教外各省各國應均為保護俾其免土虐害
一莽台尼格羅色飛亞等俟各國議定後應增其疆域
一各國於保斯尼阿海蒐果斐那應會定章程得以興旺其地并保其得土善政
一地界於奥斯馬加者日後應歸奥主議
一色飛亞應如保該力阿名屬於土實則政歸自主所有關於名屬之事宜預定於先以杜爭端
一近歸自主之羅曼尼阿應認其自主與否須憑衆見
一以上各款若蒙各國均准各國可同出一詞挾制土朝謂土若不從則戰之咎獨歸於土
一土若於俄師未過巴耳刊山之前能從以上各款息兵求和俄固甚願惟所費軍需俄必責償於土
一俄即取土之拜薩來比阿（屬羅曼尼阿）巴東及巴東屬地以作軍費
一若以羅曼尼阿所屬拜薩來比阿償於俄各國應定議許羅曼尼阿自主不然則宜取達布爾灑一地以補之
一奥斯馬加若見俄疆日闢不能與俄持平或欲保以上所云自主各地起見俄可任奥行權於保斯尼阿及半屬

於海蔑果斐那之地
俄國家所願與英國及各國同心以期速成和好者其意如是又命蘇物樂將以上議和各款及俄欲與英同好之意盡情告知英外部大臣大闢毋隱
又有最要一款謂俄皇既陳明其意不欲令兵過巴耳刋山以壞土朝然未知英果能守局外之例不令兵守土京及兩水峽否
英守局外之例一言所關甚重俄蓋謂英守局外則俄永守以上各款不然則否
試問英國家其不以各款為然乎曰否英國家即令駐土使臣來約得探知土皇之意若何果能勸其從否乃來約得並未採問遽爾回報曰吾不能問也
八月初七日俄皇又言以上各款之意謂英若不變其守局外之例則其意亦不變英若有變情形又將一變且俄除拜薩來比阿及小亞細亞等處之外並未有再思得土地方之意云
此則俄皇第二次告知於英英國家甚服其無私見者也試以議和各款比較散司迭發拏之約及英宰相外部各大臣之意亦無甚歧異
迨俄師過巴耳刋山之後至阿得里安堡英國家勸令俄允不得土京俄則仍執前言堅不允從於是英外部大臣欲俄宰相許兵不至噶里坡里俄宰相答以英必不據其地土亦不令老兵屯守其地則可大闢業已許之乃未幾而土令老兵守其地矣其時俄則仍守前議也
當時俄非有必欲得土京之意惟事不獲已不能不暫為據守且顧前議亦不思得噶里坡里至一千八百七十八年正月二十四日俄使臣告知大闢謂土已違議兵至噶里坡里云然俄則仍顧前議且思更為退讓也豈知是日英兵船在地中海者其水師提督接得英國家於正月二十三日下午七點鐘所發電報曰所有兵船駛進大達納而逼近土京不必與聞土俄戰事惟通此水峽毋令人阻塞而已設或土京大亂吾英人之在彼者汝必欲保其身家性命再令汝另派船隻於其水峽往來巡察所有駛船往土時日必先回報所經必斯克海灣在彼暫泊恐有後

命、如無後命、即前往勿遲再行、蹤貴密毋令人知、接得此電報即覆。大闢於是時知其有戰遂謝職不仕後兵船已退大闢就職如初是則英國家自絕於俄如何反咎俄之狡譎乎、後腦斯可於公議堂下院言曰、水師提督所統一幫兵船土即不許進其海口、必欲勉強而進云、俄於此置若不聞、含忍而已、二月初五日、下午五點鐘、英駐土使臣來約得以電報報知國家曰、現俄土雖已立息兵之約、而俄兵仍往土京前進、且俄將軍史錄浩強欲土之將帥將兵退出雪里夫里、而昨夜土兵已退矣、俄將軍又云奉國家之命、今日必欲據忒他爾寨地方云、

其時英公議堂下院、正在議餉而從者半阻者亦半、至初六日下午五點鐘一刻、得此電報、其議遂定、電報所云俄兵前往忒他爾寨果然、然依息兵約而行、非犯息兵約而行也、來約得謂其前往土京誤矣、俄兵既至忒他爾寨、英又令兵船駛近土京、此次則明謂恐土京中回人昏亂、有礙寄居其地之英人、為保護計、然大唔士大報論及此事、謂令兵船駛近土京為敵俄計、非為保護計也、其時五國皆謂土京中安堵如故、故不請於土、不令兵船前往、乃土雖不准英船入其海口、英國家則令水師提督勉強進矣、

俄國家見英如是、仍不怨懟、其宰相告司告夫行文於英曰、所云保護土京中寄居之人、甚是、吾國家亦可添兵相助云、大闢拒之、即回文於俄曰、

吾英派兵船往近土京、以保本國人、是昭友邦之誼、若俄為之、是敵土、且違息兵之約云、噫、英令兵船強入其海口、尚云友邦、俄依息兵約而行、反為敵國乎、其時英兵船泊在馬摩拉海、離土京甚近、僅一點鐘可到、俄兵則至散司迭發拏而定、離土京遠則倍之、然欲阻俄兵入土京者、反使俄兵漸逼土京矣、蓋英與俄業已議定、俄不可得土京、而俄則謂雖不欲常得、然至事不獲已、非謂不可暫得、英既准此矣、後俄兵至阿得里安堡、英亟勸俄不入土京、并不入噶里坡里、俄允、英兵若不至噶里坡里、并不守兩水峽則可、英雖准此、乃密令水師提督、無論土皇准與不准、將兵船強入其海口、俄見英若是、遂與土議息兵約、時欲兵至忒他爾塞、英聞之懼甚、於公議堂急籌戰款、又令兵船駛近土京、以備不虞、俄師遂進、次於散司迭發拏、英遂責俄食言失信矣、然至和約已定、英兵船仍泊在馬摩拉海、俄不以為然、英則謂俄兵仍在土京之外、吾兵船仍泊在馬摩拉海、迨俄和[illegible]、議定退兵、欲至蒲亞田登舟回國、

英使臣又恐以若是吾將令兵船往近土京云夫英之紛紛若是者惟不欲俄得土京而已然究其實俄自二月以來土京已在其掌握中矣

其時五國袖手旁觀見英國家如此辦法奇甚有疑英者輕英者而説者謂英國家所以如此者俄土所立之約有礙英益利故也然亦何礙之有約中各款俄曾先時關知於英英已允准俄所許埃及蘇彝士河及兩水峽於局外者未嘗食言所云可得土京者雖屢獲勝仗復有英兵船泊在馬摩拉海以觸其怒俄仍不令兵進土京為據守計也

試思有礙英利益者何在所云埃及蘇彝士河則有英大臣寇勞司名論謂俄若攻奪此二者事關天下恐俄未必欲與天下爭也故英可無慮若土京及兩水峽俄若得其地以為進攻印度之基則關係於英者大不然則英之關係較各國少也

歐洲東方交涉記卷十

英國參高爾輯著　美國 林樂知　同譯
寶山 瞿昂來

論俄於印度有何關係

上云俄若得土京不復進攻印度則英之關係輕於各國試思俄果有攻印度之意否觀一千八百七十七年六月俄皇來文既明言俄欲礙印度於俄無益俄必不然矣自吾思之俄即得土京亦無益於俄乃吾人疑俄於中亞細亞欲開疆拓地以爲進攻印度之計則亦不思之甚矣夫古時何來克闕輕騎進攻印度所需者僅弓矢矛戟而印度所有者尚未聚以勝之故爲所敗今則異是夫俄與土地壤相接非有天險以限之亦無須憂牽制其後尚且自用兵以來至於息兵立約時則閱九月兵則不下有四十萬若俄於印度不論以何地爲進取之基吾知其非用兵五十萬不可況地半不毛無路可通也然有人謂俄用二十萬兵已可集事何必五十萬然即以二十萬兵而論經此荒闢無人之地舍駝馬不能行并其運送一切必需之物而計之駝須十四萬頭馬須三十萬匹隨役人等須一百五十萬名艱難險阻無論其不能達也即可以達而途中已歷數月矣吾英於此一可於印度先爲防禦一可絕俄兵歸路試思先時俄攻基法尚且備歷艱險何況於印度路更遠乎至其行兵費用有武員范德爾蔵每運一驛子至中亞細亞費洋十元然則運至印度交界處則其費更可知矣

夫俄兵三十萬即使不折一兵竟至印度之界必欲經開白罷蘭兩山隘吾可於山麓密布礮臺連營以守又況運兵運餉有鐵路之速印度洋之便以逸待勞可以必勝俄必大敗而退如是則基法等處素不服於俄者皆將乘機思逞以絕其後俄不特不能得志於印度俄之中亞細亞亦不能無恐非特中亞細亞不能無恐即俄在歐洲亦將震撼矣

然使謂英兵一戰即敗竟爲印人所逐逃回本國幾無一英人在印度俄人豈不大快然印人若此非助俄敵英不過欲盡逐外國人而已然俄亦外國印人仍欲以逐英者逐俄故即謂英敗俄勝俄於印度其難方始未有艾也蓋欲征服印度其事甚難吾英於此積日累月者時閱百年之久而謂俄能一旦得志於印度乎

故謂俄能侵伐印度者細究其實不過如夢中囈語前有將軍黑丁士謂懼俄侵伐印度不過夜中魘語後有人將其言告知活林登亦云然謂吾英於印度無一懼俄之處云

以上論俄得印度論其能不能以下則論其欲不欲夫懼俄惡俄之人皆謂俄非昏愚不思利已然即使俄未失一彈未折一兵竟得印度何益之有以吾觀之英若以印度送於俄俄亦不欲且英若不有印度他國有之欲與於英英亦不欲惟業已有之凡關於利益之事不可不為籌畫然英仍未得大益也得其益者少受其害者多英若與他國失和先欲防印度恐其生變權為所分動多牽制雖然英比他國則得印度之益者大故人皆恐俄得印度然俄若得印度不反富而反貧不反強而反弱較之英有印度為害更烈俄若與英失和更難兼顧萬不能如英尚有印度洋之便可以駕馭故欲害俄使其攻印度吾之不信俄欲得印度者非謂俄必無私心無貪念謂俄人非盡癡愚欲得印度以自害也雖疑俄懼俄之人亦不謂俄人盡若癡愚然其所言所行則反若癡愚矣

或者曰俄雖不欲得印度可於中亞細亞或阿米尼亞唆聳他國以礙印度然必凡有利益英俄常相反而後俄或如是然吾已明言英俄利益於印度初無相反然則利英不利俄者何在意者其在土京乎吾即謂俄可暫得吾縱不願俄得并不願英法兩國之得以其與俄皆非所應得吾願土京歸於何人歸於先時所有之人以理言之土國回人之得土京并其京外屬地亦非應得蓋其始得之以盜竊之行故雖得土京為時已久終不得為故地又況奴隸其民恣意酷虐以理而言土之人民不宜服於土乘機以逞其所大欲可也一千八百五十六年派立利約時各國認土在與國之中是一大誤蓋土京並未屬於土今縱不能將其地立為希臘人之國或司拉甫人之國或以其人合為一國惟有各國互保作為局外之地而已

夫吾若顧英利益懼俄攻印度惟有誘俄至土京以表盡心於國而已何則俄若得土京可以扶衰救弊將土所荒闢之沃土復成佳壤物產於是盛文教由是隆矣夫欲知土所轄之地若何盛衰試觀希臘國史可知昔一千二百年間希臘朝錢糧有二十六兆磅以今磅數計之有一百三十兆磅雖其時小亞細亞大半已為回人所得意大利南方亦已為歐洲北人所有并克復耶路撒冷及讓於西方人通商不收其稅而所徵錢糧計之所失甚鉅而尚有

此數乃今土朝所轄之地及地之能出物也遠勝於前問其所徵錢糧則於俄土交仗一年僅十八兆磅耳

欲知土國若何衰敗可更觀數事以明之一曰農事土國天氣之和地土之沃甲於天下是以物產之盛他國罕有且其地跨有歐羅巴亞細亞阿非利加三洲四通八達江河海泊所在多有通商便之天下無一國如是之諸美畢臻者亦無有如是諸美畢臻肆行暴殄者何以言之土國中向來興旺之地及凡有城市熱鬧之場今盡變為荒涼寂寞不見華屋惟穹廬在望而已二十年前有一土國人紀小亞細亞一年所出之麥約值銀三百萬磅倘就其土地之美盡心墾闢可以加至十倍其餘出口貨物亦可多至數倍云

一曰勤事凡製造各物亦復日減一千八百十二年忒孥及司可貪兩處織布之機曾有二千張至一千八百四十一年已減至二百張今則恐不至百張矣又素所著名出絨緞綢綾之處曰阿必克曰勃羅麗因土治法日壞今比前五十年所出之貨不及十分之一不特該兩處如是阿來怕及白格達特亦復如是

一曰礦務所開銅礦百分中可有三十分銅質較英礦銅質多至兩倍煤亦夥且與鐵礦毘連便於製造成物祇論小亞細亞一處土國初得其地時興工開採之礦八十有四今則開採者僅十礦而已亦因辦法不善所得之物較少

由是言之欲俄不礙印度誠不若使俄得土京為善夫俄礙印度無利於已不過使英不能專注於土英不使俄得土亦無所益不過免其有礙印度然若以土讓為俄有俄將興其地利之不遑誰肯勞師費餉以求不可必之印度乎昔俄宰相早已言之矣謂人有謂俄欲得印度者其為人惑焉滋甚俄必不為其所蒙也

吾即謂不若使俄得土京試思俄果欲得土京否歷代俄皇及軍機大臣皆云不欲即不以其言為然試思俄得土京果有益否以吾觀之無益有害俄若得土京勢必將京外之地亦屬於俄始則救人於水火之中可以免土之虐人感其恩後苟不合於俄必將生亂以其不與俄人同類同教者之多也俄即能善治其民不使生亂猶有一難俄得土京必貪其地利之美惡其本都寒冷為遷都之計然一遷都則離本都遼遠勢難兼顧凡見幾之士無不知之故決不思得土京也至俄之所欲曾一再明言之矣昔俄立阿得里安堡和約三月之後俄戶部大臣名納色羅致書於今俄皇之叔名康司坦丁曰吾兵若進土京以壞其朝斷無他國能阻亦何危險之有然吾皇之意以為不若

滅土權以歸吾國管轄則於吾國政事與吾國通商較之滅土朝以另立新國獲益更大吾皇總持此意以為合於理云　此書係俄皇家之秘書故所言皆實

一千八百五十三年納色羅又言俄皇志不在得土京俄皇亦於是年與英國使臣西麻論土國衰敗情形并若何分其土地曰地愈大則愈危故吾非有前皇格得靈第二之私見欲得土京惟願土國自強得以見重於人國若其自甘頹敗不能立國俄英兩國應預定其地歸於何人所得吾即不欲兼并其地吾以為呆淖伯江邊各地及色飛亞保該力阿兩地可合成一自主之國以歸吾國管束至若則可將埃及及克里坦一島歸於己特不准英行權於土京耳英若遵此吾則可明告於人總不欲得土京然土若於英俄定議之先遽爾自滅吾或必欲至土京吾非謂必不至云

後俄皇又云倘有強國如英者欲踞保斯花勒斯峽吾必不許以吾國通商及通地中海各江必由此峽若一阻塞通商立盡并吾國兵船不能駛往地中海矣再吾國若得土京遂不憚征繕以為不拔之基則俄之衰敗自此始何則得土京者及身即不遷都其地其子孫必貪其天時和暖宮室華麗遠勝本京必為遷都之計如是則國非其國雖俄無一人不願回教外人復其故地然卒無一人願其遷都云

俄國中見幾之士及留心國政者莫不云然皆謂使土國弱小以其屬邦歸於俄管轄較之得土京并其京外屬地獲益更大夫不論俄得土京與否於印度總無所礙越向南行越不礙於印度

故即以私心測俄亦無有礙英利益之處天下之所不可不和者莫英俄兩國若也倘傳之東方英與俄極其和好則即有亂民莫不慴服惟不和則害甚大爾

英至此與俄亟宜修好之時不知英國其何從也吾曾言英俄利益從無相反之處至於欲得印度譬如梯雲取月必不能得俄斷不然客曰洵如子言則英國中哲人不少何以盡惴惴焉惟俄是恐乎曰是由不情不實幻想者之多也盍觀前事昔英定律例時何以將一無罪之女巫投之於火以滅其尸耶何以竊者竊人之物僅值五賓林即比律科以死罪耶何以後有大臣於公議堂中議改此律僅有人四分之一能從其三分中教師律師以及按察司

皆以爲不可耶何以活林登與各大臣謂若一修改則國將壞乎何以一千八百六十六年狄司立論及稀蘭司登欲修改國政謂英第一等大國將降爲第三等民主之國乎何以宰相派而茂司登論及開蘇彝士河則謂如水泡幻影無益於事疑法國欲敵英之利益乎派而茂司登時爲宰相故人信之者衆乃至今日不過十六年英國中幾無一人不以爲妄言矣吾雖不爲先知然十六年後亦將無一人能信必有責今人之幻想妄言者矣

英國麥高爾輯著　美國　林樂知
寶山　瞿昂來同譯

論英與各國宜若何會議

觀吾以上所云可知英於印度無有懼俄之處英苟於歐洲一面待俄以理不激其怒則俄於印度斷不生其私見是則俄與土立約英於此辦法有二非因懼俄欲敵俄救土屬各省之意即當與俄同心并使俄所欲救之人多得自主之權由前之見則將見惡於日後行權於土之人使其愛俄恨英并使俄得市惠於其人悔之無及由後之見與俄同心救土屬之人則尚可將功補過所云過者土屬之人受苦已深英若不設成心則早已獲救故英宜乘此不可再失之時即不援手亦宜幸其得俄之救也倘欲定所救土屬人之界則不可有寸土再陷於土受其殘害若欲稍減保該力阿之地可減與希臘不可再讓於土至善之法最有關於昇平之局者土若欲長權於歐洲一面祇許其在土京及近京之地不許其稍越他處巴耳刊山一帶司拉甫省今既脫土之縛何不并救希臘省分若併救希臘省分則土在歐洲之權盡矣然則土不大可惜乎曰否土自立國以來於人如疾疫故翦除而驅逐之無人為之惋惜吾非惡土而出此言實為救人之故且於土亦何害之有現所獲救各省仍可歲貢於土以足其用所異者不得視為故地而已至於各省中回人好尚之不同文教之各異皆聽其便毋强以所難如是則待土亦不可謂不厚矣

據聞德國親王銜畢斯馬克欲於會議時陳其妙法使俄不得於歐洲東南多長其權然所云不使俄長權者非欲減俄所救司拉甫人自主之權惟欲使希臘人及阿爾排尼亞人亦得自主而已果爾則土在歐洲之地被人分取與奧與意大利豈不可於是時亦求其所大欲乎

迺此法與凡定歐洲東局之法皆為英一國所敗要其終極英不但敵俄并敵歐洲各國矣如是則宜見好於土而豈知否否當觀土俄初開仗時英允俄若照其所請則英為局外乃俄則實心允行而英失信於俄見於文書中者

不一而足即如前第九卷中英所至要者俄亦願歸會議而定豈知方將會議英忽辭之以難各國無不允從英獨退而不議是何為者蓋在會議之前先欲强他國不俟會議而定其辦法也然從無如此者昔與京會議未嘗先定後議法京會議時亦未嘗先定後議且各國派人會議原期和衷共濟以昭友誼非謂束縛之馳驟之强人以難堪也蓋會議時無論人之衆寡斷無有禁人之議者惟寡者以為當議而不能强衆之必從其議昔在派利會議時意大利宰相楷華言及意大利大局其時與國全權大臣不從其所議豈非明證乎至人謂俄欲禁人之議吾知俄必不然俄曾將近來所立散司迭發孥之約分送五大國意蓋謂凡有關於五大國者任從公議若僅關於俄者雖不能禁人之議然權歸自主不能稍奪俄軍機大臣總以各國不能明俄之意議論紛紛特陳明其意曰約中各條各國欲一一詳議亦無不可然從其議與否則權在本國云英宰相聞之急甚即備大軍與俄軍對壘矣噫後人觀此不將叱為咄咄怪事乎試問他國易地以觀其何以為俄地乎蓋嘗觀於與而知之矣一千八百七十八年四月初一日各新報云與國欲議之五事一與於色飛亞保斯尼阿莽台尼格羅阿爾排尼亞必欲立一通商並用武之約二以後將造至色祿尼楷之鐵路須歸於與三保該力阿不可於依其安海得其海口四贖於土皇所轄之地各國應保其歸於土皇自主五與與土欲立約定以上四事夫會議與國五事時安保無一國謂吾則不議乎若既可以不議獨俄於此時不能不議乎故若將散司迭發孥之約第六條所云保該力阿立為自主僅進貢於土者與竟易此一條俄豈不可曰吾意已定吾則不議乎

昔立派利和約各國最有關於今日散司迭發孥之約者惟與為然乃與既謂俄無不合理之處而英則未是一千八百七十八年三月十四日與駐英使臣言於英外部大臣大闢曰本國家於俄土所立之約其中有關於歐洲各國者以為俟各國會議而定俄宰相告司告夫亦已關知本國謂約中關於國各利益各條會議大臣可摘出公議至各國議定則此約定矣云云吾知　貴國家亦有同意正如安得闌雪所云或與或英欲阻其事無益者也一千八百七十八年三月十四日英駐俄使臣見俄相告司告夫問及新定之約告司告夫曰其全約稿業已收閱行將分送各國公閱矣英使臣謂然則會議大臣可將約中條款先議否曰約中各條吾不能禁人不議然餘關於

大衆利益當議外吾不必聽其所議云是則會議時可將散司迭發擎之約分作兩類一係關於各國利益俄可與各國和衷共議一則僅關俄一國之事俄獨主之若後來會議大臣欲將僅關於俄之一類亦議正如告司告夫所云吾即不能禁人之議吾正不必聽其所議者也

各國均無異詞獨英大臣少而司褒尚不明其分類之意英國家亦思牽制俄國將不與各國共議蓋由少而司褒未將約中逐條細閱第將全稿統觀謂洵如是土全失自主之權國將立敗然欲保土朝正當與各國速為計議倘不力求和法遽爾不議以致復戰患深矣可若何英果理直氣壯能實證俄違背其先時應許之言則亦何懼與各國會議且果曲在於俄非特英不能平各國亦將起而與俄爭乃英不與各國會議人自不咎俄之食言而謂英實失信矣況俄未嘗食言第九卷中英宰相所陳之法俄曾謹守不貳欲會議而定豈知英宰相至是又行一新法不但如前欲保英一國之利益以為欲保歐洲各國自主之權矣

吾雖英之一小民見聞未廣然知保歐洲各國自主係各國之事於英何與況吾更有說者先時英宰相見土虐待小民曾笑而不救今各國均能自保其自主反欲代為之謀乎　至少而司褒恐土朝之敗則未戰之前除英國軍機大臣及愛土者之外人皆知之即吾局外旁觀亦於少而司褒在土京會議時業已言及謂土之必欲勉強不待言矣然所云勉強不知出自各國抑俄獨一國用兵也倘歐洲各大國中有兩國勉強土國土未有不從否則必不能免戰戰則土朝必敗敗則必多生枝節此會議各大臣宜籌之於早者也

即少而司褒亦曾謂土若不從各國所議滅土之危可以立致且將此意告知土朝謂戰而若亡其國咎歸於土及勸土皇不從之人而已

有人責俄食其允英之言吾以為無損於俄猶憶俄之伐基法也所允於英者未嘗或背乃英國中讀書明理之人百人中有九十九人疑俄背俄謂俄皇食言試思食言者何在俄皇之言曾由俄駐英使臣蘇物樂陳於英外部大臣格蘭會格蘭會再傳於英駐俄使臣勞夫忒曰俄使臣蘇物樂言及侵伐基法定於明年春間動兵即一千八百七十四年

其兵有四隊半其侵伐之意以基法人時劫人財物有礙於俄及俄遣人責問反被生擄五十人今欲問之以罪救此五十人并欲告基法若再蹈故轍將不汝容然已令立約大臣與基法立約時不可謂俄將令兵常駐其地以表其不欲得基法云

後俄征服基法惟責以以十八年為期應償俄軍費二十五萬磅至退兵回國時基法皇求俄留兵於其京城以鎮定德可曼人俄曾不允所讓於俄慈江之右一處沙壤是年俄皇與阿霸科爾立約即以所讓之地讓之俄於基法曾駐兵未久有一於善坐俄之武員往彼探視亦謂不見俄一兵更有進者俄與亞細亞洲各國立約恒有禁販人為奴一條其與基法立約亦然

試更以布伐法國之事證之昔布皇諭曰吾國未嘗不欲與法和好而法皇拏破侖第三乃由水陸兩路進攻吾國吾是以統全國之兵以禦之以入其界惟是敵法兵非敵法民云此係一千八百七十年八月十一日所出之諭見於十二日倫敦大唔士報者也八月十九日布國太子亦有一示其首句即云吾與法皇戰非與法民戰也戰後布割法之奥而啥及樂凌兩地法民遂責布皇敵兵不敵民之言不見以見信於人食言矣吾不必論法人之宜責與否然較之英人責俄於基法一事似更有可責之處何不聞以英責俄者責布耶

一千八百七十六年十一月俄皇與英使臣論及英俄交涉之事謂英總有懼俄侵伐人國之意然吾已屢次明言不欲得地不欲長權並不思得土京人言大秘德之遺書及格得靈第二之意皆訛言不足信且明知得土京最有害於俄吾前皇皆不欲吾總不思得云

俄皇出此言之時即各國派大臣往土京會議之前二月也俄皇之不欲得地不欲長權蓋欲英與各國同心勉强土朝以期免戰也迨至事不獲已不能不與土戰俄皇已至土界即傳文於英軍機大臣明告其意之所向謂欲得拜薩來比阿及小亞細亞數處至於英之關係或在土京或在埃及或在蘇彝士河或在印度總不一思阻礙若阻礙印度則是妄人而已必不然云英國家知俄欲得拜薩來比阿及小亞細亞數處以為可行此一千八百七十七年八月十四日所允許者也乃至是年十一月初九日英宰相於講論時則暗指俄皇食其不欲得地之言矣夫俄

皇僅謂英若與各國同心可以免戰則不欲得地長權非謂至已啟兵端事歸於俄獨理尚不思得地也況俄皇與英使臣談論時已有英若不與各國同心使俄不得不戰必欲得地之意矣

英宰相於彼時講論又暗譏俄皇之欲得地謂英國於萬國之中最要者莫如和非如鯨吞蠶食今日得一省明日得一城者也乃講論之後未幾英即以民主之國在阿非利加洲南名脱來恒斯活而如法國大者不顧其伯理璽天德與民之從與否强得之矣吾非辨英之宜得不宜得吾蓋謂吾國家不可以此責人也試以花勒之論證之花勒謂一百三十年以來英國得人之地有二百六十五萬見方英里其中民有二百五十兆澳大利亞及他非侵伐而得者尚不在此數且英於天下扼要之區皆築礮臺守以重兵而俄於此一百三十年內所得之地不過一百六十四萬二千見方英里民僅十七兆十三萬三千比較之下覺英得之地約倍於俄民則約多十四倍倘以其地所出一切物產較之英亦富於俄無算使花勒再細較其得地後治之之法吾知英俄相並當英俄初得人地時治理皆不善如英於印度始則以强暴待之此一明證至今則遠勝於前可謂有善政及民者矣然豈英獨如是而俄獨否乎試問一百三十年以來能有他國之政勝於今俄皇在位時者乎俄皇曾解四十兆居民之厄分田授地使成村落又於今中亞細亞所得地方革除販人為奴之事善乎否乎又極清理訟獄徧設幫審之官至於土屬受害之人他國不救而俄獨救之豈不善乎是則英之治蒸蒸日上俄亦如之而今兩國恨若仇敵勢將有戰豈不阻其善治之機乎若出於戰是此百年內至無益至無謂者也況俄宰相告司告夫於一年前曾曰英俄兩國若一心以持歐洲大局不但兩國有益且使歐洲均沐其益而乃因疑生忌積忌生離不亦可傷也歟

觀於此言則知英若與俄合俄甚欲結好於英以期彼此有益然俄之欲結好於英而英終不與之合夫豈此時為然哉四十年前東局如今日有急之時英俄法三國挾制土國使希臘自主其時與國有如今日之英不肯與三國同心私有助土之意其三國之主其事者則英之宰相嵌甯也其人才識邁衆希臘之事志在必行惜事未成而人已歿歿後英大將軍活林登任其事（活林登為將軍稱第一辦國政則不及）不能以嵌甯之心為心希臘之事幾為所阻後在倫敦立約强土任希臘自主土皇有恃於英不聽俄遂與土戰强土任希臘為自主之國在阿得里安堡立約矣法亦助俄

於希臘南方轟沈土之礮船將其在該處土耳其人盡逐出境其時英見俄法兩國盡力救希臘為之怒形於色且私有憐土之意英如此辦理其如國體何後有英宰相派而茂司登於一千八百二十九年六月初一日在公議堂下院所講之論吾摘其言以終此篇曰希臘之南馬理亞地方土耳其人已盡出境是也吾願英與聞此言共成希臘自主之美舉也然法何以不救希臘全境僅至哥林多地方而遽止耶法有所懼而自止抑英實阻之耶法於希臘何為豈非以兵强土朝讓希臘自主乎曰是也然則法何以不成其事至哥林多而止耶豈可謂馬理亞及散克里司羣島業已得救希臘已成自主可以以哥林多為北界耶曰否萬不能也必欲推廣至前所畫之界從獲六至阿泰而可凡有悉希臘輿地及其政事者不論俄法希臘等國人皆以為然然將來成此事者法必在先而英必在後功必歸於法并有强英同辦之功而英若不為其所當為之事反欲阻人成功是可恥矣　吾聞俄法與土現議希臘之事以吾觀之俄法與土商議已非一次皆知土必惟命是聽矣　吾曾言一千八百二十七年倫敦所立之約不行是以不能免俄土之戰其實土先聲迫人奪俄之船逐俄之人阻塞保斯花勒斯峽以絕俄通商種種背約土亦自謂不遵其先時所立愛克們之約云凡若此者以土不從俄與英法所定之事强土以之待希臘也　以吾觀之應使與知以銀助土之事不可再行又當明告於土土於朵渟伯江邊所失之礮臺以土實固執使然英不願以銀為土代贖　吾國家於此時曾盡其心力以保太平之局否如其未也又加以疑惑不定則歐洲危甚若欲助土苦於無因更於言語閒半茹半吐故與土以可疑使土有恃無恐則咎必歸於英吾所不願當此咎也　前此執政大臣不存妒忌之心知他國有利即於吾國有利故不憚以扶人自主興人文教為務各國曾重視吾英以為有撫字弱小之仁乃曾幾何時今則以為無利於人即有利於己適與前相反所以歐洲各國視一千八百二十七年之約不行知英即不助土實使希臘不能自主云

以上所講之論大意欲英准行一千八百二十七年為希臘所定之約吾又以其言適與近日英於東局土國之事相合故援引以為比也

美國　林樂知
寶山　瞿昂來　同譯

英國麥高爾輯著

論英與俄戰大有關係

八年前法國在歐洲第一富强之國也乃自與布戰布得日耳曼各國之助為布敗之之後失法京傾法朝割去兩省之外賠償布國軍費甚鉅設非極富將降為第二等大國矣此一兇戰僅出自法國家之意其國中八十九郡有七十八郡不欲戰然欲戰之人如癡者然不知所謂竟迫法以戰而英於此時情形正復相同歐洲各國欲英設一議會議散司迭發拏之約英國家謂俄將全約交出與人公議然後議會可設俄婉言謝之曰關於各國者可議關於俄者不必議英好戰之人聞之於是起而言曰戰也戰也然戰豈易言哉戰則必將加重捐稅物價騰貴小民先受其害不但此也俄見英無故與俄戰必將盡力害英派其快船襲吾通商船隻吾通商船隻勢必不敢出口售於局外之國一朝失之不能一朝復之將與今之美國等（南北交戰時北方船隻為南方戰船所阻不敢出口盡售於英英收其利美至今利權尚未復也）如是則通商之利將為美德二國所有英之失也實甚

海國圖志續集卷十三

英國賈密倫原書
英國　傅蘭雅　口譯
無錫　徐建寅　筆述

輪船

一章論獨行一圓線

輪船捩舵之後船行之路略合正圓可假設為正圓用之

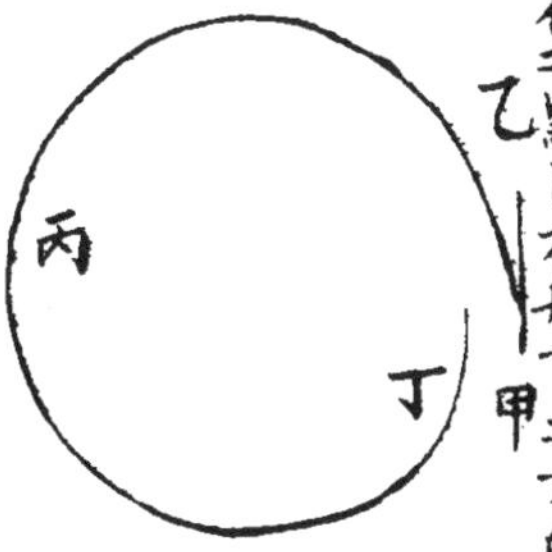

甲為船原在之點乙為船首之方向甲丙丁為捩舵後船繞行之曲線丁為船所止之點船至此點方向必仍與甲乙平行且與甲點相距不遠幾若相合所以船行之路可假設為正圓線

一船獨行其定率圓線當依船行各速率所能得之最小圓線

船捩舵之後即不行直線而起行圓線其所行之圓線必切原行之直線所以船行之全路必為圓線與切線

船行圓線之大小與捩舵之斜度有比

多船同行其定率圓線當依最笨最慢之船所能行之最小圓線

螺輪船之螺輪有推船尾向左或向右之力故左右兩邊捩舵之斜度相等繞行之圓線不相等

螺輪下半所動之水密於上半所動之水下半輪橫推之力大於上半輪因此而船尾必偏左或右也持舵久正船亦自行圓線其徑之大小依船入水之深淺又船形之不準及橫桅直桅受風力偏重等亦能使兩邊行之圓線大

小不等

欲船行左右兩邊之圓線相等必補救其差須將其船行駛多時精心致察始能知其差之數也

求船繞行全圓線海里數之法

一小時與繞行全圓線歷時比若一小時能行海里數與繞行全圓線海里數比設船一小時能行十二海里繞行全圓線歷時七分五十秒則有式

天：二一：：分三八・七：分○六

即

八七・三＝天五

即

六五・一＝天

即繞行全圓線為一海里五六等於三百二十四碼八以三百六十約之得一度弧線之長為八十九碼八然此尚是略數因捩舵之後舵生阻力船速必稍減惟繞行若干度之弧與全圓線相比則必計其減速之數因所歷之時與所行之路恒有比例也

欲知船已行圓線之若干度必觀羅盤惟可不計地差因計地差則須推算倉猝間易致差誤所用之羅盤必極靈者否則不準

設有船捩舵之後已知其繞行圓線若干度求船到之處離捩舵處之直相距又離捩舵處之平行相距又離捩舵處之正交相距又船之方向

甲乙為船已行之圓線甲為船初捩舵之點乙為船到之點甲丁為直線原路之者向戊為圓線之心

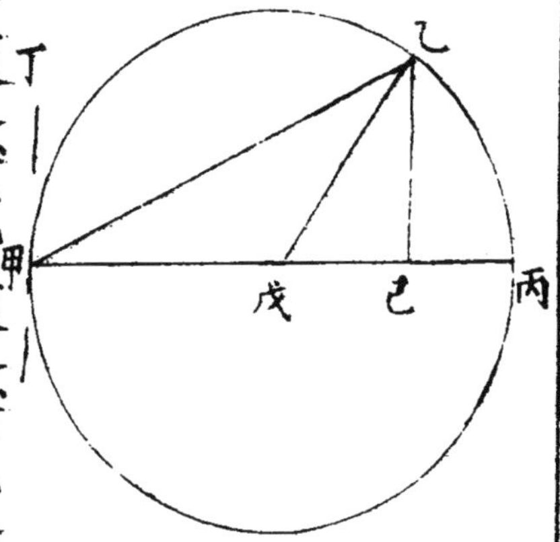

求甲乙直線之長乙己直線之長甲己直線之長丁甲乙角之度

作甲戊半徑線引長之遇圓線於丙自乙點作甲丙之正交線乙己又自乙點作半徑線乙戊

甲戊等於乙戊故乙甲戊等於甲乙戊又乙甲戊加甲乙戊等於二乙甲戊又二乙甲戊等於一百八十度減甲戊乙故乙甲戊或甲乙戊皆等於九十度減甲戊乙之半故丁甲戊等於九十度因甲丁為甲乙丙圓線在甲點之切線又丁甲乙加九十度減甲戊乙之半等於九十度故丁甲乙等於甲戊乙之半

已知三角形之二邊甲戊與乙戊並一角甲戊乙即可求得甲乙邊再以二約其甲戊乙角即丁甲乙角

已知甲己乙三角形之甲乙邊並所對之角乙己甲為九十度即可求得乙己與甲己二邊即正交相距與平行相距也此因乙己甲與丁甲己俱是正角所以乙己為丁甲之平行線又丁甲為甲乙丙圓線甲點之切線甲己為半徑引長之線所以甲己為甲丁之正交線

船到之處在原路之或左或右依捩舵之或左或右船所到處之方向與原方向角之較即繞行圓線之弧度

甲乙丙為船繞行之圓線甲為船初捩舵之點丙為船到之點丁為圓線之心

證船在二處方向相較之角度等於丙甲弧心角之度作甲丁與丙丁二半徑自甲丙二點各作圓線之切線相遇於辛此二切線即船在甲丙二點之方向

直線形之諸角相和之度數加三百六十度等於邊數乘一百八十度所以辛丙丁甲形之邊數乘一百八十度得七百二十度減三百六十度餘三百六十度即辛丙丁甲形諸角和之度

辛丙丁甲形內有二正角此二正角之腰為切線與半徑線故丙丁甲等於一百八十度減甲辛丙而戊辛丙等於甲丁丙即船在甲丙二處方向之較角等於弧之心角也

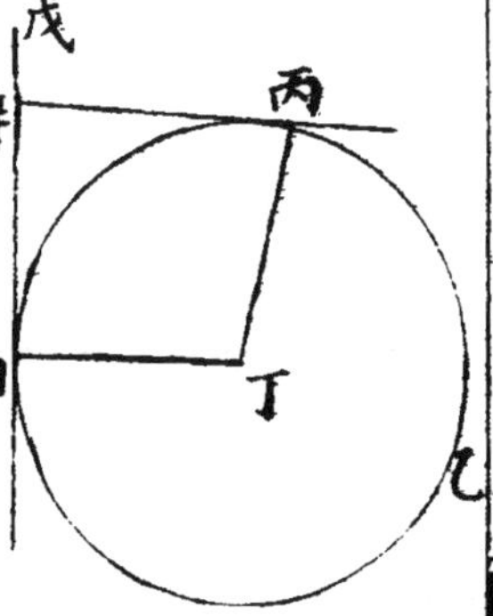

二章論連行諸圓線

輪船已行圓線而反捩其舵使船行同式相反之圓線

甲乙丙為船先繞行之圓線丙丁戊為反捩之後繞行同式相反之圓線船至戊點其方向與在甲點之方向平行甲戊相距為甲丙相距之二倍

證船在甲戊二點之方向己庚與辛子平行

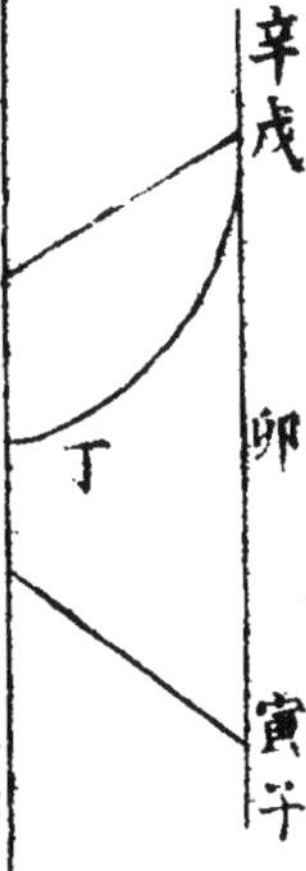

作甲丙戊線為二弧之通絃作己庚辛子丑子三線為圓線在甲戊丙三點之切線丑子即船在第二弧初時之方向辛子即船在第

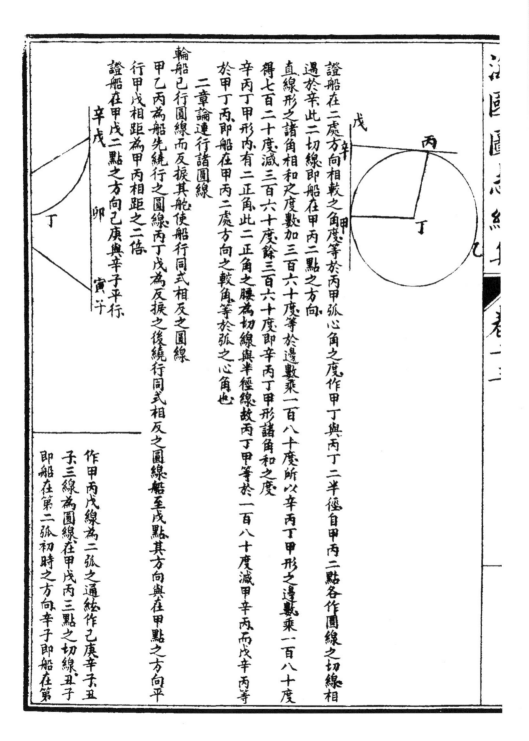

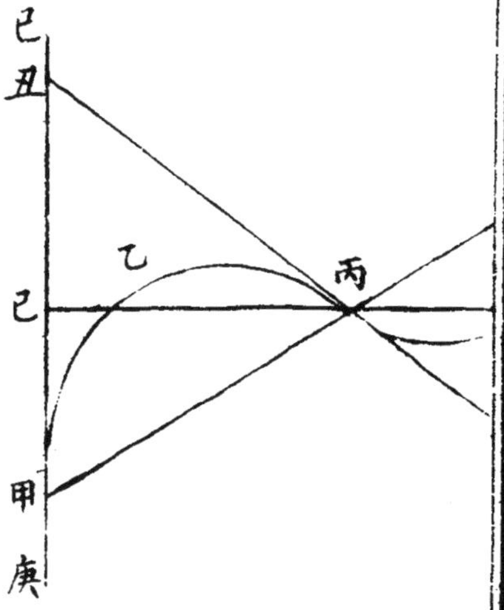

二弧末時之方向

已知己丑丙角等於甲乙丙弧之心角丙寅子角等於丙丁戊弧之心角丙丁戊弧之心角亦等於甲乙丙弧之心角故子丑寅角亦等於丑寅子角此二等既相等且為內相對角故辛子與己庚二線必平行

丙丁戊弧與甲乙丙弧同式而心角相等故丙戊通弦（即丙與戊相距）等於甲丙通弦（即甲與丙相距）又卯戊丙角等於己甲丙角

自丙點作辛寅之正交線巳卯因辛子與己庚平行故甲巳卯角與戊卯巳角必相等所以甲巳丙形與戊丙卯形其相配之三角三邊各相等

巳丙及卯丙為丙至甲至戊之正交相距而相等其全正交相距巳卯必等於巳丙之二倍

巳甲及卯戊為丙至甲至戊之平行相距而相等其全平行相距必等於巳甲加卯戊亦等於巳甲之二倍

巳卯為直線故巳丙戊角加戊丙卯角等於一百八十度巳丙甲角加甲丙卯角亦等於一百八十度

巳丙甲角等於戊丙卯角故巳丙戊角加巳丙甲角等於一百八十度故甲丙戊為直線

是以丙至甲或至戊其方向相同而甲丙等於戊丙故甲戊等於甲丙之二倍

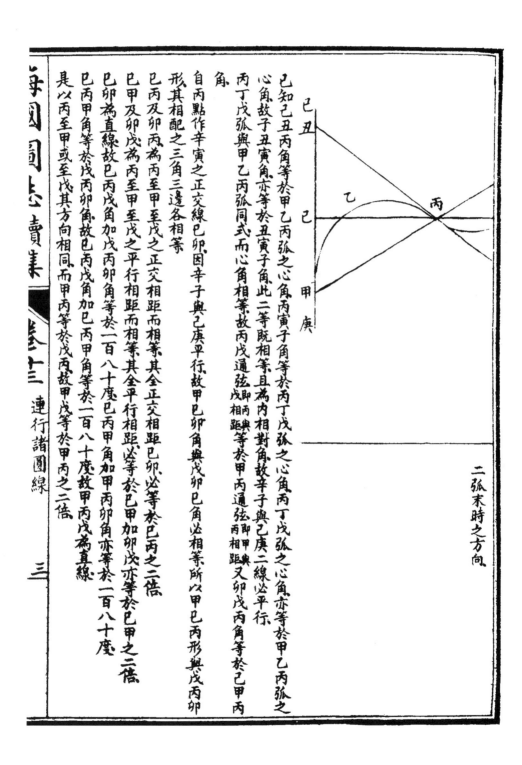

可知船行第一弧之後反捩其舵再行同式相反之第二弧行至末時其方向與第一弧初時之方向平行其直相距平行相距正交相距俱為行至第一弧末時之二倍

船行至第二弧之末時不改捩其舵再行同式相等之第三弧至末時而反捩其舵再行同式相反之第四弧則全路為前圖之二倍其正交相距彼此相消船可仍歸原路之直線與第一弧初時之直相距等於第二弧初末二點平行相距之四倍

多船魚貫而行可用此法或加或減其相距而不必改行速

欲加各船之相距則前船行直線後諸船依法行圓線配所欲加之相距其第二船與第一船所加之相距等於所行圓線之全長減第一弧初末二點平行相距之四倍第三船與第二船之相距等於第二船所行圓線全長之較或加或減其二船第一弧初末二點平行相距四倍之較第三船第一弧之平行相距大者則加之小者則減之再後諸船同法推之

欲減各船之相距法與右相反後船行直線前諸船行圓線船愈前者行之圓線愈大

圓線之半徑為一平行相距等於正矢

多船雁行而行欲或加或減其相距可以諸船同行第一弧第二弧已行二弧而尚未足可再反捩舵而行同式相反之第三弧再反捩而行同式相反之第四弧

各船或加或減之相距等於各弧初末二點全正交相距之較

圓線之半徑為一正交相距等於正弦

船行相反之二弧而一長一短者方向之差為二弧心角之較

三章論多船成列繞行

多船成列繞行必有定點為心此定點為魚貫之首船或末船雁行之右船或左船或中船或陣外之某點

甲乙為魚貫之首末二船以首船甲為定點使其後諸船往右而改其魚貫之方向至與原魚貫方向成四向之

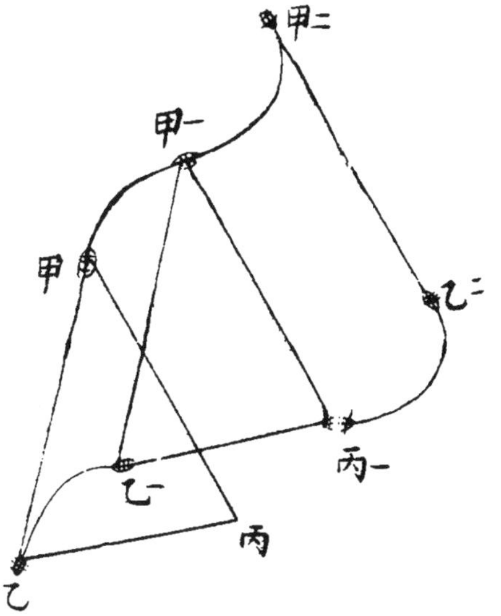

角其魚貫之長策改

其改方向必合於甲乙丙三邊形其二腰皆為魚貫之長其底為最後之船所行之直線其頂角為所改方向之角改魚貫之方向必行二弧在此三邊形之外船行雖與此有微差然可不計

改變魚貫之方向得四向之角若能使乙船橫行至丙固是甚善惟因船不能橫行故必諸船同時繞行至船方向與乙丙線平行而行列之方向與甲乙線平行

甲角為四向故甲角加丙角必為十向丙角等於乙角故乙角必等於六向故諸船必繞行六向之弧而至甲一乙一其甲一乙一線與甲乙線相等而平行因其端之二弧相等而平行故也全圓線分為三十二向

諸船至此俱振正其舵甲船不行餘諸船依次直行至新方向線與原方向線成四向之角停而待乙船到丙即升旗而使諸船同時繞行十向之弧則至甲二乙二線而仍與甲丙線平行再可振正其舵而直行矣

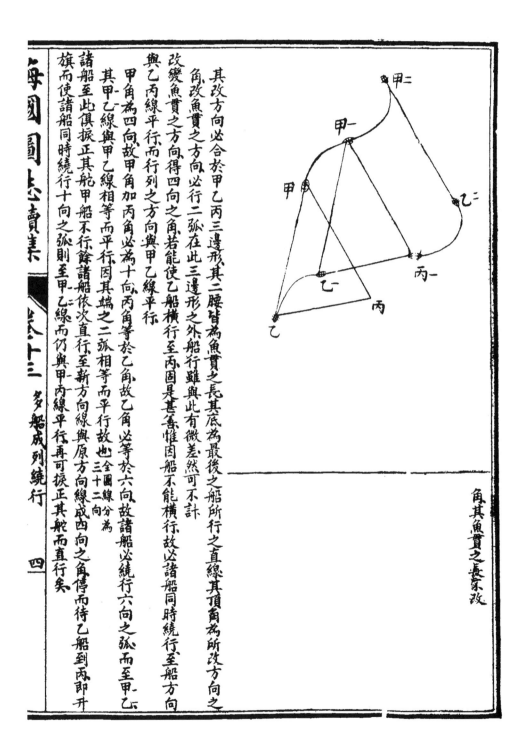

丙角為六向欲船之方向與甲丙平行必繞行丙角之外角為十六向減六向所餘十向即當繞行之弧也
船繞行之弧不為十向而或長或短則能成別陣
繞行二向之弧或十八向之弧則成雁行繞行二十六向之弧或向對面行六向之弧俱成魚貫惟諸船之次序
各相反又向對面繞行十四向之弧或三十向之弧俱成雁行又向對面繞行二十二向之弧亦成魚貫而次序
不改可知向對面行弧之向數為正面行弧之餘數即全周三十二向之餘數也
準前諸法第一弧之心角必等於三邊形之底角第二弧之心角若為第一弧心角之餘角則仍成魚貫而次序
不改或向對面成第二弧而心角等於三邊形之底角則亦成魚貫而次序相反
已行第一弧而直行之時甲船亦須緩行故其行列必平行前移與前圖稍異
甲船緩行甲甲二路乙船速行乙乙二路等於三邊形之底加甲甲二其差者即甲船緩行之路甲甲二也
後圖之虛線即所差之數然寔無幾圖內作甚大欲其易明也

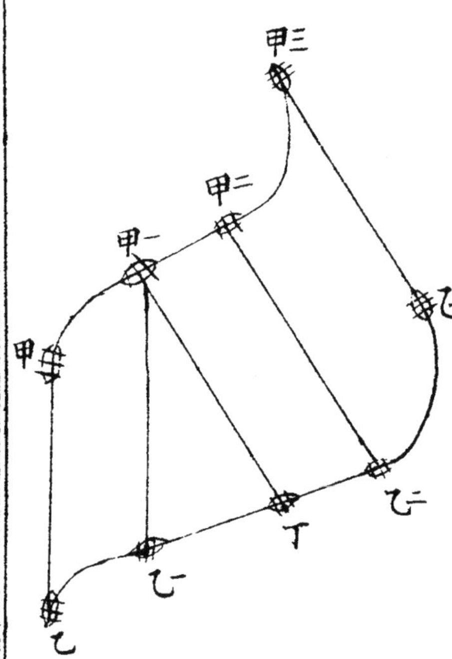

諸船於行直線之時不行直線而依次行大小弧線其行速與弧之大小相配雖亦可成惟費時多而難整齊

設甲乙仍為魚貫之首末二船以末船乙為定點使其前邊諸船往右改其魚貫之方向至與原魚貫方向成四向之角其魚貫之長不改

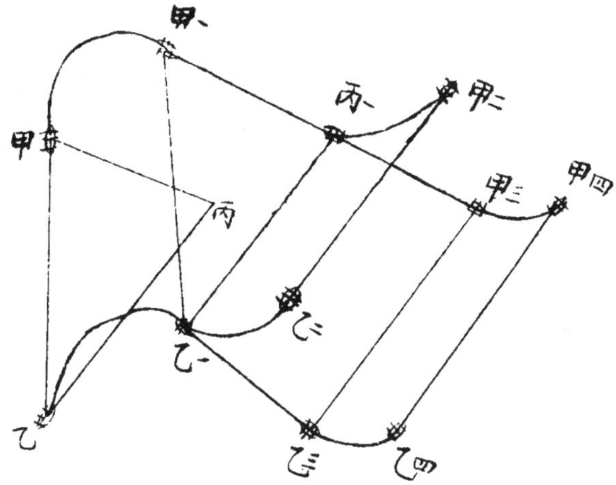

其法與前相反諸船繞行第一弧之心角等於甲乙丙三邊形底角之外角第二弧之心角等於三邊形之底角

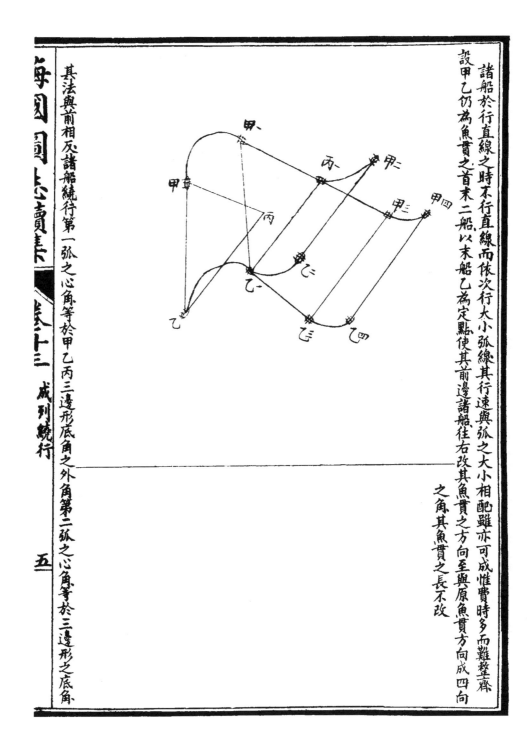

則仍為魚貫其次序不改若向對面成第二弧而其心角等於三邊形之頂角亦成魚貫其次序相反餘類推

雁行而欲改其行列之方向可先同時繞行八向成魚貫再用前法改之

以左船或右船為定點向前繞行其法同於魚貫惟第一弧之心角等於三邊形底角之餘角

以左船或右船為定點向後繞行而第一弧向動點之邊其法使船方向與三邊形之底平行必等於半周加頂角之半

以左船或右船為定點向後繞行而第一弧向定點之邊甲乙為雁行之左右二船以右船乙為定點使左邊向右改其雁行之方向至與原雁行之方向成八向之角

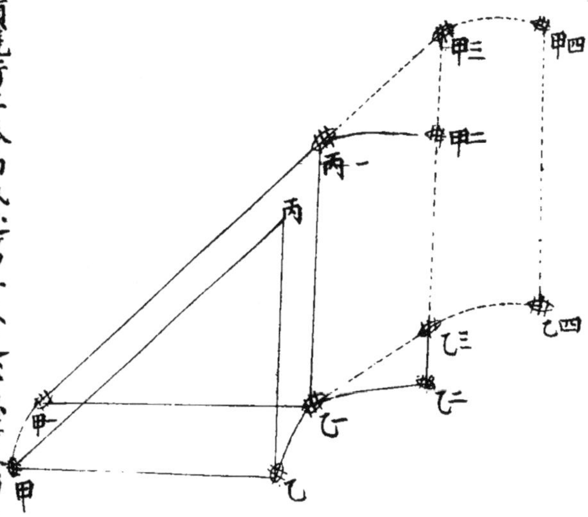

其法亦須繞行二弧而成之第一弧之心角等於甲角之餘角甲角等於丙角乙角等於八向故甲角等於四句

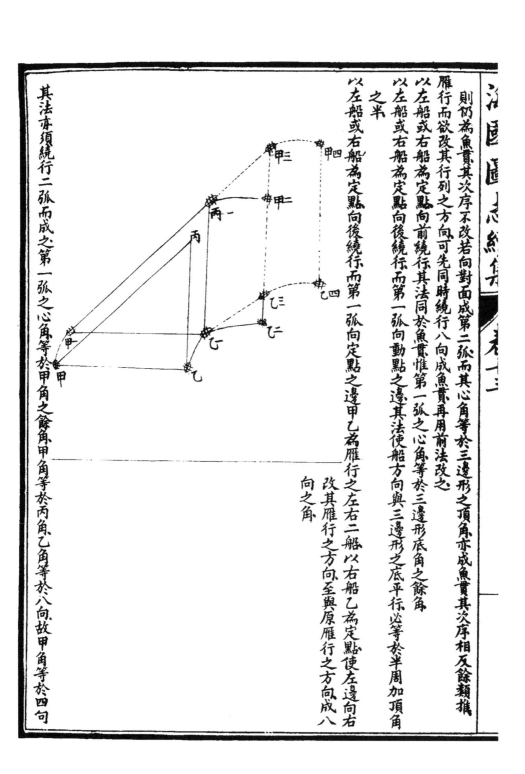

四向與八向相較餘四向即第一弧之心角也

諸船同時繞行四向而至甲一乙一即扳正其舵乙船緩行甲船速行已至甲三乙三線即升旗作號諸船即同時繞行第二弧與第一弧相等

雁行改變不欲八向則依欲改之向數定第一弧心角之大小

甲乙為雁行之左右二船以右船甲為定點向定點之邊反其船方向並使其所改之雁行與原雁行成四向之角

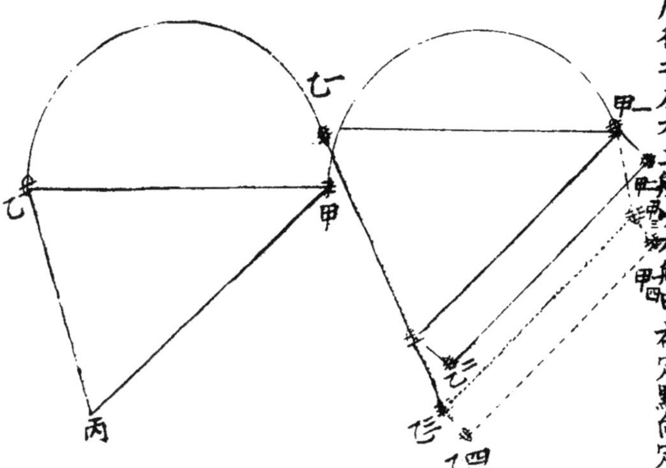

其第一弧必為十四向即三邊形頂角之半之外角也如此繞至甲一乙一再如前法行至甲三乙三而同時行二向之弧即船方向與列方向正交而復成雁行

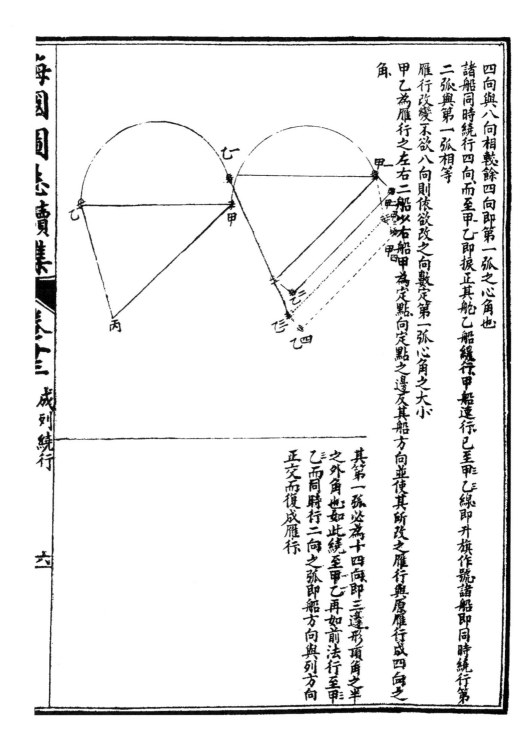

甲乙仍為雁行之左右二船以右船甲為定點向動邊反其船方向並使其所改之雁行與原雁行成四向之角

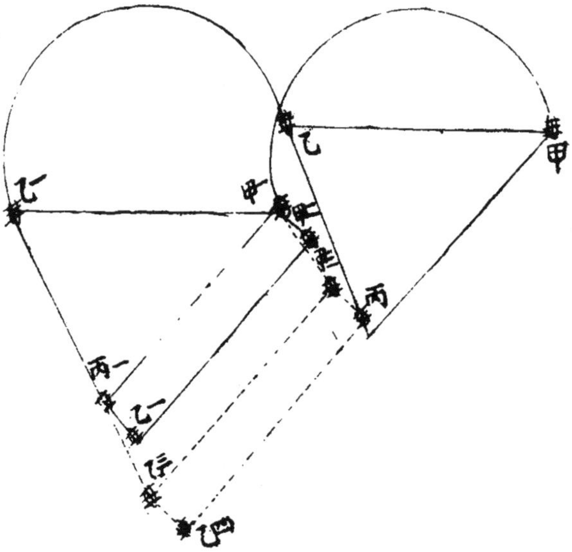

其第一弧為十八向即三邊形頂角之半加十六向也餘如前法

雁行中船為定點改變行列之方向可將一列分為二半兼用二法一半向後繞行其第一弧向動邊一半向前繞行其定船待向後之半列內與此船之鄰船已到其位即同時正船緩行待餘船齊成雁行

此法必船能前行退行其速率與繞行俱能相同者用之

四章論觸撞敵船

近時各國咸造有角鐵甲船故以觸撞之法為最要凡直行之船觸撞橫行之船能使橫行之船受大傷而直行之

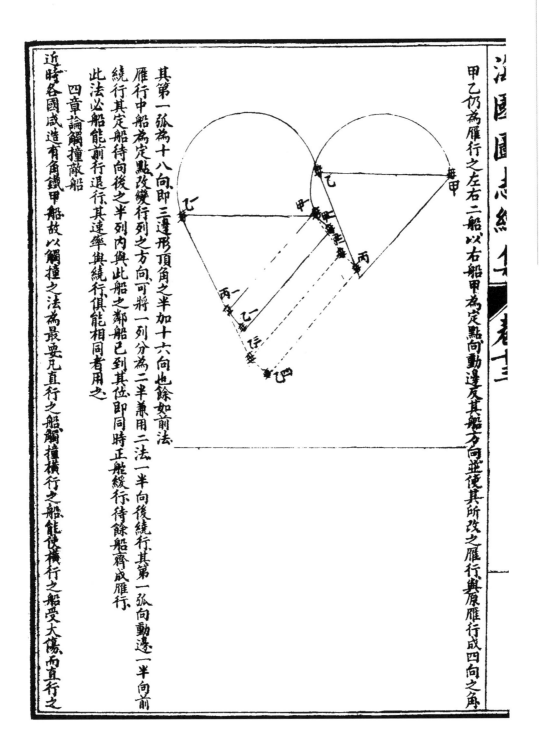

船無大傷。曾有英國小戰船蘇布賴觸撞橫前之大戰船，立使沉沒，而蘇布賴船未有大傷。此理譬諸將木棍直撞磚牆，棍不斷而牆受傷；若木棍兩端倚定，而橫擊其中，棍即斷也。

船旁受觸雖有大害，惟用輪船，則角船將近，可以繞行改向而避之。故角船欲觸其中腰爲極難。若汽機或舵有傷，或船已停泊，角船忽前，無法躲避矣。

近時南北花旗交戰時多用角船，然其功用未有定據，因其角船比諸英國者小且慢也。花旗麥里麥角船一小時僅行五海里，曾觸岡布倫大船，未使有大傷，而本船之首反有傷損。

角船之桅檣汽機觸撞時不畏受傷，因撞船所受之震動小於撞岸所受之震動也。又所受之力必向前，故諸件可在後作之更固，使能任向前之力。

角船有二要：行速一也，易繞二也。用雙螺輪能兼之，且一輪左轉，一輪右轉，可無自偏之病。

角船觸撞之力與船重乘船速平方有比，故重二千噸之船一小時行十四海里，觸撞之力大於重四千噸之船一小時行十一海里者。且船小則繞行更爲靈便。

欲知角船觸撞之力，可用小輪船首蒙厚像皮多層，緩行以觸別船，視其如何，即可從其各數推大船速行者撞力之數。但此法尚未試過，故今仍用别法所得之數。

角船行極速繞行之最小圓線，及行各速捩舵各斜度繞行之各圓線所歷之時，皆須預爲考定。敵船相距不遠者，其方向、其相距、其行速亦易於求得，其繞行之最小圓線或可求得略數。

敵船之速大於角船，而行走合法，無法觸之；敵船行走不合法，角船之速雖稍小，亦能觸之也。

二角船同逐敵船，敵船之速雖稍大於角船，若不一直趨避，則必受觸，因欲避此船之觸，必受彼船之觸也。敵船之速不大於角船，而有二角船同逐之，雖一直趨避，亦不能免也。

求敵船之行速與行路之方向，須先求其相距，其法頗多，常用者有三：

一、設已知敵船桅之高，可用紀限儀測其高度，檢表而得相距。敵船桅之高，可檢總旗號書而知之。

二、登船桅之頂即已知之高用紀限儀測敵船水際與水天之際之角度檢表而得其相距

三、二人分在船之首尾同時測敵船之一點各得角度即有三邊形之二角與一邊可求其餘二邊取其中數為相距

歐法書內尚有別法用暮而生之器然不便用且不準也

角船追敵之法以一圖為例甲為角船乙為敵船二船相距頗遠方向亦不同敵船反在角船之後角船必先繞行十六向之弧始能首對敵船此為追躡最難之式

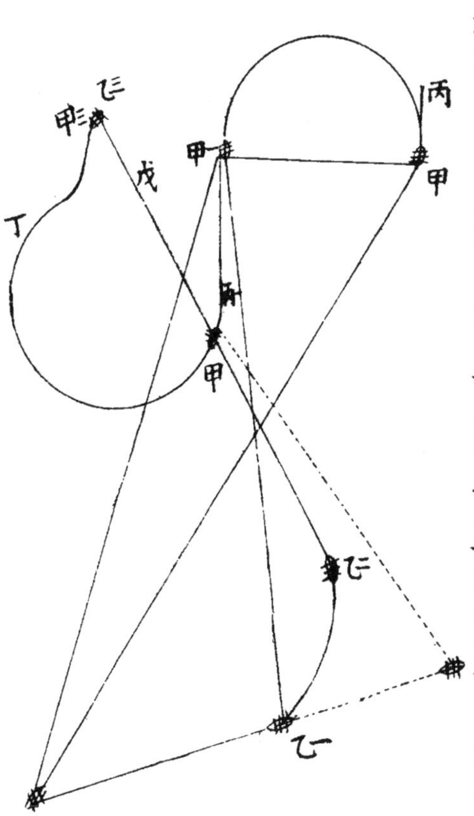

甲一為角船繞行十六向弧路之後所至之處乙一為同時中敵船所至之處甲丙為角船之原方向甲一丙為角船在甲一時之方向

作甲乙甲一乙一甲二乙二五直線成三邊形二

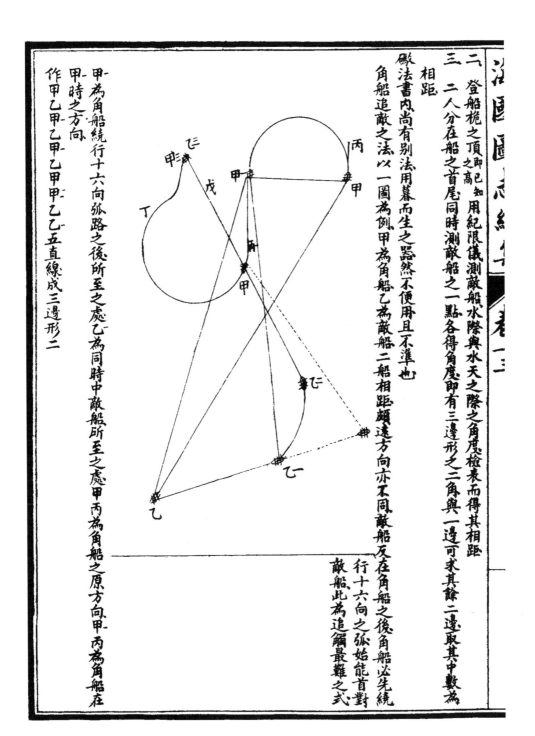

三邊形甲甲′乙內已知甲乙邊（即甲乙相距）、甲甲′邊（即甲船繞行圓線之徑）、甲甲′乙角（即九十度減甲乙之方向）可求得甲′乙邊甲甲′乙角

三邊形甲乙乙′內已知甲乙邊（即所求得者）、甲乙′邊（即前甲乙相距）、乙′甲乙角（即所求得之甲甲′乙角減九十度加甲乙之方向乙甲丙角）可求得乙乙′邊

與乙′乙甲′角乙乙′甲′角

已知乙乙′邊之數因此為甲船繞行半圓線時中、乙船所行之路、故能知乙船之速設其與甲船之速為八與七之比又已知乙′乙甲′角乙乙′甲′角即乙船行路之方向、可求甲船當如何行法、而能正交觸乙船之中腰、

假如乙船繞行八向、而至乙點甲船仍直行至甲點測得其相距與甲船繞行圓線徑之比若一又三分之一相與一之比其方向為甲乙

其乙船之不行直線而已行圓線甲船之人可由甲乙相距與方向而知之因若尚行直線則方向必如虛線也

又乙船已正對甲船故已知其繞行若干向之弧求此弧通弦之長再可得其全圓線之徑

甲船欲以正交方向觸一船之中腰則必繞行十六向加二船路方向之角而至丁點同時中乙船必行至戊點

此時甲船當反捩其舵繞行對面二弧則必能在乙點正交而撞乙船之中腰

甲船之人若見將觸乙船之尾不可前觸必捩舵繞行與乙船平行而再直行因甲船之速大於乙船、故能再繞八向之弧而與乙船正交再可正舵前觸也其正交後而正舵直行之路等于二船之相距減甲船繞行圓線之半徑

以上諸數須測算極準、使甲船之首乙船之腰同時至交點始可乙傷而甲不傷若二船之首同時至交點則相觸而俱傷故必在甲船之首測乙船之腰方可不差也

求二船之當有何方向而起行圓線當先知二船之平行相距又行速之相比

甲為角船乙為敵船已知二船路之方向平行又知二船之行速如八與七之比先測甲乙二船之直相距與方向而求其平行相距丙乙則甲乙丙三邊形內已知甲乙邊（即二船直相距）丙角（為正角）乙角（即二船相與之方寸）即可求乙丙邊（即二船之平行相距）

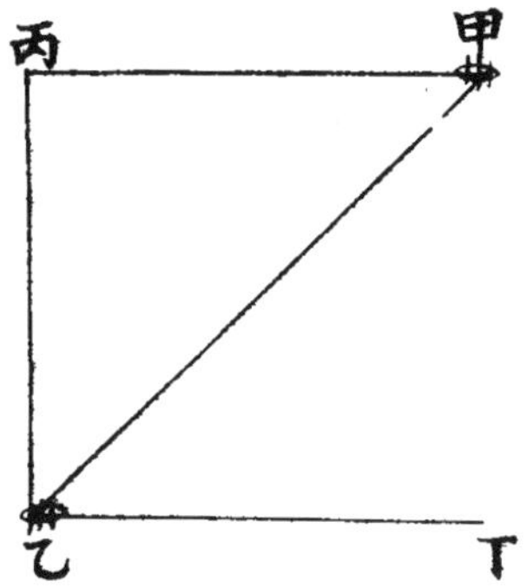

欲甲乙二船在乙二點相遇所以甲船行甲甲一弧加甲一甲二直線與乙船行路乙乙二之比若八與七之比

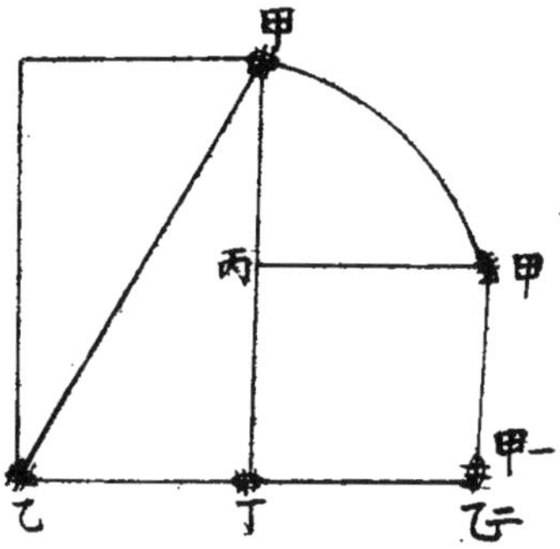

甲點與甲點之平行相距等於繞行圓線之半徑加甲一甲二乙點與乙之直相距等於八分甲甲一加甲一甲二之七自甲點作船方向之正交線甲丁則乙丁等於八分甲甲一加甲一甲之七減甲船繞行圓線之半徑而甲甲二等於甲丁相距減繞行圓線之半徑

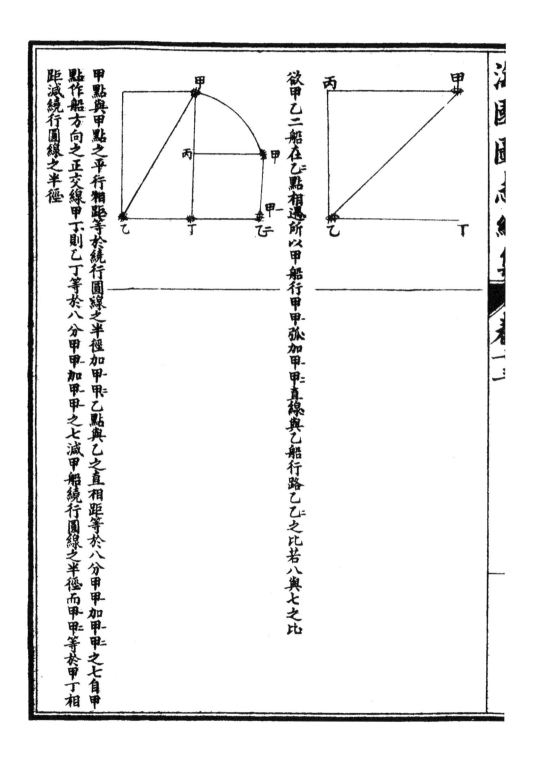

三邊形甲乙丁內已知甲丁邊即甲乙平行相距乙丁邊即八分甲點加點之七減圓半徑丁角即正角可求得甲角依此角能知船已至甲點即可繞行矣

乙船欲免受甲船以正交方向來撞中腰須極謹慎恒順甲船之方向而行則甲船僅能在後觸乙船之尾而其觸力為二船行速之較餘因其較甚小故觸力亦甚小也

英國裴路原書

英國　傅蘭雅　口譯
無錫　徐建寅　筆述

一

總理

昔時戰船總以風帆行動水師將軍最能布陣者不過設法使己船直遇敵船最便最易至與敵船相遇時棄置駛船之事而後角戰至勝敗已決而止未嘗計及諸船交戰受傷至不能成列之後如何行法且船之帆桅易於打壞而散落餘船必襄助受傷之船而不思逃避之法因此每致諸船俱沈而後已

今時各國羣船交戰之事略同於昔必致一國諸船全敗而戰事始畢也但行船之法放礮之法已與昔時大不相同因戰船用汽機運行我船之方位暫時便攻敵船少頃而已行過敵船反致敵船之方位便攻我船所以每行過一次船之陣法或須改變此陣不便則換別陣彼此行過多次諸船逐一沈沒或不能行動戰事尚未畢也我船壞沈雖多勝敗尚未決猶可不必逃避倘陣法不亂則敵船之最大最利害者或能為我之小船撃撞毀壞而沈沒因此我之諸船俱能獲勝觀此可知操練多船陣法為最要之事戰船各等官員俱宜極其精究凡交戰以歷數小事而將畢為最要之時設主將之船或傷或沈次將必亦能指使諸船否則必敗

設諸戰船之甲必頓無論何時俱能指使全軍戰船亦尚不足因主將之船原有多人極熟指使全軍戰船者四面詳窺敵船之各事以報於主將或勸助主將布列某陣惟主將之船忽致受傷而不能行動或致沈沒或主將傷亡則諸船將自此而散亂乎抑即逃避乎所以可知全軍戰船而欲大戰必無論何官俱能指使諸船及窺敵形勢勸助指使者出令

此書所設之法以為指使各船之事無論何船俱可為之又因常欲將全軍分成各隊與陸兵分隊相同一隊聽隊主之命各隊又聽全軍總主之命故必用總準行船與準行船之法

設全軍戰船依所定之法分為二三隊以攻敵船其所能用之各法如假去攻打或此處稍攻打而忽至彼處大攻

打即一切陸地操兵布陣之事俱可用於行船布陣所以全軍戰船不但合而操練且必分而操練法將全軍戰船分為數隊各隊之主指示本隊各船可以自行全主又各隊欲併成全軍則布陣之法與一隊相同故後祇言指使一隊之總理

觀名目解釋與分羣則可知陣法號數已定而解法詳明所擇用之陣法為昔時屢經試過確知為最有用而最易改變為别陣者欲得此益致之舊法未有善於分羣之法也其法依全軍內之船數多少或分為一隊或分為四隊或分為三隊再將每隊分為六小羣以便易於更改自六小羣得四種陣法即單羣雙羣叄羣小羣也分為四羣與五羣此法不能用

已定陣法次分陣法為三類一為魚貫陣一為雁行陣三為斜雁行陣要緊之總陣法不外此三類所言總陣法者可以一直變為别陣法者也餘有銳陣法必另論之

總陣法共有十二種分為三類每類之中各有四種或操練或交戰初布陣之時必以各陣內之一陣為起在此陣法內各船俱有一定之位惟其次序自何邊起未有一定如第一圖為魚貫第二陣共六小羣派於二雙羣內依名目解釋必以前雙羣之首小羣為第一小羣惟其何雙羣當為前則未定也如第二圖為雁行第一陣何邊當為前亦未定也此事無論何種陣法皆然所以必於升陣法旂時另加分別次序或左或右為前之旂因交戰時或左或右為前可依形勢與敵情定之甚便於用也

第一圖

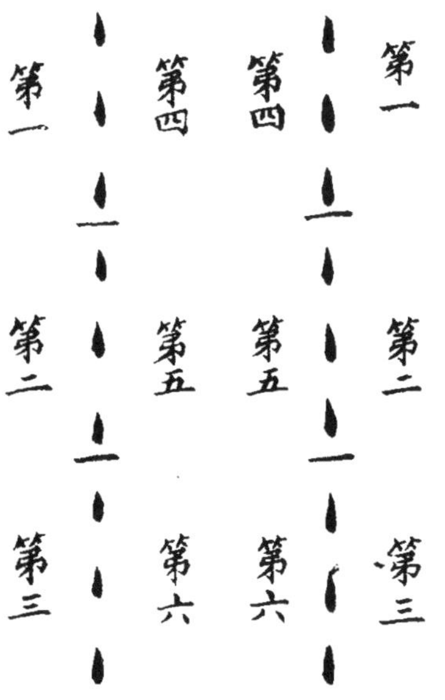

第二圖

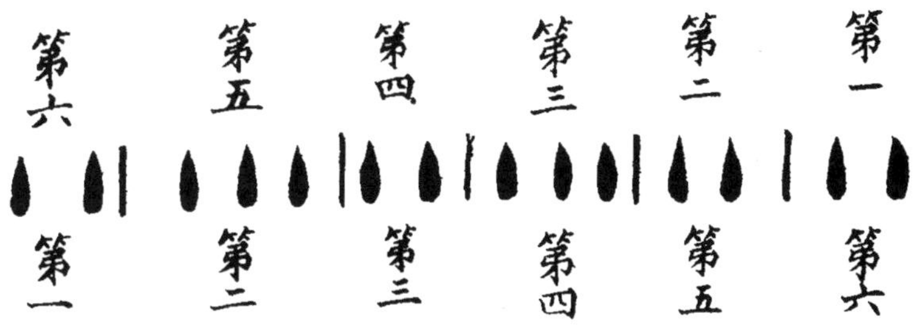

自原陣變爲新陣宜察敵情形勢得最利於我之陣法而變之總陣法內惟魚貫與雁行能徑變別陣其斜雁行雖不能徑變而另有用法益處略與能徑變相同其銳陣法雖用處不寬然亦有專用

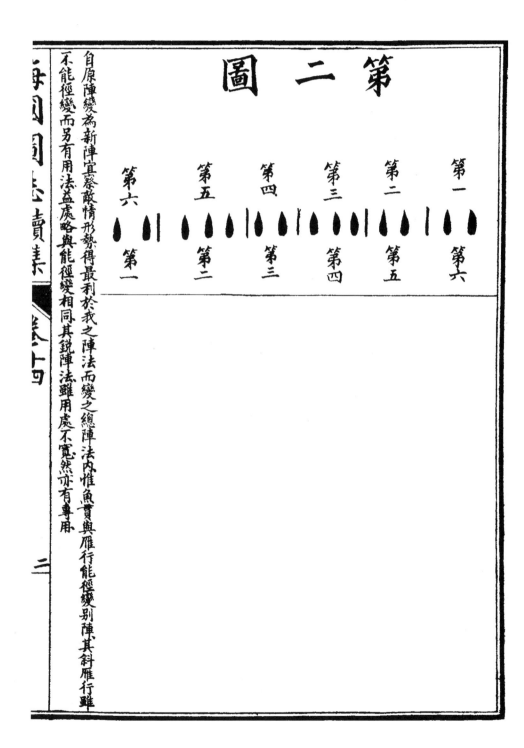

各變法最速最簡者英國人飛里慕自法國戰船陣法書選得之名爲邊動法設自雁行陣變爲魚貫陣則或右或左之外邊船直行餘各船同時繞行八向而直行至外邊船之後再逐一繞行成魚貫又自魚貫第三陣魚貫第二陣變爲魚貫第一陣則或右或左之外邊列直行其餘各船繞行八向而直行至外邊列之後再逐行繞行成魚貫總之無論何變法其右邊或左邊必直行餘者繞行惟何邊直行何邊繞行爲所難定也然可依事而定之如第三

第三圖

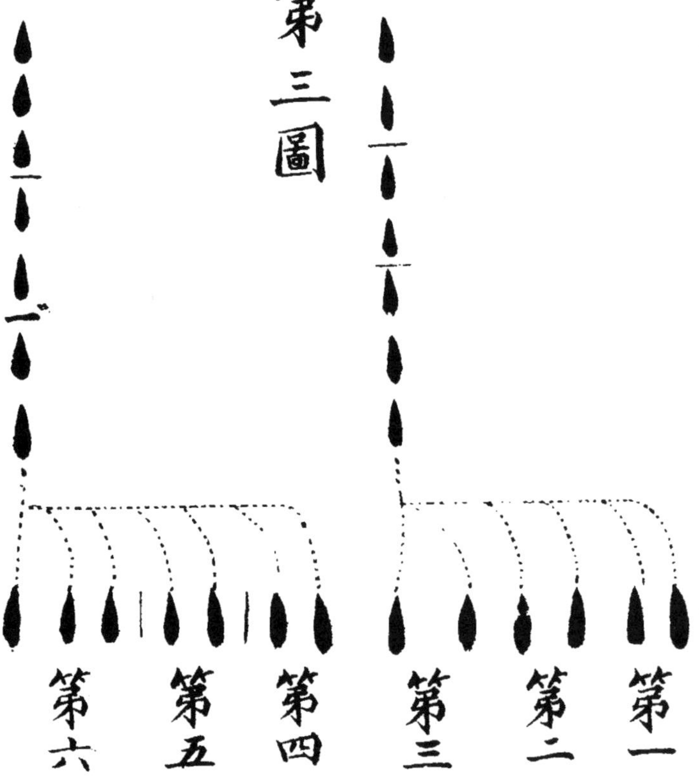

圖自雁行第一陣其各小羣之次序自右邊起欲變爲魚貫第二陣而左邊直行則各小羣之次序必與前相反因所欲變者成魚貫第二陣也不計其次序也若使右邊直行則其次序可不改欲變成魚貫第三陣亦與前相同總之船陣之法原陣欲依事改爲新陣次序亦必改變必以其新陣内之次序爲準因此必設一定之旗號分別次序之或自左起或自右起其旗號必與陣法之號相連一以諸小羣之次序自右邊二以諸小羣之次序自左邊起其法另加一旗於陣法旗號之上爲自右邊起加一旗於陣法旗號之下爲自左邊起此另加之旗名爲次序旗自右起者名爲正次序自左起者名爲反次序

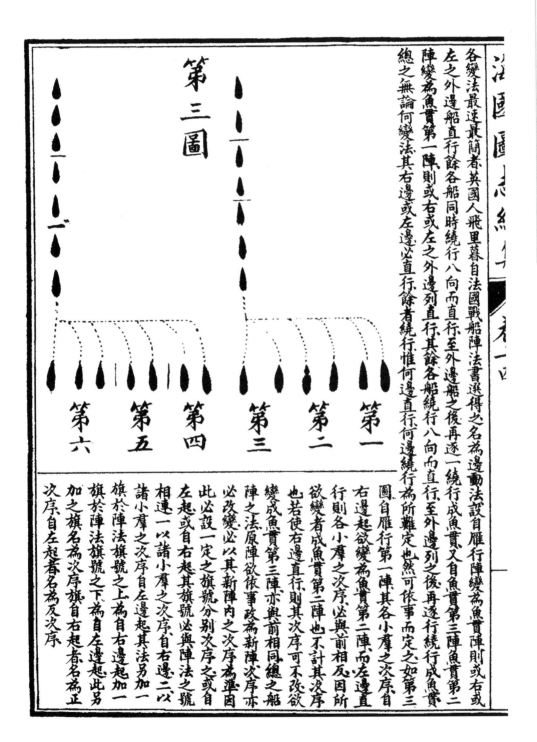

全隊戰船初布陣之時各船之次序無論或反或正皆可初陣之後變布各陣並不計初陣時之原次序也因每次升陣法旂時必同升次序旂由此旂可知新陣之次序也所以諸小羣之次序各次恒改變而每小羣恒獨自結聚焉

此法之妙各船能同時改方向故攻人之面能恒對敵船比諸舊法甚是靈便惟變陣之前須先思自何邊起動我能得利即升陣法旂與次序旂使何邊為前依法成陣不計各小羣之原次序然欲不改原次序亦可依法升旂使之不改又欲改原次序亦可依法升旂使原陣之某小羣變為新陣之某小羣也變化如此其用極大設全軍內有一小羣為角船者用此法更妙交戰時若有數船受傷而不能用可變陣而使此各船分出另作一小羣以節省其力若全軍戰船略相同而不欲另法指使者不必籌思改次序之事

次序旂雖必與陣法旂同升然可省他法多旂之繁旗能不多遠望易明後布陣各法之說內有橫線分隔上下者其法左右不同無所分隔者其法左右可公用

右論一隊布陣之法隊內有六小羣者也若各隊會成全軍則布陣之法有三焉一將各隊分開同時同布一陣二將各隊分開同時分布各陣三將各隊合成全軍而同於一隊之布陣

此三種之法各有其用全軍戰船無論有若干數每有遇急不及相商當用何陣必將各船合成全軍開行開後漸漸相商何法分羣成闊而短之陣或狹而長之陣或欲分開各隊而成陣最後將各隊自分各羣如前法此時可以備與敵交戰

欲能如此必各隊有各隊之旂昔時水師主將之旂最合此用觀後分羣旂之內有紅白藍三色之旂可為三隊之號

用此法任何一隊可分開任布何陣或全軍之主將管之或本隊之主將管之又若全軍首船升某陣號之旂而不另升三色之旗知為統使各隊而非專為一隊

前所言陣法每隊內必有六小羣故若二三隊相合則共得十二或十八小羣若有二隊者則各隊內之六小羣可

兩兩相聚成全軍之合小羣若有三隊者則各小群三三相聚成全軍之合小群可仍得六小群未成陣時依其原次序已成陣後依其次序旂得次序

依此法相聚全軍戰船可同於一隊而布陣惟船數若甚多則稍有難故各小羣必慎不可混亂又必恒備立刻能自別陣分開而歸入本隊若已混亂則分開甚難也

以上各法已明則餘各小事如船之相距等不為難事船之相距初布陣時已定始終可以相同此事準行船主之如欲改變亦準行船指使之

布陣之總理前已具見梗概後之各陣法旂號内更詳其用法使可循序得其要領惟書中雖極詳至臨用之時必恒參以活變即如常因風浪之力或船列遲窒而船不能真在所定之位等事必有數船不能如式所以主將必使各船稍可自主始可設法依事而改其不便也

又有一事雖列於章末亦為甚要即羅盤之不準也因有此病故主將每喜魚貫陣不喜雁行陣與斜行陣因魚貫陣不必觀羅盤止須後船對前船而行也若雁行陣則必觀羅盤始可前行而相距不改凡用羅盤得船之真方向必改二差一為地差一為船差在鐵船内船差有時甚大因此主將定船路之方向或測別物之方向必或加或減其差數各船必依本船之差而改之又平常羅盤之面不甚大止能分一向在商船僅可適用在戰船則不足用即如常言北稍偏西或東南稍偏南等俱為甚略之語因此而別陣法略不能用設用之必立刻亂陣要之用平常羅盤無論其事或難或易恒須改其二差而最繁故必用另作精羅盤一羅盤之面能與針轉動則可恒指真方向二羅盤面之外邊分全周為三百六十度而三十二向之外當有二分向之一與四分向之一

已造此種羅盤或言用之於行船有不便然現在常用之羅盤若不肯改可使行船者用舊式羅盤而甲必須用新式羅盤也

常用之方向旂號亦有不便難於記憶必觀旂檢書始知其意今改其法仍用其南北二號旂在此旂之上升一二三等數之旂為北或南偏東若干向在其下者為北或南偏西若干向此法與舊法靈便過之

海國圖志續集卷十五

英國裴路原書

英國　傅蘭雅　口譯
無錫　徐建寅　筆述

總法

第一節　全軍戰船宜分二隊或三隊若二隊則用紅藍二色之旂若三隊再用紅白藍三色之旂分隊之後各隊可分開布陣聽本隊主之令每隊分為六小羣再合為三叅羣或二雙羣各隊再欲合成全軍則各小群二二或三三相聚而成合小羣其數仍為六

相聚之時各小群在合小羣之次序依其原隊之次序定之即紅在白之前白在藍之前也其布陣之次序則依現在陣法之方位

第二節　全軍戰船一律布陣或各隊分開布陣其各小羣之次序或自右起或自左起以何邊為前面觀列方向旂而知之如斜行陣則觀船方向或列方向旂而知之

第三節　各陣法之次序或正或反依小羣之左或右為起故依正或反自一邊以原陣改為新陣亦可恒存各小羣之原次序及存各小羣內船之原次序

惟恒以左或右起必得多地或時又或失之因交戰以地與時為要次序之改不為要所以變陣之後各小羣之次序以在新陣之方位定之又或改行路之方向而反其次序則小羣之次序亦自前面起算也

第四節　每次改變陣法或自右起或自左起不問原小羣之次序此依升次序旂為右旂即自右邊起為左旂則自左邊起也

布陣之法左右不同者有橫線分隔之一旂號可為左右二變法所用焉

第五節　全軍戰船俱星散或亂列時升旗不論次序成陣各船之主必知成陣以速為貴所以準行之船或首船未到而餘各船已到之時各居所當之位以補滿其缺各雙羣之首船並各叅羣之首船另自分開因全隊分六小

羣即能知每小羣當有若干船其有餘下之船可自所起之邊挨次添入參羣或雙羣內以有職而任久者為其首船其當為首船者在雙羣之時必立刻升其雙羣之三角旂

第六節　水師主將升旂令全軍準行船之方向與速又各羣內之職大者升旂令本羣之動法總準行船準行船俱須升此旂原法一下此旂即起變陣倘職大之船先下旂準行之船立即下旂各船隨職最大之船旂下而起動若準行之船見船當動之時已到即立下其旂各船不可起動姑待職大船之旗下而起動

第七節　繞行若干向等事依旂令在一定之時依一定之法為之原宜甚肅但有時船列甚密不能適在應當之方向或太向前或太向後或所成新陣甚密等事必有數船不能畫一所以各船之主必知動法所因之理能循其理而行其船稍差無妨也

第八節　輪船布陣之時所用羅盤之方向常為真方向地差與船差各船必自推準故須各船時常在同時測太陽較羅盤之差與圖上本處之地差比較

第九節　輪船布陣之時繞行圓線之半徑應預先定準各船可依所定之數繞行又船行圓線若干分之一其所有之正交相距平行相距俱須預為算準（詳法首卷）

第十節　各船相隨繞行其圓線之徑必相等前後二船欲在同處繞行必依二船之相距與行速而定前船繞行已過若干時後船即起繞行

第十一節　速行布陣之時水師主將不待各船俱至所當之處即出新令可省時候所有已在其位之船已能起動而成新陣則不必待齊未至其位之船即可出新令

第十二節　二列之相距必等於列內二船之相距與最長列內之船數相乘如有數隊同時布陣各隊之相距必足容全軍各船成一列

總法二章

第一節　布陣時行走甚速各陣法應為一定而不可稍有疑惑是以必設一定之原次序各船自初布陣之時至

末時恒可暗存其原數凡自散亂而相聚時不能同時至應當之處必有先到後到或首船或準行船後到各船若無一定之數必致亂列參差又船已成陣或因失事而離應當之處稍遠他船賴此船以得其位者必致各船俱亂故必另有原次序也

全軍之主船初布陣之時必為職大者之船總準行船至所應當之位則升準行旂而各船依之成列不論職大之船

陣法不止一列者則第二列之準行船依總準行船成列而第三依第二成列餘倣此

一列內之各船其第二船依準行船成列而第三依第二成列餘倣此

第二節　自總準行船起至末列之末船止其次序俱能一定若向上空一船之位則下一船依再上一船而成列若上亦無之則依再上者成列如此推至準行船若準行船無之則依上列之準行船如此推至總準行船

第三節　某船因有事不能隨別船成列必立刻升旂報明水師主將留船於後在後所隨船之右邊已在各船之後時必盡力緊隨各船若當時為一隊之陣則可行極短之路任至何處已至各船處之時若主將不升旂使歸其原位則可至相距最近之小羣而為其外邊船以待後令

第四節　無論日夜無論何船升旂報明不能在其位全軍戰船之速不可因此船而減小但本列之各船必相近而補滿其缺至主將出令使復原位各船即自離而讓之

英國裴路原書

英國　傅蘭雅　口譯
無錫　徐建寅　筆述

分羣

全軍無論多少船先定原次序船數足用即分為二隊或三隊每隊分為六小羣依全軍各船之原次序可知屬於何雙羣或何參羣此原次序初布陣時用之與變陣時各小羣之次序無涉

又可依其原次序或依其現在小羣之次序用號數旂指使之

紅白藍隊旂分別全軍內之各隊

總雙羣旂指各隊之雙羣

總參羣旂指各隊之參羣

總小羣長旂升在總雙羣旂之下則指各隊之各小羣

總小羣長旂升在雙羣旂或在參羣旂下則指本雙羣或本參羣內之各小羣如另欲指某某小羣則二旗之下再加此小羣長旂

次序旂可與他旂或陣號旗並用在別旗之上則知小羣次序自右邊起在下則自左邊起如船未成陣之前或成陣而散列再欲成陣亦須知所欲成陣依正次序或反次序

次序旗與雙羣或參羣或小羣旗並升則指其他旂僅是指全隊船之某分而其某分依次序旗之在上或下可知其現在之位

小職管之船獨升次序旗則指本船原為準行船或暫為準行船

大職管之船獨升次序旗則指其本列之準行船為總準行船至下旗而止或至新改陣法而止

其餘各旗與長旗用處另詳

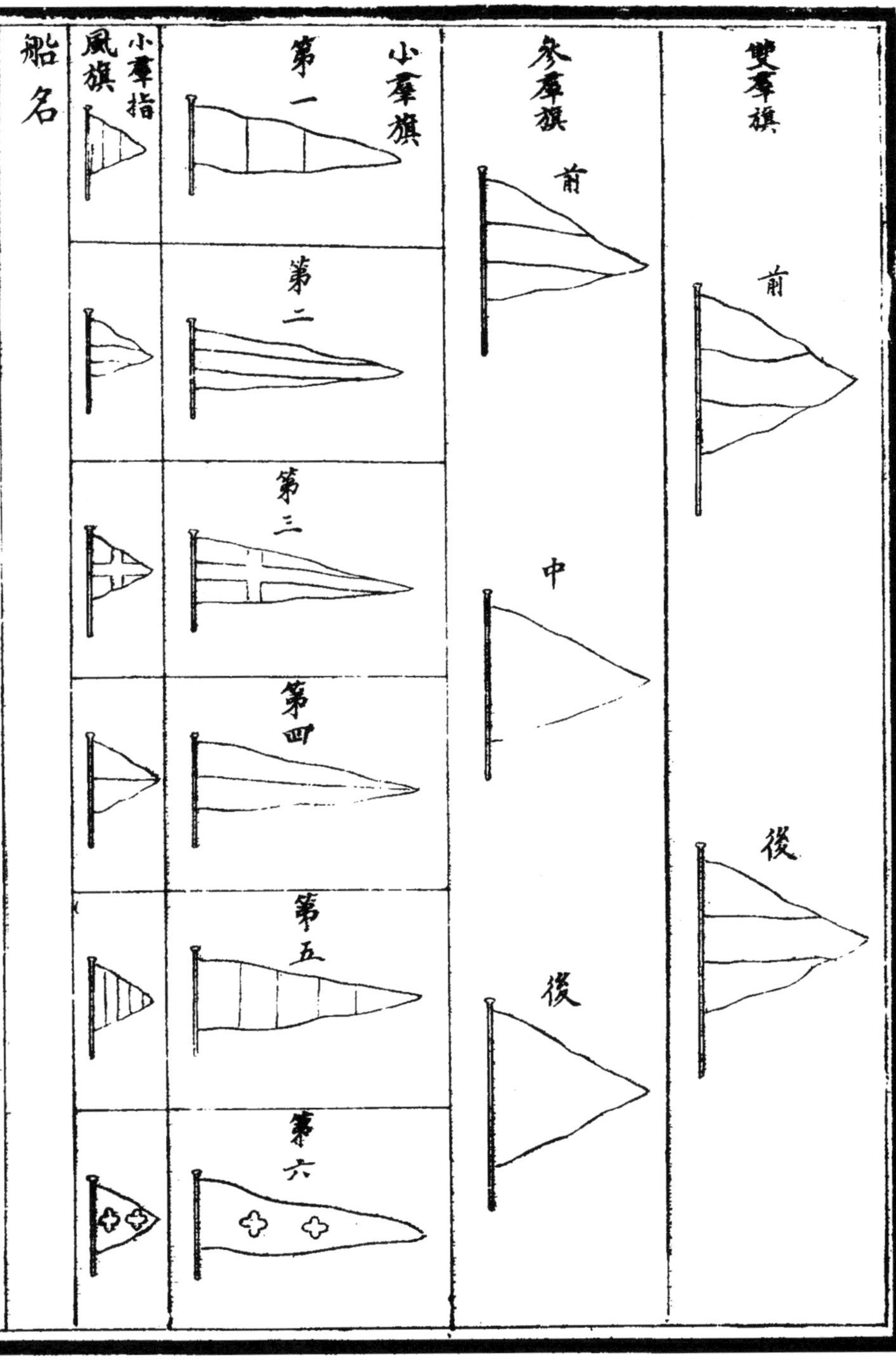
雙牽旗
前
後
參牽旗
前
中
後
小牽旗
第一
第二
第三
第四
第五
第六
小牽指風旗
船名

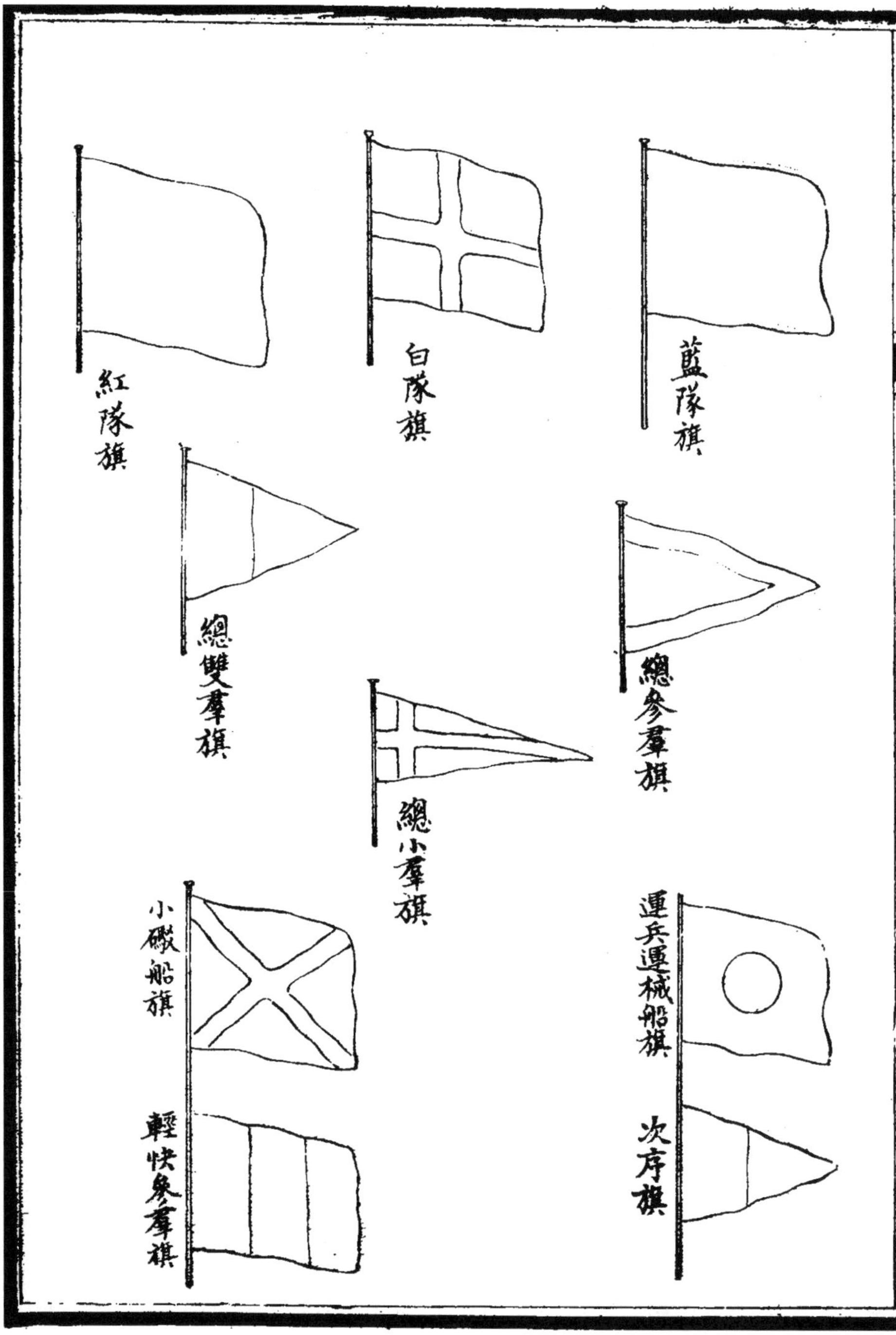
藍隊旗
白隊旗
紅隊旗
總參羣旗
總小羣旗
總雙羣旗
運兵運械船旗
次序旗
小礮船旗
輕快參羣旗

英國裴路原書

英國　傅蘭雅　口譯
無錫　徐建寅　筆述

速旗

有人歷試多法指使各船之行速有便有不便茲將各法舍弊取益而立新法

升旗指輪轉數以定船之行速不可用因各船内輪之轉數與速不相比也以一小時行海里之數定船之行速固屬最善惟因常有變改故必恒用量船速率器量之為稍難耳

合前二法之益而另設一法將各船之速分為三等一名全速一名半速一名小速各船俱必詳試之而知行此三等速一分時轉各須若干轉假如見升其全速之旗即知無論風浪如何船初行之後須加速而行全速之轉數其初動之速不論因二船加速之時常略相同也所有第二船即隨第一船而轉數或加速或減速二船若有差亦易改正

速旗　各船後桅之下層橫擔或他便當之處用繫緊升旗之繩一條繩上有小紅三角旗三分繩為四等分有黑球在旗旁能上下

球離開上旗之上令諸船之汽機用極大之力

球在上旗處令諸船汽機之速合於船行全速

球在中旗處令諸船汽機之速合於船行半速

球在下旗處令諸船汽機之速合於船行小速

球離開下旗之下令諸船汽機停

此三速每一小時定若干海里水師主將攷核全軍内之諸船定之其全速應為最慢之船之最大速稍小其小速應為任何船汽機能恰動之最小速稍大其半速應在全小二速之間

海國圖志續集卷十八

英國裴路原書　英國　傅蘭雅　口譯
無錫　徐建寅　筆述

名目解釋

書中所用新名目甚多必須明徹始可通此諸法今為一一詳解如左

先將名目之特異者另論之第十一節第十二節解總準行船並準行船向來船陣内未嘗用此也然無是二者則全軍戰船難於布陣整齊因凡布陣之時一列停止他列或在其後或在其前成列此列之内止有一船能定其方向而制其速各船皆不能自主又無論成何陣法而行走亦俱如此也成魚貫陣首船為此一船成雁行陣或斜行陣左或右船為此一船也舊法則以每列大職之船制此列各船之路與速故大職之船必恒在此位然因陣法改變不能恒在此位不便率領其諸船也

近時船戰各事與昔不同船之行速一小時十海里至十二海里布陣之時號令遞出甚速每次變陣大職之船不能定在何隊羣何小羣之内若用此新法則大職人仍可指使各船惟率領各船必為恒在一處之船即總準行船與準行船也

第十三節解陣前魚貫陣以行路方向為陣前雁行陣以次序之起邊為陣前斜行陣可不用左右之别而以前邊為陣前

第十四節十五節十六節解正反邊等次序以或左或左右起為布陣之根本書中所最詳因全軍戰船改變陣法必自左或右起動若恒自一邊必多費時候也

第十七節第十八節第十九節解船列之方向依羅盤之方向而定甚宜用於斜行陣古時所云列方向依風之方向定之近時用輪船故列方向三十二向俱可用也行駛輪船主船在船陣之中若升列方向旗難知方向當自何船為準必致誤事故必在準行船升列方向旗也

第二十二節解一列首端此端必須詳解因無論何陣其各小羣無論如何改變恒有首船之端首船在列之一端即升準行船之旗者也

第二十五節第二十六節解總準行船全隊戰船内以一船為總準行船此船升總準行船之旗此總準行船之列即名準船列

第一節、船列、　有若干船成一列各船之相距等名為船列

第二節　小羣　全隊戰船布陣時六分内之一分名為小羣初布陣之時其次序為其原數變至何陣其次序以當時之位定之

第三節、參羣　第一小羣第二小羣為前參羣第三小羣第四小羣為中參羣第五小羣第六小羣為後參羣各小羣次序若為原次序其參羣為原前中後參羣

第四節、雙羣　第一小羣第二小羣第三小羣為前雙羣第四小羣第五小羣第六小羣為後雙羣小羣之次序若為原次第其雙羣為原前後雙羣

第五節　總陣　全隊戰船之總陣有四各依其陣法行法或列方向名之其列方向分為魚貫陣雁行陣斜行陣四種陣法必有各小羣在其各位各小羣之首船在全列之一端此端為之首船端

第六節　第一種陣　將全隊戰船成一列内有六小羣

第七節　第二種陣　將全隊戰船成二列相對平行每列謂之前或後雙羣每雙群内有三小羣

第八節　第三種陣　將全隊戰船成三列相對平行距等每列謂之前或中或後參羣每參群内有二小羣

第九節　第四種陣　將全隊戰船成六列相對平行距等每列名為一小羣

第十節　銳陣　總陣法外又有參差陣法名為銳陣將全隊戰船所指出之一分在其中船即頂船分為前半後半此二半可任成何列方向

第十一節　總準行船　陣内以一船為總準行船各列之横方向並相距又本列各船之方向俱依此船而得此

船行路必甚直其速必平勻
成魚貫陣時第一陣法此船為一列之首船第二第三第四陣法為左邊列或左邊列之首船依次序之或正或反
成雁行陣之時第一陣法此船為一列之左或右端之船第二第三第四陣法為首列之左或右端之船依次序之或正或反
成斜行陣之時此船為最前之船
成銳陣之時此船為頂船
此船在前桅升次序旗但見別船為繞行之定點而升次序旗則此船必下其旗

第十二節　準行船　陣法列數不止一者各列內與總準行船相配之船名為準行船

第十三節　陣前　魚貫陣為船行路之方向雁行陣依次序之正反斜行陣必當如已行魚貫而稍變其方向故陣前必向一列首船之端

第十四節　正反邊　面向陣前則右為正邊左為反邊

第十五節　正邊　陣法內各小羣次序之起以次序旗或在上或在下指之所指之一邊為正邊

第十六節　正反次序　陣內各小羣之次序自右邊起者為正次序自左邊起為反方向

第十七節　列方向　為各船成一列之方向

第十八節　正方向並反方向　一列各船之列方向自首船端起合羅盤之向為之正方向自末船端起合羅盤之向為之反方向

第十九節　横方向　他列首船與本列首船之方向名横方向

第二十節　首船　魚貫任何陣以在前之船為首船雁行任何陣以次序之起為首船

第二十一節　末船　為首船之相反

第二十二節　一列首船端　每列首船之端為之首船端凡羅盤指列方向以此端計之

第二十三節　前後左右鄰船　成魚貫陣時其前一船名前鄰船後一船名後鄰船成雁行陣或斜行陣時其右一船或左一船名爲右鄰船或左鄰船其間一船亦前後左右俱同

第二十四節　左右羣　雙羣或叅群或小羣或一船在左邊名左羣在右邊名右羣

第二十五節　定船或定點　成陣繞行或逐船改方向或改列方向時行動最緩之船名定船寔即準行船也亦升準行旂

第二十六節　準船列　總準船之列名之爲準船列全隊各船之相距或改或否此列當爲準行之船在船起動之時必升總準行旗並升相距旗

海國圖志續集卷十九

英國裴路原書

英國　傅蘭雅　口譯
無錫　徐建寅　筆述

正陣

船陣各法盡在此正陣八種之內從此八種正陣共得一百十二變法蓋八法互變得五十六又分左右兩邊起動共得一百十二也

變陣之時依左或右起動者用首船或首列為主別船依此而動也其船行之路雖稍多然成新陣反能更速有數陣勢未全其布法因其全布法不過為數他布法數次也故僅言其中用某某布法即可依之成新陣然必二邊迭更起動始可免向一邊佔多處之患

船行極速而臨攻敵船時用左右二邊之動法極易自左邊或右邊變陣如令其後列或後船左右繞行而不升仍向前之旗號即可忽變向左或向右若升仍向前之旗號即可忽仍向前行仍為原陣

設前有敵船之陣我船成魚貫陣前進船若密列啣尾而進恐致相撞必稍成斜行而幾若魚貫然與敵相近交戰我船必成兩平行雁行始可打散敵船之陣然須察敵勢與地勢而以定之用何法　因我船原為魚貫陣極易直行至與敵船有應當相距時即升第六號旗指欲成雁行第二陣前隻麾之首船立刻同時繞行餘各船逐一隨之即成魚貫第二陣如第四圖其方向與原方向正交之

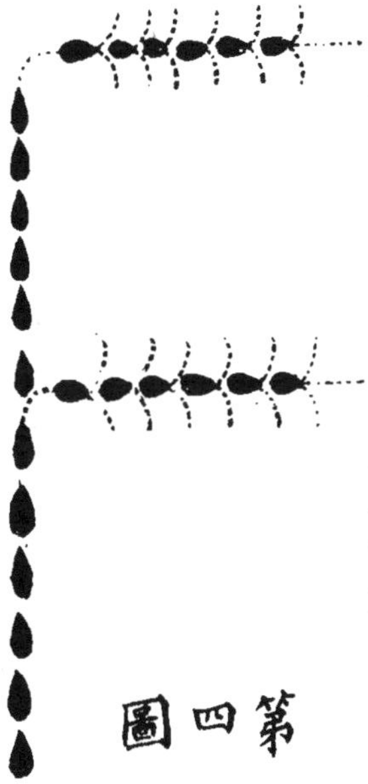

第四圖

行、以待、至有仍向前之旗號再繞向前、行成雁行第二陣、攻敵、或不升向前之旗則可升旗令換行任何別方向、或不升何旗、則以魚貫第二陣一直前行、用此法指使船陣、甚是靈便、不論何陣俱可自任別何陣改變而成且易於攻敵因敵不能知我將如何變法也所以可現攻敵之力極大、如敵窺破我此陣之用法我船極易速改別陣以應之、無論敵船所布何陣、我船俱極變陣而提備之

變陣法之時、各小羣之位亦可改變、其變法即在陣號旗之內、而不必另用指位之旗如我船成魚貫陣　行、欲距敵船不甚近、時變成雁行陣、設第五小羣爲角船、則依法可在臨成雁行陣之時、升旗使第五小羣至新陣之任何處更不多費成陣之時、設欲使角船爲右邊第一小羣、則先升　三旗斿　後升　旗斿五、各船一見此旗即知此事可以立刻依法變成或欲使角船爲右邊第二小羣則升　五旗斿　如欲爲右邊第三小羣則先升　三旗敫　次升旗敫二　再升　五旗敫　即可依法變成但此用三旗費時比前必多、或欲爲右邊第四小羣則旗號與前相反即先升　旗敫三　次升　二旗敫　再升　旗敫五　若欲爲右邊第五小羣則升　旗敫五　欲爲左邊第一小羣則先升　旗敫三　次升　五旗敫　以上第一第二第伍第六所費之時略相同第三第四時多一半但費時多少恒以布陣之靈便與否也此乃擇數式以爲例、餘各變法類推

用總準行船與準行船之法各動法必極能齊整因每次變陣而作準行船之船、其所在之處極指使其本例內船之動法也

全軍船成雁行第四陣、如第五圖、其小羣爲正次序、其總準行船並準行船爲各列右邊之船、欲以反次序變成雁行第二陣、先升　六旗斿　前後雙羣內首小羣之船同向左繞行、餘各小羣仍直行、至當繞之處其各小羣內率領繞行之船、必在左邊、故主將升陣旗號之時、左邊之船立刻作準行船、可見無論升何陣旗號使船成何陣、各船望見陣號旗自知何船當爲準行船

第五圖

或不欲改陣法止欲反次序而换準行船可升本陣號旗而反次序旗之上下新總準行船與各準行船升旗各行

準行船落旗

此法之用各行船時可預備欲向何邊繞行船欲行過近岸之處或行過險危之處俱甚便

圖內有横線之各船即為準行船其横線即船之横桅也

第一號　成魚貫第一陣

次序旗在上　次序旗在下

布法

第一法　自魚貫第二陣　第三陣　第四陣

前列即左列　前列即右列

為新陣之準行必仍直行其速必合他船便於成列餘船隨首船同時繞行往魚貫陣應當之處再繞行隨準行之後新陣已成後仍然直行其彼此之方向已相距不可改

撮要　魚貫陣不欲依前列成列者亦可任依何列成列必升旗指之

第二法　自雁行第一陣　第二陣　第三陣　第四陣

各列之左邊船　各列之右邊船

必直行餘船同時繞行八向往應當之處再逐一繞行向前新陣已成如自第二第三第四陣其後各列之速必合便於前各列之成列

第二號　成魚貫陣第二陣

次序旗在上　次序旗在下

布法

第一法　自魚貫第一陣

前雙犘同時向左繞行八向　　前雙犘同時向右繞行八向

成雁行直行後雙犘仍直行至前雙犘之處向前雙犘繞行八向後雙犘至前雙犘後邊之時主將見方位已當則使各船同行原方向即成新陣

後雙犘之速必依前雙犘定之

第二法　自魚貫第三陣

前參犘即左參犘　　前參犘即右參犘

直行或減速

第四小犘隨其首船同時繞行至前參犘之後變為第三小犘即成前雙犘原為三小犘可隨其小船同時繞行至後參犘之前變為第四小犘

第五第六小犘隨其首船繞行至其新第四小犘之後即成後雙犘

要說　主將可使第一第二小犘偏向外以助成陣所以各船必慎觀有此旗號否

第三法　自魚貫第四陣

前後雙犘內之第一第四小犘即左邊小犘　　前後雙犘內之第一第四小犘即右邊小犘

直行其餘各小船隨首船同時繞行往第一第四小犘之處而仍直行行時彼此方向與相距不可改

第四法　自雁行第一陣

前後雙犘之左邊船　　前後雙犘之右邊船

直行餘各船繞行八向往首船之處再繞行八向而仍直行

第五法　自雁行第二陣

前雙摩各船同時向左繞　前雙摩各船同時向右繞
行八向成魚貫後雙摩左　行八向成魚貫後雙摩右
邊船　邊船
直行餘各船繞行八向列其後
後雙摩首船至前雙摩之後邊主將見方位已當則使前後雙摩之首船仍前原路之方向而後各船隨之
後雙摩之速必依前雙摩之速定之
第六法　自雁行第三陣第四陣
不能一變即成必先成魚貫第一陣自此陣再如前法變之
第三號　成魚貫第三陣
次序旗在上　次序旗在下

布法

第一法　自魚貫第一陣
前參摩向左繞行八向　前參摩向右繞行八向
成雁行後即直行其中與後二參摩向右繞直行至其位而遂參摩同時繞行
後參摩已至參摩前之後主將見方位已當則使各船仍行原方向
中後二參摩之速必依前參摩之速為準
第二法　自魚貫第二陣
前雙摩即左雙摩之第一　前雙摩即右雙摩之第一
與第二小摩　與第二小摩
直行或須減速即減速

後雙麾內之第四小麾同時繞行而至應當之相距作中參麾之前小麾
前雙麾內之第三小麾必同時繞行至中參麾之後小麾
第五第六小麾隨首船同時繞行成後參麾其離中參麾必爲所當之相距
要說　主將可使第一與第二小麾偏向外助他船之成陣此小麾之船必慎觀主將有此旗否
第三法　自魚貫第四陣
第一第三第五小麾即各參麾左邊之小麾　　第一第三第五小麾即各參麾右邊之小麾
直行餘各小船同其首船一時繞行往弟二第三第五小麾之後行時彼此之方向與相距不可改
第四法　自雁行第一陣
各參麾之左邊船　　各參麾之右邊船
直行餘各船同時繞行八向逐一隨其後而成之
第五法　自雁行第二陣
必先成雁行第一陣而再變之
第六法　自雁行第三陣
前參麾同時向左八行向　　前參麾同時向右繞行八向
成魚貫直行中參麾直行至前參麾之後同時繞行八向
後參麾直行至前參麾之後時同時繞行八向成魚貫後參麾之首船至前參麾後時主將見方位已當
則使各參麾之首船仍行原方向之路各將逐一隨之
中後二參麾之速必依前參麾之速
第七法　自雁行第四陣
必先成魚貫第四陣而再變之

第四號　成魚貫第四陣

次序旗在上　　次序旗在下

布法

第一法　自魚貫第一陣

第一小羣同時向左繞行八向　　第一小羣同時向右繞行八向

成雁行餘各小羣直行至對前一小羣之後亦即同時繞行八向

各船俱成雁行之後主將見方位已當則使同時行原路方向

各小羣之速必依第一小羣之速

第二法　自魚貫第二陣第三陣

前後二雙羣即左右二雙羣之首小羣同時向左繞行八向

前後二雙羣即左右二雙羣之首小羣同時向右繞行八向

成雁行直行

餘各小羣直行至前一小羣之後各船同時繞行八向各船已成雁行後主將見方位已當則使同時仍行

原路之方向

各船之速依第一小羣之速

第三法　自雁行第一陣

各小羣左邊之船　　各小羣右邊之船

直行餘各船同時繞行八向而隨於前船之後

第四法　自雁行第二陣第三陣第四陣

必先成雁行第一陣而後變之

第五號　成雁行第一陣

次序旗在上　　次序旗在下

布法

第一法　自魚貫第一陣第二陣第三陣第四陣

首船或各首船必向左繞行八向　　首船或各首船必右向繞行八行

餘各船直行至首船之後逐一繞行

各船已成魚貫之後主將見方位已當則使各船仍行原路之方向

第二第三第四陣者其各列之首船必定其速使後各列之船有成陣之處

第二法　自雁行第二陣第三陣第四陣

各列之首船必同時向左繞行八向　　各行之首船必同時向右繞行八向

餘各船逐一至首船之後亦繞行八向

各列成單魚貫之後主將見方位已當則使各船仍行原路之方向

各船之速依首船之速

第六號　成雁行第二陣

次序旗在上　　次序旗在下

布法

第一法　自魚貫第一陣

前後雙羣之首船必同時向左繞行八向　　前後雙羣之首船必同時向右繞行八向

餘各船直行逐一至首船之後亦繞行而成魚貫主將見方位已當則使各船仍行原路之方向

第二法　自魚貫第二陣

前後雙羣之首船必同時向左繞行八向　前後雙羣之首船必同時向右繞行八向
餘各船直行逐一至首船後亦繞行前雙羣各船成魚貫後必同時仍行原路之方向
後雙羣見首船至前雙羣原首船之後即使各船同時仍行原路之方向
後雙羣之速必依前雙羣之速

第三法　自魚貫第三陣第四陣
必先成雁行第一陣而後變之

第四法　自雁行第一陣　前雙羣即左雙羣　前雙羣即右雙羣
直行後雙羣之各船同時向前雙羣繞行八向成魚貫首船已至前列首船之後時各船同仍即行原路之方向

第五法　自雁行第三陣
必先成魚貫第一陣而後變之

第六法　自雁行第四陣　第一第四小羣同時向左繞行八向　第一第四小羣同時向右繞行八向
成魚貫直行
餘各小羣逐一至第一第四小羣之後時亦同時繞行八向而俱成魚貫主將見方位已當則使各船同行原路之方向

第七號　成雁行第三陣
次序旗在上　次序旗在下

布法

第一法　自魚貫第一陣　各參羣之首船同時向左繞行八向　各參羣之首船同時向右繞行八向
各船成魚貫之時主將見方位已當則使諸船同行原路之方向

第二法　自魚貫第二陣　必先成魚貫第一陣而後變之

第三法　自魚貫第三陣　各參羣之首船同時向左繞八向　各參羣之首船同時向右繞八向

餘各船直行逐一至首船後亦繞八向至已成魚貫前參羣各船即同時行原路之方向成雁行直行

中後二參羣之首船至前參羣後之時亦各船同時行原路之方向　中後二參羣之速如前參羣之速

第四法　自魚貫第四陣　必先成魚貫第一陣而後變之

第五法　自雁行第一陣　前參羣即左參羣　前參羣即右參羣　直行

中後二參羣各船向前參羣同時繞行八向各參羣之首船至前參羣首船之後時即同時仍行原路之方向

第六法　自雁行第二陣　必先成魚貫第一陣而後變之

第七法　自雁行第四陣　第一第三第五小羣同時向左繞行八向第一二五小羣同時向右繞行八向成魚貫直行

餘各小羣逐一至第一第二第五小羣之後亦同時繞行而成魚貫

各船成魚貫時主將見方位已當則使仍行原路之方向

第八號　成雁行第四陣　次序旗在上　次序旗在下

布法

第一法　自魚貫第一陣　六小羣之首船同時向左繞行八向　六小羣之首船同時向右繞行八向

餘各船直行逐一至首船之後亦繞行八向成魚貫主將見方位已當則使各船同時仍行原路之方向

第二法　自魚貫第二第三第四陣　必先成魚貫第一陣而後變之

第三法　自雁行第一陣　第一小羣即左邊小羣　第一小羣即右邊小羣　直行

餘各小羣同時向第一小羣繞行八向成魚貫逐一至首小羣之後時即仍行原路之方向

第四法　自雁行第二第三陣

各行之首小羣即左邊小羣　　各行之首小羣即右邊小羣

直行

餘各船同時向首羣繞行八向成魚貫至其首小羣之後時仍行原路之方向

各小羣之速依第一小羣之速

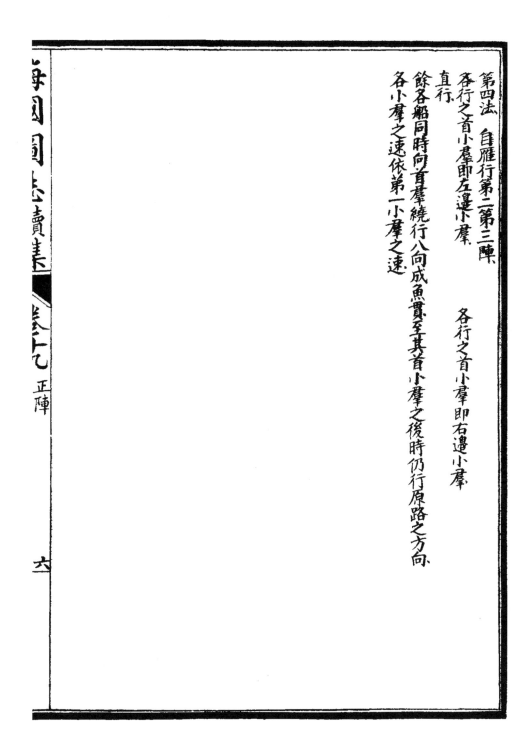

海國圖志續集卷二十

英國裴路原書

英國　傅蘭雅　口譯
無錫　徐建寅　筆述

斜陣又名列方向號旗

正陣八種列於前卷者其用最要也惟此斜陣亦甚便用已有斜陣幾可不用正陣著此書之初以為前卷八陣竟可不用蓋是卷第九第十第十一第十二之陣可代前卷八陣之許多變法也後見不用正陣恐有混亂是以另論各斜陣而列八號正陣於前也

此雖另稱為斜行陣然魚貫與雁行陣俱可為斜行陣也前卷各正陣若用斜陣之旗號則用法亦與斜陣相同

斜行陣可變成雁行陣因二種陣之式本相同惟前面不同故小隊之次序亦不同如第六圖是也初時余意前卷正陣內不用雁行陣嗣後見雁行陣能自左右俱可起動益處極大所以仍用之第九第十第十一第十二號四陣以為無論其列方向如何俱為魚貫陣不過暫時不行原路方向然其法不必使船先成魚貫而後改變凡變陣時若欲免繞行之費時可暫成斜行其變法亦多

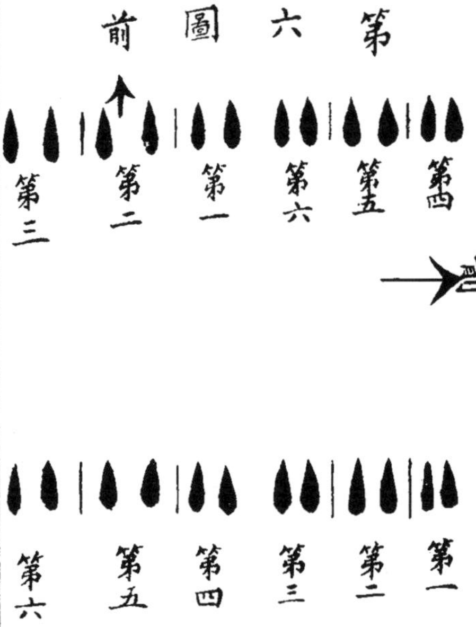

此四陣法能改變陣法之種、下第十三號第十四號二陣能使全隊繞定點前行則改變陣法之類斜行陣法必能如此為要

斜行陣之益必能改變其初時所定之方向且改變方向能或少或多所以另設旗號可使各種陣法繞行至各向魚貫繞行可變雁行雁行可變魚貫自此二法仍可得各斜陣

欲其如此必專派一船為定點又雁行之方向已改變必另派他合宜之船為定點代原為定點之船觀下布法可知之

第九號　成斜行第一陣行原方向或所指之方向

次序旗在上　　次序旗在下

布法

第一法　自斜行第二第三第四陣而不改其列方向

前參羣即左參羣　　前參羣即右參羣

各船俱繞行相配之方向而成魚貫前行

餘各參羣俱隨其首船與前參羣同時繞行成雁行向前直行行至前參羣之後亦繞行相配之方向成魚貫與前參羣相同其距與方向不可改各船已成魚貫時主將見方位已當則使各船同時俱行原方向

第十號　成斜行第二陣得原方向或所指之方向

次序旗在上　　次序旗在下

布法

第一法　自斜行第一陣不改其行方向

前雙羣即右三小羣同時　　前雙羣即左三小羣同時

向左繞行　　向左繞行

成雁行而直行各船之相距必等

後雙羣之各船必同時繞行至船方向與列方向相對而直行至前雙羣後之時繞行八向成雁行而直行

後雙羣至前雙羣後時主將見方位已當則使各船同時行原方向

第二法　自斜行第三陣而不改其行方向

前參羣即左參羣　一　前參羣即右參羣

各船俱繞行相配之方向成魚貫直行

中參羣之左小羣繞行成雁行而直行至前參羣之後時繞行八向成魚貫

中參羣之右小羣繞行成魚貫直行後參羣各船繞行成雁行而直行至中參羣後時繞行八向成魚貫

各船已成二魚貫之時主將見方位已當則使各船同時行原方向

第三法　自斜行第四陣而不改其行方向

第一小羣第四小羣即前　一　第一小羣第四小羣即前

後雙羣之左小羣　後雙羣之右小羣

同時繞行至船方向與列方向相對而成魚貫直行餘小羣必隨其首船同時繞行成雁行直行至第一小羣第四小羣之後而再繞行八向成魚貫

各船已成二魚貫之時主將見方位已當則使各船同時行原方向

第十一號　成斜行第三陣得原方向或所指之方向

次序旗在上　次序旗在下

布法

第一法　自斜行第一陣不改其行方向

前參羣即右二小羣必同　一　前參羣即左二小羣必同

時向左繞行　時向右繞行
成雁行直行各船之相距不可改中後二參羣之各船必同時繞行至船方向與列方向相對而直行至前參羣
之後時即繞行八向成雁行
後參羣至前參羣原處時主將見方位已當則使各船同時行原方向
第二法　自斜行第四陣不改其行方向
第一第二第五小羣即各　第一第二第五小羣即各
參羣之左邊小羣　參羣之右邊小羣
同時繞行成魚貫直行
餘各小羣同時繞行成雁行而直行至第一第二第五小羣之後時再繞行成魚貫直行
各船已成二魚貫之時主將見方位已當則使各船同時行原方向
第十二號　成斜行第四陣得原方向或所指之方向
次序旗在上　次序旗在下
布法
第一法　自斜行第一第二第三陣而不改其行方向
自第二陣者則第一小羣　自第一陣者則第一小羣
同時向左繞行自第二陣　同時向右繞行自第二陣
第三陣者則各列之第一　第二陣者則各列之第一
小羣俱同時向左繞行　小羣俱同時向右繞行
成雁行而直行
餘各小羣繞行成魚貫直行至前小羣之後時亦繞行八向

各船已成雁行之時主將見方位已當則使各船同時行原方向

第十三號　變斜行第一陣之列方向為所指之方向

布法

第一法

陣内最前之船必為定船若原為雁行亦可設為斜雁行而船方向仍為變後之方向

主將可任意指何船作定船升彼船之長旗與此陣號旗則其定船必小速直行而行之速依事定之

餘各船前往新列方向之方位相距不可改行速不可過鄰船與定船之直線

改列方向而須行過雁行方向之線則至此必換定船故各船成雁行時必暫停觀新定船已至其位而升其旗

舊定船各船再起行至其位

第十四號　變斜行第二陣第三陣第四陣之列方向為所指之方向

布法

變向右則右邊之列為定列變向左則左邊之列為定列定列最向前之船為定船若原陣為雁行必設為斜行

而其船方向仍為變後之方向

主將可同升何船之長旗並此陣旗號指此船作定船此船即以小速直行其速依其事

餘各列之準行船自定船得其新橫方向各船行時相距不可改行速不可過鄰船與定船斜方向之線

各列内準行船之鄰船繞行至新方向線時與準行船之相距不可改其速當合於主方向線

各列内餘各船亦繞其鄰船而向準行船直行其速不可過鄰船與準行船之線

改列方向而須行過雁行方向之線則至此必換定船故各船成雁行時必暫停觀新定船已到其位而升其旗

舊定船下旗各船再起行至其位

英國裴路原書

英國　傅蘭雅　口譯
無錫　徐建寅　筆述

銳陣

德國勤司戰船布陣論內以銳陣為甚要蓋其意以為用此陣則放礮擊遠可恒向一方向未計及近敵船時我船之便成陣與否也

是卷專論布成銳陣及將銳陣變為別陣各有數法可以彼此互用

銳陣有五號詳觀其用可知益處

第十五第十六號凡有船成一單列或為魚貫或為雁行與斜行俱可成銳陣然以自魚貫為最難自雁行為最易各斜行則愈近雁行愈易愈似魚貫愈難

向來所用成銳陣之法自魚貫而起其法必亂各船彼此之相關故船已至其位必將再過而不能止舊法未之詳也同治二年馬汀設法以當中之船為主而成銳陣使一邊各船向前一邊各船向後如此則改其次序而所費之時約半於舊法此即或自左或自右起動之法也

第十六號與第十五號之方向不同其往左右二邊可任意得某方向主將宜慎觀其事而定之蓋此號僅指銳陣之勢其二邊當得某向必另用旗令之由其向可知角之大小

昔人以為船成銳陣與城壘之凸角同理故將船之用礮各事與城壘同法推算之其實不然因我船成銳陣而行動雖能與城壘之角相同僅在少頃之間兩陣行過之後或敵陣稍變之後銳陣必不便矣必再速變別陣以應之可知我船泊定而防敵船之攻可用銳陣行動而欲攻敵船難用銳陣因敵船離我遠時我船用若干角之銳陣雖便於守禦若敵船忽近攻我一邊之船則彼邊之船難於救應必致亂列

敵船追我必久而始能相近若我船用鋭陣之法或可有益惟難定何角度為便恐初不成鋭陣而成雁行最便成雁行時敵若來追必攻我左邊或右邊被追之邊可急退而他邊則緩退以便多放礮擊敵敵仍前追將行過我之他邊則他邊必更退下幾成魚貫使敵船受我船傍之各礮敵若同時攻我二邊則二邊俱急退成任何角之鋭陣或如第一正陣則更易改為別陣若敵之攻法不能料而不欲觸之者用第一正陣再穩

第十六號左右邊起動更多於十五號故用第十六號可成鋭陣更速惟追敵時失去地位多於第十五號擇用可法當依二邊欲得之列方向也

第十五號　成多列或單列之鋭陣頂船旁之列方向為十二向或所指之某向

揭要一　陣法為雙羣或為多羣或為小羣者船列之當中二船內近首船端者為頂船陣法為單列者其船為單數則中船為頂船其船為雙數則當中二船內近首船端者為頂船

揭要二　頂船旁列方向之向數或多於十二向或少於十二向者另升號旗指之其數獨指右邊者升次序旗於號旗下指左邊者升次序於號旗上

揭要三　升旗指兩邊或一邊列方向之向數則其兩邊或一邊近頂船之船行至得列方向有所指之向數即停待餘各船以此船為準而成列不依頂船成列

次序旗在上　　次序旗在下

布法

第一法　自魚貫第一陣或一列內指出之數船

首船向左繞行至左邊應當之　　首船向右繞行至右邊應

直行頂船之前餘各船逐一繞行隨首船直行至應當之處同時繞行得其方向而再直行

頂船直行適當之處

後邊各船繞行向新方位直行行時各船相距必相等其速不可過頂船與鄰船列方向之線

第二法　自雁行或斜行或鋭陣改角度

頂船以平速直行其速合其事

頂船兩邊鄰船依頂船直行而至新方位其相距必為原相距

兩邊餘各船亦以同法依頂船之鄰船直行其速不可過頂船與鄰船之線

第十六號　成多列或單列之鋭陣頂船旁之列方向為四向或指之某向

揭要一　陣法為兩雙羣或為兩參羣或兩小羣者船列內當中二船近首船端者為頂船陣法為單列者其船為單數則中為頂船其船為雙數則當中二船近首船端者為頂船

揭要二　頂船旁列方向之向數多於四向或少於四向者另升號旗指之其數獨指右邊者升次序旗於號旗下指左邊者升次序旗於號旗上

次序旗在上　　次序旗在下

布法

第一法　自魚貫各陣

首船向左繞行至應當之列方向線　　首船向右繞行至應當之列方向線

餘各船逐一隨首船而行至頂船繞行則同時繞行成雁行直行依頂船至應至之處其彼此方向與相距不可改

後邊各船逐一繞行隨頂船之後至各船全成魚貫之時主將見方位已當即使各船同時行原方向

第十七號　成魚貫陣其列方向與船方向俱同於原鋭陣後半列之方向而在其對向

次序旗在上　　次序旗在下

布法

第一法　自各鋭陣或所指某鋭陣

左邊外端之船即首船　右邊外端之船即首船

直行

前半列各船其方向若已向前者首船必向外偏行至與列方向正交再反繞行至與後半列平行而直行

前半列之餘各船並頂船必同時向外繞行成魚貫向後再隨首船之後逐一繞行

後半列之各船必同時向内繞行成雁行向後再隨頂船之後逐一繞行成魚貫

第十八號　成魚貫陣其列方向與船方向俱同於原鋭陣前半列之方向而在其前面

次序旗在上　次序旗在下

布法

第一法　自各鋭陣或所指之其鋭陣

前半列即左邊各船　前半列即右邊各船

並頂船必向外繞行成魚貫向後直行同時後半列必向内繞行成魚貫向前再逐一繞行隨頂船之後直行各船成魚貫時主將見方位已當則使各船同時繞行成原方向或所指之方向

第十九號　成魚貫陣其列方向與船方向俱同於原鋭陣後半列之方向或所指他船方向

次序旗在上　次序旗在下

布法

第一法　自各鋭陣或所指之某鋭陣

前半列即左邊各船　前半列即右邊各船

同向前繞行至與列方向平行而成魚貫直行逐一至首船之後繞行仍成魚貫

後半列各船同時繞行向前成雁行直行至前半列之後時同時繞行成魚貫
已成魚貫時主將見方位已當則使同時行原方向或所指之方向

海國圖志續集卷二十二

英國裴路原書

英國　傅蘭雅　口譯
無錫　徐建寅　筆述

魚貫陣改方向與分陣便法

第二十號第二十一號第二十二號可得魚貫第一陣改方向及分小陣之各用此二事原宜分開惟在此號内甚為簡易可以相連而能得益不易也

所改船方向大於八向者新後列之首船依法當為定船但此不合於能任便或左或右變陣之法

第二十號　自魚貫第一陣變成魚貫第二陣其方向或改或不改以前雙羣為主

次序旗在上	次序旗在下
布法	
方向不改則前雙羣各船必直行方向若改則逐一繞行其新方向後雙羣各船必向左偏行於前雙羣之左邊	方向不改則前雙羣各船必直行方向若改則逐一繞行其新方向後雙羣各船必向右偏行於前雙羣之右邊

行必極速至新方向後各船隨行

第二十一號　自魚貫第一陣變成魚貫第三陣其方向或改或不改以前參羣為主

次序旗在上	次序旗在下
布法	
方向不改則前參羣之船	方向不改則前參羣之船

直行方向若改則逐一繞行其新方向中後二參輦之首船必向左偏行往前參輦之左

直行方向若改則逐一繞行其新方向中後二參輦之首船必向右偏行往前參輦之右

行必極速至新方位餘各船隨其後各船之速必依成陣極速準之

第二十二號　自魚貫第一陣變成第四陣其方向或改或不改以前小輦為主

次序旗在上

方向不改則前小輦直行方向若改則逐一繞行其新方向餘小輦之首船向左偏行至前小輦之左

次序旗在下

方向不改則前小輦直行方向若改則逐一繞行其新方向餘小輦之首船向右偏行至前小輦之右

行必極速至新方位餘各船隨其後各船之速必依成陣極速準之

海國圖志續集卷二十三

英國裴路原書

英國　傅蘭雅　口譯
無錫　徐建寅　筆述

改方向

第二十四號至第三十二號俱改船之方向。而不改原陣。各法分為二類。一小改變。以某船為定點。而稍繞行。二以自左或右起變陣。而改方向。觀後各法可知各陣之用。並改方向之動法

四向以內用小繞行法。四向以外欲省時省煤。必用自左或右起繞行法。然亦有不能恆如此者。必依船能繞行圓線之大小與能加若干速而定用何法、

第二十三號各船同改方向。改後再依第十三號第十四號繞定點而行。仍還原陣。如船行全速而後船難趕上至其位者。則見此法之益。但于常事不甚用此法

第二十三號　各船同時繞行至所指之方向。

揭要　所指之方向為原方向之對面者。則各船向右繞行。欲向左繞行。必另升旗號

第二十四號　魚貫陣各列或任指一列。逐一改至所指之方向。若其陣不止一列者。則必改各船之原列方向。

揭要　所指新方向為原方向之對面者。則各船向右繞行。欲向左繞行。必另升旗號

第二十五號　魚貫第一陣第二陣第三陣第四陣改為所指之方向。

布法

所指方向邊之一列之首船必為定點。而繞行所指之方向。當減速者即減速

列內餘各船逐一隨之繞行。其餘各列之首船必依其應當之速而速至其新位。但外列之首船不可過其內列鄰船與定船之直線。各首船引其本列諸船。得各列適當之相距。餘各船逐一隨首船前行之時。其船方向必對首船而與列方向正交

揭要　所指之方向爲原方向之對面者則各船向右繞行欲向左繞行必另升旗號

第二十六號　自魚貫第一陣第二陣第三陣第四陣逐一改至所指之方向而使各列之原次序相反

布法

往何邊改方向則何邊列之首船必爲定船而繞行至所指之方向當減速者即減速列內餘各船必隨之逐一繞行

餘各列之首船同時向定船邊繞行速至其新位但外列之首船不可過其內列鄰船與定船之直線各首船引其本列諸船得各列適當之相距餘各船逐一隨首船前行時其船方向必對首船而與列方向正交

揭要　所指之方向爲原方向之對面者則各船向右繞行欲向左繞行必另升旗號

第二十七號　自魚貫第一陣第二陣第三陣第四陣改爲所指右邊之方向

布法

所指方向邊列之首船必往新方向邊繞行八向而再繞行倘將撞本列後端之船必先以新方向直行至後船已前而再繞行

餘各船之首船必向前列繞行八向其後各船隨之至前列之後時逐一繞行隨之

末列之首船行至與新方向正交主將見方位已當則使各列之首船俱繞行至新方向餘船逐一隨之

揭要　所指之方向在原方向對面者則各船向右繞行欲向左繞行必另升旗號

第二十八號　自魚貫第一陣第二陣第三陣第四陣改爲所指左邊之方向

布法

所指方向邊列之首船必往新方向邊繞行八向而再繞行倘將撞本列後端之船必先以新方向直行至後船已前而再繞行

餘各列之首船必向前列繞行八向其後各船隨之至前列之後時逐一繞行隨之

末列之首船至與新方向正交之主將見方位已當則使各列之首船俱繞行至新方向而餘船逐一隨之
揭要　所指之方向在原方向對面者則各船向右繞行欲向左繞行必另升旗號
第二十九號　自雁行各陣改至所指之方向
布法
第一法　自雁行第一陣改變四向以內
新方向邊之船必為定船此船必繞行至新方向而直行依改方向之大小減其速
餘各船同時往新方向繞行二方向較角之半而後直行極速往其新位不可過與定船之列方向線其相距不可改各船至其位時定船漸速行
第二法　自雁行第二陣第三陣第四陣改變四向以內
直行之事與第一陣同餘各列相配邊之船為定船必直行其速必合於不改前列定船之相距
各列之餘船必自定船成列其列方向配新陣之方向前列已成新方向則仍行原速而各列之定船逐一至前列定船之繞點必暫停至齊而同時繞行所指之方向成雁行
第三法　自雁行各陣改變四向以外
一次先改四向成後用同法改第二次至末列各船已至新位則定列加速而俱直行
揭要　所指之方向在原方向對面者則各船向右繞行欲向左繞行則必另升旗號
第三十號　自雁行各陣改為所指右邊之方向
布法
所指方向邊首列外船必往新方向邊繞行八向而再繞行倘撞本列後端之船必先以新方向直行至後船已前而再繞行
首列之餘各船必同時向前船繞行八向逐一隨之　餘各列必直行對所起動之一邊至前列繞行之處亦即

繞行
首列各船至成雁行與船之新方向正交即同時直行餘各列至其後時逐一隨之繞行
揭要　所指之方向在原方向對面者則各船向右繞行欲向左繞行必另升旗號
第三十一號　自雁行各陣改為所指左邊之方向
布法
所指方向邊首列外船必往新方向之左邊繞行八向而再繞行倘將撞本列後端之船必先以新方向直行待其後船已前而再繞行
首列之餘各船必同時向前列繞行八向逐一隨之　餘各列必直行對所起動之一邊各列至前列繞行之處亦即繞行
首列各船至已成雁行與船之新方向正交則同時直行餘各列至其後時逐一隨之
揭要　所指之方向在原方向之對面者則各船向左繞行欲向右繞行必另升旗號
第三十二號　自銳陣或一列或多列改至所指之方向使左右二邊之船與其頂船彼此之方位不改
布法
第一法　自銳陣一列者改變二向以內
全羣同時行成新方向行時其與頂船之原相距不可改各船行時必視其頂船之鄰船又不改其相距左右二邊之船列必略有同方向
第二法　自銳陣多列者改變二向以內
首列之船如為魚貫必為定列若欲改其方向則改向之一邊為定列而行成新方向亦依單列之法其速依事而定餘各船隨準行船前行其改變一次不可過二向
第三法　自銳陣多列者改變二向以外

改一次為二向第一次完再改第二次

揭要　所指之方向、在原方向之對面者、則各船向左繞行、欲向右繞行、必另升旗號

海國圖志續集卷二十四

英國裴路原書

英國　傅蘭雅　口譯
無錫　徐建寅　筆述

換列反列

此卷七號雖不甚要，亦不可缺。第三十三號魚貫改方向，而二列不必彼此通過，風浪大而船行難準時宜用之。又反雁行之次序，並反魚貫之次序。此法更便於舊法也。

第三十三號　換二列魚貫之位

布法

上旗所指列內各船必同時繞行，往下旗所指列內各船之後，到時仍行原路之方向。下旗所指列內各船同時繞行八向，往上旗所指列之位，至此位時仍行原方向。

第三十四號　換二列魚貫之位二列之船彼此通過其間

布法

所指二列之各船同時向內繞行，彼此相近而通過。此列各船過其彼列相配船之右邊，其次序自陣前起算。二列通過後，各船必隨首船往新位而仍行原路。

將繞行之時，各船必觀已船當行過何船，而升彼船之旗，彼船亦升已船之旗，至已行過後而收旗。

第三十五號　換二列雁行陣之位，後列各船通過前列各船之間

布法

二列內之前列各船必減速至僅能直行，而不改其方向與相距。

二列內之後列各船必加速，而不改其方向與相距，通過前列各船之間，行過相配船之右邊，其次序自準行船起算。

第三十六號　自魚貫陣一列或多列者反各列或所指一列各船前後之位各後船行過前鄰船之右邊

布法

首船減速至極小而偏左七百二十尺

後各船以原速直行逐一至其位時亦減其速而偏行至成魚貫而不改其原相距

成陣後即升總準行或準行船之旗各船仍行原速

第三十七號　自魚貫陣一列或多列者反各列或所指之一列各船前後之位各船行過前鄰船之左邊

布法

首船減速至極小而偏右七百二十尺

後各船以原速直行逐一至其位時亦減其速而偏行至成魚貫而不改其原相距

成陣後即升總準行或準行船之旗各船仍行原速

第三十八號　雁行陣一列或多列者反各列或所指一列內各船之位自右端起動

布法

列內各船必同時向右繞行八向

右邊首船向左繞行十六向餘各船至此船後逐一繞行隨之

各船已在原右邊船後之時俱同時繞行原方向

揭要　陣若不甚密則右邊首船不必向右繞行八向之多可以依事行若干向

第三十九號　雁行陣一列或多列者反各列或所指一列內各船之位自左端船起動

布法

列內各船必同時向左繞行八向

左邊首船向右繞行十六向餘各船至此船之後逐一繞行隨之

各船已在原左邊船後之時俱同時繞行原方向

揭要　陣若不甚密則左邊首船不必向左繞行八向之多可以依事行若干向

海國圖志續集卷二十五

英國裴路原書

英國　傅蘭雅　口譯
無錫　徐建寅　筆述

增減相距

增減相距布陣最要之事也此卷各法能使相距增減甚是速捷無論各船或各列或欲增相距或欲減相距船之繞行最大爲四向魚貫陣欲減二列之相距必同時繞行四向雁行陣欲減二列之相距必改船行之速而不必改船方向斜行陣欲減二列之相距則前列之船直行後列之船改方向之數爲船方向與船列方向交角之半列內各船亦依前法設雁行陣則當動之船必改四向設魚貫陣則各船須改速設斜行陣則前船直行後船改方向之數爲船方向與列方向交角之半

增減相距之用法並詳於後如能諳熟得益匪淺臨用之時以魚貫陣爲最難魚貫陣內又以減相距爲更難如第七圖設列內之船不多則後魚貫陣內之法已足用矣已有準行船而船僅四五隻者一觀可知其布法不必另詳惟列有十五船或二十船必另換一法否則依布達闍之言必各人有極大才能而極謹慎操練多次者庶可不差

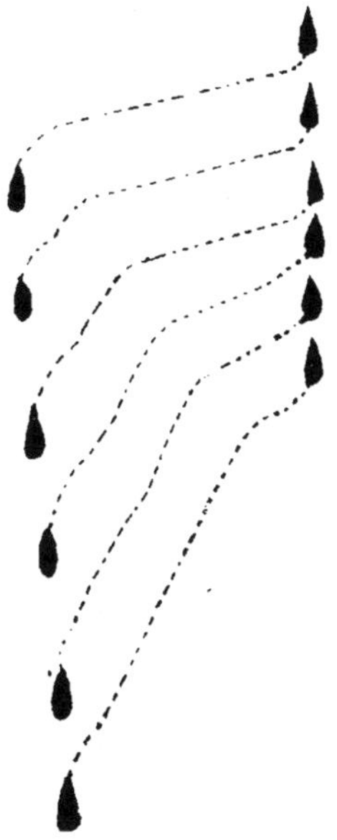

然難具此各事每易錯誤故必設不易錯之法將魚貫陣先變爲雁行陣或斜陣而後再增

減相距欲得二法內任何一法之益必使各船同時改方向第一法改八向第二法改方向依其事若斜行陣而各船欲減相距其船方向愈近雁行所費之時愈少但費時愈少全隊之減速必愈大法內所用之方向能成其陣而行速合其事初次改方向少則船可多直行惟費時更多若將魚貫陣先改為斜行則減相距可速惟必失去地位如升旗指同時向右改六向至得新方向時即升旗令減相距即依斜行陣之法前船直行稍減速各船向前船繞行三向直行而不改其速逐一至加繞行圜線之半徑可得新相距時則仍行原方向其事已成各船不過稍向右偏行因可自主故稍偏亦不甚要

第四十號　改列內各船或所指某數船之相距得若干牽一牽為七百二十尺依其準行船為主或依所指之準行船為主

布法

第一法　魚貫陣內各船改相距

準行船仍行原速餘各船改速依相離或相近其所改之速必合升之改速旗或令本船或令前船

各船自準行船遞得新相距近準行船之船相距未定時遠準行船之各船相距不可改

第二法　雁行陣內各船改相距

準行船直行減速約三分之一餘各船畧以原速同時向準行船或背準行船繞行四向而彼此之相距不改逐一得其應當之相距時仍行原方向而減速

第三法　斜行陣內各船改相距

欲增相距則後船為準行船

欲減相距則前船為準行船

餘各船同時或背或向準行船繞行其繞行之角為列方向與船方向交角之半行時彼此之相距不可改逐一自準行船起得其新相距之時仍行原方向而減速

第四十一號　改陣內各船列之相距共得若干牽總準行船之列若無別令必為各船準列

布法

第一法　自魚貫陣

準列必直行而減速約四分之一則餘各列得新相距仍有原橫方向餘各列同時或向或背準列繞行四向而相距不可改至新相距時仍行原方向自準行船起逐一減速

第二法　自雁行陣

準列之速不改餘各列之速或增或減必合於升之改速旗而定之各列逐一自準列起得新相距近準列之列相距未定時遠列必仍存其原相距

第三法　自斜行陣

欲增相距則後列為準列

欲減相距則前列為準列

準列直行而減速餘各船列得新相距時仍回原方向餘各列必同時或向或背準列繞行其角度等於船方向與列方向交角之半其方向與相距不改至得新列相距時仍行原方向逐一減速

海國圖

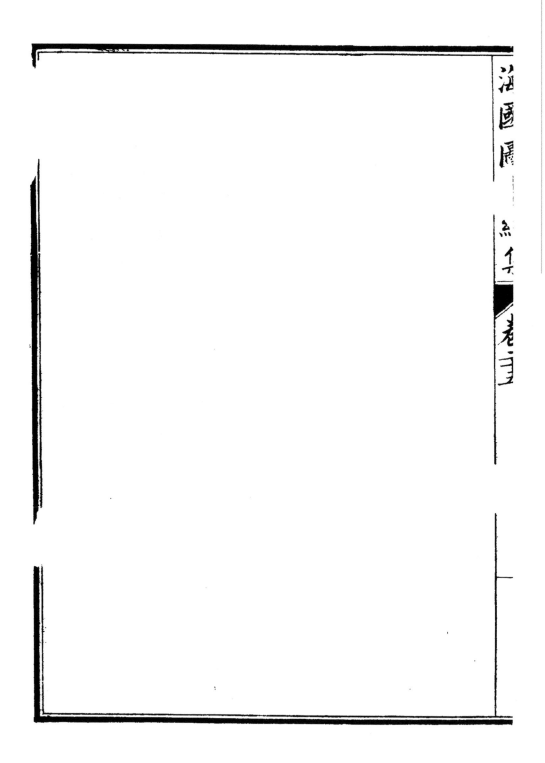

海國雜記一卷

〔清〕胡學峰撰

《海國雜記》一卷，清胡學峰撰。學峰生平不詳。此書雜記蘇禄、交趾等國之事，所述海外華僑舊聞，多有不見載於他書者，如雍正間蘇禄使臣龔廷綵爲福建晉江人之類。撰成迄未刊刻，僅有抄本傳世。據天一閣博物院藏清抄本影印，序言殘損，附上海圖書館藏清抄本序言於書末。

海國雜記

胡学峰 签玫

苏禄国有雍正七年字样

琛獻責重譯而至者我

也番舶既來我商亦往懋遷

世之事予於辛亥歲任廈門

稽其去覲風至則驗其來貨不

扶桑蠓谷聯為一體而又仰體

息復於暇時咨諏海洋神異外夷風土有

越三年得其梗概而不病其傳說之虛亡已

以臺　八閩事竣檢篋中所記卅國情形薈萃成帙

雖或言之未[illegible]訂之未信亦足以[illegible][illegible]覽焉竊念薄海內
外咸遵
聖朝聲教雖雕題鑿齒裸體文身未能如中夏衣冠文物之美
吾知德化所被仁摩義漸之餘自有以變其俗革其風而
幾於車書一統之盛也已丁巳秋九月胡學峰再書

海國雜記

天妃神

天妃閩人俱稱媽祖以其親之也林姓世居興化府莆田之湄洲與宋都巡檢林愿第六女也始生時地變紫色有祥光異香長能乘席渡海雲遊島與宋雍熙四年二月十九日昇化是後常衣朱衣飛翻海上里人祠之宣和癸卯給事中路允迪使高麗中流震風七舟俱溺獨路所乘神降於檣安流以濟使還奏聞特賜順濟廟號紹興己卯駕風掃海寇特封靈慧妃乾道二年又現於白湖掘泉飲疫

者累封靈慧〻　心崇福夫人淳熙十一年加封善利慶元戊午以霧遮大溪寇開禧丙寅解淮甸圍莆民艱食米船阻於朔風神反風即至景定辛酉海寇肆暴醉卧廊廡間神縱火焚之又令風沙晝晦蹌踉而敗累封助順顯衛英烈協正善慶等號元以海漕得神祐賜額靈濟明永樂間累著靈蹟命修祠宇加封號　國朝康熙十九年封為護國庇民妙靈昭應弘仁普濟天妃遣官致祭二十二年我師克澎湖恍有神兵導引及屯兵天妃澳靖海侯施琅謁廟見神衣半身猶溼始悟實邀神助又澳中水泉止可供

數百口是日駐師萬餘忽湧甘泉汲之不竭施琅表奏其
異
勅建神祠於其原籍湄洲勒文以紀功德隨又加封天后五十
九年翰林海寶冊封琉球還奏言默佑封舟奉
旨春秋致祭六十年臺匪竊發天后顯靈鹿耳門水驟長數尺
舟師揚帆並進七日克復全臺疏聞
御賜神貽海表之額懸於臺灣廈門湄洲三處洋艘在海中危
難有禱必應風雨晦暝夜黑如墨每於檣端見神燈示祐
船中例設媽棍凡值大魚水怪近船則以棍連擊船

艞即避去康　二年御史張學禮出使琉球洋中見一魚脊翅豎如大桅首尾約長千丈梢子謄喪張即令僧道於船中設醮施食仍默禱天后以媽祖棍擊船艞其魚漸沉

雍正十一年厦門一船渡臺遭颶風飄蕩兩月不知何所地方見怪魚種種有人面魚數十豎遶船頭船家亦以媽祖棍擊船艞并祝叩天后魚遂潛没遇順風回厦門又湄洲林氏婦人將赴田者以其兒置廟中日姑好看兒去終日兒不啼不飢不出閾暮歸各攜去神蓋篤厚其宗人之子云

水仙王

水仙王江南謂即洞庭君柳毅未知然否大抵上帝愈之以鎮海者海舶在大洋中不啻一粟惟藉檣舵繩椗堅固可以乘波御浪若忽遇颶風駭浪如山舵折檣倒繩斷碇裂智力皆窮斯時惟划水仙其法蹲伏船中空手作撥棹勢衆口為鉦鼓聲如五日競渡狀霎時沉者忽浮破浪穿風疾飛如矢刻可就岸屢有驗者

萬水朝東

此地相傳在八龍山下水勢傾瀉東流不返每六十年一

三

轉巽時陸師。　昔萬名正色有海舟將之日本因無風爲東流所牽漸徙而東誤蹈鷄籠山下入湍流奔騰迅駛凡若干日抵一山得暫泊舟中七十五人皆莫識何地有四人登岸按路行未遠見異類數輩疾馳至至則攫一人共噉之餘三人逃歸遇一人於莽中與之語亦泉人挈之登舟具道妖物噉人狀莽中人曰彼非妖蓋此地之人也虵首猙獰能飛行然所越不過尋丈往時余舟至同侶遺噉無餘惟余避莽中得獨存歷寒暑二十餘不知今日是何甲子彼蛇首者必引類來恐不利公等衆問所以獨存故則舉頸間一物曰彼畏此不敢近耳眾視之則雄黄也一人喜曰吾輩皆生矣出一簏皆雄黄約可百餘觔命各把一握以俟頃之蛇首數百飛行而來將近船皆伏地不敢仰視逡巡而退明日眾佩雄黄一囊於項間聯手登岸見山下白骨無算積鏹如山知為前人所遺然是時無所用之徒以糧盡為憂括舟中得豆數斛又括米中遺穀為種闢土栽植結茅覆舟上為久住計自謂無復還故鄉理矣一日視其舟忽在山麓乃知水復西流急理帆檣悉取山下鏹載之揚　而歸直抵廈門時康熙二十三年甲子八

四

月也是時初以海關驗舟中無別物滿載皆黃白去時七十五人被噉一人得莽中人足前數共分所有人得二萬七千金謂遺鏹猶多舟不任載置不取也

晴灣

極臺灣之東北有一處所山明水秀萬花遍滿又空曠無居人昔年紅毛舟泊其地竟夜如晝欲擇居之遂留二百人於彼給以一歲之糧令其相視次年復至則遍處皆黑所留之番曾無一存者因取火燭之見石上有字言入秋即成昏黑至春始旦黑時俱屬鬼怪其人漸次而亡蓋一

年為一晝夜故名暗澳云

海洋怪魚

極宇内族類之繁無過於魚極魚之洪纖巨細奇形異種興波鼓浪覆舟傷人無逾於海有魚甚大長十餘丈闊丈餘目大二尺頭高八尺口在腹下有三十二齒齒長徑尺頤骨亦長五六尺迅風起現形波濤中洋船驚恐用紅彝鎗擊之而不知其名有魚大而有力海船遇之其魚竟以頭尾抱船兩頭舟人不敢擊恐一動舟必覆惟跪祈天后以飯米撒海一須臾解去有魚大如山昔西船黑夜遇一

島纜舟住宿次早解維撥棹行不幾里忽聞起大聲回視所傍之島已沒方知夜所認為島者是一魚背石一魚名把勒亞身長數十丈首有二大孔噴水上出勢若懸河見海舶則昂首注水舶中頃刻水滿舶沉遇之者以盛酒鉅木甖投之連吞數甖俛首而逝一魚名剌瓦而多形似鱷魚長尾堅鱗刀箭不能傷足有利爪鋸牙滿口性甚獰惡入水食魚登陸人畜無所擇百魚遠近皆避一魚名落斯馬長四丈許足短居海底罕出水面皮甚堅用刀刺之不可入額有角如鉤寐時以角掛石盡日不醒於海舶無害又

有形如惡獸手足各二氣力猛甚遇海船輒顛倒播弄之多遭没溺稱爲海魔更有嘴長丈許齬刻如鋸猛不可當能與把勒魚戰海水皆紅此魚輒勝以嘴觸船而破海舶甚畏之名曰劍魚其小者有飛魚僅尺許能貼水而飛有狗魚善窺飛魚之影伺有所聞先至其所開口待啖有麻魚狀極麤笨饑餓時潛於海底魚聚處凡魚近其身即麻木不能動因而食之倘人以手足近之亦必麻木又風魚可以占風番人晒乾掛於房内以其身首所向即知風起之方船魚身长数尺有殼六足足有皮如欲他徙則豎半

殼當舟張足以留帆乘風而行有蟹大踰丈許其螯以箝人首人首立斷箝人肱人肱立斷其殼覆地如矮丘然可容人卧有海馬其牙堅白瑩淨文理細如絲髮可爲念珠復有海女上體如女人下體爲魚形其骨追琢可爲素珠之佛頭服之可止下血凡此類皆出自西海洋艘間遇焉質之西書所記亦相符合

大崑崙

山在東京正南三千里與暹羅港相近明季閩人林道乾爲海寇嘯聚賊夥圖據閩粵不遂又遍歷琉球呂宋暹羅

東京交趾諸國無隙可乘因遇大崑崙見其風景特異山最高廣四面平壤沃土五穀具備不種自生中國果木無不有百卉爛熳四時皆春遂率舟師登山結茅自謂海外扶輿足以據土立國奈龍出無時風雨倏至屋宇人民多為攝去海舟又輕蕩不可泊意其下必蛟龍窟宅不可居始棄去從前臺灣有老人經隨道乾至大崑崙者尚能詳言之

日本國

日本古倭國日、心東高西下勢若蜻蜓古亦曰蜻蜓國在閩之正東與琉球朝鮮相並而隔海史言徐福齎五百童男女入海爲秦始皇求仙無所得懼不敢歸避居此今其裔也所統五州七道三島爲郡五百有奇皆依水與大者不過一村落而已而强盛甲於諸國不通朝貢明洪武既滅方國珍張士誠其諸豪亡命往往糾島夷入寇北直山東江浙閩粤沿海郡縣出没無常至嘉靖間蹂躪尤甚胡宗憲俞大猷戚繼光湯克寬設計擒斬前後不下數萬嘉靖四十四年掠江南三河副總兵郭成迎擊之沉其舟自是倭寇絶隆慶間雖有餘孽非若嘉靖季矣迨於　本朝

雖夜郎自大，然中國洋商歲往貿易。其地產螺魚、鮑魚、鯗魚、海帶、菜、漆器，精巧光鑑毫髮。出產紅銅，製器鈿以金，璀璨耀目，色久不變。中國購其銅，必貿其照而往，曰倭照。照有大小，大者數千金，小者亦數百金，蓋以銅數多寡爲准也。江、浙、安、贛、閩五省買銅解京鼓鑄，道府司其事。洋商領其資，必買照而往。每歲約照五十餘張。其貿易處曰長崎島，港口設炮臺二，官一督哨巡查。商船至，開列貨物價值，檢查畢，貨客船戶水手悉引入館守之，不得出入。俟期滿事，核其值以銅易之，無所增易。返棹檢查如前，人不得逗邏故販其國者不識其王城不辨其市廛也刑條酷小過即致之死死有四等一灌以水撻其身水泌肢膚八灌之如是者三澎然如瓠而死一懸腸割肚繫巨竹梢而縱之竹梢上躍人腸盡出一活燒繫人杙上圍以乾柴四面舉火逼之其人輾轉良久而死一倒懸足上頭下越三四日頭脹如斗五臟從口中出故其民畏法毋敢犯者生男則埋鐵於泥糞中歲一鎚鍊至十五歲冶為刀中國所謂倭刀者也截鐵如泥懸之腰死則繳之官私行毀賣者死故倭刀絶少婚娶如中國亦知尊奉　至聖先師讀中國書

頗遵循禮法而獷悍如此豈風土有以限之耶男女肉色甚白中國人至其地暴露風日中亦能轉黑為白婦人白皙如玉姿甚妍洋商至館即遣之來聽採擇去留留則執爨驅使夜以伴宿必如商之數無缺者事竣給之工資其有夫與否不得而知也

琉球國

琉球在南海之東今澎湖諸島與琉球相對天氣清明時望之隱約若烟若霧也閩海之水至澎湖漸低近琉球則謂之落漈漈者水趨下而不回也故其國最小而險弱而

隋唐宋皆不朝貢國凡三曰中山曰山南曰山北至明來
樂開山北山南皆爲中山所兼故稱中山王元明相通聘
貢至我　朝而盛土產蕉布硫磺其烟刀紙張摺扇等類
皆來自日本商船從無貿易其地者故無水程更數可稽
去則從分水洋白水一線亘橫南北名曰分水過糠洋篔洋糠洋水面積糠粃半尺篔洋水面有物形如篔亦積半尺許皆水沫所成風濤浪鼓不消不徙又由尤家埠伊藍埠溫
鎮那霸港二十里至王城其國慕華風遵文教康熙十一
年建　大成廟卜地久米村塑　聖像於廟中立四配十
哲春秋二仲上丁行釋奠禮五十六年祭　至聖先師用

太牢啓聖公用少牢祭品俱如中國五十八年復建明倫堂文於堂北分祀啓聖公及四配主國王又命紫金大夫程順則刊刻　聖諭十六條演義月令講解凡此皆貢使來中華歆悅禮制而儀式之者也國人深目多鬚有職事者以金銀簪為差等廁賤秖空髮束之男女不雉胎髮男二十而娶削去頂髮留四圍挽髻於中用色布纏首紫黃為貴紅綠次之青為下衣則寬博廣袖制如黃冠腰束大帶亦以色布稍貴者纏文錦價可值三五金屋地多鋪板簟潔不容塵垢貴賤皆著草履入室則脫之惟謁見使臣

十

始具冠屐君巧　上下皆有節級王親雖尊不敢與政武職
法司官察度官司刑名遏闔官那壩港官司錢穀斤目官
司訪問文則設大夫長史都通事等官專司朝貢之事王
并日視朝自朝至日中昃凡三朝羣臣以搓手膜拜為敬
尊親者延之殿內賜酒饌疏者跪揩下移時不輒起王宮
建於山巔殿宇渾素不雕鏤臣僚父子幼雖同寢長必異
處夫妻兒女不同飧食有餘則棄之食用匙筯削素木為
之異味先進尊者子居親喪數月不肉食死者以中元前
後日用溪水浴其屍去腐收骨纏布異草襯土而殯不起

墳若王及陪臣之家則以骸匣藏山穴中截木板為牖户歲時祭掃啓視女子自幼即刺黑點於指上歲一加刺至出嫁時或成梅花或鳥獸形不簪珥不粉黛與男子同履富室以蘇蓆藉履履畧加皮緣上衣之外更用幅如帷周蒙背上見人則升之以蔽面下裳褶細而制長欲覆足不令顯也名族大姓之妻出入戴箬笠坐馬上女僕三四從之有夫之婦犯姦淫男女俱死有盜竊輒加開腹剔刖之刑法尚嚴無敢犯俗敬神以婦人不二夫者為神神降則數著靈異能佑愚民竦懼王及世子陪臣莫不稽首下拜

故國有不良神輒告王指其人擒之倭寇謀犯境神輒易
水為鹽化米為沙尋即解去尸婦名女君首從動至二三
百人各項草圈携樹枝出入往來見者惟恐干犯民皆食
番薯狀如薯蕷宴客甚簡脯肉樽酒可享數人一席不過
一二器客至不分東西上下盤膝坐地叩一首隨進烟酒
茶湯去亦就地叩一首竟出主人不送迎宦家俱有書室
容軒架列四書唐詩通鑑等集旁譯土言取士不尚文舉
賢良方正官長無徭役惟百姓輪值經過路途男女皆去
簪脫履俯伏道旁地產貝甚多顧獨畀日本小錢如宋李

鵝眼綖環每十折一賦法畧如井田王臣民各分土為食有事輒取諸民事竣即已婦人爵米為酒男子煮海為鹽陶冶如鐵耕釜甑王主其市有厲禁皆自鬪攜歸非所有也

呂宋國

呂宋在海之東南由厦門至彼水程七十二更伊國祖家乃西洋干系臘即佛郎機所奪之地也極海之西北角洋商以海道不熟少有往者干系臘來呂宋只三月回時非五閱月不能抵其國風之緩急不同故耳國有五王俱異

姓同居城内皆祖家分封以守此地王府甚華麗鉅細政事五王於殿庭共議無少參差有二十四島與設官分鎮復撥番兵把守泊船水口近王城里許洋船一出一進徵收税銀但量船之大小不論貨之多寡土産蘇木鹿脯牛脯鹿筋魚翅海參艾棉鰕米中國販貨至呂宋粗而輕者以貨易貨若貴物必易銀而回通國交易概用番錢亦來自祖家聞其祖家有産銀山在國中長數十里每年所出無算而運於呂宋者絡繹不斷番錢輕重有定式大者七錢二分中兼三錢六分小者一錢八分最小者九分不用

戥稱但就錢數多寡而約計之不差釐毫國所缺者惟鐵民間器用刀錐農具以竹木代之不合者以竹釘密串不固者以薜藤捆扎雍正十二年國有小船飄至廈門驗其船板並無寸鐵內用竹釘外用藤束縛益信伊國之無鐵也洋艘私帶鐵器皆歸國王造軍器民間不得價買呼中國人亦曰唐人唐人生長其國者聚族而居亦設唐人官尹必丹以理爭訟復設甲黎三以理交易若番兵番民則聽狗箠番管轄而分治之皆遵循畏懼不敢干以法法尚嚴酷重則斷仜剖心輕亦鞭撻致死唐人在伊國成家者

法無偏楷洋、凡有附帶貨客往來伊國者防微甚密恐其私有所謀人各一榻不令共寢夜則番兵巡邏犯者以貨贓罰舉國所敬畏者惟巴禮為尊巴禮即西洋僧人五王及唐番受其節制遵其教化俗不認父母但知有巴禮婚娶日經巴禮清水澆頭以手撫弄便終身皈依巴禮另有寺院奉一佛在於密室赤身而立不入教者不令禮拜凡禮拜者必須赤身不特男人赤身女亦然不特官與民赤身王妃亦然禮拜時巴禮在旁必問七日之内所行有無穢惡逼令盡吐代為誦經懺悔女有姿色者藉拔草掃除寺院為名留宿一二日凡姦淫之事惟巴禮得以行之不敢加罪即殺人者投入巴禮中則不問番人見巴禮及五王各官屬摘帽垂首一手獻掌上舉乃爲大禮五王見巴禮亦如是國人稱番菩薩曰嘮氏一年以十二月爲歲首無閏月人死力能葬者買穴另葬無力者擡屍至吧禮寺前掘地槌炭末和土掩覆兩年後丢棄流水國之地土四時温和不用嗲哖嗶吱所服闘之衣春夏布西洋國之棉布以爲寒暑

交趾國

自廣西憑祥府行四百里爲安南國即交趾今又稱廣南東抵海西
界老撾南入占城秦屬象郡漢平南越置交趾郡馬援立
銅柱五記稱南方曰蠻雕題交趾其男女同川而浴故曰
交趾唐嶺南道設安南中都護府本交趾郡故安南之名
自唐始唐亡交人曲承美據其地劉隱擅命伐承美執之
其後篡奪不常宋太平興國間有節度丁部領遣使貢犀
象香藥詔罷之封交趾郡王安南之爲夷國自宋始也部
領及子璉相繼爲王璉死弟璿幼尚稱節度使其將黎桓
錮而篡之唐討之不克而桓亦遣使納貢其後黎氏相李

公蘊亦篡黎氏七傳至昊旵老無子有一女謝升卿閩人博徒也美少年亡命邕州交趾相率國人貿易邕界見升卿異之與偕歸納為王女壻王死女主國事因以與夫而升卿變姓名為陳日煚再傳為日晅元時僭稱越皇帝三世為日煃洪武時日煃入貢求封遂封為安南王傳至建文時其相季犛歷弑其主大誅陳氏宗族其子蒼稱大虞皇帝永樂初討平之俘季犛及子蒼開設十七府四十七州各領縣有次迨十六年季犛之人有為巡簡者名黎利復叛僭稱平定大王賊衆蜂起至宣德時許利權署安南

十五

國越明年利乃封其子龍傳十世一百十年爲莫登庸所逼亡入老撾而死嘉靖時討登庸登庸請去王號爲都統使司未幾登庸死命其子福海受職當黎氏之亡也故臣立其子樫僞名寧居漆馬江至萬曆時其舊臣鄭檢等立寧子寵其後檢子松又立維潭而輔之復據有安南交趾顛末見於史者如此至我
朝相傳中夏有鄭姓者世居廣南清化篡其國今安南屬鄭氏豈即鄭松之後歟事實未得而詳焉其地東南通雲南東界粵東縱横數千里國之西編曰萬寧州州之港口曰江平天霽能望粵之高康

欽也海輿日華封挺海而出巒崿巉巖重峯疊岫無沙土而有草木古柏虬松聳屈盤困於崖石間錯骨露筋可玩也國之南有狔洞巖崖傾欹澗壑紆迴險隘難攻昔為潮人陳上銓所踞國王賜以將軍之職子孫世守歷今不易洋艘販其國者泊軒內軒內地勢廣衍街市數十設官分鎮名天朝街尊中華也稱中華人亦曰天朝人軒內百十里至順化城王所居也編竹為城環以火炮軍民雜處官秩依漢制衣冠如之重武烈爵土稱郡公者百餘員侯以下無算文臣刂掌書契而已讀書尚綱鑑性理而不知崇

十六

祀　至聖脈承者漢馬伏波將軍援明解學士縉張英國

公輔書法效宋體惟形勢相同不分工拙書時席地坐右

擬管左執紙膝不麗席雖廷對試策作細楷亦然三載策

士中式者授以州縣州縣百有奇村落貿易以墟至期婦

女雜踏雖官之內子不為忌故其俗生女則喜生男則憂

以男為人娶女則娶人然女非有恒產資財男亦鄙棄不

屑娶若中土人在彼婚娶者生男聽攜回生女則留之其

男成丁編戶官籍其額髮寸許以別於民軍制無定額器

械悉用火炮刀劍次之編伍依古田賦法戰艦施丹黃雕

刻極工沿江列之無警則藏諸岸其誇靡示強如此所產
沉香束香伽楠香金條銀蠶絲珊瑚玳瑁丹砂桂漆檳榔
蘇合油羚羊角犀角白鹿猩猩狒狒翡翠白雉孔雀菴羅
果胡椒烏木蘇木人性狡悍而貪鬬智好勝富役貧寡廉
恥女多苟合率為常聞其國再稱八蠶有魚鹽金珠之利
永樂中以金珠賦有蜈蚣採之可得明珠者別有窟居獠
人用鼻飲酒擊銅鼓為樂不識今時尚然否其地近國者
曰洛賴曰占城曰東埔寨曰大公嗎曰新州皆遵其令洋
艘至諸國即止順化城報之國主王遣官驗貨輸稅若欲

至他國貿易遇風飄入其國者王輒分其貨之半謂天賜也

東京國

東京國原屬交趾地隔一海若閩之於臺灣其先國王以東京窎遠命其甥穆姓者守之甥即據險自雄僭號稱王今為東京國裂海為界戍以重兵古之交趾即今之安南安南又呼為廣南廣南地廣民多而兵弱東京地窄民少而兵強其勢相敵自廈門水程七十更抵東京商民販廣南者多販東京者少土產黄金絹綾綢俱三尺六寸寬縐似綿綢一尺二

寸寬內桂此地為佳他物與廣南埒其俗尚華侈東向為上右手為潔婚娶燃燈不息視力耕極國王編竹為城三日一視朝港口離王城甚遠每年入貢

本朝以黃金十二兩範為人形頭戴冲天帽跪於座上以表臣服之意時處廣南侵伐植檳榔樹於隘口為防守望之若木柵者其設官分職策士理財務農力穡書契婚姻悉如廣南云

占城

占城古越裳秦為象郡林邑縣漢屬日南郡漢末有區連

者殺縣令稱林邑王唐時諸葛地取之後爲諸護張丹所擊破徙居占號占城占城之名所由來也其國在大海索南距東埔寨北距交趾東北際海自廈門往西南行順風可十日至海口百里立石塔爲標舟至是繫焉俗獷悍果於戰鬬王冠三山金花玲瓏冠衣白跣足乘象或黃犢車臣茭葉冠男蓬頭女後椎結所居茅茨定以丈尺不得踰越衣紫衣衣玄黃罪死出入乘象馬粒食亦鮮食殺牛醉鬼驅象逐邪市用金銀焚衣祭天釀酒甕中俟熟賓主繞甕坐筒而咂且咂且注水味盡而止氣候熱不霜雪禾稻

甚薄地不產茶檳榔蔞葉蠡殼之灰不絕於口無閏月以十一月十五日為冬至相賀其刑枷鎖小過鞭藤杖當死者樹繫之以搒搶舂其喉殊之若故殺劫殺出象蹋之或鼓鼻捲撲象知人意產金銀錫鐵獅象玳瑁大火珠菩薩石薔薇水猛火油胡椒白藤吉貝絲綾白氎布孔雀山雉伽楠香唯此地為佳價亦高觀音竹如藤長大八尺許色黑如鐵寸二三節犀如水牛大者八百斤體黑無毛蹄有三趾獨角在鼻端長者可尺五寸波羅密形如東瓜按元史載占城近瓊州順風一日可抵其國世祖至元間詔降

七

虎符授榮祿大夫封占城郡主既而其子負固不服遣兵征之入其水城國王棄行宮燒倉廩逃入深山雖奉表納款終不入朝明洪武時安南臣服最先高麗次之占城又次之占城使來言其被安南兵洪武詔諭安南罷兵封阿答阿者爲占城王以其通文字頒之科舉然覈之元史占城之地東西七百里南北三千里太平興國以及紹興年間屢使表貢所獻象犀沉檀翠羽龍腦玻璃玳瑁珍異之物甚多至淳熙時占城以舟師襲眞臘傳其國都慶元以來眞臘大舉伐占城以復讎殺戮殆盡俘其王以歸國遂

亡其地悉歸眞臘名曰占臘遣使朝貢是元明之所載占城實眞臘也然元史何以不載眞臘而反載占城明記既載眞臘又載占城且不言占臘其間或隱或顯各不相蒙思其故史册所書亦書其貢獻封勑征伐之事而已國之興廢攘奪不復記焉故自秦漢迄今數千年間篡奪無常易姓更號者不一蟻垤蜂房於重洋巨浸中商賈知其新而昧其故儒者志於古而略於今苟非職貢朝覲載之會典者烏而實之哉予述其所聞者如此博雅君子考訂而增益之庶乎聞見之日廣矣

東埔寨

洋賈言東埔寨界乎暹羅廣南之間港口離王城數百里地名毛蟖州昔年兄弟爭國借兵廣南廣南據其地而有之東埔不敢與爭遂屬廣南廣南差營弁二員鎮守截收稅課廈門至其地水程一百八十更其國方千餘里犀山環繞削拔崎嶇地下濕土疎惡氣候嵐熱不齊自占城西南舟行五晝夜抵其國王宮壯麗以白布纏首束腰嵌絲幌如錦綺跨象或乘肩輿尚釋教國人效之好為僧尼婦人多智夫聽於妻妻與中國人私不為怪男女行聘以檳

椰簍葉分送親友成婚用羣僧迎壻至女家僧取女紅貼男額稱利市喪禮貴者灌水銀葬民間以土掩不用棺木俗澆浮喜寇掠地產寶石白象白鼠六足龜羽毛犀角鹿筋白荳蔻降眞香蘇木賤如薪然盡歸於王王給之價轉售他國董市有官洋船至與王交易百姓無與焉唐人在其國者亦設甲必丹唐人爲之番民則狗篳番治之服食貴賤儀文俱如暹羅

暹羅國

暹羅在南海後漢赤眉遺種本名暹羅斛暹一國羅斛一

國後羅斛人降暹稱斛暹羅明季歷有進貢富强與荷蘭國相埒荷蘭於各國俱有意圖謀惟暹羅泯其念厦門石暹羅水程一百八十更地皆平壤土產白銀錫鐵硝磺海參燕窩犀角鹿筋牛脯荳蔻萪藤象牙翠羽最多米粟一石銀二三錢又臣木名茭椗可為洋船桅舵任風巨浪不仆不裂價值四五百金深山野象多如牛馬王豢熟象誘之命象奴馴服聽其驅使有白象乃東埔國所進為王所珍螻蟻重至一觔卵大如鳩鴿卵鹽水咽之消積痞王府在金塔城棟宇巍峩覆以錫瓦國有兩王係兄弟支派相

傳其參國政王出入乘象前導鳴金列戟戴如兜鍪而有銳非玉非金不能辨其製上衣錦下不著靴履番夷之飾也護理國事大員名大庫二庫次名昭誇名偓雅各有專司番人讀中國書頗知禮義相見以拱手上額為恭男女赤脚光頭服色綢布圍以褸舍旁栽檳榔收時王分稅之以售中國交易用暹羅皮即銀豆紋色大者四錢重小者一錢本國所出也國有大寺尊奉番佛僧人展禮誦經王見僧禮拜僧跪坐受之番人視僧如活佛凡僧之衣食自王以下皆供給安不敢缺畧有三寶得道處建立廟宇禱求無虛日神亦屢

顯靈應民居高樓云其地通黃河四月水至皆黃色王徙居遠山民悉登樓牛馬犬豕亦畜於樓上乘舟往來蔬薪之屬棹小舟貿易每年耕種有水則稔無水則歉禾播於田不耕不耘隨水之大小必高出於水上如水漲一丈稻草即長一丈水之來也王排駕出迎八月水退則令臣民出送王還舊居民於樓下作息焉亦呼中國人爲唐人唐人生長其國者亦多有居官者進貢

本朝用正副使二員正則番人副則唐人凡女娶男另設一官主之議婚時無論番唐必通名註冊方成伉儷否則議

以苟合之罪唐人之大庫昭誇偓雅生有子女報之國王年至十三四入宮當差迨十七八王親自選擇男有出衆者給以資本貿易女有姿色者收為妃嬪餘即發回國之隘口抽番民把守以炮火為先附近之六昆麻六甲東埔寨宋鵰嘮皆其所管轄歲時貢使修好不敢缺皆富强之所致也

六昆

六昆屬暹羅王與官俱暹羅封受磚城制度淺隘無官殿樓閣王府官署瓦椽數間而已港口離王城十餘里列市

肆番與唐交易有官數員彈壓之官有稱昭誇者有稱甲必丹者若番官則不能辨其名色荷蘭番亦在彼租地收買貨物潛思吞併畏暹羅不敢發離城百里即高山林木蓊翳多虎豹野牛犀象王或乘馬坐象儀仗半於暹羅王土產錫鹿筋翠羽蔛藤米粟民間飲食嫁娶一如暹羅風法者觧之暹羅聽王裁奪男女死焚屍埋之不擇日立土堆竪之石若塔勒死者姓名住址爲誌交易用暹皮銀之分數也又以小螺殼當錢每一粒當錢一文凡蔬菜魚果柴米皆用之其螺殼出蘇祿文莱二國每百觔價值三四

兩民事春而佈種夏而刈獲八九月河水泛漲成澤國矣自廈門水程一百五十更抵其地唐人在其國者亦多故洋艘亦有往者但未能數數然也

麻六甲

麻六甲乃暹羅國屬地非另一國也壘石爲城暹羅設官四員名大極大總美色角沉萬噠分理其事戍兵衛之地爲西洋海道扼要往來洋舶必掛號始放行凡夾板船劫掠中國船隻但行文暹羅飭麻六甲查之無不知者土産錫蔴藤束香燕窩官民儉朴服西洋布不衣綢緞奉吧禮

二十四

為活佛遵其節制教訓嫁娶必先見吧禮念經然後成婚廈門至脉六甲水程一百八十更販賣伊國者非貨物淹滯不輕往焉

柔佛國

柔佛國與麻六甲相連水程一日可至歷朝不載惟明記云强國也其人好鬬亦不入會典國無城郭自港口至於王所夾以兵兄弟三人各稱王同居茅屋出入不騎乘惟烏番張蓋隨番官而已閩洋艘至三王俱蒞港口遣官驗船問欲與何王交易如意屬大王則與大王議價二王三

王不得爭其俗尚強強者即稱王故國多篡奪其海港亦多劫掠而王不能禁所謂上之所為而民亦為之也土產珍珠冰片鹿角菜海參燕窩蘇木烏木胡椒廈門往柔佛水程一百八十更以貨易貨唐人雖久住其國不受其官男女婚媾亦割肱肉為誓習俗食鴉片烟相見以為敬按鴉片名阿芙蓉本作阿片俗稱鴉片前代罕聞至明始見諸本草蓋罌粟花之津液也罌粟結青包時午後以大針刺外青皮三五處次早津出以竹刀刮收入瓷器陰乾用之氣味酸溫微毒止瀉痢澀精氣故房術中有用之者自

嗬喇吧製爲鴉片烟粵之潮惠閩之漳泉有開鴉片館者以鴉片泥和烟葉入銅鍋煮之每五分作一仔食時聚五七人或十餘人案列餚果鋪席於地烟置其中團卧席間就而吸之週兩匝赴案噉餚果或七八匝或十匝一人約食十仔食畢而散縱淫態呼大博穿窬越牆蹻健可達旦不寐食久則不能已既而精力漸耗神氣渙散色枯音瘖外強中乾三年癆瘵而斃矣識者述其害刊詞惕之而不能勸予在廈門時力禁之亦不能革蓋挾邪少年比頑童以相佻達故溺之甘死而不悔者也特類及之以鑑覆轍

大年國

大年國昔係女主有智畧若交趾之徼側明季有林道乾寇海上苦無巢穴遍歷交趾東京琉球日本暹羅俱設險不得入聞大年女主心易之糾衆酋揚帆直趨搗其穴而據之令王兄弟皆道乾裔也閩人競傳其事然不見之傳記其地上接宋鵰嘮下連丁茄盧無城郭宮殿以守隘為衛王與番民結茅為廬宮僚皆番人稱傳舅職貢暹羅烏鬼番世為奴日伺於王家王家嫁娶皆本支子女謂與臣下聯姻則畀屈也番俗惟知父母兄弟不識伯叔甥舅飲

酒宴樂雖越禮犯分不爲非文易亦用暹叐土産燕窩蔴藤羽毛胡椒錫厦門至其國水程二百四十更洋商以國王祖籍内地多貿販其國者予思道乾雖爲寇亦中華人何不知人倫必有故爲言者不得其詳耳且未及其形貌束裝姑闕之以問洋賈

蘇禄國

蘇禄國在東南海中其國分東西別有一洞不相統攝明永樂十五年東西國王各率其屬奉表來朝進方物辭歸至德州東王病卒命葬以王禮爲文碑之留其妃妾傔從

十人守墳畢三年而後返封其長子麻都合爲王其次子安都祿三子溫嗒剌住德州十九年麻都含來朝獻巨珠一顆重七兩五錢蓋其國有珠池也海道自廈門至其國水程一百四十更國無城郭街市無棟宇樓臺所居小島築牆爲衛外木內石長二里許聚處不過千人王與官民皆結茅爲舍附近五六小嶼阨其險要設兵列炮作保障焉其俗山涂地瘠難以力穡民食沙糊魚鰕螺蛤男女短髮纏皂縵煑海爲鹽釀蔗爲酒織竹爲布土產珍珠玳瑁寶石蘇木烏木海參蚌殼黃蠟西谷米燕窩洋布米粟販

自別國俗儉朴識廉耻女娶男互封其筋爲誓若永畢焉以十二月爲一歲無朔望大小建尊天呼爲嘮氏死者以片板舁之向西而葬無棺槨番官出入步行無車馬惟一番鬼張蓋而已唐人寓其國者聽貿易成家不爲拘束亦無唐人官管理與呂宋爲敵國來中國必假道呂宋我
朝定鼎嚮風幾百年不獲修職貢龔廷綵者閩晋江人也在呂宋當甲黎三負國帑逃匿蘇祿言有別道可通中國蘇祿王毋漢末毋拉律林以廷綵爲鄉導充貢使偕國臣阿石丹航海至閩奉表進珍珠玳瑁描金花布金頭牙薩白

紡洋布蘇山竹布燕窩龍頭花刀夾花標鎗滿花番刀對
花藤席黑猿猴等物
憲宗召至午門賞以錦綾綢緞賜宴禮部詔修其祖巴都葛叭答
剌之墳在德州者守墳安溫二姓子孫共有一百九十三
人歲給春秋祭祀蓋雍正四年也廷綵在蘇祿得王歡心
每說 王遵我 朝制度刑政王欲行之而阻於王之壻黑
嘴黑嘴護國事有權王虞其有異心遷於斗院斗院離國
水程三十更黑嘴之黨竟奉黑嘴而王其國頻年爭戰至
雍正七年各立疆界分為二國雍正十年龔廷綵復賚表

來謝　恩至廈門予諮諏國事是緣告予之梗概如此

文萊國

文萊國有五王皆一姓分鎮五處無城郭壘牆及肩爲籓豎大茅房爲宮殿傳聞明季時有大將征倭失機不敢復命竄身爲國主娶番女生五子及長各守隘口冢子居中迄今二百餘年歷世相承無爭奪即以支派聯姻國近蘇祿不敢侵伐遵祖制其風朴畧平居皆布服王家男女衣衫有別番民則裸體而已官名邦基蘭有用本支子孫者有用番人者土產黃蠟西谷米珍珠冰片烏木蔛藤廈門

至其國水程一百五十更唐番交易以小艇載貨出入惟至其大王馳剳之地餘不能至故知之不確言之不詳

噶喇吧

自廈門往噶喇吧（他書係咬𠺕吧字樣今遵部用此三字故從之）水程二百八十更風順一日行十更計日可到其種為無來由烏鬼番（烏鬼番一身如墨黑惟兩眼色白）後屬荷蘭王今國王乃荷蘭之支派也稱荷蘭為祖家築磚城後倚大山前臨海貨物以小艇載入港口列市肆代王徵收貨稅者悉閩之漳泉及蘇州人士產海參燕窩丁香肉荳蔻胡椒灰布西谷米藉藤白米倒

掛鳥紅白鸚鵡梅花雀蠟嘴雀時辰鳩極蕃庶他如羽毛緞哆囉哖嗶吱茭紋席番八絲西洋布有自祖家來者有自英圭黎來交易者實非噶喇吧所出王城內宮殿樓閣軒豁華麗其管理米糧者曰大懷二懷管理軍務曰大總二總管理船隻曰大哨二哨管泊面港口往來貨物曰沈萬達管番民唐人雜事曰米色角皆番官也餘不勝數官僚服色哆哖牛朗緞綾絹紗羅下寶絲棉襪皂烏皮鞋鞋底前低後高出入手執鞭桿以執處分品級烏鬼番跟隨一入打傘中國人在其國者數萬戶結姻親娶番婦生子

者名土生仔國王呼中國人為唐人設唐人官五員名甲必丹唐人衣冠仍依内地而甲必丹服色亦彷中國明時式樣役使者名狗䇲即烏鬼番若内地之班頭唐人有訟甲必丹五員坐堂共問兩旁又有二官名雷記事如部之筆帖式甲必丹或步行或用馬車仍用狗䇲打傘國制打傘者概係官員平人不敢僭用國中賄賂公行即甲必丹亦賄至千金而後得無世襲者通國自王及妃以下文武兵民人俱七日一禮拜於拜所用十字架貼金安於座上金經跪拜番人呼所拜者曰岳氏即中國所云天也拜畢始歸是日番唐俱

不生理富貴之家有園圃者或坐馬車或駕小舟携一家婦女并請親朋戚屬遊玩聚飲盡一日歡王亦如之番人賭博稟之官領票開場則不禁無票者係私賭究之唐人在伊國建有觀音廟亭起義學教子弟讀中國書若番人乃讀伊國刊刻番字書兩不相蒙婚娶則曰交實有女娶男亦有男娶女必齊赴禮拜寺掛號註冊亦用掛號禮夫婦房事在日間已午二時夜則共寢不亂謂晝夜則近於偷竊也一夫一婦相對終身即無子不敢納妾夫或有姦婢及外交妻聞之必致夫於死另自擇配婦或與人相通

反為無礙。惟王家不妨多妃嬪，此外無一人有妾者。婦人亦穿哆囉絨、綃洋布、帶幔、腳穿綿襪及皮紅鞋，母女買賣交易，不避嫌疑。鄉間設秤官，在鄉紛（紛）所名秤官亭，交易用番錢九四色。又訪仔錢，每塊二分五厘，僅六成色，皆本國所產。番人見國王及官長，摘帽挾於腋下，點首合掌以為尊敬，行大禮，平輩相見，拱手而已。凡緊要隘口，番兵把守。他國畏其富强，不敢窺伺。洋船往伊國貿易甚多，大抵以貨易貨耳，若計圖賣銀則必呂宋。

萬丹國

葛丹國近噶喇吧水程十一更噶喇吧設甲必丹徵稅而
港口有荷蘭番租地貿易亦徵收之蓋本國不敢與唐人
交易必藉荷蘭噶喇兩國通事始無疑貳故兩國得徵其
稅若牙儈然有城郭宮殿官名邦基蘭名嘮總分理國事
倚重噶喇吧歲貢之諸國不敢侵掠王與官民俱一體裝
束布纏頭穿凹頭衫無帶結縵作裙相見以拱手為敬名
瞻巴往復國法殺人者死餘或斷手足女贅壻土產胡椒
茭紋席蝦米米粟廈門水程二百九十一更始至其地洋
舶頗不樂往為其道遠而貨少也聞其國王自無來由瓜

哇番一派不食豕亦不畜之見輒驚避考之西域記哈密有三種其一回回回回祖國名默德那與天方國接壤天方國在西海之盡國有禮拜寺寺有四方方九十九間層次如塔俗重殺非同類殺不食不食豕肉自隋開皇中其教始入中國元時有賽典赤平章政事行省雲南有德政又炮匠阿老瓦子授宣武將軍又亦思馬因亦以善炮加鎮國上將軍皆回回氏也蓋自漢武開酒泉張掖燉煌三郡通西域斷匈奴右臂而哈密在燉煌北大磧外西北古伊吾盧地東接甘肅西距土魯番為西域諸夷往來要地

今之甘州即張掖也肅州即酒泉也西寧即燉煌也凉州即武威也故歷朝與匈奴爭哈密明年哈密爲土魯番所破其人多投入中國而默德那又隨天方使來朝今中國所在有回回種始於元明也萬丹不食豕肉意亦有默德那人至其國而立之教歟王與民一體裝束天方國平等之意也布纏頭回回結束也明記榜葛剌國王及臣僚皆回回人祝法兒國尚回回教南巫里國皆回回人又溜山國之山傍有牒幹國皆回回人是回回之流入東南夷甚多其由來不得而詳也誌之以俟博雅者

馬神

馬神王亦瓜哇國分鎮地名董夾有城方三五里王室磚墉墉高三丈屋高四丈城後里許峻嶺崇山林木茂蔚亘數百里城外逼小港無街衢出入駕小舟水道紆曲五日始達海口交易在內港潮汐出沒無墳壤故浮木駕屋貯貨為市與波上下若浮槎名曰躉釘居室亦有然者王宮內地覆板蒙藤花席跏趺坐王蓬頭金葉冠胸縈嵌絲帨腰束錦綺佩短刀跣足民上裸下幌加壓腰去鬚毫留髮顏色黝黑漆頭赤脚入深山獵禽獸為生女椎髻於後下

縈白布坐卧無椅榻飲食無匙箸與犬同寢食不爲穢也番官名史丹石武爺法制禁令與他國迥異刑無鞭朴罪無重輕悉藤繫刃殺之無禮義廉恥無親疎倫理男女多野合葬用水火犬惟死者命土產沙金燕窩冰片綠鳩綠鳩白鹿白猿蘇木烏木胡椒鶴頂鳥腦骨厚寸餘外黃內赤色鮮麗可愛火雞食熾炭頭足似鶴紅冠銳觜毛如青羊色爪甚利傷人腹致死又有鍮石似金非金大者可鑲戒指黑暗中光燦耀目厦門至其地水程四百六十更向無販其地者近聞所產胡椒價廉而利倍相率往焉考之

明記瓜哇唐訶陵國也一曰闍婆一曰蒲家龍其國東女人西三佛齊南古大食北真臘洪武時瓜哇分為東西二王而三佛齊羈事瓜哇永樂中為瓜哇所兼國亡今觀馬神之風俗土產其與犬同臥噉主蓬首冠金葉磚墉以居藤席而跏趺水火犬葬似瓜哇產火雞紅綠鳩鳥白猴白鹿居民屋木筏多熱少寒似三佛齊今之所謂馬神者其昔之三佛齊歟有識者必能辨之

啞齊國

海外諸番惟啞齊有中華風尚廉恥遵禮教一家團聚男

東女西覲朋往來揚聲住步男婦俱穿衫裤非若他國之赤身而圍以褸者土產錫冰片安息香燕窩去城十里許有大山出金又出鴉片坭運販噶喇吧轉販中國離厦門水程二百六十更旱路可達西蜀民殷富多蓋藏婚娶以　葉爲定終始不易城内無市肆有號犬埔頭者人烟輻輳唐番貿易商旅雜踏外官四員名叚曰東西南北分鎮一方隘口以番民把守王居　土城僉奉番菩薩逢七日一禮拜是日番民俱遵行之拜畢飲酒宴樂通國皆然民亦不食猪肉按回回氏拜天擇日而聚拜無月朔申子七日

為一周班列大土屋一人大呼則班拜茲亦由回回氏所傳歟與萬丹國相伯仲者也予嘗謂山川扶輿之氣在中華者鍾之人在蠻夷者鍾之物海外島灣汨沒巨浸中草木之所蓊翳禽獸之所窟宅歷有年所一旦番舶至相度土宜擇剔啓辟而居處焉服其虎豹犀象發其珠翠金寶通工易事竟成都會明季時倭寇擾亂濱地戒嚴商旅阻絶然載之傳記者尚有五十餘國多前代所未聞我

朝歷聖相傳海不揚波洋貿四出舟工精利而通貨之地若英圭黎若噶喇吧若柬埔寨若六昆若萬丹若麻六甲若

東京其名號風土又為前史所不經見豈興廢不常而名以時易耶予不羨其貨財之盛獨於啞齊一國尚廉恥遵禮教男女有別親朋有序駸駸敦龎之世焉惜乎禮拜菩薩猶有蓬之心也夫孰從而化之夫孰從而化之

英圭黎

有云英圭黎在西洋之東南盡處實無所考即其人來中國者亦不能指其方向海道甚遠經一年如至粤閩出産瑪瑙珊瑚丁香青乳香蘆薈血竭洋火漆蘇木織造哆囉哔嗶吱西洋布艾紋席千里鏡玻瓊器皿商販至噶喇吧

轉售内地彼國所需者武夷茶湖絲綢緞綾羅黃金江西磁器其人形貌鼻小目凹皮膚白皙髮白而黃老無鬚而如少壯性狡黠而悍船隻篷桅如紡毛周圍架銅礮灣泊處不令别船近之康熙三十六年有綿氏戎氏者載土産并白銀來厦門購買貨物厦門行戶欺之拖延不即給發淚撒販噶喇吧洋艘裝貨畢乃排列鎗砲器械分赴其船勒其桂席以大纜牽其船挾兩船出大担門而去水師提督發兵躡追畏其炮礮不敢近挾去之人船無得還者至雍正十二年仍復來厦門居數月行戶音不敢與交易徐

亦去不知所往

西洋國

西洋不一國而國之大者名干系臘其來内地建立天主堂引人入教皆干系臘人内地不知其國名統以西洋稱之國在西海外去中國極遠其人貓精鷹嘴拳髮赤鬚□貌皆白性狡黠多智計析理精微推測象緯曆數迨於小物莫不竒異如刻漏渾天儀風琴自鳴鐘千里鏡千里燈風鎗（不用火藥機發能及六七十步）諸器機法靈變描畫宮室樓臺山川人物有窔奥層次引人歷朝無職貢者明季正德時有干

系臘人啞三能通番漢語賄幸臣江彬薦之武宗常從巡幸武宗見啞三時時學其語以為樂啞三因多市典籍歸教其國人悉通文義創著七克等書假孝弟慈讓立言其實似是而非又雜載彼國事實以濟其天主教之邪說謂之化人又攷明季時有滿加羅國古哥羅富沙也在占城極南為諸番之會永樂初中使自閩至其國由是而連西洋古力里士國分䑸徧往迨其反也咸於是聚齊焉永樂七年封其酋為王製碑勒石系之詩正德十三年為佛郎機所逐而據其地求入貢擾害廣東驅絕之嘉靖時佛郎

機復入寇海道副使汪鋐禦之得其銃以獻名佛郎機又沙羅國東洋盡處西洋所自起也為佛郎機所逐走入山谷中放藥水流出毒殺之佛郎機以是奔呂宋呂宋海中小國也兄弟二人為王武而有信佛郎機互市其國利其為西洋諸番通貨之會奉黃金為呂宋王壽從王乞地牠如牛皮許大許之佛郎機歸而截牛皮縫長之方四圍呂宋王有難意業許之不得辭歸地於佛郎機佛郎機有呂宋地築城屋列兵器久之殺王兄弟逐其民入山中干系臘國使大酋來鎮之數歲則易一王今所謂口宋實佛郎

機也故呂宋歐令如西洋有化人操其柄分呂宋為二十四郡稱西洋為祖家國多產白金自明來粵之香山澳歲運白金鉅萬至香山又遍送各省郡邑天主堂資其所用入其教者多係無賴之徒貪其衣食不費取與不吝聽伊出入無忌男女無別而不顧也國俗有女及笄父母方得許字必候吧禮按選（稱僧吧禮）曰其稍有姿色者率為吧禮所留久之放歸始令擇配父母死人子不得殮埋吧禮假度亡之說舁萬人坑中積久坑溢揚灰棄之挾其術以愚人謂四海九州莫伊智若也我朝

聖祖時查禁入其教者至
憲宗立盡毁天主堂干系職人無復留中國聞日本向惑其教後覺其僞誕且有謀奪意盡夷戮之令商船至日本則以天主像置船頭必踐之而後登若悞携一人往則舉其船置岸上盡納舟人於艎底焚之故西洋人無敢至日本者

紅毛國

紅毛番夷利蘭也今呼爲荷蘭深目長鼻毛髮皆赤故呼紅毛一名栗果國明萬曆間欲求市於閩省閩廣守臣力拒之其人器械精利數往來海上若諸夷猶佛郎機與之

角其國在西海外相傳有黑洋晝夜如墨人不敢往若麻六甲萬丹噶喇吧六昆啞齊等國皆有伊國人租其地以為貿易或徵收貨稅明季由噶喇吧來竊據臺灣澎湖於臺灣築安平赤嵌二城後為鄭成功擊破之遁歸荷蘭性貪狡善貨殖重利輕生貿易無遠不至其船最大用板兩層斲而不削製極堅厚中國人目為夾板船其實圓木為之非板也其帆如蛛網盤旋八面受風無往不順非如中國之橋席僅駛一面風也紅毛恃其船大帆利洋中慣劫掠常使數人坐桅巔以千里鏡四面審視能見商船於百

里外拔舵駛逐無脫者常至日本貿易日本倭知其為盜
必使中國商船先歸計程已遠然後遣之又屢侵交阯交
阯創為小軋音捱船長僅三丈兩頭尖銳出水面不盈尺以
二十四人操槳飛行欲退則以尾為首進退惟意首尾各
架紅衣巨礮攻其船底底破即沉至今紅毛船過廣南見
軋船即膽落而去大小刀極鋒銳即重價亦不輕售製烟
鎗機含火石機發即燃尺寸小物力倖巨礮擊兩肘及兩
脛間轉用如意昔與鄭氏交兵紅毛夷不能疾趨多被殺
傷取其首級猶為鳥礮所中性桀驁不受賤辱所居、藏火藥事急輒發其機甘於轟死舟底亦然亡忘則自燬其帆檣之巧祕不傳人故諸國罕效其製麴造燒酒辛辣醉人漳泉亦有得其訣者終不若紅毛之沉酣有力也

序

天地大矣梯航烏得而盡之然
聖德覃敷聲名洋溢嚮風慕義負琛獻賮重譯而至者我
朝最盛粤之澳門之厦其都會也番舶既來我商亦往
懋遷有無貨財相利洋洋乎

盛世之事于於辛亥歲任厦門防廳職司洋艘朔風起則
稽其去凱風至則驗其来貨不得違禁人不得越例扶桑
暘谷聯為一體而又仰體
聖天子柔遠懷来之意復於暇時咨詗海洋神異外夸風土有
言者輙誌之越三年得其梗概而不病其傳說之虚丁巳

秋編輯渡臺輿圖事竣檢篋中所記海國情形薈萃成
帙雖或言之未詳詳之未信亦足以資博覽焉竊念薄
海内外咸遵
聖朝聲教雖雕題鑿齒裸體文身未能如中夏衣冠文物之
美吾知德化所被仁摩義漸之餘自有以變其俗革其風

而幾於車書一統之盛也已

丁巳秋九月胡學峰再書

海國公餘輯録六卷海國公餘雜著三卷

（海國公餘輯録卷一至卷四）

〔清〕張煜南撰

《海國公餘輯録》六卷《海國公餘雜著》三卷，清張煜南撰。煜南號榕軒，廣東梅縣人，印尼華僑首領，歷任駐檳榔嶼副領事、三品京堂候補、考察南洋商務大臣。因與辦潮汕鐵路，爲慈禧太后所召，詳見《張京卿奏對紀實》、《張京卿第二次奏對紀實》。書中有張之洞、郭嵩燾等籌措外國事宜之疏十一，涉及洋務之議四，通商、南洋諸國之論十一，應付南洋形勢之説十八，及序、跋、賦若干，均涉南洋形勢。《雜著》三卷爲《推廣瀛環志略》、《增益瀛環近事》、《續海國詠事詩》。記載晚清檳榔嶼之地貌人文、使臣往來、洋務之策，此書最稱詳贍。據中國國家圖書館藏清光緒二十六年（一九〇〇）刻本影印。

海國公餘雜著

楊青署檢

海國公餘輯錄六種

雜著三種附

楊青署

序

庚子秋余奉

天子命署理蘇撫世兄張仙根以書通賀並郵寄其所校家榕軒書數種乞序於余余惟邇來時勢多艱談瀛諸書雖更僕數類皆啁喝之詞俶詭之論無裨於時徒亂人意耳榕軒夙官檳嶼副領事時獨能留心時務取瀛環志略而講求之謂是書成於道光季年所記皆前五十餘年事其後五十年中華夷之交涉環球之爭戰尚屬缺如乃採摭近事而綜貫之洵可以補徐書之闕至徐書之間有疎舛者又復薈萃諸說而衷諸一是噫何其勤也夫一行作吏此事遂廢官中土者比比皆是榕軒服官海外乃能殫精著述跡其所著續海國咏事詩及所採籌海之論說游歷之詩歌瑣屑之叢談無不纚析條分足以囊括一切雖未見其人足以知其胷次矣余亦襄辦洋務起家忝居斯位每思得一同調以資臂助今閱榕軒書不禁怦然心動也序成歸之諒榕軒不以余言爲阿所好也夫

光緒二十六年孟冬月楚南聶緝槼序於江蘇撫署

粵自海禁大開萬國通商爲千古所特創之局雖前聖復起亦不能不因時變易世之人汲汲然競言西學矣然亦不過粗解其語言文字輒詡然自命爲通材至叩以西人立國其間所以爲富爲强爲得爲失之故咸茫然而莫悉又豈能綜其本末核其異同詳其利弊條分縷析著之簡篇令閱者豁然於心目哉丁酉夏余忝牧梅州接見都人士久之有言張君榕軒少倜儻有奇志尚氣節遠游異域嘗應和蘭王聘治日里埠招工闢土開拓利源星使聞其才奏攝檳嶼副領事余聞之猶意其通達洋務遭際之隆耳未知其學識兼優富於著述也今夏榕軒歸自海邦過從於余聽其言論丰采知其抱負不凡非粗通書史浮慕西學者比既而出示海國公餘一書余披覽之見其前六種材取諸人後三種言出自己而後知其才之大也君官檳嶼副領事凡出使泰西諸臣道出於此君留心商務舉嶼中物產貨餉必詳告焉暇即取志畧一書而詳繹之徐公所已言者參之所未言者補之書中所言戰事居多君之懷抱已可概見夫紓文敷治固爲政者所必先也而賦詩言志亦採風者所有事也君舉其大不遺其細各國風俗搜剔無遺原始要終作爲詩什積久已多裒然成集視前此所咏者尤覺曲盡身處重洋心懷君國覩時感事胸臆自抒視輯錄更換一番局面推原君意無非欲返中國於盛强於戲此非學識兼優其能有此著述哉方今時局多艱亟求補救榕軒具幹濟才殫心時務他日身膺重寄必能思深謀遠安內攘外樹立宏遠聲施爛然固非徒託一編空言而已此又余所跂慕焉而拭目俟之也夫爰不揣譾

陋而爲之序

光緒戊戌嘉平上澣蒼梧闞廣槐序於梅州官廨

史學乃經濟之軌躅也而輿地實爲史學之門徑況海濱阨塞又爲知時之俊所必究者乎榕軒觀察於檳嶼攝副領事時成海國公餘輯錄一書書分上下篇上一篇專輯檳嶼時事捃摭維備昔蕭何得秦圖書以知天下阨塞戸口之數今得觀察書觀檳嶼如指掌矣兼采及詩其古之輶軒與下五篇兼及海邦聞見輯錄備忘以便觀覽亦足見其學之勤矣然觀察意猶未足也增近事賡新吟於輯錄外加以雜著三種更覺詳人所畧彬彬然文質具備非汲於古者深斷不能臻此進境持此服官吾知著作日富以一官爲一集王鈞導其先觀察步其後流行及遠何多讓焉檳嶼紀事特其肇端耳何足盡其底藴哉

光緒二十五年長至日鄉愚弟楊沅拜撰

海國公餘輯錄六卷雜著三卷　榕軒觀察所編也觀察具經濟才常以輔世長民爲已任雖懷才不遇未能以科第顯聞嘗讀陶朱致富之書賈誼治安之策不禁三復揣摩焉於是效班超之投筆學博望之乘槎始爲棉蘭甲必丹繼作檳榔嶼領事服官中外恩洽華夷卓著政聲口碑載道退食之暇手不釋卷所藏之書甚富經史子集諸子百家靡不朝夕披覽嘗謂記誦之學不如輯錄之便可備遺忘也以故舉通商奏議之辭時務海防之論輿地之沿革風俗之異同以及天文時令詩賦新聞博採兼收罔不備舉凡此者皆取諸人也余謂取諸人何若本諸已太守別攄懷抱復能將近五十餘年事擇其大而一一筆之於書又能以其緒餘兼採異國風謠發爲歌咏亦觀風問俗者所取資也是書一出不獨爲徐公所心許抑亦士林所喜觀以視陳資齋海國見聞錄邱長春西游記有過之無不及也其俾益於天下後世豈淺鮮哉

光緒二十四年季夏月姻家愚弟梁廸修謹序

檳榔嶼南洋一大埠也山水秀麗甲於各島光緒十七年中朝始設領事官其南日日里爲和蘭屬地家榕軒觀察抱璞游海應和蘭王聘管轄斯土財土大闢商賈輻輳天使聞其才奏攝副領事移旌駐焉上報朝廷下理庶務華夷輯睦措置裕如士君子具槃槃大才不甘人下往往遨游海國如漢之張騫吳之士燮鑿空修文以博取功名聲聞古人行之榕軒祖之其志一也然榕軒仕不廢學時於公餘著書第事務叢雜未及廣輯繼得弟耀軒分治始有餘閒薈萃成帙分爲六種其首一種以檳嶼爲緣起臚列十七則確據志乘參以己意固已朗若列眉餘則中朝奏牘各國新聞星使游歷騷人詩賦凡事關南洋東西洋者罔不悉心搜討採入書中俾閲者睹指知歸瞭然在目其中竹枝數什烟餉一條言之慨

然別抒懷抱猶足令人興感不已推是心也他日服官中土其經濟治功可以是錄卜之昔吾梅楊秋衡先生述謝清高言作海錄爲徐公繼畬瀛環志略所採輯一時名重藝林風行海內今榕軒更能取瀛環近事大而戰爭諸役小而風俗異趣獨抒心得一一補續於後其所著高出清高數倍正不止以輯錄見長也以故輶軒使臣士大夫自海外歸者恒嘖嘖稱道不置是書一出吾知雞林賈人必且爭先市之其功名聲聞當不減漢張騫吳士燮也區區檳榔嶼豈足盡君大才哉余僻處鄉曲遠隔海外不獲一覩爲快今冬蒙君郵寄示余且索余序余讀之喜其精心鉤考論斷不誣遂不辭譾陋而爲之序

光緒二十五年孟春之月芝田拜撰

自中外開關互市締盟修好聘問不絕

天子遣使臣分駐海外諸大邦星軺所涖紀所聞見上之譯署以附太史陳詩觀風之義蓋有年矣南洋諸島吾中土僑寓於是者不下數百萬人而風土人情向無專書以記之則以其地非使者所駐節耳目不及記載多略故也榕軒觀察任檳榔嶼領事有年公餘之暇裒集聞見並其游跡所及都爲一編從海外郵書問序於余余往讀黃勉之西洋朝貢典錄歷敘鄭和懷柔之功和舊名三保即今南洋各埠盛稱靈異以俗語流爲丹青者也是書分記諸國山川道里風俗物產衣飾語言甚詳談瀛者每徵引之然譯自舌人語多疏舛以視此編實事求是者相去爲何如耶

光緒二十有七年辛丑夏六月梁國瑞序

自序

蓋聞聖化由近以及遠修儒博古亦通今故忠信篤敬蠻貊能施問俗採風輶軒策命予不敏竊嘗存此志而繾綣不置因思　我朝德被寰中化通海外若棉蘭檳嶼諸大埠華商雲集洋務日增苟有人為之談瀛海講文物此邦人士當必有迴首內嚮喁喁悅服者蓋異域也不啻中國焉憶予自服官南洋以來始則承辦洋務職守棉蘭繼而奉命中朝篆權檳嶼公事孔亟暇日無多卷帙雖富難時披覽幸邇來有弟耀軒得以分任棉蘭事予遂從檳署退食檢點叢篇搜集舊聞詳稽時務並與當世士大夫往來贈答博訪周諮幾閱星霜輯成海國公餘輯錄六種首紀檳嶼事詳人所畧言不忘宦游地也餘五種薈萃諸說以志畧一書為扼要謂其書為

談瀛所自祖凡夫籌海之文槎客之詩瀛洲之事罔不畢具不敢臆說必確有所據始足徵信於人是取諸人以為善也夫九洲大矣慨自五口通商以後諸邦乘輪舶駢集海口由此而江而河兵事屢興世變益棘近五十餘年事皆徐公目所未見余始取諸家說以參其異終成一家言以補其闕約舉大端疎漏雖多有所不較又於丹鉛之暇博取觀風問俗之書朝夕披閱作為詩歌以補前詩之所未逮此三種附錄於後不過借以排遣何敢炫以示人耶不意今冬適有客來見而異之謂是書也搜羅富攷據精抉擇嚴彰癉確吟咏備大有益於學問治功也者力勸公諸同好予乃不辭固陋遂付剞劂俾同志者考中外稽時勢得豁然於心目間也亦未嘗無小補云

光緒二十四年孟冬月嘉應張煜南序於南洋別墅

凡例

一是書分為六種前一種專集檳嶼時事後五種兼及海邦聞見隨手掇拾縷析條分末附雜著三種以示區別明各從其類也

一是書輯於檳嶼檳嶼僅一隅所傳故實月異而歲不同昔賢志乘本屬寥寥茲篇所輯不過舉其大畧而已

一是書輯在領事日經久始成通商惠工先務為急斯地風俗之繁華歷年貨稅之增減一一備載無遺故言檳事特詳不失在官言官之義

一是書名為輯錄凡有文詩軼事例應著作者姓名出處是錄間有遺忘無從追訪識者諒之

一是書專為談瀛起見言輿地者莫如志畧一書今昔不

同尚待參考或採取羣說以辨原書之非或自成一說以補原書之闕至游歷所經兼採風俗行程遠近一繫於詩庶信而有徵不至迷津莫返也

一邇來洋務最重事關中外莅斯土者尤須講習是以名臣疏議使者日記不憚兼收博採以廣聞見

一賦詩中者層見叠出是書所輯所著無非徵求故實得之非子虛也

一是書雖經再三考訂仍不免魯魚亥豕之訛鈔胥已定亦姑聽之

題詞

檐鵲喜噪燈花紅阿咸海外來鱗鴻中附公餘海國集金筌玉笈眩雙瞳壯哉阿咸負奇志少年卓犖觀書史文章滿庋吐谷脉詩卷長留雞林肆鬱鬱桑梓思頡頏乘風破浪遊重洋大才槃槃神奕奕丰采驚動和蘭王聘請綰符轄日里廣開園口闢土地招徠不下廿萬人種蔗耕煙興大利聲名施及我　國家檳榔一嶼開官衙天使命攝副領事花迎旌節移星槎猶是棉蘭化懋遷好山好水占海天廣敷聲教綏各國言語不徒通呼延遠聯三埠近吉德工商輻湊貨財殖惠通尤形中國民醉飽無心各食力百廢具興百事舉舊治喜有惠連助政績不減大小馮治功共懋告歸署園開恆心庭尤幽文人墨客時醉留栽花商作長春記不記西游記宦游

王軸瑤函滿鄴架著書鎮日消公暇研朱滴露校輿圖古乘新聞摭大雅檳城風土與人情天文氣候詳分明始事時務有耗財半為鬻粟花言寓箴規意良厚採詩兼採竹枝詞為疏奏議一一薈萃作品評時有利獎積日久據事論斷包萬政風流今在茲士燮文教開絕徼劉郁西使編同奇囊括九州各海國金壺不惜濃醮墨集𦈢工綴百家衣雲錦巧奪天孫織君不見瀛環志略著自徐畇嶁委宛成異書荒遠確據楊謝錄有事根柢非子虛又不見蓬窗隨錄著自沈經世文章悉題品編排雜事次以詩繡錯綺交爛如錦君輯海國兼中朝二公大著可聯鑣珊瑚枝柯交玉樹翡翠鮮新同蘭苕偷閒更喜標著作事益今朝更勝昨舊吟端不若新吟放眼五洲境愈拓卓哉為文復賦詩子昇子美名同馳一洗從前

積重氣別開生面爭標奇賞心時復啟東閣折柬先期欣有
約招邀賓客滿華筵手出新篇共斟酌惜我遠隔交欄山未
得相商校訂刪何期郵寄囑加遂雲水洗眼光生顏見書不
啻見君面浣薇細讀卷頻展信君眼底有千秋蕭樓文作昭
明選尤喜君家有惠連玉窗午夜研丹鉛東坡子由同一榻
揮毫滿楮生雲煙珠零玉碎繪作寶嘖嘖勸梓公同好縱橫
上下囊古今世人都讓君懷抱何況好客兼好施春風時雨
被四夷我亦叨君棣蕚蔭萬里遠寄草堂貲草堂敢企杜子
美梅花滿窗玉一紙（近又接君玉照一紙）手拈湘管題蕪詞願附卷中
作驥尾

莘田拜稿

羨君事詩書待展風雲志乘時游海邦出作棉蘭吏檳嶼近

棉蘭繁華萃市肆領事設中　朝移居轄其地安輯遍華夷
大興商賈利槃槃具大才措理歸一致檳地好水山士夫足
所寄暇輒與從游隨輯宦游記廣搜海島書兼採名臣議不
憚勤搜求珍重藏篋笥五車壯行囊政成返舊治有弟代宣
勞長材收指臂隨材器使人分任罔求備君得退食閒流光
不自棄安硯對溪山騁懷摘雅製心織錦成章手綰珠成字
校成付鈔胥兩行執筆侍懷抱君別攄感慨存深意推廣拓
前模補益近來事新吟續舊吟見聞前未逮具此卓犖才夙
儲遠大器他日宰豫章報國心無貳根柢具槃深是書眞淵
懿近今著書人沈徐喜連轡瀛環志盛傳蓬窗錄足誌一搜
海外奇一採中朝類君書想兼收時事情尤繫珊瑚交枝柯
流傳定不墜君雖隔天涯君書我先識惜未見君顏問書刊

成未不圖萍水逢訂交在旅次罷弟歸故鄉岑寂無人訴君
惠一函書展卷心尤醉一讀一沉吟持斷無所忌華國大文
章不愧皇華使想校是書時同心有子季風雨事聯牀商確
定再四刊出洛陽箋售卜雞林貴白詩與温文行遠知無異
我自愧冷官苜蓿窮詩味索句題簡端不以非材置拈筆喜
直書竊願名附驥

愚弟廖岳雲拜題

海客談瀛未足奇閒披寶笈卻神移事非鑿空張騫語採協
觀風大史詩食貨有編同志乘山川無限混華夷蠻烟瘴雨
皆新譜說與巫家知不知
謝家海錄久推名喜有鴻篇繼夏聲十萬寓公成土著百千
水道計更程漢通西域惟憑使明下南洋更耀兵昔日遥天

今咫尺一官中外有同情

鄉愚弟羅獻修拜稿

大展經綸志同官賦二難功名開異域文字冠騷壇點筆研
朱露澄心洗碧瀾（嶼中有瀑布洋人呼日碧瀾）著書千載事經久耐人看
文宴開東閣商量出一篇叢書披各種軼事採羣賢問俗探
輿地徵詩在海天風塵欣把臂星使話聯年
卷帙經年定名馳翰墨場島中新部落海外大文章寓目饒
圖籍關心在廟堂堪嗤王謝錄客況味徒嘗
執筆人爭侍雲煙滿紙揮會昌一品集山谷百家衣掃葉情
同校生花興並飛書成無別物重載滿船歸
付梓公同好今時異昔時使君工著錄我輩喜摛詞下筆希
風雅懷人賦別離綺交兼繡錯昆季羨連枝

愚姪　文元拜稿

渺渺乘槎涉海天功名萬里效張騫服官島嶼華夷輯入在棉蘭已十年

檳榔一埠極繁華日里旋移旌節花暇輯南洋宦游記長春以後又專家

案牘無留靖市闐自公退食有餘閒搜求中外書多種手拾叢殘喜自刪

魚魚雅雅想偕編更喜同心有惠連志畧訂餘增近事敢言過眼即雲煙

軼事搜羅手自披五洲風物數恢奇多君續咏尤風雅海國兼收雜事詩

勾留游跡話滄桑著錄留傳謝與王到底讓君談政績居然吏部大文章

是邦夙昔我留游文字因緣結侶儔此日故鄉重晤面惠貽數冊已雕鎸

索我留題興獨長浣薇細讀口猶香是書一出人爭買箋紙還教貴洛陽

愚弟侯家驥拜題

檳嶼記事本末

海國公餘輯錄卷一

嘉應張煜南榕軒輯　弟鴻南耀軒校

檳嶼記事本末

目錄

海國公餘輯錄卷一

嘉應張煜南榕軒輯　弟鴻南耀軒校

檳嶼記事本末

檳榔嶼天時

檳榔嶼紀畧嶼在赤道北五度二十四分十五秒午線東一百度零二十一分以經緯言之嶼在赤道北緯線五度上十六分至三十分經線由英京起算偏東百度九分至二十五分界我經線偏四十七度

按地球以經緯定里數自明崇禎五年英人那和得始迄今蓋二百年矣然紀畧言五度二十四分十五秒就嶼地之適中者言也言十六分至三十分統嶼地之首尾言也言偏東百度九分至二十五分則偏之偏者言二十一分則偏之中者也

檳榔嶼紀畧天氣溫和地氣和暖寒暑針自七十六度至九十度不等

檳榔嶼考島中氣候酷熱寒暑針常至八十九度幸有海風時吹始見清爽每月皆有雨惟正二兩月則否

按日晷在赤道上每日晝夜平分故無四時也此島在五度上夏冬日晷所差不過一刻耳

海島逸志南洋之地天氣不寒頻年如夏百花暢茂四季俱開冬夏之際夜雨朝晴此時景之豔陽可愛也正月諸處園林芙渠菊花蜀葵茉莉鳳仙珠蘭草木諸花並開

按南洋天氣所謂四時皆是夏一雨便成秋此特大概言之耳由新嘉坡至嶼八九月多風雨謂之做春由嶼至仰

光九十月多風雨亦謂之做春各島皆有做春之語大約南洋自八月至十一月爲春自十二月至三月爲夏自四月至七月爲秋春多温夏多熱秋多燥惟無冬令耳煜居南洋多年故能知之悉而言之詳以嶼與新嘉坡較之則嶼較温於新嘉坡以嶼與仰光較之則嶼較涼於仰光

檳榔嶼地輿

島夷志略勾欄山嶺高而林密田瘠穀少氣候酷熱俗以射獵爲事至元初軍士征闍婆遭風於山輒損舟一舟幸免見此山多木故於其地造舟十餘隻飄然長往有病卒百餘人不能去遂留山中今唐番雜居

明史麻葉甕在西南海中永樂三年遣使齎璽書賜物招諭其國其酋長迄不朝貢自占城靈山放舟順風十晝夜至交欄山其西南即麻葉甕山峻地平田膏腴收穫倍他國交欄山甚高廣饒竹林元史弼高興伐瓜哇遭風至此山下舟多壞乃登山伐木重造遂破瓜哇其病卒百餘留養不歸後益蕃衍故其地多華人

按交欄山即元勾欄山爲往大瓜哇婆羅洲必由之路又

山高壤沃似即新埠之地是因此地多產檳榔故名檳榔嶼

檳榔嶼考據英國舊史檳榔嶼又名毋呵老王子島毋呵老黑人也本巫來由種元末入英拜英王行毋利第三爲誼父英人始知有南洋各島以其名名此島蓋不忘毋呵老之功也

按南洋各島皆有故實可考吉德本小國檳榔嶼又吉德屬島故載籍少見若英國史所載毋呵老事雖荒遠無可稽然以地勢揆之即島夷志略所謂勾欄山明史所謂交欄山也故首錄之

檳榔嶼始事

貿易通志英吉利本國止產錫銅煤炭然其國人好利爭勝精技藝治船械不憚險遠最大之埠頭如新埠等處英吉利因本國人稠地狹開新埠大與貿易

英夷說英吉利者昔以其國在西北數萬里外距粤海極遠似非中國切膚之患今則駸駸移兵而南凡南洋瀕海各國遠若明呀剌曼達剌薩孟買等國近若吉蘭丹丁加羅柔佛烏土國以及三佛齊葛留巴婆羅諸島皆爲其所脅服而供其賦稅其勢日盛其心日侈豈有厭足之日哉近粤洋海島有名新埠者英夷以强力據之

英吉利記國俗急功尚利以海賈爲生凡海口埠頭有利之地咸欲爭之以是精修船礟所向加兵南海中島嶼向爲西

洋各國所據者英夷皆以兵爭之而分其地乾隆末已雄海外嘉慶中益强大凡所奪之地曰新埠此海中島嶼也

海錄新埠一名布路檳榔英吉利於乾隆年間開闢者大海中一山獨峙周圍約百餘里土番甚稀本巫來由種類英吉利招集商賈遂漸富庶衣食房屋俱極華麗出入悉用馬車

英夷說近粤洋海島有名新埠者距大嶼山僅十日程沃土三百里閩粤人在彼種植以盡地利者不啻數萬阡陌田園一歲再熟即粤人所謂洋米是也英夷據而有之撥敘跛兵二千駐防其地與新嘉坡相犄角居然又一大鎮矣

瀛環志略曰麻剌甲西北海中有島曰檳榔嶼英人稱爲新埠內有高峯山水清勝居民五萬四千閩廣人居五分之一種園者多亦歸英吉利管轄英有大酋駐息力總理三埠貿易之事

每月統紀傳曰檳榔嶼英國所管附大山乾隆年間英國人開此地方並作胡椒丁香園故檳榔之屋不勝光耀

夷情記畧英吉利國前明始大乾隆四十年間創立公司公司者國中富人合本銀設公局遇有可乘隙即用大礮兵船占踞海口設夷目爲監督以收出入稅先得有麻剌甲新埠新嘉坡等處

按四裔年表乾隆四十年美人推華盛頓爲大將以拒英英不得逞志於美遂圖南洋使南洋有如華盛頓其人者不知英更何如也

外國史畧檳榔嶼前本荒島乾隆五十年英國公班牙買爲船廠乾隆五十一年丙午七月十七日爲嶼開埠之期對面

沿海地方又歸英國轄

吉德紀畧乾隆五十一年吉德既以檳榔嶼讓英後十四年復以威省割歸英國前後兩次皆未奏聞暹羅王王怒於道光元年興師問罪奪其疆土吉酋懼逃往檳嶼

按暹羅一小國耳猶能興問罪之師惜無爲之援者考四裔年表嘉慶二十五年英主根的丟克義德瓦卒道光元年若爾日第四嗣立國人輕之暹羅蓋亦觀釁而動耳不然吉德以檳榔嶼讓英已三十五年矣以威省歸英已二十一年矣暹之又久興師問罪豈無故哉

檳榔嶼考英人失米利堅而得東印度遂注意而東乾隆丙午有船主賴特者爲吉德王女壻言以六千員賃檳榔嶼對岸海灣隙地爲埠頭嘉慶戊午有毋拉查者知此島可闢爲

利藪遂奪而有之
吉德紀略檳榔嶼舊屬吉德乾隆五十年英國甲必丹賴特代東印度公司與王立約以一萬元賃其地八年後改每年六千元永歸英國管轄乾隆五十六年辛亥又升作每年一萬元自後如數完納無異嗣因海面有賊船來往擾亂地方復於嶼之對岸買其片地自母大港起至克里安港止計長二十五邁即今威烈斯省地也每年加二千元而一嶼一省之地均英有之矣
按甲必丹船主公班牙夷目其名異而實同
滿剌甲紀略當葡人得麻剌加時西人番船以甲爲東道主是以貿易之盛冠南洋焉繼而帆檣四布愈推愈遠甲遂稍衰然巫來由部暨蘇門答臘各埠猶以甲爲總滙也迨乾隆五十一年檳榔嶼興於是巫來由部暨蘇門答臘各埠以嶼爲總滙而甲愈衰新嘉坡興於是南洋各埠以坡爲總滙而嶼亦衰三埠之遞爲興衰有如此者
按英人有事亞洲自檳榔嶼始由是而滿剌加新嘉坡舉巫來由部之地大而柔佛吉德彭亨歸其保護小而芙蓉碩蘭莪大小白臘歸其管轄履霜堅冰由來漸也所以輯南洋島志託始於檳榔嶼

檳榔嶼疆里
檳榔嶼紀畧檳榔嶼長自十三邁至十四邁不等闊自五邁至十邁不等方一百零七邁嶼東約二邁省曰威烈斯長四十五邁闊自四邁至十一邁不等方二百七十邁
檳榔嶼紀畧檳榔嶼共方六百邁光緒十二年丙戌始將島及對岸地改屬息力而檳榔嶼僅方四百邁
海錄檳嶼周圍約百餘里
地理備考長六十里寬三十里
外國史畧廣袤方圍五百里
檳榔嶼考島長十三迷當半闊五迷當至十迷當不等共得一百零迷當
按一英里爲一迷當迷當合聲爲邁邁約中國三里紀畧一百零七邁與嶼考一百零六迷當皆就方數算紀畧又云得方四百邁就開方數算史畧言五百里海錄言百餘里則皆懸揣耳長之數整方十三邁半實四十里零闊之數整方七邁半實二十二里半備考雖據中國里數言亦未確

檳榔嶼水程

外國紀要外國水程論更數駛船每更約一時辰之久福建厦門行舟外海番國順風至檳榔嶼二百二十更廣東瓊州海口順風至檳榔嶼十餘日夜

按外國水程向無定説帆船夾板雖有更數皆約畧言之自輪船以沙漏定水程水程始確

東行日記光緒二年十一月十一日巳正二刻錫蘭開船東行連日逆風行甚緩十五日清晨舟折向東南左右有山或遠或近或隱或現絡繹不絶詢知左爲麻六甲右爲蘇門答臘中間海道由西北而東南寬處三四百里狹處近三四十里入口偏左有島名檳榔嶼俗稱新埠亦屬英

出使四國日記新嘉坡至麻六甲輪船十二點鐘海程又至

檳榔嶼輪船三十六點鐘海程

滿剌甲紀畧甲埠檳榔嶼約二百四十邁

海録檳榔嶼由紅毛淺順東南風約三日可到西南風亦可行

英吉利記新埠新嘉坡與麻六甲相連海道順風至廣東之老萬山六七日程或十餘日云

英吉利地圖説英吉利自金山而南爲急卜碌即海國聞見録所謂呷也蓋海中大地西南一角之盡處由彌侈剌至急卜碌舟行五十日夜皆自西而南自此以後則舟行轉向東北自急卜碌至望邁舟行五十日夜更自望邁而南爲士耶又東北爲袜達剌沙北爲孟呀剌即孟加剌又東南爲磨面又南爲檳榔嶼一名新埠

按四裔年表嘉慶二十三年色凡那輪船始至英爲輪船航海之始道光二年英輪船始至法五年始置輪船公司十年始至印度十五年始至廣州外海紀要作於道光八年故言更數日記以下諸記惟滿剌甲紀畧言水程餘皆約舉日期也玆以中國至嶼水程爲先羣島次之英又次之

檳榔嶼形勢

外國史畧亞西亞地嘴西出蘇門馬六加二地中間為海峽各島散布如星棋最大者檳榔嶼在西邊距對面貴他大山不遠

白臘紀畧夸拉康薩一小村也在白臘河上流英正總管駐劄於此蓋取其地適中且與檳城相近英副總管駐劄拉魯瓜其地與檳城近僅隔六十里由拉魯而至克里安河右大路相連而至檳榔嶼有電線

使西紀程檳榔嶼洋人名曰碧灡距麻六甲九百三十三里有副總督駐此

瀛環志畧大亞齊在錫里西北疆域稍大由紅毛淺外海西北行日餘即到山盡處與新埠斜對檳榔嶼右為亞齊屬荷

蘭

海錄吉德國在新埠西由新埠順東南風日餘可到

吉德紀畧吉德國北界琳琅南界白臘東界大年西臨海峽與檳榔嶼相望嶼與新嘉坡相犄角

英吉利小記英吉利在荷蘭佛郎機兩國西界若南海之新嘉坡新埠皆其分島也

海島逸志英圭黎華人呼為紅毛近有新壟之地在麻六甲之西吉德之南與大年相鄰地名檳榔嶼

每月統紀麻剌甲地方嘉慶年間英人以萬古累易之廣東與福建人居此耕種與實力檳榔嶼貿易

臺灣進呈英夷圖說疏自西北而西南更轉東北而至廣東海中所屬島二十六處皆其埠頭多他國地據為貿易聚集之所二十一曰檳榔嶼二十三曰新嘉坡皆英吉利埠頭設官主之海中相去或一二千里數千里不等遙相聯絡諸島左右復有別島或自為國或有荷蘭別國埠頭

檳榔嶼考西人東來由錫蘭出東印度洋入蘇門答臘海峽船若東偏可以望見島上山色青蒼可愛蓋為東來門戸耳

星報檳榔嶼南洋羣島中之小島也大小白臘吉隆芙蓉及辦坑大泥金山銅霞吉打內而高淵古林諸處近而百十里遠而千百里實則有路相通從前如吉隆小白臘等處雖造鐵路為程無幾邇聞英人有意大興車路

按檳榔嶼海中孤島耳無所謂形勢也然中國至嶼嶼在西北則東南風便英吉利至嶼嶼在東南則西北風便嶼舊屬吉德吉德與嶼不啻輔車之相依蓋有存亡與共之

理者焉乃一再讓地於英英於是近取諸島遠聯三埠海門全境已扼其要況由錫蘭而來則儼然東道主也倘羣島鐵路一通如常山之蛇首尾相應嶼居中而策之豈西卑里亞之萬里長沙所可同日語哉備述之以質諸知兵者

檳榔嶼生聚

吳廣霈南行日記云本埠地方周圍約百餘華里華人僑寓者巨富極多皆莫知其所由來考之海國圖志元征瓜哇大風壞舟軍士登斯山伐木修整尙留百餘病卒未還後娶土婦生育繁盛今益蕃衍華人之多未必不由於此又聞多紅巾餘黨逋逃至此或非盡謬土人甚貧苦悉仰食於華人衣裝風俗半類西貢新嘉坡語音啾啁亦近之男女皆以金銀飾耳鼻及手足用爲美觀而膚色如炭適增惡劣而已小童亦身不縷以縷銀牌遮其前後誠怪俗也

馬建忠適可齋記行云埠中督理瑪克奈謂本埠殷商盡係華民華民中顏邱胡辜諸姓類皆生長於斯者也其祖若父率自瓊州來東北信風至暹羅越嶺而來無逾一旬亦聞有

至新嘉坡紆道至此者因問伊等何無首邱之情答以彼之祖父偷越至此本干中國海禁今則海禁雖弛而彼等已半入英籍矣

張彝四述奇云余抵嶼駕小舟上岸聞人言邇來各處華商公立一黨名曰奚榕那捜賽伊的譯言號黨也彼此保護與外邦福立美遜黨同然愚頑性成多未歸化有離華二三十年未歸者有生於外邦而未到中國者有歸英屬而不改裝者此輩若來中土無事則爲華人遇事則曰英屬誠一隱患也如有領事駐紮能令歸英者改裝則華英判然矣

日記云檳榔嶼居民六萬一千七百七十七名而華產居其七八華產者亦自稱英人若不知爲中國人者蓋生聚於斯久矣

按檳嶼昔不過一片荒土絕少居民今則生齒益繁有加無已究其所以生聚者亦非無因或曰病卒娶土婦所傳之裔蕃衍益茂或曰紅巾餘黨逋逃至此戶口頓增或曰由瓊州偷越而來居處已久半入英籍幾忘其爲中國人者理非盡謬不然何熙熙攘攘者竟如斯之多也

檳榔嶼仕宦

贅談云檳城華民政務司遺鈌英廷調辛達士往署是君本任星架坡巡理府猶我　國之太守者焉故華人競以太守呼之爲人謹飭廉幹饒有政聲正不獨見客能操粵語無事舌人俗呼爲通事也

郭筠仙使西紀程云初一日至檳榔嶼洋人名之碧瀾距麻剌甲九百三十三里在赤道北六度有副總督安生駐此凡埠中之商務俱歸管束不使他人得攬其權

適可齋記行云味爾德檳城之撫軍也別業在山之巔余偕撫備司嘉爾往謁撫軍出見知余爲鴉片加稅而來入座款談情意殷洽明日遣价持新加坡檳榔嶼二埠鴉片出入章程至閱之甚喜徐當譯出備考焉

日記云檳榔嶼副領事之設由新嘉坡總領事鞭長不及故兼派一員爲之經其始者係張君振勳大守太守陞總領事代其任者接踵理事至今相沿不改

按設官分職原以治民亦以護商英之官斯土者小而撫衛司大而撫軍威令所行皆足懾服斯民至用華官以治華民以曾爲甲必丹者充之俾賓熟手亦不忘護恤商民之意也

檳榔嶼商賈

王韜淞隱漫錄云余抵庇能庇能閩人音一名碧瀾亦曰檳榔嶼山水明秀風景清美洋房櫛比氣象喬皇埠中貿易者約數萬人閩人多而粵人少聞有許君其人者頗風雅曾爲甲必丹擁貲鉅萬惜未往謁也

適可齋記行云余至檳榔嶼停泊二日登岸借住顏金水棧中顏在埠巨富又爲閩商之冠其住室倣泰西制高閣連雲氍毹布地陳設洋鐘樂器喬皇過於西人惟門首盆花札成八仙頗類戲具未能免俗其埠內華商皆購別室翬飛鳥革皆足爲吾國生色不圖海外竟別開生面如此

張彝四述奇云余抵檳覓萬振豐鋪以便寄信上洋到鋪見華商王君年近六旬福建人也因言語不通以筆談代之筆談間適有雲南大理府回民江麟鍾者自言來此二十五載以販賣金剛石爲主又有雲南澄江府馬爲麒字玉書者來自言在馬如龍麾下帶勇授都司上年相隨入都　陛見後以仕途不易棄官爲商邇來一載家道小康足見內地圖利之難不若外洋之易也

適可齋記行又云本埠殷商盡係華民華民來承攬煮烟公司者邱天德偕代理招商局務同知銜胡泰興並鉅富辜上達邱忠坡等來謁言語不通以英語爲問訊

郭筠仙使西紀程云閩人王文慶經商此地兼招商局事遣人問之則同其鄉人謝允協柯汝梅林汝舟王瀾德李邊坪萬全堂王文德六七輩來見皆短衣番語聞居此已數世矣

新報云華民好行義舉踴躍輸將本年間印度告飢急於望

活經大會堂合議後中國領事官謝榮光華商謝増煌顏五美林甯綽林華纘粱樂卿紀德貴等各認捐金若干以助賑襄成美事此其一端也又捐建病房業已籌有巨款現聞買定蒲羅地骨羅馬書院之地以便興建議由工部局核準似此勇於爲善次第遞舉良足嘉也

按此埠爲商賈輻湊之區市廛櫛比厦屋雲連如萬振豐舖之王君文慶金水棧之顏君承美皆本埠巨富也其餘成家立業充更僕難數曾不多時半歸中落今則繼起有人局面一變鄭李數家足稱勁敵所望守財者持盈保泰方能經久否則後之視今亦猶今之視昔也

檳榔嶼物産

南行日記云檳榔嶼土産以胡椒爲大宗丁香荳蔻次之居人開園招工栽種得宜俟其成熟後運往各國發售得利無算其餘若檳榔椰子沿途皆是檳榔樹高五六丈直幹無旁枝葉附幹生大如扇其實作房從心中出一房數百實如雞子有殼肉滿殼中色正白椰樹高數丈亦無枝葉在其末如束蒲實大如瓠繫樹巔如挂物也土人或用口吃或取漿食咀嚼不厭取味無窮至稻一歲再熟供本埠人食已覺有餘此皆有益於人者也若夫無益於人有損於人之物間或有之此地蠍蟲極多承塵上緣滿殆遍若不得一柳圈帶之（龍文館記云上賜侍臣柳圈各云帶之免蠍毒）難免其螫夜來就寢苦蚊蚋太多不能成寐若不得一荷鬚燒之（儲泳祛疑說云有人能祛蚊但取其篋中香末試燒蚊悉遠去但不知其何藥然正作荷花香想荷花之類耳）胡能遠去聞此二物中華處處有之惜未易致也

按檳榔嶼土産種類紛紜藥材若胡椒丁香荳蔻足以調人胃氣日食若檳榔椰子足以供人口腹其較著也米爲養生之源平田萬頃一歲再熟出之數尤爲生意大宗此皆有益於人者也若物産無益有損蠍蟲之肆毒蚊蚋之擾人此則南方卑溼地在所不免然亦有法以治之不患其滋長也

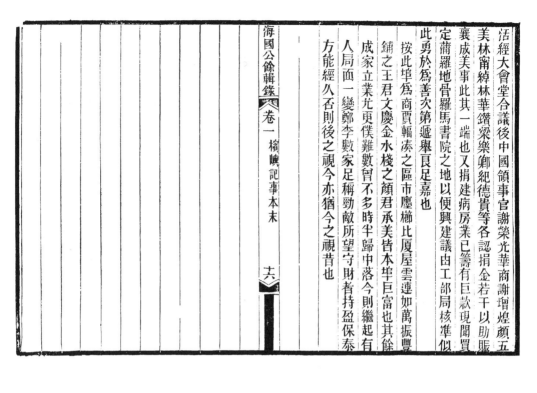

檳榔嶼食貨

海錄新埠一名檳榔士閩粵兩省人到此種胡椒者約萬餘人每歲釀酒販鴉片及開賭場者榷稅銀約十餘萬兩

檳榔嶼考英人據有此埠每年入口之貨值一百六十萬元而出口之貨可值二百萬元一隅之地爲利若是可謂厚矣

出使四國日記新嘉坡鋪戸房屋田園足稱饒富通埠華衆廨宇公產之外華人實業八成洋人不過二成閩省漳泉幫貿易甚大粵省潮幫次之廣幫又次之而檳榔嶼之繁華足與新嘉坡相埒麻六甲生意不多不過商宅田園而已蓋檳榔嶼商務極盛入口之貨吉壠𡍼律二埠錫礦居多而尤以仰光之米爲大宗其餘就近各小埠物產亦皆彙集於此此即坡埠市面亦聽埠號商信息也

又云南洋諸島各埠林立商務工務均賴華人爲骨幹所在華民或經商或傭工或種植園囿或開採錫礦統計約有三百餘萬人而尤以新嘉坡檳榔嶼爲要衝

貿易通志東南洋貿易之盛者莫如暹羅及新嘉坡故凡紅毛船自澳門歸與自西洋至者均以此爲總滙外此麻六甲檳榔嶼等處亦英吉利公司所據而貿易有限不及新嘉坡三分之一

外國史略暹羅國產銀鉛錫象牙犀角烏木蘇木冰石沉香翠毛牛角鹿筋豆蔻燕窩海參海菜等貨其土產之豐與旁葛拉相等但暹羅米穀價更賤高地亦能種麥其木最堅美宜於造船且料多而價賤較中國造船費惟值半價又多紅木或運出新埠又多種白糖胡椒胡椒每年六萬餘石白糖十萬餘石唐人之船亦載米糖賣與南海各島最多在新埠各海港

星報光緒十五年己丑檳榔嶼入口貨値銀四十三兆一十八萬一千三百九十七元出口貨値銀四十一兆八十三萬三千四百八十八元光緒十六年庚寅檳榔嶼入口貨値銀四十三兆七十八萬八千四百元出口貨値銀四十一兆八十三萬三千四百八十八元

按檳榔嶼以庚寅較己丑入口貨多六億餘計出口貨則同減檳嶼之商務出不遠入亦大畧可覩矣

檳榔嶼稅餉

工部局告白引自來水入住屋每墩餉銀一角計一墩作二百五千宜令申算如納餉四角則可得水一千宜令或引到碼頭及各水船或船澳公司者每一千宜令納餉八角或引入製造處者每一千宜令收餉銀五角至於筲合喉管之物料皆由局置備要用者照還價費惟曲形之水喉塞及水管之轉灣處所需物料概免貼費

按西人取水法先擇最潔者以鐵管置地下隨其高下旋折旁引曲達吸聚諸池池必高居自池達各家戶外各家以鐵管引入皆機器爲之視居人萃集多寡爲機器大小必相稱取之無禁用之不竭中國之水賴江湖河井或瀦濁水而飲之欲不致疾也難矣故西人居中國者多往山

中取泉以供飲濯夫刳竹透水中國山居恆有之然亦未能高下旋折自如也

工部局告白凡有房屋業地在工部局轄內者視其稅價之多寡酌徵餉收每年繳納兩次首期由西正月起至六月三十號止次期由西七月起至十二月三十一號止屆期並不發字通知各宜自行繳納或代理有人亦可其接手收銀人給有收單爲據或有逾期不納工部局定必按律出字通知其通知字費銀五角如於十五天以內仍不交納定必出票查封票費銀一元即將其家器生畜變賣抵還數或未敷再將屋業除國家什物不計外概行拍賣抵償倘有不願受其查封備抵者議將逐月稅項兌交工部收抵亦可至於有向之稅賃者則可至本局查明物主曾否照章完餉以免拖累或典借亦然或屋或地每年必由局員會議一次估定價數記明部內期由局員擇定預登憲報及各日報俾有產業者知期赴報而局員於聚議之日均在座聽斷酌定何處地方可以起稅倘有不願依從者聽其到臬署理論其有局員不爲估價之業概照舊收納

工部局告白凡屬易於兆禍生理及貨物有氣味者在局轄之內須到局報明給領牌照照章納餉方准開設茲將各項生理酌抽稅餉列左凡各牌照無論何時到領均在西每年十二月滿限土油大宗生理准領牌十二個月亞答乾草生理三元咨勞煎十二元煤廠十二元染布房六元火炮店二十四元製鹽魚十二元煤氣火十二元灰窨六元自來火柴二十四元洗滌牲畜腸腹及煮熱血之店九元熬油九元大

間土油棧二十四元小間土油店二元缸瓦窨二元碩峩廊十八元煮鹽六元屠戶十八元製雪文九元製糖六元煮蠟油九元矾牛皮二十四元柴炭店六元豢養牛馬豬羊之圈欄概免徵餉雞鴨祇許養至三十隻以內

工部局告白馬車餉每年繳納兩次西正月起至六月三十號爲上期七月至臘月三十一號爲下期凡四輪馬車之有彈弓頁者每年收餉銀十二元兩輪者九元四輪貨車無論人畜駕御均收銀八元駕牛馬之貨車六元以人駕之貨車四元至於大小馬匹及騾每隻每年收餉銀二元或由物主或看管人照章完納餉期定到期之第一日即要交繳凡有置車牛馬須以西字據實報知如過三十天不報查出罰銀二十五元每年西正月及七月須有局印之格式紙令其自

行寫明車式及牛馬若干於一禮拜内交回局内備査違者罰銀二十五元或五十元不照期納餉者出通知字費銀一元若有别費亦歸物主支給越一禮拜仍不交完定必出票將其家器可以移動之物變賣作抵

工部局告白犬餉每年每隻一元五角凡在工部局轄内者須報明備査其頸宜繫一皮圈由局釘列號數每年報期由六月一號起至五月三十一號止每犬一隻届期納銀一元五角工部局員凡有經收犬餉宜頒發局印收單及註明該狗形狀之牌照並銅製號數各一畜犬之主人須與以皮圈或銅圈親自帶到局中報明或將形狀毛色書明英字到局者亦可各狗若無圈號均可擊斃局中大小人員有權可以稽査其犯例者無論在山園道路捉擊自由

叻報嶼地烟酒公司擬請下届烟餉由光緒十九年起至光緒二十一年止每月願增餉銀三千元査舊餉月納六萬七千元今增三千元則一月七萬元矣

按水餉用者所不免地餉居者所不免牌餉雖爲弭禍起見而作貿易者亦所不免馬車所以代步狗所以守夜二者有餉則爲富人設也惟鴉片一項統貧富而皆受其害統計檳城男女老幼二十二萬餘人年輸鴉片酒餉至八十四萬元是每人應勻七元矣然酒餉無多吸鴉片者不過五之一是有引之人每約輸餉三十五元十年約輸餉三百五十元餉不過鴉片價三之一合而計之約千元富者耗此千元尚不足惜然以之創善舉濟貧人亦種福之道況貧者流落他鄉歸計不果爲鴉片累者比比也

星報光緒十五年檳城收釐印銀十二萬八千元十六年收十三萬三千元

按光緒十五年坡收釐印銀二十一萬四千四百七十元十六年收十九萬三千七百元減少二萬餘元麻六甲十五年收釐印銀一萬七千元十六年收一萬二千元減少五千元惟檳城增五千元

叻報光緒十六年庚寅實得力三府所收稅共四百二十六萬九千一百二十五元較十五年已減十四萬零八百零二元緣頒取人紙費及檳城烟餉減也自新例頒行每年約減收稅十萬元

按實得力三埠惟檳城餉款有增餘則日形支絀實得力因英京加餉會議時言光緒十五年己丑所存款尚十六

萬元次年庚寅所入已少四萬九千元至辛卯年更少一十五萬元向來三埠入款年增至己丑年入款四百四十一萬自後遞遜合而計之三年内少入五十八萬九千元當戊子年實得力寄存英京款一百萬寄存印度款三十萬今則盡數以應軍費已無可籌之款況又少去稅項五十八萬餘元觀此情形則財源之匱不獨中國然也

檳榔嶼名勝

乘槎日記云浴池在瓦打復爾山巔地通山泉雪花滾滾撲面飛來涼氣沁人欲絶停舟者掬水洗頰每於此駐足焉

又云觀音亭建於海濱上祀觀音楊枝一滴遍灑甘霖於以捐瘴癘弭眚災自如也故每值良辰美日紅男綠女焚香者履舄交錯於道自朝至暮踵相接也

又云清芳閣華麗耀目雕欄畫棟結構天成是爲閩人演戲地與粤人鄭貴慼園相伯仲有時二班合演管絃雜沓聲韻悠揚坐而聽者不下數千人亦一巨觀也

又云極樂庵嶼中勝境也閩是庵本埠富商歛貲爲之倚山作壁引水入廚位置玲瓏備臻佳妙向無僧居特聘名僧小顛卓錫於此僧極風雅夙以詩名與嶼中士大夫往來贈答

無虛日留題滿壁筆走龍蛇鴻爪雪泥播爲海山佳話雖曰地實有靈亦藉人以傳已故游其地者從樹林陰翳中結伴而入與寺僧茶話後僧卽從旁指點海天之勝林泉之佳俗慮頓蠲恍然於塵世中得一清涼世界也

又云撫軍別墅築於山頂登高一望風帆海鳥歷歷在目實踞一方之勝欲至其地者僱坐筍輿盤旋折上上瞰高壁下臨深淵淵中古樹參天高矗雲表有至三四十丈者甫至山腰四圍島嶼拱列涼風襲衣胸襟頓爽又上則路愈峻肩輿者汗流浹背如水潑漆几上喘氣若牛蓋已高陟二百九十丈矣

日記云打球場爲西人休息之所海珠寺爲華人游覽之區二地皆築近海旁於烟雨空濛中望之道途平坦樓閣玲瓏後先相望不啻天然一幅圖畫也石洗泉亦是埠勝地游山人倦汲取烹茶渴思頓解人言英屬埠頭息力第一檳城第二信不誣也

按此邦名勝不一而足居是邦者尋幽選勝觸景留踪有山有水便登眺也有亭有臺悅心目也有燕閒別墅賓王酬酢地也有山麓別業撫軍休沐所也推之打球場海珠寺築近水旁俯臨海面爲是埠別開一生面其最幽邃者雲木千章飛泉一派環繞左右爲阿意淡之極樂庵是庵余偕埠中諸商歛貲爲之於庵傍作一靜室扁曰小隱山房每於公餘之暇輒往信宿與寺僧小顛詩酒流連作蔬筍飯樂此不厭既回棉蘭忽忽相近十年每一念及輒繾綣不忘也

檳榔嶼添設領事

薛福成奏請南洋各島添設領事疏

竊臣查光緒十五年兩廣督臣張之洞派遣委員副將王榮和知府余瓗訪查南洋各島華民商務奏稱該委員等周歷二十餘埠約計英荷日三國屬島應設領事者二處正副領事者各數處經總理衙門議覆在案臣於光緒十六年七月准總理衙門咨稱據海軍提督丁汝昌又稱此次巡洋如附近新嘉坡檳榔嶼各島皆未設領事擬請各設副領事一員即隨地公正殷商攝之統轄於新嘉坡領事應先與該外部商定核給憑照如能辦到實於華民有裨等因到臣當經辦文照會英國外部援照公法及各國常例聲明中國可派領事分駐英國屬境俟商有端倪再咨明總理衙門詳籌妥辦

臣竊思領事一官關係緊要南洋各島華民繁庶若不統論全局則一事之利弊無以明若不兼籌各國則一隅之情勢無由顯臣謹綜其始終本末為

聖主敬陳之大抵外洋各國莫不以商務為富强之本凡在他國通商之口必設領事以保護商人遇有苛刻隨時駁阻所以旅居樂業商務日旺即游歷之員工藝之人亦皆所至如歸而西洋領事之在中國權力尤大良由立約之初中國未諳洋情允令管轄本國寓華商民與地方官無異洋人每有人命債訟等案均由領事官自理往往掣我地方官之肘前後中國各口之枝節橫生亦實由於此然即在他國不理政務之領事僅以保護商務為名者各國亦視之甚重稍有交涉即籌建設蓋枝葉繁則本根固耳目廣則聲息靈民氣樂則國勢張自然之理也中國領事之駐外洋者在英則有新嘉坡領事在美則有舊金山總領事有紐約領事在日則有古巴總領事有馬丹薩領事在秘魯則有嘉里約領事在日本則有長崎橫濱神戶三處領事有箱館副領事蓋南北美洲與日本各口迭經總理衙門與出使大臣籌畫經營建置較密惟南洋各島星羅棋布形勢尤為切近華民往來居住或通商或傭工或開礦不下三百餘萬人臣竊據平日所見聞參以張之洞原奏計華民萃居之地荷日兩國所屬應專設領事者約四處法英兩國所屬應專設領事者約五處此外各埠如檳榔嶼等處已可相機設法或以就近領事兼攝或選殷商為總董畀以副領事之名畧給經費而以就近領事轄之酌盈劑虛隨宜措注要亦所費無多就南洋各島而論祗須設領事十數員大勢已覺周妥伏乞

皇上聖鑒謹

奏

薛福成奏調充南洋領事疏

臣薛福成跪奏為瀕海要區添設領事揀員調充恭摺仰祈

聖鑒事竊臣承准總理衙門文開准北洋大臣李鴻章咨稱海軍提督丁汝昌巡歷南洋目擊華民人數巨萬生齒殷盛既設領事之處尚稱安謐其餘頗受欺凌無不環訴哀求請設領事咨令酌度情形試與英國外部商議如能辦到實於華民有裨等因臣竊謂酌設領事所費無多而收效甚速曾於去年十月統籌全局縷陳

聖鑒在案查南洋流寓華民頗有買田宅長子孫者而拳拳不忘

中土疊次防務賑務捐數甚鉅既據同聲呼籲不可無以慰
商民望澤之誠示國家保護之意惟設立領事係約本無明
文各國知此事於我有益往往靳而不許即英國前議亦謂
中國只能照約而行不能援引公法臣初與外部商議先破
其成見謂中英方睦豈容與泰西分別異同再四磋磨外部
始允照各友邦一律辦理仍謂審量情形刻下或有難盡照
辦之處臣亦以經費有常必須擇要興辦礙難處處徧設查
香港一島爲中國咽喉交涉淵藪前使臣屢商未就臣擬於
香港設一領事官其新嘉坡原設領事改爲總領事兼轄檳
榔嶼麻六甲及附近英屬諸小國小島若慮鞭長莫及或就
近遴派殷商充副領事以資聯絡由總領事察度稟臣核辦
臣既亟商總理衙門復明告外部尚以中國官吏未諳西例

爲慮臣告以新嘉坡領事左秉隆在位十年彼此往來素稱
和睦臣署參贊官黄遵憲前充美國舊金山總領事四年穩
練明慎中外悅服擬以此二員充補外部乃無異詞仰懇
天恩俯念員缺緊要准將駐英二等參贊官二品銜先用道黄遵
憲調充新嘉坡總領事花翎鹽運使銜先用知府左秉隆調
充香港領事官於交涉事務流寓商民必有裨益除另將酌
擬經費增派隨員詳細辦法咨呈總理衙門外所有添設領
事採員調補緣由理合恭摺具陳伏乞
皇上聖鑒謹
奏

薛福成出使四國日記 摘錄四則

南洋各島星羅棊布較之東西洋各邦形勝尤與中國切近
新嘉坡設立領事已三十年支領事經費未滿十萬金即使
略有添派歲費當不過十萬金然各省賑捐海防捐所收之
欵實已倍之而商傭十四五萬人其前後攜寄回華者當亦
不下二千萬然則保護華民之事顧可緩乎

各國領事皆兼三埠中國則專司新嘉坡事緣設領事之初
忘敘及兩埠然麻六甲檳榔嶼華人有事亦有來告領事者
但與英官辨論較多曲折耳此事當俟機會更正之

新嘉坡領事左秉隆稟稱南洋英屬各地除香港仰光薩拉
瓦北慕娘納閩文萊暨大利亞各埠暫置不論外其歸新嘉
坡巡撫統轄者若檳榔嶼麻六甲皆全屬英者也其距新嘉
坡道里麻六甲約一百十邁檳榔嶼三百八十邁其民人檳
榔嶼及其附近屬地共約十萬麻六甲約三萬如欲設官統

轄宜先與英外部議請以新嘉坡領事爲新嘉坡檳榔嶼麻
六甲總領事並准其酌派領事或副領事等官大約檳榔嶼
麻六甲應作一起辦法該埠各有華商一人充當甲必丹既
爲華民素所仰望如飭兼充領事或可允從

接英國外部尚書侯爵沙力斯伯里照會云爲照會事照得
本爵部堂接准貴大臣西九月二十三日來文内開　中朝
欲派領事官駐紮英地等埠因此事已經英廷細心審量今
本爵部堂極喜告知貴大臣英廷願給文憑與中國所派之
領事官如給與外洋各友邦之領事官同樣辦理余乃照復
外部稱其辦事之公道且告以中國應派之領事首在香港
及新嘉坡附近之地今已選得二員候總理衙門核定此二
員者歷練有識持已謹嚴接物和平允堪勝任駐香港者擬

調新嘉坡領事左秉隆任之駐新嘉坡者擬派使署二等參贊黃遵憲任之非僅爲新嘉坡一處之領事官並爲檳榔嶼麻六甲及附近各處之總領事官其檳榔嶼各處有應選派副領事者俟審定後再當奉聞越數日外部照會稱已領悉並無異言此事大局已定矣

黃楙材南洋形勢說

方今東西洋各國既已分遣使臣設立領事梯航重譯修好睦鄰而咫尺南洋豈可視爲緩圖查歐洲諸國華人寥寥無幾惟南洋羣島所在皆有綜而計之不下數百萬衆泰西之商皆糾合股分萃爲公司貲本富厚多財善賈華人則隻身空拳不數年而致鉅富者有之經營貿易之事獨爲擅場至於開墾耕種能耐勤勞尤非番人所及華人愈多市埠愈盛

故諸國始而招致繼而妒忌既無官長保護難免虐政侵漁宜將戶口詳細稽核凡滿萬戶以上設立領事一員不及此數者或數埠共一領事領事之下分設官長令商民公舉夫英人佔據各處碼頭多係公司衆商之謀今可仿其意爲之官長之中有才能素著爲衆所服者即給以頂戴畀以職事上下一體中外一氣將見生齒日繁商賈漸興南洋數十島之利權一旦盡於中華矣

張之洞奏檳嶼宜添設領事疏

檳榔嶼一埠人才聰敏爲諸埠之冠宜添設副領事一員與駐坡領事相助爲理益可以收後效其設領事之處就其餘款酌撥若干量設書院一所並購置經書發給存儲令各該領事紳董選擇流寓儒士以爲之師隨時爲華人子弟講授使其習聞聖人之教中國禮儀彝倫之正則聰明志氣之用得以擴充而愈開木本水源之思益將深固而不解凡有血氣未必無觀感之思

按薛黃張三君疏請添設領事不惟保護華民兼可振興商務非素具公忠體國念者必不能作此救時之論也

檳榔嶼過客游蹤

淞隱漫錄云從新嘉坡抵檳榔嶼舟至此例停四時許以便裝載煤炭余與二西人登岸同乘四輪高車游行各處醫士備德謂山頂有泉可浴盍往一觀車行由漸而上初不覺其高至則同舟人大半皆在室甚軒敞坐甫定即進酒醴供餅餌意甚敬恭須臾館人請浴曰湯已具矣導入浴房則每人各據一室余推扉而進拾級而上則方池開廣可容十餘人試之冷水一泓深不可測不敢縱身入內祗坐石上洗濯然已寒意襲兩腋間殊不可耐矣

又云余偕船主堅吳同游一地見四圍周以欄檻入其內湘簾棐几氍毹貼地潔無纖塵出而逆客者皆女子也肌膚如淡墨色覜其眉目頗覺娟好殆媚豬之儔也見客殷勤款待

手捧銀盤以檳榔進余出笑問堅吳曰此何地也堅吳曰此妓室也堅吳蓋好作狹邪游者令車夫爲先導車夫探懷中冊以示則皆紀妓之著名者

又云嶼中小兒成羣齒白唇紅其肉黑幾如漆向客嬉笑乞錢所駕小舟刳木爲之首尾兩槳棹之如飛偶以兩足踏船翻身落水中船亦隨覆出沒波浪中狎之如鷗鷺洋客競投以銀錢羣兒於水中捫得之高擎其手舉以示衆象罔求珠無此靈捷也

吳廣霈南行日記云余舟抵檳榔嶼入口下椗停舟須三四日艙中熱甚遂偕眉叔登岸謀避暑之所行經英國兵房淺草平場正操練槍隊試憑軾觀之初作排列雙龍繼則齊如一字少焉一字平分變而爲兩儀兩儀互旋再變而爲二小圓陣會日晚不能卒觀遂去迹其所佈陣法不能出虎鈐經威南塘範圍去八門五花之精意猶遠第拾我唾餘變其外貌中華人士遂至震而驚之以爲此千古未有之奇噫異矣

槎客筆記云丙申夏五月余往南洋抵檳城時家善初幕於檳城領事署余過訪之遂邀同韓實根及友琴弟偕游丹容山水小憩極樂寺山顛有小隱山房爲榕軒觀察別業適天雨瀰漫山僧慇勤留宿僧本工吟咏與之談詩娓娓不倦是深得詩中三昧者昔陶淵明與遠公結白蓮社作三笑圖紀其事實根善繪事倩其拈筆作畫添置余與善初留題新什於其上擬將摩崖山中以誌一時雪泥鴻爪云

按此地爲海國要區凡分往南洋大西洋者多於此處裝

載煤炭客子停舟上岸遨游欲洗塵垢咸至山頂方池一浴或偶入妓室擇妓之著名者徵歌侑酒或往海濱投銀錢於水中令羣小兒向水捫得之以爲笑樂或憑軾觀英兵操練陣法整齊具五花八門之妙嘆以爲得爲曾有或至寺中與僧談詩令善畫者紀其事勒石寺壁以留佳話凡此者皆足以游目騁懷引人入勝者也

檳榔嶼星使停輪

郭筠仙使西紀程云光緒二年十一月初一日巳刻至檳榔嶼聞此處閩商王文慶最著名遣人問之則挈其鄉人數輩來見以停船片時即開行未暇一登岸詢知居民十四萬閩廣人十萬有奇餘皆番人其地山水明秀迤南皆高山樹木叢雜聞有瀑布高十餘丈惜未一往觀也

劉雲生英軺日記云雲鴻隨星使英停泊海口未久夜間仍船折而南經蘇門答臘乃西上凡行三千六百三十九里於初六日夜至錫蘭

馬眉叔記行云余至檳榔嶼停泊二日乃開遂登岸借寓顏承美棧中聊避暑氛此間華商僑寓者約八萬人閩商爲首廣幫次之非如新嘉坡之富戶盡屬廣人也

吳廣霈南行日記云余由印度回檳榔嶼自錫蘭至檳榔嶼三千六百里登岸小眺暴雨忽至尋至閩商顏金水店金水不在晤其季弟少談別去顏弟堅留午飯余以船將展輪謝之遂歸舟披書聽雨意亦不惡午後展輪直指新嘉坡

又云余任檳嶼無事推窗一眺則海波繞檻當面青巒突起爲新嘉坡相連界地譯名曰禨脫斯諦舊名格大國有一島突起名居大樹木叢雜巒烟四起如此深林窮島中竟爲彼族所佔殊難得也

紀程云此埠北岸爲威諾斯里其地袤長而狹沿海約九百餘里有兵官段熙爽由威諾斯里附船歸國華民製忠勤正直四字旗以頌功德鼓樂送之登舟是必有惠愛留貽於人者凡洋官離任民商有所餽獻則什襲之以傳子孫好名之心較中國爲勝矣

按檳嶼非往大西洋正路凡星使坐輪舟者不盡過此埠惟僱英輪者以此埠是其所屬地便於搭客必遶赴檳嶼故既至檳嶼仍須折而南取道於蘇門答臘否則坐他船者出新嘉坡西口即遥見蘇門答臘本可由此逕西以達錫蘭也

檳榔嶼流寓詩歌

童念祖檳城元日詩

爆竹聲喧競賀春番人注目看唐人碹星戒指金腰袋洞葛巢螵簇簇新

原注洞葛藤木短杖名巢螵竹笠名

元宵詩

拾將石子暗投江嫁好尫來萬事降水幔沙郎朱木屐元宵踏月唱蠻腔

原注好尫俗謂夫爲尫

林詒甘元宵話舊詩

知已天涯有幾人相逢何況正新春燈前月下花如海相對無言各愴神

林振琦清明詩

淒風苦雨哭聲紛兒女提壺祭掃勤剗盡蓬蒿尋短碣荒山無處覓遺墳

張巘廷端午詩

中原競渡鼓旗紛地僻風殊寂不聞我且縱談盧肇事人誰作弔屈原文多糜國帑開船局定有舟師壯海軍羣島瓜分如戰國彼蒼應產孟嘗君

李香雲七夕詩

只爲囊空誤此身一年一會總傷神聘錢十萬終須補天債難償乞巧人

梁芷芳七夕律詩

瓜棚笑語正酣嬉七孔穿針乞巧兒天上何曾開色界人間多事種情癡抛梭不管機聲斷伴月猶憐鬢影欹恨煞村雞聞四起無多歡會又將離

謝昌年八月十五夜旅懷詩

醉餘翻覺此生浮遠水遥天不盡愁隔岸疎燈千里目高樓短笛一聲秋書回故國無黄耳客滯他鄉易白頭十二闌干頻徙倚無端興發悔南游

魏望曾中秋詩

女伴如雲待月華車聲轆轆屐聲譁西來門戶開三島南服屏藩萃萬家名士無聊同畫餅海天何處好乘槎思親最怕逢佳節忍聽夷歌雜暮笳

梁芷芳登高詩

天風吹我出塵埃海外登高眼界開詰屈蛇盤峯屢轉縱橫

羊卧石成堆舉頭紅日臨羣島繞足青雲擁古臺萬里家山杳無際弟兄應醉菊花杯

楊毓寅重陽詩

異地重陽自不同登高望遠意無窮思親淚灑沾衣雨舒嘯聲回落帽風旅夢有時迷睡蝶家書何處寄歸鴻西來機事多奇巧安得公輸削木工

張巘廷冬至詩

南荒冬日已春風簇簇蠻花照眼紅喜見異鄉時祭禮家祠燕笑敘同宗

林振琦除夕詩

光陰彈指去匆匆爆竹驚人沸地紅萬里愁牽帆影外一年事盡漏聲中祭先不廢他鄉日守歲猶存故國風相約明朝

團拜去兒童笑語畫堂東

按英人不置閏月二十八九日至三十一二日無定正月朔在冬至後茲錄中國流寓諸君所作詩分繫時令見我朝天下一家正朔猶行於海外也

檳榔嶼雜事詩

交欄猶是一山深海上今冬客子臨舊是黑人王子島檳榔亞地尙成林

地有交欄山多產檳榔因以名嶼又名毋呵老王子島毋呵老黑人也

征人病未返中原氏族繁多長子孫碧眼老夷談舊事始知海外有鄉村

元軍士征爪哇因風壞舟見此山多木遂於其地造舟十餘隻飄然長往有病卒百餘留養不歸後益蕃衍故其地多華人

定期開埠吉先躅七夕佳辰後十天對岸海灣兼管轄六千先付買山錢

七月十七日爲嶼開埠之期對面沿海地方又歸英國是船主賴特以六千員向吉德國買之者後英人見此島可圖爲利藪遂奪而有之

山飛樓閣水飛霞白屋連雲萃萬家先後兩酋同締造大開風氣紀乾嘉

乾隆間賴特嘉慶間毋拉查先後兩渠酋同駐此地極力開闢

船由坡埠始開行航海酋來使者旌報道鐘鳴卅六點紀程恰好泊檳城

新嘉坡至檳嶼輪船三十六點鐘海程

誠心虔禱異方臨托庇慈雲宇下陰人盡焚香踵相接觀音亭上拜觀音

觀音亭是嶼中香火最盛處

欹山擇地築亭臺極樂名庵此度開佛法無邊僧極雅住持聞道自南來

極樂庵在阿意淡殿宇宏麗延閩僧錫杖於此

邀朋幾輩上峯巔倚杖閒看石上泉瀑布高懸十餘丈一條界破半山烟

嶼中有瀑布高十餘丈

南鄰吉德右阿齊電線通時路不迷此地埠原居廿一進呈圖說尙堪稽

英人屬島二十六處二十一日檳榔嶼

競言香稻種紅蓮再熟欣逢大有年欲啟椒園寬待衆人人先給潤家錢

稻一歲再熟粵人謂爲洋米多載往汕埠發售又此地多開胡椒園

管領工頭力作忙花栽荳蔻與丁香十年多養多收子捆載成箱市遠方

英人開闢此地並作荳蔻丁香園

年來入口貨蕃滋白臘芙蓉萃在斯錫塊更多輸歸律一人承辦鄭公司

吉壠歸律等埠物產皆彙集於此歸律之錫尤多係粵商鄭貴一人承辦

輪船小泊海天隈搬運人多往復回壓重肩頭挑不盡咸言米自仰光來

仰光是英人屬埠貨運至檳嶼發售者以米爲大宗

兼司局事任招商貿易閩人姓紀王富有田園居數世久安樂土未還鄉

閩人王文慶經商檳嶼兼司招商局事居此已數世

大小車輪駕馬同内安坐褥悉氊絨鑲金塗漆分高下聲徵
街衢十里中

嶼俗尚華靡出入俱駕馬車

黄昏人戲打毬場拋去拋來接手忙乳燕雛鶯齊喝采好風
吹散氣猶香

毬場闢於廣地觀者如堵

賽馬場開道路寬輝煌五色繡金鞍一鞭馳去同風疾翹首
游人夾道觀

西人於天氣晴明時喜作賽馬之戲

椰子濃陰似幄連渾忘卓午日輪圓行人穿過重林去世界
居然是緑天

此埠多椰子樹滿地皆陰行人過此目爲緑天

做春不必定逢春九月涼催雨意新最苦瀟瀟窗外響驚回
一覺夢中身

八九月多風雨謂之做春

蘭菊宜人豔蕊舒鳳仙開後又芙蕖園林處處花如海滿眼
春光驗不虛

正月諸處園林羣卉俱開

銅管長途造作工石泉遞引入厨中邇來電氣燈尤巧入夜
光然滿市紅

取水用鐵管置各家戶外以機器爲之用之不竭電氣燈照耀市廛如同白日

新街深處好藏嬌大賈時來意氣驕樓内笙歌樓外月令人
那得不魂消

新街爲流妓萃居之地

消渴人來茶館多茶香風味問如何居奇別具加非種巧覓
金錢日本婆

加非似扁豆洋人用以代茶

入市游行手未分道逢親戚敘殷勤花衣緊束腰身外曳地
常拖數尺裙

婦人裙皆曳地復有拖裳在後長數尺餘

酴醾花氣十分香擣汁多煩斗斛量製就萬瓶花露水潤顏
恰好助嬌妝

此地產酴醾極佳可作花露水

戲園開處演諸伶春色誰邀眼特青偏是異鄉樂切恒令人
不忍這番聽

戲園爲鄭君作華麗特甚

電信全憑一線中各般貨價報匆匆重洋消息無嫌遠萬里
家書隔日通

電信傳信一法雖地隔數萬里而邇若戶庭近更以電傳聲爲德律風者而傳信均若號碼以審厥字尤爲明顯而畫一

酌抽稅餉報頻登工部通知字可憑除卻圈欄豢牛馬各宗
生意一齊徵

稅餉工部局告白各貨稅多寡不同惟豢牛馬圈欄免稅

無錢沽酒置金鐘性癖烟霞興轉濃陰耗多財渾不覺誤人
最是阿芙蓉

煙稅較酒尤重吸食者財爲之耗

教冊平鋪指示忙學堂開後細參商筆端俱用鵞毛管蘸墨

橫書盡左行
習紅毛字者曰教冊用鵞毛管㓻其端蘸墨橫書行皆尚左
新聞絡繹綴成篇石印分明玉版箋中外流行無間阻看須
一日一回錢
新聞紙流行中外嶼中閱視者多人
渺綿一戲倣秋千番女游嬉半少年裙屐翩翩風蹴起碧霄
數隊下神仙
番女有渺綿氏之戲大畧即所謂秋千也
寓居各自覓生涯亦有詞人悵別離好水好山看不盡登樓
王粲定多時
檳地山水清美騷人墨客多寓居於此
銷魂一闋唱驪歌祖道情深喚奈何好似陽關三疊曲詩人

應讓此邦多
力永福游檳反國送行者多贈以詩歌
經書購置備多貲流寓儒生擇作師子弟聰明徵後效奏章
無不誦南皮
設書院購置經書擇儒士以爲師長皆張公奏疏中語
堂堂領事設衙門航海遙來待撫存寄語工人須節儉好留
銀餅寄家園
奏設副領事起於南皮張公
讀諸詩於檳城風物描寫盡致故錄之
檳榔嶼竹枝詞
十二金釵列屋居操墁再過忽爲墟多因誤畫齊知押盡室
黎郎付子虛

原註齊知番放債必數人作保不還即取償保人賣其家物以一番人搖鈴招買名曰黎郎
頭家皚盡報窮來竟日優游避債臺貨殖轉歸孤老籍布衣
徒步不勝哀
原註商家折閱到官報窮入孤老籍人不得索例不在本地經商故俗以報窮爲恥
讀此二詩令人思節財用
邪教流傳環島周暹人術擅馬來由無端勾引癡兒女浪擲
黃金買降頭
原註馬來由暹人巧擅降頭能蠱人婦女尤喜求其術
讀此詩令人思倡正學
義興建德黨人魁鄉曲橫行種禍胎偶過當年征戰地黃沙
白草掩枯骸
原註義興建德二會聚衆萬人近爲英人禁絶

讀此詩令人思興文教
地無寒暑異唐山濯水餐風若等閒新客晝眠侵瘴濕肚皮
膨滿足蹣跚
讀此詩令人思通醫術
少年走遍狹邪場花樣翻新興更狂最好車兒行緩緩令人
妥穩睡鴛鴦
讀此詩令人思講女訓
東洋兒女遍南洋夷語蠻妝易斷腸既打茶圍還選舞春風
扶醉過平康
大家愛學馬郊語結伴齊來老舉寮一望新街絃管沸開廳
陪飲坐通宵
原註妓曰老舉寮聚新街多作馬郊語俗以御妓爲學馬郊宴客曰開廳侍酒曰陪飲

讀此二詩令人思謹色戒

按以上八首詩有關風化故錄之

陳壽彭題檳城送別圖

軒舉海上快游乎示我檳城送別圖檳榔一島小如粟我且爲作檳榔曲海氛奔蕩從西來海山蜃氣嘘樓臺牛皮吕宋隱兵革萬丹瑣尾貪貨財甌駝人生馬來泣十洲三島皆荆棘英夷自失米利堅努力東南事開闢島豚下連新嘉坡東來門戶相經過蛇莓高山應自笑百年興廢殊白科炎風吹動栟櫚樹孤帆渡江迷烟霧無如軒舉歸興濃荳蔻丁香留不住丈夫得志行萬里輶軒采問風俗美不然橐筆勤著書千秋志乘待綱紀愧我十年逼飢溺扶桑風月曾披抹紅葉館中歌舞喧琵琶湖外烟波闊八駿西行亦陳迹余㝵街西

芳草碧惆悵巴黎五百人蒼茫鐵塔一千尺奔走可憐半天下但收圖籍無圖畫今日倦游卧北窗驚濤空向夢中瀉軒舉游踪却獨奇王子洲邊日影遲令我披圖想欲別海波猶是銷魂時軒舉告我擬再渡藥裹一肩指征路誰將畫筆大如椽來圖南浦送君去

此詩慷慨蒼涼音節入古且於檳城最有關係故錄之

林屏周送別

翹首天衢命世雄十篇文字愜宸衷藝林風月添新草海國雲烟轉斷篷哀鬢怕侵潮水綠醉眸喜對夕陽紅他年倘上征西策歐亞封疆指顧中

不滅元龍意氣豪蒼茫烟水泛輕舠新交緣證三生石闊別心驚萬里濤海外風光儲古錦天涯秋思入吟毫知君無限憂時意歸向空山讀六韜

纖雲輕擁馬蹄飛半壁山川任指揮讀史擬增端木傳登堂重著老萊衣海濱爭盼文星朗別後應知舊雨稀世事升沈能徹悟不妨隨處學忘機

謝兆珊送別

羣從海上盼傳經天漢垂槎指客星勝畧南荒雙眼擴情深西顧一舟停移風隱抱觀長憾畫地詳論米聚形中外機宜關大計幾人解建屋高瓴

滄浪走鐵滾飛輪澥鏡瑩瑩淨不塵李杜詩歌謫國事韓蘇嶺嶠寄吟身新茶南燕秋餘韻香稻高梧咏入神何日王師雄破虜淋漓大筆頌來賓

按力永福游檳城歸以詩送者十數人茲錄其雅健沈雄以樹一幟亦足見檳城之多才也

海國公餘輯錄卷一終

辨正瀛環志略

海國公餘輯錄卷二

嘉應張煜南榕軒輯　　弟鴻南耀軒校

辨正瀛環志略

目錄

辨王女嗣位非后嗣位之誤
訂正輻車行國數語之非
訂正跨嶺割據猶憚險遠之非
辨受役匈奴當爲突厥之誤
辨割取日爾日部之誤
辨正但迷東嵬大嵬之封而遺去阿速之誤
辨其部爲八略當作八管
辨也尼塞之東之誤
辨烏彌河口之誤
訂正俄與土構兵在康熙不在乾隆
記俄國製礮用西洋法
訂正天主教無所謂非之謬
辨加特臘誤作加他鄰之非
訂正七字爲六字之誤
辨正干字爲千字之誤
訂正兩部合爲一部之誤
辨擣里達未必盡在南嵬地
辨葸鹿葸也指爲波蘭部之非
訂正庭幕不傳紀載之非
辨諾弗哥羅卽倭羅克達之非
辨里窩尼亞卽斯多尼亞之非
辨窩瓦河入裏海之非
訂正奔薩卽欽察之誤
辨火器不始於彼得羅

辨霍罕卽安集延之非
辨薩拉德夫與端河相去之遠

美國

辨智利已到天南盡頭之誤
辨北有斗極而南則無之非
美人有能致雨之法
美國新造電車較火車尤速之異
美屬國个郎蕉果之多
美國整頓海軍尤注意於水雷一物
美人之研究天文

海國公餘輯錄卷二

嘉應張煜南榕軒輯　弟鴻南耀軒校

辨正瀛環志略

地球七則

辨黑海張王兩記之失虛

志略云黑海泰西名喀爾士必安則與大海絕不相通不過一大澤耳今考在初隨筆引張說梁四公記內載黑谷北有黑海毛羽染之皆黑沓今時地圖在歐羅巴德丹瑞俄四國之間曰黑海因其深暗故名曰黑其水流出色與他海同旣非黑水安得染物又引王子年拾遺記內載李夫人死武帝思夢見之李少君言能致其神敵帝曰黑海北對都之野出潛英石其色青輕如毛羽寒盛則石溫夏盛則石冷刻爲人

像神悟不異眞人乃求得之命以刻作夫人形置幙中宛若生時帝欲近之少君曰此石毒可望不可迫也夫黑海之北地卽今俄之芬蘭瑞之諾蘭彝詑是石奇異如果有之誠至寶也前丙寅夏到瑞典時云無是物此次抵俄見俄瑞人深明地理者問之僉云自古無此至寶吾儕所著行程日記格物類考及南朔地理旁搜各書皆所不載按張王兩記多屬子虛彼所謂黑海者究屬何處尙望考求地理者察之

驗地球周天之度數

志略云地形如球以周天度數分經緯綫縱橫畫之每一周行三百六十度按周天之度赤道溫帶皆環日而行測天者經綫有盡處而緯綫無盡處經綫盡於南北極如輪之軸有兩端以一端爲南一端爲北是也緯綫如輪之匡循之無端如中國所謂大東洋美國以爲大西洋也美國所謂大東洋歐洲以爲大西洋也中國赴美由大東洋指東可到由地中海指西亦可至也中國之午刻卽美國之子刻中與美互爲晝夜則中國之日出卽美國之日入合地球而論之無處非日出日入之地日出之地卽日入之地日入之地卽日出之地蓋以地球每日旋轉一周其初向日之地卽爲日出其初背日之地卽爲日入日本不動安有所謂出入者哉

南墨洲在赤道南

志略云南亞墨利加洲其地自剖判以來未通別土歐羅巴人於前明中葉始探得之考惠人日記謂墨洲之地與中國相爲底面蓋人之立於地者足與足相抵也南墨洲又在赤道之南中國明以前之談天文者均云南望赤道近日極熱

至此則無人矣而不知赤道之南其氣候與北同且極南尙有南冰洋也然則天地之大也前此只測得一半耳

辨紅海爲大秦之非

志略云紅海名勒爾西水由印度海分注今考在初隨筆引四海總說謂海水大抵綠色惟紅海色淡紅或云海底珊瑚所映然此海水色忽藍忽黑海底亦少珊瑚有謂兩岸山皆赭色故以紅海爲名未知孰是又外國傳謂大秦西南漲海中可八百里到珊瑚洲有盤石珊瑚生其上人以鐵網取之想卽紅海也然紅海在大秦東南數千里與此之紅海闊五百里南界阿斐里加者較之方向又不合其不能强之使同可不辨而知其非矣

辨紅海無山與圖中所繪兩山之異

志略云亞細亞有紅海夫紅海何以得名徵諸古史摩西拯民出埃及渡海若履平地法老率衆往追渡海海合衆俱陷没後人因呼爲紅海云按紅海流注印度海面甚寬兩岸茫無山嶼與圖中所繪兩山如峽者差異

辨紅海秋冬天氣之寒燠

紅海約五百里時見島嶼而不著之圖經志略僅著馬蘇阿一島而未詳及天時寒燠考西征紀程謂紅海所以多熱者以南界阿非利加皆沙漠無人居日炙沙石燥烈爲南風所煽薰蒸之氣逼入紅海秋冬北風其熱自減或以紅海酷熱深冬不解爲言似稍失攷矣

述今之波羅的海卽昔渤覲海

志略云波羅的海俗名黃海其水由大洋海分注者也按後

漢書竇憲伐匈奴至渤覲海諒卽今之波羅的海足見中華於一千六百年前有人征俄羅斯入歐羅巴惜當時無人講求地理不知路程之里數及經緯之度數耳

日本三則

辨徐福之墓在新宮山下

志略云引陳資齋游日本言其風土甚悉日本人皆覆姓單姓者徐福配合之童男也徐福所居之地名徐家村其塚在熊指山下第所謂熊指山不知在日本何地虛而擬之不如實而徵之在新宮山下之爲確也今考拙尊園叢稿謂新宮今屬和歌山縣牟婁郡聞黎君蒓齋出使時曾由神戸趁海舶抵其地登岸入山行十餘里新宮人士導而前復踰一山得平田八九頃禾苗盈望福墓在其中央循田稜數百武至墓面山負海僅餘荒土一坵未壘耳縱橫可四五丈無所謂塚有古樹二株爲記墓前一碑題秦福墓傳爲朝鮮人書元文元年新宮藩王水野氏所立又數百步爲神倉山山麓有飛鳥祠福祠在其旁久圮故址猶可辨識問福之子孫或言多姓秦今皆分散各處維新後悉易他姓或言藤澤驛福岡平一郎爲福之後人嘗有贈物寄新宮神社或言有徐某在和歌山縣充醫士皆疑莫能明也此皆載在蒓齋記中語也余是以不憚覆述焉

補述日本歷代藏書之富

志略云日本文字同中國問文字何以通諒係君房教之按君房所齎之書蓋不可攷卽日本史稱有典墳亦因中人誤傳而附會者殆爲當時焚書故不得齎歟應神十六年徵王

仁於百濟始有論語繼體七年百濟遣五經博士段揚爾十年又遣漢安茂來始有五經自是以後搜輯日富未聞有逸書也然逸書固無存惟皇侃論語義疏日本尚有流傳乾隆中開四庫館既得之市舶獻於天祿矣宋史稱僧奝然獻鄭註孝經陳振書錄解題之後不復著錄日本天明七年岡田挺之得之羣書治要中二書源流具在決非贋鼎可知繼其後者伊藤維楨論語解四書古義新井君美論語廣義山崎嘉著孝經刊誤附考大宰純刻古文孝經皆足重也保元以降區宇雲擾士大夫皆從事金革惟浮屠氏始習文斯文不墜於地賴僧侶力也林氏父子爲德川常憲所拔用許種髮敘官爲大學頭世始知有儒又常憲建學宮於東京親書大成殿字於其上崇儒尙道爲一世冠詎料年來西學大行各

落文廟或改爲官署廢棄者半一二漢學之士潦倒不得志於時猶硜硜抱遺編守祭器可慨也已

日本對馬島水道之深

志略云日本對馬島與高麗南境相直一夜可達按此島舊隷高麗今屬日本自北東北至南西南長三十七里分高麗水道爲西二支距岸稍遠即無隱險惟西南之馬没角併北面之他約角各有露石行排列入海相距一里半即可暢行此外如竹敷浦之南西南克里西溪及淡水池間輪船駛行甚便停泊亦便駛行時從島外觀之不能見梳末由水道深故也

安南二則

詳辨富良江入海之口

志略云越南都順化在富良江之南考西征紀程謂富良江上游即雲南之元江入海之口支港以數十其大而著者在北曰塗山海口入廣安海防之路也曰太平海口入海東之路也在南爲鹹子關口即富良江正流西名爲生開江者則入南定達興安達河内之路也漢馬援討徵側緣海防而進唐高駢復安南亦自海道而前明嘉靖中仇鸞討莫登庸欽州知州林希元言莫氏所恃者惟都齋耳其地瀕海淤泥十餘里舟不得泊計以爲王城不支即守都齋都齋不支即奔海上耳若以東莞瓊海之師助占城擊其南賊不得奔矣以福建之師航海出枝封河湖廣之師出欽州與合都齋無巢穴矣當時置不問攻都齋即今之海防枝封河在海東之東亦富良江支港之一則自古謀安南者莫不以海道爲要者此也

安南以分水嶺爲界

志略云安南本中國地其入貢由廣西之太平府入關不由海道顧其地分南北圻横亙數千里南幹循富良江上游蜿蜒於興化山西壽伯寧平之間直達中圻北幹亦循富良江上游盤繞於宣光太原北寧廣安之間至廣東欽州而止兩幹之分脈在山西興化之境紅江沱江諸水屬南幹太平江洮江諸水屬北幹兩幹同宗三面環抱爲中越天然界限北幹之外山嶺之陰若按分水嶺爲界之例則二省當屬中國不應劃歸北圻也

暹羅二則

辨古赤土非暹羅之國

志略引天下郡國利病書云暹羅古赤土國也考鄒代鈞西征紀程謂隋書赤土國扶南别種在南海中又云北距大海凡南徼之地北距大海非海島不可是赤土實爲島國非暹羅明甚觀常駿王君政所經地望準之赤土當在南洋羣島中殆即今之婆羅州杜佑通典崖州直南水行風便十餘日到赤土今婆羅州正直崖州之南命爲赤土或當不謬

暹羅藉大國之牽制而存

志略云暹羅北近海濱内港深通駛行甚便必謂西人概從唾棄非情也近聞法國加兵於暹羅肆其蠶食初意以爲不血刃而可得地先聲所至暹羅自然降服不料屢次接仗法人不敵暹羅而屢敗遂疑英國私助暹羅前此法駐英使開缺回法以後至今尚未聞派使按越南緬甸暹羅三國毗連而緬甸暹羅又外與印度毗連自英取緬甸而暹羅岌岌惟

暹羅尙結好於英故英遲遲未忍滅之法亦以暹羅親英之故而未敢遽滅之查地球小國本有藉大國牽制而存者如檀香山則英與美相牽制比利時則德與法相牽制摩洛哥則英法義日四國相牽制波斯阿富汗則英與俄相牽制土耳其則歐州各大國合而與俄相牽制其不亡者以此也今法人垂涎暹羅内江之地英恐其全折入於法必蹍緬甸之故卽不滅亡暹羅斷難自主矣

緬甸 二則

辨緬甸兩江實一江之誤

志略云緬甸一名阿瓦蠻部大國也依山負海疆土遼闊兼并孟密諸土司今考叔耘日記謂孟密爲緬北路地在大金沙江之東蠻暮新街皆其所轄乾隆時明瑞將軍征緬兵出

虎踞關由孟密至新街水路進攻老官屯以達阿瓦之路又聞騰越之銀江下通新街南甸之檳榔江流注蠻暮皆在萬山中行石磧層布舟楫不可施也按銀江殆卽大盈江亦卽檳榔江之下游而蠻暮新街本屬一地然則兩江實一江也

辨緬甸怒江卽潞江之誤

志略云緬甸舊都阿瓦水曰怒江一名潞江又稱大金沙江發源前藏歷雲南入緬界闊五里緬人恃以爲險考叔耘出使日記謂阿瓦城在大金沙江西岸大金沙江者中國圖志謂其上源卽雅魯藏布江曲折經行西藏數千里流入番境又流入緬甸境爲大金沙江南行數千里入於南海而洋圖謂之厄勒瓦諦江又謂卽怒江之別名然按中國舊圖則以怒江爲潞江之上源夫潞江在大金沙江之東洋圖所謂薩爾溫江者也今考緬境最大之江薩爾溫與厄勒瓦諦並流南下東西相望然則謂潞江卽怒江或謂大金沙江卽怒江者必有一誤余意怒江源流不在中國境内從前圖志或考之未審若洋人之圖則皆躬親涉歷或精心測量不僅恃傳聞影響之談則潞江似與怒江絕不相涉而謂大金沙江卽雅魯藏布江之下流者又未必盡然且考洋圖雅魯藏布江自有入海之口或其枝派流入番境變其名曰怒江再流入緬境謂之大金沙江固未可知耳

南洋羣島 六則

訂正島國譯音之歧

按南洋各島譯音互歧幾於言人人殊而其實則一也今按凡望加錫卽志略之摩鹿加要亞卽志略之噶羅巴艮由譯

音遞轉本無正字也又志略之婆羅洲今稱般島今南屬荷北屬英西里百今作西里疵今全屬荷巴布亞今作巴布阿南屬英北屬荷東北屬德呂宋又名斐力比羣島今屬西班牙卽日斯巴尼亞　凡此諸島皆已爲歐洲之外府也何得以其音殊而或疑之

準錫里卽德里之地

志略云蘇門答臘部落之大者曰大亞齊大亞齊之東曰錫里卿代鈞西征紀程謂錫里卽德里聞德里河出蘇門答剌島中大山東北流至德里城德里近人或譯爲日裏之西北入海海口有巴拉溫島分河爲二西支水獨深輪船便於停泊其地爲荷蘭所轄寄寓多華民故德里商務極盛德里東北對威爾得威爾得亦卑力名埠卑力本自主部落山產錫及金鋼石光緒初華人往采錫礦役屬於英英人爲之置官治理得利

極厚視日里種煙之利無分軒輊矣

辨丁加羅之異

柔佛酋好搆兵鄰國丁機宜彭亨屢被其患是丁機宜實與彭亨柔佛近今丁加羅與二國相接其卽丁機宜無疑緖譯聲轉稍異耳志略則以丁機宜爲蘇門答剌島東南之班加島然班加島與彭亨柔佛懸絕不得謂爲鄰國似不如以丁加羅之爲允

論息力本柔佛國之地

志略云彭亨之南當地盡處谽谺成內港有地曰息力按是地本柔佛國地嘉慶二十三年英以兵船據之遂成一大埠街衢緜亙自東北至西南約七八里隔島爲柔佛王所居曰老港對面相去不遠王兼有能名通英法語言文字善於酬

應常游歐洲廣交英國名公巨卿及各國領事所以英不廢之認爲自主之國然與他國交涉仍須聽英之命禁制不得有爲矣

核滿剌加奥非亞山卽九州山

志略云麻剌甲本暹羅屬國昔時葡萄牙人據之旋爲荷蘭所奪嘉慶年間地歸英吉利蓋以邦古蓮門多克二埠向荷人易之者也按滿剌加之東北有山名奥非亞譯言物產極多續文獻通考言九州山與滿剌加鄰產沈香明永樂中鄭和奉使諭諸番遣官兵入山采香得徑八九尺長六七丈者六株今奥非亞山與滿剌加近產香木亦多殆卽九州山也聞其地原有君長惜溺於佛回之敎雖據可富可強之土地而無聰明奇傑之士爲之振興終歸滅亡而已

記沙剌我失國之由

沙剌我之南沙卽志略之紅毛淺也地屬吉隴夙聞產錫十年前華人之寓滿剌加等處者利其礦聚衆開采沙剌我國王阻之華衆與之戰勝英吉利乘華人之勝遂置官駐吉隴以法部勒華人華人安之而礦業亦盛又西北行過北沙之西北沙爲近東岸淺沙蓋對南沙而稱也北沙東岸爲沙剌我河入海之口沙剌我王所居之城在河口之南沙剌我本自主部落光緒元年以吉隴之役沙剌我亦屬英吉利矣

五印度十則

辨恆河之水出一支與印度河不同

志略云恆河者卽今之安額河印度人稱爲靈水者是也考吳廣霈南行日記謂此水發源西藏經希馬拉山由北印度貫中印度斜瀉東印度自加爾各塔出口別一支發源西藏爲怒江緬甸迴流折入東印度滙恆河而注於海合流處亦

名恆河然以其合流而名非統上流言之也其五印度河又名新頭河則亦發源西藏分五支流入印度經北境而貫西印度入海與恆河兩不相涉亦無支流達於中部或以分流數千里各不相涉之水強合一名且謂兩水之分必在中印度以下是臆斷兩水爲一水故強合二名爲一名又力辨其在印度以下以牽合之謬矣乃嘆僅據陳編不親履勘者多不易得其實際如此

辨錫蘭佛生此地之非

志略云錫蘭在南印度之東南海中大島也居民皆崇佛敎謂佛生於此地奉佛敎者名剎有三一曰開來南廟一曰考

脫海拿廟一曰梅辯開恩殿初廟前有巨塔一座廟中有菩提樹一株有貝葉經數部住僧約十餘人入其廟見如來臥像一尊長二丈僧云百五十年所塑又侍者坐佛二尊其一云係二千四百年前所塑拜佛者皆脫帽獻花爲禮此地當即古之獅子國爲釋迦如來佛成道之所或係涅槃之所而非釋氏所生長之地也釋迦自生東印度今安額河東南流孟加拉即佛書所謂恆河也如來生長固當在東印度錫蘭崇信佛教自是佛門弟子文殊普賢或生此地亦未可知近世英人據有此地壑築招徠已換一番世界向之尚佛教者今轉而尚天方耶穌天主各教而佛教微矣

辨俱藍當在南印度

志略云努北阿即元史之俱藍不知何據今攷西征紀程謂

元史世祖至元十六年遣廣東招討使楊廷璧招俱藍至其國國主書回回字降表附庭璧以進明年庭璧再往招諭自泉州入海行三月抵僧伽那山阻風乏糧舟人勸往馬八爾國或可假陸路以達俱藍從之僧伽那山即今錫蘭島距阿非利加洋面殆萬里豈阻風乏糧者所能達以埃及阿比西里亞爲馬八爾者不辨而知其難信今印度麻打拉薩所隸有馬拉巴爾部南至錫蘭僅隔海港又與馬八爾聲近則當日阻風乏糧彼此假道似爲近之由此推之則俱藍當在南印度

訂正阿比西里亞即馬八爾之誤

志略云亞德爾河流交貫隴畝肥饒宜黍稷氣候炎燥乏陰雨居民皆土番奉回教其地本屬阿比西里亞國按西征日記謂阿比西里亞即職方外紀之亞毘心域聞其王一姓相傳聚居高山不與國人交接以防異謀徐中丞誤以阿比西里亞即元史之馬八爾當之謬甚

核可陳今昔之異名

南印度之哥陳即志畧之可陳明史之柯枝國也今屬麻打拉薩之馬拉巴爾馬拉巴爾又即元史之馬八爾國爲印度極南臨海之地長約五百三十里按印度古地以唐釋辯機大唐西域所紀爲確其國地至今多可攷者英吉利士人恭甯宦游印度十餘年博攷古蹟著爲成書於元奘游踪爲特詳其所過之地恭御陀即今之根遮木城那碣迦即今之公士爾城珠刊耶即今之克奴爾城達羅毗荼即今之琛加爾普特城秣羅即今之馬都剌城而要之均爲南印度地復

何疑可陳今昔之異哉

辨亞爾謨斯之非小島

阿爾謨斯本小島名一作呼爾謨斯志畧謂之惡末嶼屬波斯之拉里斯丹部明史言忽魯謨斯國西海之極蓋即呼爾謨斯然則明史稱爲大西洋國必非小島所能當

辨馬塞之長頸鹿非麐

馬塞爲法之不世德羅內部首城即志畧之馬耳塞里亞也聞城中有生物園囿在馬塞澳南之山巔所畜虎豹獅象犀兕熊羆麋鹿狐狼皆備有獸馬首鹿身牛尾長頸前足高於後足三分之一有二短角西人名爲吉拉夫瀛環志略謂之長頸鹿阿非利加洲及亞細亞西域皆有之足高頸長僅能食樹上之葉飲水必入其前足性馴然不畏猛獸仰首則眼

光四射能見四方猛獸來輒蹀以拒之按漢書烏弋山離有桃拔獅子孟康曰桃拔一名曰符拔似鹿長尾一角者或爲天鹿兩角者或爲辟邪後漢書章和元年遣使獻獅子符拔符拔形似麟而無角明史永樂十九年中國周姓者往阿丹國市得麒麟獅子以歸麒麟前足高九尺後六尺頸長丈六尺有二短角牛尾鹿身又宏治三年撒馬兒罕貢獅子及哈刺虎合諸書觀之則兩漢書之符拔明史所謂麒麟哈刺虎卽今之吉拉夫孟康言長尾當作長頸范書言無角蓋角甚短藏於毛裏初視之似無角明史言麒麟之狀與吉拉夫尤合哈刺虎蓋卽吉拉夫之轉音吉之一等音爲格譯西文者格哈往往不分但明史直指爲麒麟按之爾雅說文詩疏所言麐實一角此二角又不載肉謂之爲麐不亦誣乎按孟康所謂一角爲天鹿者當是麐二角爲辟邪者當是吉拉夫

孟買民數之日增

志略云孟買在印度西界港爲葡萄牙所開民數無多今則爲英人一大埠頭也溯自葡萄牙王以女妻英主加祿第二世遂以孟買爲奩貲加祿與印度公司約歲稅銀十萬磅時孟買居民無逾十萬公司於是濬海口減稅額廣招徠期年之間戸口六倍於昔至同治十年增至六十四萬五千越至今將幾三十年其倍蓰又將何如也

辨亞丁與阿刺伯誤爲一島之非

按亞丁與阿刺伯地勢相連志略誤作一島不知由亞丁西行約九十海里轉而西北行入紅海口門廣約五十里東爲阿刺伯也門部西爲阿非利加亞發部口門曰巴白曼德峽東近也門部有小島曰丕林屬英吉利置塔島上爲夜行入口之識明分兩島志略誤爲一島者非也

辨佛生爲東印度非南印度

志略云印度爲佛教所從出晉法顯北魏惠生唐元奘皆遍歴其地訪求戒律大乘要典紀載特詳其所謂恆河者卽今之安額河考吳瀚濤南行日記謂恆河之水相傳可消罪孽故每晨男女就浴者約以數千五印度酋長皆建別墅於此以爲懺悔之所西人謂此佛祖誕生之地也是地明明爲東印度或以錫蘭南印度當之誤矣

意國一則

辨意大利亞爲大秦國之非

志略云意大利亞歐羅巴古一統之國卽漢書所謂大秦國

其實非也按使俄日記謂大秦乃今義大利非復舊日封疆其族淩夷衰微劉宋時爲北狄峩特所滅立國三百年法人取之以羅馬都城奉敎王以兵戍之嘉慶十年分其國爲九大國四曰羅馬其地多爲奧所侵道光年間撒丁王伊曼奴核弟二戰敗奧國稍復故地咸豐十一年始自稱義大利同治九年普法之戰法人調其護敎王之兵回國義遂乘機入羅馬據爲國都今仍之勢亦稍稍復振云後漢書西南夷傳云撣國西通大秦撣人在今雲南徼外古時羅馬係大國其東境幾與中國之川滇相接義安得有遼濶之土哉非大秦而稱大秦其誤可知矣

日耳曼一則

記日耳曼來因河水源之長

志略云日耳曼境內江河最長者爲來因河考道西齋日記謂此水源出瑞士國之阿爾魄士山道經德境水濁多泥沙德人每歲挖以機器然下流在和蘭境者不甚濬治故時有水患來因河入和界歧分爲二北爲里克河至安欣又分流爲衣昔士河入於隨達海（和之海灣）南爲瓦爾河西行二百五十里麥士河入焉（又名苗士河）水出法蘭西國之烏什山北流逕比利時國又逕和蘭之梵希喀吞與瓦爾河合又西合里克河入於北海來因河其源不可謂不長矣其他多惱河易北河亦日界水不及此也

土耳其二則

辨圖理雅即普魯士之非

按志略以控葛爾爲土耳其國都城之名說與魏氏異當以徐爲是蓋徐主國名魏主汗名也然仍以圖理雅爲普魯士則非也圖理雅即土耳其譯語稍異耳

土耳其疆土猶是而稱名不同

志畧云土耳其地分西中東三土本韃靼種奉回回敎昔爲回部大國唐宋間已式微自阿斯曼崛起元朝是爲今土耳其建國於白魯薩城志略作補撒今在土耳其何達温格部稱蘇爾旦旋侵東羅馬取加利波城（志畧作加利城今在土耳其埃德內部）復取亞得里那浦（志畧作亞得安今在土耳其埃德內部）都之猶是舊疆時移名易今昔不同如此

法國三則

法人寓兵於漁之法

志略云北亞墨利加一島自米利堅以北皆佛郎西所墾闢英吉利以兵力爭而有之只存數小島法民於此捕漁者船數百艘法政府爲寓兵於漁之法無事則任其捕魚爲生有事則用以當兵效力爲養青人材之計故每年派兵艦三四艘隨漁船往以資保護且於其所獲之魚按百磅津貼銀一圓又加征他國運魚入口之稅使本國之魚易於出售云考惠人日記謂法人此舉有三善焉爲貧民裕生計一也爲水師儲人才二也爲國家塞漏卮三也區區布置亦富强之一著高碁焉且其地之爲英所踞者未嘗不思奪回惜英之水師方强未敢輕舉耳兵艦漁舟耽伺其側沙綫既熟浪颶亦諳一朝有釁則唾手收回所失之地無難矣

論法人治河之得法

志畧云佛人水利最精其國以此爲專門之學境內河道縱

橫著名者二十有二考惠人日記謂其河最大者曰羅尼發源於都伯無他河之水流入其間或云其長流五千里漸趨低淤伏流地中而後逆流而上自北而南至不世德羅內徑入地中海曰羅亞爾發源有二道一由音德勒一由羅亞爾捡耳分流至音德勒羅亞爾邊境始滙爲一然後徑注至非尼斯德拉西隅入海曰加倫發源於德爾尼流至日倫大忽出旁支東注羅郡旋折而達於亞列日南隅入海以上諸河皆由東至西而總於比斯加灣入大西洋海國中既多水道而法人講求水利素稔因是各竭其才智工利開濬支河爲運道計國中以人工鑿成諸河或達內地或注洋海或接大江隨在流通如羅尼萊亞時英來尼諸江河無不可往來連屬所開港道八十三所綿長約七千零五十三里至其生成

河道無不疏瀹宣導歲加修治故水深流遠無阻塞泛濫之虞每於河海灣岔處作澳造船備極穩固以冀招徠商旅其工程之遠大經費之浩繁可謂至矣至江河新通之路各有專主有歸國家者有歸公司者均設人員爲之管攝開河之法有濬之使深者有闢之使廣者有改紆曲爲徑直者所用經費視工之繁簡爲多寡焉又河流遲速不一水勢大小不定皆視河底斜正爲準如羅尼河底漸斜四百五十丈萊尼河底漸斜七百六十丈惟邊底有所攔止則可平急湍而爲緩流能明其故則治河思過半矣

法國新造水底潛行之艘

志略云法國人心思精敏工於製器火輪之船大半爲其所剏近又新造一艘能於水底潛行而人不見其或隱或見操

於行船之人法國嘗試驗當以兵艦排列海口作爲戰勢各兵艦嚴戒以待該船入水由兵艦之底駛過出海口七里之遙乃見於水面復潛行水底以回海口之內當其過兵艦底時有一兵艦知之而其行甚速亦無法可破之其船名吉爾歐按泰西各國均講求海軍而又講求所以破海軍之法水雷魚雷而外有造氣毬飛行空中以破之者有造泅船潛行水底以破之者其法日新其用不竭無非銷金之鍋耳然覘國者均以此測各國之用心不如是不足以杜敵人之覬覦而交涉一切必致棘手於是不能惜費而專求強焉阿非利加一洲自古至今混沌未鑿不於各國較力爭權不於本國講求製造不遣使通情好不經商權有無機心泯爭端絕矣

英國三則

鐵船之造不始於英

志略云英吉利火輪船之製四五十年前始創爲之逮至咸豐二年始造鐵船即遇颶風可免迸裂沈溺之虞可謂精能之至矣今考在初隨筆謂鐵船之造古亦有之古書內載王元年登蓮花峯見鐵舟又安定縣有越王銅船是以銅鐵造船非創始於英也

英人喜獲居伯羅島之險

志略云英吉利本國境土止三大島其餘所屬小島不可勝數皆在數千萬里之外地中海居伯羅島其一也按居伯羅島東距阿臘斯河四百八十里距蘇彝士河九百里最得海道形便固英之所欲得而不敢請者今土人願以此島歸于英英土自立一約從此患難相恤英既可以自固東方而聯

絡之勢更屬近便英之始意本欲得西里亞與埃及既恐招法人之忌舍彼取此固其所願此則英人之利便也居伯羅當羅馬一統時本隸版圖厥後衰亂土耳其據而有之一旦爲英所得意國坐視漁人收鷸蚌之利未免有情誰能遣此敎王多方開導意人矜平躁釋可謂度德量力焉

論英人開闢阿非利加

志略云阿非利加一土在亞細亞之西本以羅經視之正當坤中之位其地極廣約得亞細亞三分之一其人黑而蒙諸國多買爲奴自英人開闢阿非利加新土建築鐵路由夢白柵地方起一路搢穰以爲日後即由此始創地步以免再勞云按惠人日記謂今之立言者曰渾沌未鑿曰爲天地不盡之藏其言至大純粹精也然巢窟易而爲宮室矣羽皮易而

爲衣裳矣飲血茹毛易而爲粱肉矣迄於今歐洲之風氣全開所未開者亞洲之琉球越南猶有古風阿非利加一洲全係黑人乃本洲之人爲天地留之而他洲之人爲開闢之證詩至山樞三章未嘗不憬然有感也蓋斷章取義乎

德國二則

普國女子收知書之效

志略云普魯士之東都都城曰百爾靈城内有文學院俗無貴賤凡男女自九歲至十六歲無不入館讀書故女子亦多通經者今考使德日記謂德都書樓正監督里白休士之夫人論竹書紀年僞撰者又謂叶韻希臘古詩多有之亦與三百篇同云云此等妙論中國裙釵中不可多見不圖於異域得之知其寢饋於書者深矣

辨來因河水所出之誤

賴戍諸境之厄白耳河水出什里司恩之利生嘎比阿嘎山譯言偉人山也西北流行一千六百五十里至漢卜克入於北海西耳謂之鶚脫海徐氏瀛環志略以此爲來因河按來因河水出瑞士國之阿爾魄士山山高二萬零六十五英尺每一英尺合工部營造尺九寸五分爲歐洲諸山之冠河水出其陰與偉人山所出迥然不同誤矣

西班牙一則

訂正依撒伯爾同一命名之誤

志略云西班牙爲拿破崙所誘幽其父子而立其弟後其弟爲國人所逐復立故王世子日就衰亂王歿無子立幼女依撒伯爾考萬國史記謂依撒伯爾前明女主曾有是名其人絕世聰明能修國政遣其臣哥倫探得亞墨利加之可侖比亞徙國人實其地其地産銀鑛實旺西土稱爲金穴又遣其臣米牙蘭航海至亞細亞東南洋之呂宋據海口設埔頭由此百貨流通愈益富饒今女主亦同一名疑必有誤也否則君后之稱前後無殊不應輕褻若是

葡萄牙一則

辨葡萄牙自稱爲大西洋

志略云葡萄牙壤地褊小外臨大西洋海其初來中國不詳其部落之名彼謂從大西洋來則稱爲大西洋而不知葡萄牙之在大西洋不過滕薛之類也考惠人日記謂葡萄牙自稱爲大西洋國其方輿不及中國二百分之一其民數不及中國百分之一其商輪船不及二十號其歲入銀僅三百餘

萬磅除交國債之息僅餘銀一百餘萬磅其陸軍僅三萬餘人其水師輪船僅二十餘號不知其所謂大者何所取義也或亞洲未遣使以前不能深悉其國之實在情形彼自以爲大者人亦以爲大歟或一百年以前英俄兩國壤地尚未極廣民數尚未甚多故不致相形見小歟嘗詳考其國債皆貸自近百年之中然則一百年前該國雖不爲大而尚不爲貧今則貧弱交迫借貸無門至於鬻地日本深知其國勢故不受其牽制而與齟齬亦所謂識時務者也料葡萄牙之無能爲也

瑞士二則

瑞士爲知禮之國

志略云瑞典本國氣候極寒背負冰海即半年一晝夜處也

然於古時禮制尙兢兢然守之不失今考志剛初使泰西日記謂瑞典君主約往別館筵宴君后主席大臣陪席執杯獻酒三爵畢而仍覆之者即古禮爲兩君之好有反坫也安得以荒裔之俟少之

論瑞典博士探路得俄人開東海之捷徑

志略云瑞典氣候極寒迤北沙磧低窪向少人游歷遠都按近年其國博士游歷北氷洋滿蒙北境之外有伊里塞河在經線七十七度四十一分緯線一百七十餘度其海角與亞洲東北相近之可林海角通從此以達嘉喇入奧卑河由西伯里中部轉入東洋開俄人東海之捷徑計由國都行至亞洲路近一半俄人舉國慶賀以其便于輸貨運兵也今俄之姑緩而不動者以土耳其之役疲于外希尼士之黨撓于內

之故否則豈肯一日安于無事耶

荷蘭一則

述荷人湖田之復

志略云荷蘭爲歐羅巴澤國與魚鼈雜處受水患最甚考西國近事彙編謂荷蘭昔年大水湖田盡没水中葑草彌漫一望無際刻擬疏濬支港洩水歸豬以入於海涸其地墾田以廣耕種又得火輪取水器具運轉自如人力少而成功多曾不多時涸可立見旋現出湖田三十餘萬畝有司以繪圖與觀田疇縷晰溝洫條分計用款一百八十兆果而果而荷蘭錢幣名雖爲費甚鉅而能變斥鹵爲膏腴民享其利君課其租可謂專所務矣

俄國二十七則

辨以萬別作一人之誤

志略云國王號以萬者原注一作伊挽又作宜萬有雄略闢地日廣按四洲志云有諸戈落部人伊挽氐爾西者起兵恢復俄羅斯北隅是以萬乃首先恢復之人諸書所稱依番汗借瑞典兵力者即其人也此以爲別是一人誤矣

辨王女嗣位非后嗣位之誤

志略云彼得羅歿其后嗣位按據四洲志云比達額列王已逝其女加特臘因嗣位比達額列王即此書之彼得羅王以女嗣位非其后也此誤

訂正軺車行國數語之非

志略云西伯利部地處窮髮自古軺車之所未至歷代行國之所不居備乘謂西伯利全土在漢有丁零堅昆等國在魏

有烏洛侯室韋等國在唐有骨利幹黠戛斯駮馬流鬼等國不得謂歷代行國所不居也漢蘇武魏李敞等皆嘗銜命至彼不得謂自古軺車所未至也此數語皆誤

訂正跨嶺割據猶憚險遠之非

志略云元代有漠北藩王嘗探悉其地欲跨嶺割據之以險遠而止備乘謂西伯利全土在元代皆入版圖設州者二謙州益蘭州是也爲部者三吉利吉思部烏斯部撼合納部是也以上合爲嶺北五部而海都篤娃昔里吉諸王分封其間中間叛服不常屢煩撻伐地理形勢元史可考乃謂元代藩王欲跨嶺割據而未能不亦謬歟

辨受役匈奴當爲突厥之誤

志略云自唐以前爲西北散部受役屬於匈奴唐時突厥可

薩即今俄羅斯薩拉德夫部備乘謂此當云當時受役屬於突厥不得概目為匈奴也

辨割取日爾日部之誤

志略云尼歌拉士嗣立（原注一作尼哥羅）伐土耳其大捷波斯來侵擊退之割其日爾日等屬備乘謂尼歌拉士係道光五年嗣汗位日爾日部係嘉慶十八年割取此之所記有誤當云割波斯之亞爾美尼亞部則確覈矣

辨正但述東峩大峩之封而遺去阿速之失

志略云河流之最長曰窩瓦流入阿速（原注即阿速）海灣備乘謂阿速海灣即元時阿速國地元太祖滅之以封其長子者而是書謂元封長子止及東峩大峩兩部地殊為失考

辨其部為八略當作八管

志略云其部有八略如中國之六部益以宗人理藩按萬國地理全圖集云其部為八管宗室管外國管兵管民管刑管戶管文學管賦稅

辨也尼塞之東之誤

志略云痾慕斯科（原注一作東色）在也尼塞之東備乘謂痾慕斯科即托穆斯科一作托穆斯歸地在伊聶謝之西其南有托穆河西流入額爾齊斯河若伊聶謝河則東合色楞格河方隅水道均判然不同此云在也尼塞之東誤矣考西人地理全志以痾慕在西也尼在東按之地理斯為吻合

辨烏彌河口之誤

志略云俄建礮臺於烏彌河口按烏彌河口當即烏格理達為色楞格河入海北處海舶多集於此

訂正俄與土構兵在康熙不在乾隆

志略云俄國與土耳其東西境毗連想在開加索部波蘭諸國以後事其初構兵在乾隆中年備乘謂俄與土構兵在康熙時始此但言始於乾隆間考之未詳也

記俄國製礮用西洋法

志略曰火礮之法創於中國元末有西人投其部下為兵攜火藥礮位以歸又變通其法創為鳥鎗用以攻敵百戰百勝以巨艦涉海巡行遂爾闢諸島國按明正德中佛郎西泊廣東之香山恃大礮為利器明人仿製九邊所用佛郎機紅夷大礮是也俄羅斯國近西洋方仿其製故甯古塔紀畧載峩羅斯鳥鎗皆西洋製也

訂正天主教無所謂非之謬

志略云奉耶穌之教者不祀別神不供祖先以耶穌為救世主而以身命倚之謂可獲福佑有得禍者則為靈神已升天國勝於生人世揆其大致亦佛氏之支流別派歐羅巴遠在荒裔周孔之教所不及耶穌生於其間戒淫戒殺忘身救世彼土崇而信之原無所謂非而必欲傳其教於中土則亦未免多事矣按天主教天堂地獄之說略似佛書所言而持論大異其人與佛為仇謂是佛氏之支流別派非也至入耶穌之教者不奉祖先不敬君長其無父無君之罪浮於楊墨彼土崇而信之其為愚昧無知殆不足論今乃稱其無所謂非謬之甚矣

辨加特臘誤作加他粦之非

志略云俄國主加他粦后時遣其臣墨領向東北探尋備乘

謂舉領東北尋地係康熙五十餘年事詳見四洲志其時女主乃加特臘固非加他鄰也此誤

訂正七字爲六字之誤

志略云波蘭部其人白皙稱曰白俄地廣潤平坦草茂土肥宜耕宜牧其民修潔屋宇整峻分六部曰威德比斯科部曰摩宜勒威部曰明克斯部曰維里納部曰哥羅德諾部曰窩黎尼亞部曰波多里亞部備乘謂此實分七部原本曰六字係刊本之誤

辨正千字爲干字之誤

志略云俄國北臨北氷海曰亞爾千日部按此部内府圖乃阿爾甘惹爾以此知千字乃干字之誤地理全志作亞干日

訂正兩部合爲一部之誤

志略云南俄在大俄小俄之南土脈膏腴産穀最多分糶諸國地分五部曰加的勾巴爾的哥部曰給爾孫部曰比薩拉比亞部在黑海中曰擣里達部按加的勾爲一部巴爾的哥又爲一部詳考諸書皆係分載此獨合爲一部誤也

辨擣里達未必盡在南俄地

志略云南俄地分五部在黑海中者曰擣里達部小山疊秀地氣温煦稱樂土乃總記稱擣利達備考作道里達名稍異而實則同又李光廷漢西域圖考謂條支國今俄羅斯南境南俄五部高加薩新藩五部地今按後漢書條支國城在山上周回四十餘里臨西海海水曲環其南及東北三面路絶唯西北隅通陸自當在克雷木島之此窪斯圪坡立屬地或至高加薩未必盡有今南俄五部也

辨惹鹿惹也指爲波蘭部之非

志略云波蘭部在海東諸部之西南先是有査遮爾倫國者與波蘭鄰其王贅於波蘭女主遂與波蘭合後爲俄羅斯所取稱爲西俄波蘭注一作惹鹿惹也按備乘謂惹鹿惹也見海國聞見錄地在裏海之西黑海之東北聯俄羅斯南接東西多爾其貢於包社以地勢考之即此書之日爾日部乃又指爲波蘭部之別名誤矣

訂正庭幕不傳紀載之非

志略云西伯利部地處窮髮之北在天地爲別一區宇其地氣候極寒氷雪凝結者九閲月即游牧偶至不能久留故庭幕不傳於紀載備乘謂歴代沿革庭幕在此地不一而足豈得謂不傳於紀載乎

辨諸弗哥羅即倭羅克達之非

志略稱諸弗哥羅何秋濤謂即倭羅克達爲古欽察國地考俄游彙編直斷其非謂此屬俄最久與倭羅克達本非一地故也

辨里窩尼亞即斯多尼亞之非

志略有里窩尼亞即烈威力殆以城名爲省名今考俄游彙編謂秋濤稱之曰斯多尼亞者非也

辨窩瓦河入裏海之非

志略云窩瓦河從西北來由此入裏海按窩瓦河即佛爾格河一統志異域録俱以爲入滕紀斯湖是滕紀斯湖即指裏海而志言滕紀斯湖周圍僅七八百里非也

訂正奔薩即欽察之誤

志略云加㕓部在大㠯之東㠯攻得之分爲五部其部有奔薩者五部中之一也葉圭綏曰奔薩即欽察之音轉元太祖所滅之一國也按欽察地近北海與此相距絕遠並非一地葉說誤

辨火器不始於彼得羅

志略云彼得羅爲衆所推立躬敎士卒騎射兼習火器悉爲勁旅備乘謂康熙二十一年羅刹犯雅克薩時已有火器是火器不始於彼得羅也

辨霍罕即安集延之非

按元史郭寶玉傳㩗思干城即今霍罕地與安集延東西相去甚遠志略謂霍罕即安集延非也

辨薩拉德夫與端河相去之遠

總記稱喀薩克即突厥可薩部之遺在端河近阿速諸部志略謂其在薩拉德夫按薩拉德夫濱倭爾噶河與端河相去遠至一千餘里何秋濤又謂羅刹即可薩當年爲患於黑龍江雅克薩諸城即此種人蓋因總記稱崇德四年端戈薩司之彌特釐者直至東洋荷葛斯海岸偵探道路之說豈知羅利乃譯音之誤而是時俄人尙未收服喀薩克也

美國七則

辨智利已到天南盡頭之誤

志略云智利在玻利非亞之西南夙稱富庶歐洲大國均與通商以其地遠而易以覓利也今攷惠人日記云乘輪船抵其地必越大西洋過赤道而後能到似已到天南盡頭矣不知天外有天中國天文家向以赤道爲天地南方之盡處者非也

辨北有斗極而南則無之非

志略云秘都地分七部而都城建於利馬河濱終年無雨天時殊不可測而南斗七星固自在也考惠人日記謂言之足以徵信者甚難諸子百家龐雜無論矣嘗讀爾雅原文云距齊州以南戴日爲丹穴北戴斗極爲空峒一若北有斗極而南則無也者非也南斗七星因於此明明見之矣無輕信古人也

美人有能致雨之法

志略云米利堅全土疆土恢闊分成二十六國招無業之民以便開墾荒地惜西南諸省曠地旱多雨少故不能墾近聞博士有能致雨者按博士講求氣學於風雲往來潛心考究

因得擊雨下降之法呈諸議院議員以事關農政撥銀九千圓俾資試驗由農部派員偕往常旱之箇沙司省該博士以氣球炸藥空中轟放立即雲行雨施屢試屢驗徧灑數十里至數百里不等云查外國之輪船火車電氣燈德律風電報氣毬其初創也人皆不信致雨之法亦不敢信也惜未親至其地觀之

美國新造電車較火車尤速之異

志略云紐約爾米利堅大國也內地通衢多用鐵汁冶成以利火車之行考惠人日記謂其國火車賽速有由金山兩日到華盛頓者蓋每日行五千里每一時辰行四百一十餘里矣今聞美人又創新法已造一電車試行每一時辰可行八百里則一日行萬里矣電氣之用漸試漸廣電氣遍於各洲

惟阿洲未興造然阿洲已爲歐洲各國分裂將來亦必興造矣因考各國電線里數以英里計之美國十七萬八千餘里俄國七萬二千餘里德國五萬八千餘里法國五萬四千餘里印度三萬三千餘里英國三萬餘里義國三萬餘里土耳其一萬九千餘里奥國一萬六千餘里日國一萬三千餘里中國一萬二千餘里日本六千餘里按阿非利加洲自開闢至今尙仍混沌之俗其民皆黑人故也其洲之南名好望角者郎大郎山地廣人稀久爲英屬英已設郵政局凡鐵路電報次第舉興郵政進項每年已六十餘萬矣

美屬國个郞蕉果之多

志略云危地馬拉之東南爲南北亞墨利加連界之地名巴拿馬程途曲折欲經其地者非有鐵路火車不易至也考惠

人日記謂巴拿馬个郞地逼赤道天氣四時皆炎熱如溽暑寒帶下之人至此極不相宜樹木叢雜芭蕉滿山四時不凋故開花而成實黃橘青梨波羅各果徧山均是尙有不知名者有因以爲利者載蕉果入船日數百車以每車三百斤計蓋十餘萬斤均運至美國出售按此地周圍數百里人煙稀少山果至繁如無火車則不能運出山如無輪船則不能運至美蓋地既熱小車至重則易壓而無船載又鬱而易腐間有存者日久亦無不壞今以火車運出山既不積壓復以輪船運至他國又不計時可以銷售計一年之内得利已多此鐵路輪船之利也

美國整頓海軍尤注意於水雷一物

志略云美既畔英衆推頓爲帥時英將屯水師於城外忽大風起船悉吹散頓乘勝取其城國基既定整頓海軍製礮造船日有所益水雷一物近始造成業經試驗可用惟其中奥妙精微非熟習有素不能得力故水師學堂之設以便訓練考惠人日記謂水雷種類甚多有伏雷送雷行雷之别而兹三類者又復分門别類考究甚易而施用甚難其自轟與轟人分别祇在呼吸之間較之施放炸彈其難不啻百倍非專門名家練習有素斷不能適於用也嘗乘舟長江見網魚船呼之使來買魚論價久而不定且行且言漁人櫂舟並行其船行遲速與我船同而又近不至觸離不至遠進退左右毫不費力所謂應於手者也竊意用水雷者手法之熟能至如此則百發百中矣亦如漁人按槳然

美人之研究天文

志略云米利堅好講學業處處設書院其士類分三等曰學問研究天文者較醫藥刑名爲尤重考惠人日記謂窺天之鏡以美國爲最大所見亦最遠其第一大者在金山山巔其鏡寬三尺六寸係美國大富戶里克創成故名里克千里鏡里克因創此鏡先修房屋費一百萬餘圓由此鏡窺天水星已可明白其中有地有河有海有島有冰雪有雲一一可辨第二號在華盛頓往觀之其房爲圓形有機器可旋轉如意鏡面寬三尺餘長約二丈餘以機器運動南北東西均可準對以窺天則無星處多有星且有紅色藍色者以窺月則月中只見水溶溶然其光射目不可久視及目離鏡則目光晃燿不能見物閉目久之方可復元與覘月彷彿矣察天文之總辨爲余言天行至速遠鏡之架以電氣運之其運之之遲

遠一準於天之行然後可以久視而見之否則天行而遠鏡
不行不過刻許而星已離鏡矣

右瀛環志略一書前福建巡撫徐公繼畬所著也敘次
國土民風極其該洽但卷帙已多不免有舛誤處茲摘
其訛者隨取近人所作諸書互相參考加以辨正務期
覈實衷而存之止得八十餘條去其非而存其是次第
編成略可爲稽古者之一助焉庚子春月煜南識於棉
蘭公廨

海國公餘輯錄卷二終

名臣籌海文鈔

海國公餘輯錄卷三上

嘉應張煜南榕軒輯　弟鴻南耀軒校

名臣籌海文鈔

目錄

疏

議

海國公餘輯録卷三上

嘉應張煜南榕軒輯　弟鴻南耀軒校

名臣籌海文鈔

兼取洋學以羅人才疏　黃楙材

査各國互市辦理洋務急需人才中華特遣幼年子弟分投各國學習爲數有限經費甚鉅不若於南洋各島興立書院訓課洋學繙譯漢文其經費由商民自籌每隔三年各試一次擇其尤者作爲生員給以頂戴再至三年復試之擇其尤者咨送總理衙門學習儀節以備繙譯領事之用外國語言文字必須自幼學習始能精通內地學者不能兼擅而華人生長海外者又多解洋文而不諳華語求其中外兼通足任繙譯之事者頗難其選況乎領事之職辦理交涉事件尤宜曉暢洋文熟悉土語而後情形無所睽隔措施鮮有窒礙若專設一科予以登進之路彼旅居華人不敢自外生成必皆踴躍從事而

朝廷聲教遠被遐陬尤足以維繫人心鼓舞人才因時制宜獲取洋學之實效矣

奏覆御史王鵬運奏請講求商務疏　總署王大臣
光緒二十一年十二月二十四日總理衙門謹奏爲遵
旨議奏事光緒二十一年十一月十四日軍機處交出御史王鵬
運奏請講求商務一摺軍機大臣面奉
諭旨著總理各國事務衙門議奏欽此臣等查該御史所陳無非
欲官商一氣力顧利權此周官保富之法行之今日尤爲切
要如所稱沿海各省會應設商務局一所責令督撫專政局
中派提調一員駐局辦事將該省各項行業悉令公舉董事
一人隨時來局將該省商况利病情形與提調妥商補救整
頓之法稟督撫而行之事關重大者督撫卽行具奏一節查
通商爲致富之原必令上下相維始克推求利弊泰西各國
以富强爲首務或專設商部大臣其他公司商會隨地經營

不遺餘力中國各省商行自爲風氣間有公所會館章程不
一地方官吏更不關痛癢公事則派捐訟事則拖累商之視
官政猛如虎其能收上下相維之益乎自立約互市以來洋
商運貨祇完正半兩稅華商卽逢關納稅遇卡抽釐於是不
肖華商賄買牌照假託洋商之名洋商出售報單坐收華商
之利流弊遂不可究詰要之歐美各洲商民之捐名目繁多
如田房捐存款捐進項捐印花捐較中國釐金加重倍蓰卽
香港新嘉坡諸島何莫不然此皆華商習聞習見者也至於
洋商僅完正半兩稅便可暢行無阻利權較華商爲優然華
商食毛踐土當能仰體
國家立約通商之故不應自外生成何以假冒牌照之風年來益
熾良由官商隔閡官旣不恤商艱商復何知官法該御史請

於各省設立商務局俾得維護華商漸收利權誠爲當務之
急惟請派設專員作爲提調以官府之體而親闤闠之業終
難達則不如官爲設局一切仍聽商辦以聯其情擬請
各督撫於省會設立商務各局由各商公舉一殷實穩練素
有聲望之紳商派充局董駐局辦事將該省物產行情綜其
損益逐細講求其與洋商關涉者絲茶爲大宗近則織布紡
紗製糖造紙自來火柴洋鐵子諸業考其利病何者可以敵
洋商何者可以廣銷路爲能實有見地確有把握准其徑稟
督撫爲之提倡再由各府州縣於水陸通衢設立通商公所
各舉分董以聯指臂所有各該處物產價値漲落市面消長
盈虛卽由各分董按季具報省局彙造總册仿照總稅務司
貿易總册式樣年終由督撫咨送臣衙門以備參考其華商

互相貿販不與洋商相涉之貨亦應按照市價公平交易不
准任意高擡或故爲跌價以累同業設經局董查確應卽明
爲告誡若復怙惡卽由局董稟官將該行店劣蹟榜示通衢
以儆效尤該局所遇有稟官之事無論大小衙門均不得勒
索規費各局所由地方長吏月或一二至輕車減從實心諮
訪蓋必有恤商之誠乃能行護商之政非徒藉勢位之尊也
各直省果能實力奉行商情可期踴躍商利可冀擴充卽華
洋交涉亦可得其要領矣又如原奏所稱招商局開辦多年
全無起色請
特派督辦招商大員一人駐局辦事將招商之務分爲閩廣三
江兩湖四川四大股每股各令公舉殷實公正紳董一二
人專辦該股一切商務由各商議定辦法稟督撫而行別置

提調一員專管局中一切章程一節查招商局爲南北洋輪船總滙同治十一年前北洋大臣李鴻章奏明設局商爲承辦官爲維持自光緒二年買併旗昌船棧後官帑積一百九十萬八千兩逮今拔還現已不存官款尙非並無起色卽就每年完稅而論各省關所收招商船稅歲約三百餘萬搭載水脚自開局至今幾逾萬萬若無局船則此利盡屬洋商是該局收回利權實明效大驗更能力祛中飽切實經理則爲益較多該御史請整頓招商局誠非無見惟整頓之法實分兩端一在局之弊一在船之弊查該局之所以能自立者實賴官爲維持故雖怡和太古多方排擠該局尤能支柱蓋歲運蘇浙漕米又帶免二成稅課皆該局獨擅之利其於江西兩湖漕米則代買代運尤操奇贏若概屬之局中不由一二

人專利則公積愈增此在局之弊所應整頓者也各船買辦半由賔緣而得每船貨艙容有船口簿司查而搭客則以多報少影射隱瞞難爲究辦外洋輪船責在船主事無巨細悉聽船主指揮每搭客登舟則驗票船至半途則查票登岸則繳票此皆大副專責而船主總其成不致攙雜朦混招商局船主但管駕駛船中一切買辦主之故長江買辦之缺爲最肥美此在船之弊所應整頓者也凡茲積弊臨以貴而無位之督辦公私未徹呼應不靈徒擁虛名恐無實濟該局向隷南北洋轄理以局船起卸口岸均有關道可以稽查而受成於南北洋較爲切近光緒七年李鴻章議覆王先謙一疏聲明該局繳清官款不過商本盈虧與官款無涉並非一繳公帑官職不應過問聽其漫無鈐制蓋預言之矣擬請

飭下南北洋大臣將招商局歷年積弊認眞整頓該局總辦及掣票登賬管理船頭司事與夫江海各船買辦能否得人經辦之事有無自私自利爲商賈所指摘并申明舊章每年結算由津滬兩關道稽核該局歲刊告白設被商股訐駁有據則津滬兩關道亦應任咎至於每船到岸如何稽察客載應

飭各關道委員經理無分晝夜與稅關船頭官公同查驗以杜弊混其未設關道之地如江南大關安徽大通安慶湖北武穴等處由南洋大臣檄委地方官辦理按月逕稟南北洋商署存查能否如該御史所陳分閩廣兩湖三江四川爲大股應由南北洋大臣體察情形酌辦該局船曾駛赴舊金山檀香山新嘉坡各島道遠費煤船小載輕爲利無幾現求擴充之法宜就中國各口岸有可爲該局增益以敵洋商統由南北

洋大臣隨時規畫請

旨遵行至通商事務向由臣衙門辦理該御史請在京師設立商務公所與臣衙門無甚表異自應毋庸置議所有臣等遵

旨議奏緣由謹繕摺具陳伏乞

皇上聖鑒訓示謹

奏奉

硃批依議欽此

派員查明南洋商務情形擬設領事疏　張之洞

臣查委員王榮和等於役南洋海程五萬餘里計歷二十餘埠先至小呂宋爲日斯巴尼亞國屬次新嘉坡次麻六甲次檳榔嶼次仰江皆英國屬次日裏次日裏各附埠次加拉巴次加拉巴各附埠次三寶壠次三寶壠各附埠次泗里末皆荷國屬次新金山之鉢打穩次雪梨次美利濱次亞都律省各附埠次袞司倫次袞司倫各附埠皆英國屬其抵小呂宋也華民分訴日人虐害情形懇請派官保護自籌經費緣該處華民五萬餘人貿易最盛受害亦最深該委員等詳查被害各案或挾嫌故殺或圖搶故燒甚至官兵徇私巡差訛詐暴斂橫征顯違條約當經擇要照會日官查辦時值土人聯名擬逐內地華工該委員等到呂其議遂寢綜核情形非設

總領事不可其分設正副各領事暨駐劄處所由總領事因地制宜擇員稟委以期妥洽其抵新嘉坡也與原設領事左秉隆往見坡督各官禮意尚洽該處華民十五萬人富甲各處除衙舍公產外所有實業華人居其八洋人僅得其二每年往來華工又最多英設華民政務司專理其事立法尚稱公允惟不向中國領事衙門報名情意既不聯絡而目擊招工客館作奸欺瞞無從禁止亦失保護之旨似應並由中國領事稽查以重事權而免流弊至麻六甲檳榔嶼與新嘉坡相連而檳埠生意尤盛宜添設副領事一員用資倚毗其抵緬甸之仰江也該處華人三萬餘眾設有甯陽會館及各公司該員偏加訪察以米石爲大宗寶石牛皮等物次之自英據其地收餉設戍密邇騰越爲中國隱患此處宜設副領事

聯絡商情必於邊事有益其抵日裏也該處爲原奏所未及華工亦萬餘眾來自汕頭等處先由客頭帶至新嘉坡檳榔嶼經英官查過自願傭工者訂立華文合同往日裏爲傭所業種烟紮烟勤奮者年中可餘番銀百餘元否則不足餬口工頭以賭傾其資繼以稱貸第二年復須留工則返鄉無日查荷官洋文章程內載工人有過准園主送官訊辦不得私自鞭撻不得過三年之限限滿後無論有無虧欠園主皆應給予川資不得再留等語而園主陽奉陰違於華文合同內並不敘明任意虐待經該委員等告知荷官始允爲設法整頓此處宜設副領事以資保護其抵加拉巴也該處華民七萬餘眾荷人捐稅繁多賭風尤熾甚至迫令入彼國籍其附近之波哥內埠文丁內埠皆有華人聚處又有三寶壠與疏

羅及麥里芬及泗里末及惹加等處皆荷蘭國屬地華人二十餘萬眾荷官橫肆暴虐該委員等接見華商備言其苦中國如籌保護小呂宋而外當以加拉巴爲先該處宜設總領事兼辦三寶壠等處事務於荷屬各埠華人加以恩義數十萬之眾皆可內附其分設副領事一切與小呂宋同其抵新金山之鉢打穩埠也華工三千餘眾雪梨附近華人萬餘眾美利濱埠旺加拉打埠必治活埠叭拉辣埠紐加士埠市丹塔埠均屬新金山外埠惟庇釐市檳埠係袞司倫之省城又有湯市喊路埠波得忌利士埠及谷當埠每處華人自數百至千餘不等該委員皆勤加撫慰查新金山即英屬澳士利地爲五大洲之一　地方遼闊物產繁富多五金礦產華人至者頗多英欲阻之特立收人稅之法每人納英金十磅方准

登岸間有收至三十磅者似可援照美國總領事章程在雪梨大埠派設總領事一員總理雪梨及美利濱亞都律袞司倫各埠並紐討蘭島華人商務則華工得所庇倚謀生益覺有資其各埠副領事可即令商人兼辦無須發給薪費此該委員等先後稟報籌辦及回粵後面加詢考之大略情形也倘蒙
朝廷設立領事加以撫循則人心自然固結為南洋無形之保障所益匪淺矣

論俄羅斯條約疏　郭嵩燾

竊臣恭讀光緒五年十二月初四日　上諭此次會議事件中外臣工及在籍大臣如有所見均可據實直陳等因欽此仰見我　皇上慎重邊防周諮博訪之至意因查前左都御史臣崇厚在俄國立定條約十八款不察山川險要之形勝不明中外交涉之事宜種種貽誤無可追悔然西洋各國遣派使臣相與議定條約原應由各國覈准施行是此案准駁之權仍制自　朝廷所有派遣駐紮各國使臣但係兩國交涉事件應責成料理總理衙門但一諭飭駐俄公使轉達俄國外部伊犂條約漸緩覈准權聽俄兵駐紮伊犂以俟續議俄人雖甚猖獗亦不能違越萬國公法以求狂逞祇此權應之一法可以稍戢俄人之志即在我亦稍有以自處臣請通前後事情為我　皇上分別陳之一曰收還伊犂應由甘督

核議乾隆年間戡定准回各部設立各城駐紮兵弁外設屯卡與各屬部畫分疆界百餘年來哈薩克布魯特諸部日以衰微其地多為俄人侵占又西滅浩罕諸部與西域壤地緊相毗連而自回疆畔亂二十餘年屯卡毀棄殆盡即令俄人繳還伊犂一城清理疆界極費推求陝甘督臣左宗棠平日講求地理之學經營西域已逾十年形勝險要為能詳知並非數萬里外遣一使臣憑空定議之事臣所謂收還伊犂應由甘督核議者此也二曰遣使議還伊犂當徑赴伊犂會辦俄人占據伊犂時但以保護疆界民商為言原約中國平定西域仍行退還是收還伊犂并無他慮惟慮俄人索取兵費太多此須至伊犂相度情形乃可置議左宗棠以戰功平定

西域不肯居贖回伊犂之名揀派大員會議著緊亦專在此無舍伊犂而徑赴俄會議之理卽令議辦已有端緒應遣使赴俄定約亦必須由肅州取道伊犂兼與左宗棠商定一切 臣在倫敦日本遣使恩倭摩的赴俄議換庫頁一島卽所謂蝦夷島也在該島爭持多年乃遣使赴俄計議其使臣卽由庫頁島徑達黑龍江取道伊犂繞烏拉嶺赴俄爲其水陸交通險隘形勝及其兵力所注非身親考覽無由知也俄酋高福滿駐紮伊犂兼統浩罕諸部其與崇厚議還伊犂二萬里調高福滿回國會辦此在中國關係絕大而在俄人則進退皆利無關得失之數而其任勞艱實如此 臣所謂遣使議還伊犂當徑赴伊犂會辦者此也三曰直截議駁伊犂條約當暫聽從駐紮其勢萬不能急速收還 臣查天山南北兩路所

以號稱肥饒者正以河道縱橫灌輸之故俄人所踞西伯利部一萬餘里并屬荒寒之地近年侵奪塔什干浩罕諸部蓄意經營前歲見俄國新報言其提督斯哲威爾探尋巴米爾朗格拉湖一帶報稱喀拉庫拉湖至阿克蘇有通長不絕河源深入俄國荒漠之地爲歷來人跡所未到舉國相爲慶幸其睨視西域蓄謀已深伊犂一城尤爲饒沃自伊犂河以南曰哈爾海圖產銅曰沙拉搏和齊產鉛其北山曰空鄂爾峨博產煤曰闢里箐產金曰索果產鐵往時河南設有銅廠船廠并近距特克斯河而辦理不甚如法山北煤鐵各廠則尙未開採西洋人羣視爲上腴之地伊犂所設九城專駐兵弁其膏腴并在河南山北西至霍果斯亦設有一城距伊犂不逾百里所設額爾格齊齊罕諸卡皆在五百里以外今畫分

霍爾果斯河屬之俄人則伊犂一河亦截去四之三而五百餘里之屯卡皆棄置之矣畫分特克斯河屬之俄人則舊設銅鉛各廠亦與俄人共之而特克斯河橫亙天山以北其南直接庫車拜城聲氣皆至阻隔所設屯卡直達特克斯河源皆棄置之矣塔爾巴哈台距伊犂東北尙在千里以外聞亦有畫歸俄人之地以一城孤懸浮寄盡割置其膏腴之地名爲收還伊犂而實棄之此時置議較之從前其難萬倍嘗據萬國公法由　國家徑行議駁無可再行商辦之理以此時躅棄伊犂與收還伊犂其勢并處於兩窮惟有申明權聽駐紮以杜其狡逞之心而仍以從緩計議稍留爲後圖庶自處於有餘之地而亦有餘地以處俄人 臣所謂直截議駁伊犂條約暫聽俄人駐紮者此也四曰駐紮英法兩國公使不宜

遣使俄國西洋各國互相聯絡各視其國勢緩急輕重與其恩怨以爲之程數百年來攻伐兼并事變百出而目前大勢則英法兩國爲私交俄德兩國爲私交德與法仇恨方深英與俄尤爲累世積怨其心意所向背卽其喜怒好惡亦皆隨之轉移 臣嘗謂英法共一公使俄德亦當共一公使凡爲公使駐紮非但以虛名通兩國之好而已實有維持國體之責與商辦事件之權遣使會議當在伊犂而其難通之情與其兩不相下之勢由駐俄公使達之俄國朝廷以持其平而分其責此亦萬國公法所當準情據理通論其節要者似此加派使臣改議已定條約恐徒資俄人口實以肆行其挾制之術俄國新報已言伊犂條約由英人播弄翻悔亦可窺見其用心矣 臣所謂駐紮英法兩國公使不宜遣使俄國者此也

五日定議崇厚罪名于例本無專條亦當稍準萬國公法行之臣查崇厚貽誤　國家原情定罪無可寬假然推其致誤之由一在不明地勢之險要如霍爾果斯河近距伊犁特克斯河截分南北兩路均詳在圖志平時略無考覽俄人口講指畫乃任貪其玩弄一在不辨事理之輕重其心意所注專在伊犁一城則視其種種要求皆若無甚關係而惟懼繳還伊犁之稍有變更一在心懾俄人之强而喪其所守臣奉使出洋以崇厚曾使巴黎就詢西洋各國情形但言船礮之精兵力之厚以爲可畏崇厚名知洋務徒知可畏而已是知其勢而不知其理於處辦洋務終無所得於其心也一在力持敷衍之計而忘其貽害臣在巴黎與崇厚相見詢以使俄機宜僅言伊黎重地豈能不收回頗心怪其視事之易而亦見

其但以收回伊犁爲名於國事之利病洋情之變易皆在所不計故當以爲與西洋交接亦當稍求通悉古今事宜中外情勢而後可以應變是以崇厚之罪人能知而能言之而當定議條約之時崇厚不能知也攜帶參贊隨員亦皆不能知也置身數萬里之遙一切情勢略無知曉有聽俄人之恫喝欺誣拱手承諾而已　朝廷以議駁條約加罪使臣是以定約之國明示決絕而益貪俄人口實使之反有辭以行其要挾崇厚殷實有餘宜即令報捐充餉贖罪而無急加刑以激俄人之怒即各國公論亦且援之以助成俄人之勢臣所謂定議崇厚罪名當稍準萬國公法行之者此也六曰廷臣主戰祇是一隅之見萬宜斟酌理勢之平求所以自處而無急言用兵臣查西洋構患以來凡三次用兵廣東因禁烟甯波

天津因換約皆由疆臣處置失宜以致貽患日深積久而益窮於爲計然其時中外之勢本甚懸絕一切底蘊兩不相知徒激於廷臣之議論憤然求一戰之效至今日而信使交通準情理處自有餘裕俄人之狡焉思逞又萬非比英法各國專以通商爲事釁端一開構患將至無窮　國家用兵三十年財殫民窮情見勢絀較道光咸豐時氣象又當遠遜俄人蠶食諸回部拓土開疆環中國萬餘里水陸均須設防力實有所不及即使俄人侵擾邊界猶當據理折之不足與交兵角勝何況以伊犁一城遣使與之定議准駁應由　朝廷縱彼以兵力要挾亦可準度事勢之宜從容辨證何爲貿然耀兵力以構釁端取快廷臣之議論臣所謂廷臣主戰祇是一隅之見者此也竊以爲　國家辦理洋務當以了事爲義不

當以生釁構兵爲名之所趨積重難返雖稍知其情狀亦爲一時氣燄所懾而不敢有異同臣之愚昧直知爲今日之急務固不在此應懇　天恩飭令駐俄使臣轉達俄國外部以伊犁一城爲天山南北兩路關鍵中國必待收回而此次崇厚所定條約萬難覈准所有俄兵駐紮伊犁應暫無庸撤退從前喀什噶爾曾經與俄通商應否照舊舉行之處由陝甘督臣左宗棠與俄國督兵大臣會商覈辦以期妥善毋得輕易率請用兵致失兩國交誼開誠布公正辭明辨責成督臣妥爲經理或冀挽回萬一以後與俄人交涉亦可於此稍得其端倪關係大局實非淺鮮臣以庸愚奉政無狀萬口交謫無地自容積年以來心氣消耗疾病日增里居踰歲足跡未嘗一出門戶自分衰病餘生無復犬馬圖效之望而軫念

時艱重以崇厚之昏庸貽誤多端幾至無可補救臣於洋務
粗有所見誠知一時公論於此必多觸牾然求之事理徵之
史策準之　國家之利病驗之各國之從違允宜及早斷行
以免多生枝節爲時愈久議論愈繁則益難於處理是以不
敢避詬譏而終甘緘默謹略獻其眉忱上備　聖明採擇

擬選聰穎子弟出洋習藝疏　曾國藩

竊臣國藩上年在天津辦理洋務經前江蘇巡撫丁日昌奏
旨來津會辦屢與臣商確擬選聰穎幼童送赴泰西各國
書院學習軍政船政步算製造諸書約計十餘年業成而歸
使西人擅長之技中國皆能諳悉然後可以漸圖自強且謂
攜帶幼童前赴外國者加四品銜刑部主事陳蘭彬江蘇候
補同知容閎皆可勝任等語臣國藩深韙其言曾於上年九
月本年正月兩次附奏在案臣鴻章復往返函商竊謂自斌
椿及志剛孫家穀兩次奉　命游歷各國於海外情形亦已
窺其要領如輿圖算法步天測海造船製器等事無一不與
用兵相表裏凡游學他國得有長技者歸即延入書院分科
傳授精益求精其於軍政船政直視爲身心性命之學今中

國欲倣其意而精通其法當此風氣既開似宜急亟選聰穎
子弟攜往外國肄業實力講求以仰副我　皇上徐圖自強
之至意查美國新立和約第一條內載嗣後中國人欲入美
國大小官學學習各等文藝須照相待最優國人民一體優
待又美國可以在中國指准外國人居住地方設立學堂中
國人亦可在美國一體照辦等語本年春間美國公使過天
津時臣鴻章面與商及允俟知照到日即轉致本國妥爲照
料三月間英國公使來津接見亦以此事有無相詢臣鴻章
當以實告意頗欣許亦謂先赴美國學習英國大書院極多
將來亦可隨便派[illegible]此固外國人所深願似於和好大局有
益無損臣等伏思外國所長既肯聽人共習志剛孫家穀又
已導之先路計由太平洋乘輪船逕達美國月餘可至當非

甚難之事或謂天津上海福州等處已設局仿造輪船鎗礮軍火京師設同文館選滿漢子弟延西人教授又上海開廣方言館選文童肄業似中國已有基緒無須遠涉重洋不知設局製造開館教習所以圖振奮之基也遠適肄業集思廣益所以收遠大之效也西人學求實濟無論為士為工為兵無不入塾讀書共明其理習見其器躬親其事各致其心思巧力遞相師授期於月異而歲不同中國欲取其長一旦遽圖盡購其器不惟力有不逮且此中奥窔苟非徧覽久習則本原無由洞徹而曲折無以自明古人謂學齊語者須引而置之莊嶽之間又曰百聞不如一見此物此志也況誠得其法歸而觸類引伸視今日所為孜孜以求者不更擴充於無窮耶惟是試辦之難有二一曰選材一曰籌費蓋聰穎子弟

不可多得必其志趣遠大名質樸實不牽於家累不入於紛華者方能遠遊異國安心學習則選材難　國家帑項歲有常額增此派人出洋肄習之款更須措辦則籌費又難凡此二者臣等亦深知其難第以成山始於一簣蓄艾期以三年及今以圖庶他日繼長增高稍易為力爰飭陳蘭彬容閎等悉心酌議加以覆核擬派員在滬設局訪選沿海各省聰穎幼童每年以三十名為率四年計一百二十名分年搭船赴洋在外國肄習十五年後按年分起挨次回華之日各幼童不過三十歲上下年力方強正可及時報效聞前閩粵甯波子弟亦時有赴洋學習者但止圖識粗淺洋文洋話以便與洋人交易為衣食計此則入選之初慎之又慎至帶赴外國悉歸委員管束分門別類務求學術精到又有繙譯教習隨時課以中國文藝俾識立身大節可冀成有用之材雖未必皆為偉器而人材既衆當有瑰異者出乎其中此拔十得五之說也至於通計費用首尾二十年需銀百二十萬兩誠屬巨款然此款不必一時湊撥分析計之每年接濟六萬尚不覺其過難除初年盤川發給委員攜帶外其餘指有定款按年預撥交與銀號陸續滙寄事亦易辦總之圖事之始固不能予之甚吝而遽望之甚奢況遠適異國儲才備用更不可以經費偶乏淺嘗中輟近年來設局製造開館教習凡西人擅長之技中國頗知究心所須經費均蒙　諭旨准撥亦以志在必成雖難不憚雖費不惜日積月累成效漸有可觀茲擬選帶聰穎子弟赴外國肄業事雖稍異意實相同謹將章程十二條恭呈　御覽合無仰懇天恩飭下江海關於洋稅

項下按年指撥勿使缺乏恭候　命下臣等即飭設局挑選聰穎子弟妥慎辦理如有章程中未盡事宜並請　敕下總理衙門酌核更改臣等亦可隨時奏請更正

強鄰環伺疏　　薛福成

奏爲強鄰環伺世變方殷謹陳愚計略備
采擇恭摺仰祈
聖鑒事竊臣博攷輿圖遐稽史籍知我
國家幅員之廣軼漢邁唐而超越於宋明數倍惟元代極盛之時差足比隆然元之塞外諸部不時自爲分裂未若我
聖朝之一統無外控制得宜蓋形勢之雄治平之久人民之衆洵莫與京矣自泰西諸國航海東來始不過藉互市之名逐什一之利相狎既久寖有違言釁端之起僅在五十餘年以前謀臣議論不一忽和忽戰累次失利紛紜者逾二十年而元氣已大損矣厥後更定約章稍持和局外警之迭起環生者幾於無歲無之中外籌議不能不以海防爲兢兢地之

險者扼之土之荒者闢之軍之闕者設之才之乏者練之械之精者購之藝之良者習之蓋既經藎臣碩輔內外合謀苦心經營者亦逾二十年中國聲威稍稍異於曩昔然瀕海之區迴環萬數千里布置既已難周猶且艱於物力缺於人材限於時勢格於議論措施不過十之二三而狡寇窺逼之大勢又不僅在海而在陸矣臣竊按英俄法三國歐羅巴著名強國也其國都皆距中國三四萬里彼知西洋大小諸邦競能自立難逞雄圖未肆西封遂勤東略英人初藉公司之力蠶食五印度未幾而沃壤數萬里盡爲所併遂與我之西藏爲比鄰近且脅服阿富汗克什彌爾巴達克山克什南諸部爲英屬國其大勢駸駸北嚮既越葱嶺而與我之回疆相接南併緬甸而雲南之迤南迤西悉與毗連矣俄國自興安嶺以外東傳於海包我黑龍江全境暨外盟蒙古烏梁海諸部西軼新疆諸城地勢尤爲廣遠自咸豐年間來索舊地而黑龍江以南烏蘇里河以東劃界一誤蹙地數千里至今西人動輒藉口謂爲中國不重邊地之明證侵奪之謀無時或息俄人又於同治年間乘我內寇不靜稍以兵力吞滅罕浩布魯特哈薩克布哈爾諸回部自是俄境亦接回疆其地亙我三陲迴環殆不下二萬餘里法人自爭得越南旋脅取眞臘一國歸其保護近又侵割暹羅湄江東岸之地疆圉愈固氣勢自雄而兩廣雲南邊外益以多事由斯以觀中國東南兩面大海繞之其自東北以迄西南則三強國之境繞之防於海者動虞諸國窺伺防於邊者日與三國周旋至於南洋諸島星羅棊布昔人所謂海外雜國東南際天地以萬數時候

風潮朝貢者今已爲英與荷蘭西班牙三國之外府竟無一島能自存者此殆宇宙之奇變古今之創局也然猶有可冀者曰彼雖盛於一時終將衰於異日顧臣觀西洋大國圖治之原頗有條理英俄法皆創國數百年或近千年炎炎之勢不始今日今其制勝之術屢變益精舟車則變而火輪矣音信則變而電傳矣鎗礮則變而後膛矣戰艦則變而鐵甲矣水雷則變而魚雷矣火藥則變而無烟矣窺敵則變而用氣球矣照夜則變而電燈矣專家之學互殫智力往往能制馭水火呼吸風霆新藝迭出殆無窮期其恃強逞威之具既如此然猶有可慰者曰彼既與我和好未必遽蓄狡謀顧國必自強而後和可恃夫制敵而不制於敵者莫如鐵路英之鐵路一已抵西藏近邊之大吉嶺一已達雲南近邊之新街俄

之鐵路將由塔什干而趨浩罕近復經營西伯利亞鐵路東聯暉春海參崴法開鐵路以通商已由河内直接諒山而我無一足以應之俄人移我界碑脅我屬部之事時有所聞邇來帕米爾一役終不脫占地故智英人力爭野人山地印度各官志在分據險要侵逼滇疆臣因滇緬分界知其隱衷法人注意滇南諸土司已見端倪彼既撤我藩籬稍久必窺堂奥其貪得無厭之情又如此蓋事變如此之棘時局如此之艱皆肇端於此數十年内夫自開闢以來神聖之所締造文物之所彌綸莫如中國一旦歐洲强國四面環逼此巢燧羲軒之所不及料堯舜周孔之所不及防者也今欲以柔道應之則啟侮而意有難饜以剛道應之則召釁而力有難支以舊法應之則違時而勢有所窮以新法應之則異地而俗有

所隔交涉之事日繁一日應付之機日難一日誠不知何所底止矣惟是通變方能持久因時所以制宜伊古盛時或多難以保邦或殷憂而啟聖臣愚以爲
皇上値亙古未有之奇局亦宜恢亙古未有之宏謨夫英國地多而勢散俄國土曠而人稀法國政煩而民困彼有所長亦有所短我有所短亦有所長誠能棄所短而集所長自可用所長而棄所短未得其術則難者益難苟握其要則難者亦易臣謹擇其約而易行者請爲
聖主陳其大畧一日勵人才所謂才者何常時方無事則以黼黻隆平爲貴時方多事則以宏濟艱難爲先夫道德之蘊忠孝之懷詩書之味此其體也而論致用於今日則必求洞達時勢之英才研精器數之通才練習水陸之將才聯絡中

外之譯才體用兼該上也體少用多次也當風氣初開之際必有妙術以鼓舞之則人自濯磨矣迫豪彥競進之時必擇異能而倚任之則事無叢脞矣羣才之振奮默運於
九重之精神勸之有具斯培之有本培之有本斯用之不窮至於多設學堂隨地教人多選學生出洋肄業亦皆儲才之要端也一日整武備歐洲諸邦以戰立國者一二千年凡事皆有專門名家故中國練軍不能不仿參西法海軍取法於英陸軍取法於德已稍著成效矣顧北洋而外推行未廣尙不足以建威銷萌且論今日海軍不在驟拓規模而在簡覈名實不在遽添船礮而在增練材藝俟其成效足與西軍相頡頏再援昔日化一爲三之議擴充分布則海疆自可無虞至各省綠營疲窳特甚前督撫臣曾國藩胡林翼已早言之

似宜先就臨邊之地與英俄法相近者稍稍變綠營爲練軍因其舊餉給以新式火器而以西法部勒之漸除廢弛拘攣之習免爲西人所笑侮又査有可屯墾之地不妨酌置練軍或仿漠河金礦之例許公司集股開礦練營自護隨時操練以備調用似亦兩得之道也一日濬利源泰西諸國競籌藏富於民之法然後自治自强措之裕如臣所謂養才練兵亦非帑項充盈不可蓋生財大端在振興商務以暢銷土貨爲要訣欲運土貨以創築鐵路爲始基今者
國家旣籌的款營造山海關鐵路以期漸達於東三省此固護邊至計也然地勢稍偏土貨不旺尙需歲貼養路巨費恐非持久之計今欲使此路廣引商貨化貧爲富似非通内地鐵路不爲功内地鐵路仍宜査照湖廣督臣張之洞原議分

年籌費由漢口開路以抵蘆溝橋而達山海關則秦隴楚蜀晉豫之土貨日出日多轉輸益遠利商自饒必有自集公司依幹路以築枝路者不必官爲籌款寖假六通四闢富庶之機蒸蒸日上不僅有事徵兵運餉爲便矣臣又嘗閱光緒初年各關貿易總冊洋貨入口與土貨出口厥價略足相抵近年洋貨驟贏土貨驟絀中國每歲耗銀至三四千萬兩則以洋布洋紗暢銷故也蓋其爲物自出機器潔白勻細工省價廉華民皆樂購用而中國之織婦織女束手坐困者奚啻千百萬人今上海武昌皆已購機設廠織布紡紗天津亦有紡紗之議誠宜推之各省及各郡縣官爲設法提倡廣招殷商設立公司優免稅釐俾資鼓勵收回利權莫切於此其他養蠶繅絲之法植茶焙茶之方練鐵開煤之學一一講求整頓豈非利用厚生之政探本握要之圖乎一曰重使職昔漢武
帝詔舉茂才異等可爲將相及使絕國者西洋諸國或以宰相及外部大臣出爲全權公使或以資深望重之總督出爲全權公使其視使職與將相並重大抵相臣襄內政使臣襄外務外與內相表裏也將臣尙武力使臣尙文辯辯與力相補救也有百年安邊之計定於三寸舌者富弼之使契丹是也有一介行李之馳賢於十萬兵者陸賈之使南粵是也方今英俄德法美數大國各挾勝勢以相陵相伺其事體又與古迥異彼與我立約通商定界動輒有大利大害倚伏乎其中臣嘗謂國勢之振興不盡恃戰勝攻取但能於交涉數大端措注合乎機宜恢張自有明效夫總理衙門所恃爲耳目爲手足爲心膂者莫如使臣中國古多卓犖之士然今尙稍

海國公餘輯錄　卷三上　名臣籌海文鈔　三三

艱其選者不講之於豫也西洋久著疆盛之績然今尙不竭於用者能練之以漸也伏願樹之準繩明示激勸則風聲一播足以奔走天下俾人人以經濟爲先資以遠謨爲急務上之所重下亦重之下之所重效亦隨之亦在
聖意之專注而已以上四端類皆勞臣之所經畫
聖主之所施行臣不過稍請變而通之擴而大之用力既專收效自倍庶冀紓外患而固邦本大抵英人堅韌俄人倔强法人蠻橫而探其狡黠之謀則各造乎其極殊令我有應接不暇之苦然論我固有之權力苟善用之未嘗不爲彼所深憚誠使經理日宏賢能日奮必善審三國之變而備之可也卽徐待三國之衰而制之亦可也儻因循而不早爲計則敵已迫矣患已深矣傯焉不可終日矣詩曰心之憂矣疢如疾首微臣奉使四國稍睹外洋情勢輒敢貢其拳拳之愚不勝戰慄徬徨之至所有强鄰窺伺世變方殷謹抒愚計緣由理合恭摺密陳伏乞
皇上聖鑒訓示謹
奏

密陳夷務疏　殷兆鏞

竊惟今日國事之最切莫如洋務海防之一端議戰議守議撫議防至不一矣而二三十年以來卒無定論古人云知己知彼百戰百勝正不必論我之制彼如何當先察彼之勝我安在近人之羨慕而悚息於西洋者一曰富二曰强所謂富者各處洋面占據馬頭歲入之款倍於中華而已所謂强者船堅礮利新式火器層出不窮而已至於其所以致富所以致强之道無有能揣其本而探其源者縱有其船有其礮而駕駛開放之技藝不如也堅忍勇鷙之人心不如也如山不動之號令不如也則與無船無礮又何異哉誠以最近之事較之我　大清國龍興東土以騎射爲絶技當時與明人交戰明人有鳥鎗大礮而我則無之與今日我之鎗礮不敵西

洋情形相類然明人有鎗有礮往往不及施放而我之勁弓怒馬已至其前明兵率棄鎗礮以逃其故無他人心一齊一不齊士氣一勇一不勇之别耳固不在有器無器也前年普魯士與法蘭西相鬬法國之早隊鎗礮冠於泰西千百年來爲雄無敵普魯士乃褊小之國徒以君明臣良蓄謀歲久殫精竭智上下一心遂使法蘭西火器諸技失其所恃而爲普所挫敗是西人與西人交戰所用輪船鎗礮兩俱精良惟以人心之整齊渙散分勝負中土日習火器卽事事盡其巧妙亦不過與法蘭西之礮船相等極矣使不求先鼓勵兵心整飭刑政設有如普魯士之强鋭無前者我能不爲所挫乎故以前明之有火器與　國初之無火器言之則有者敗而無者勝以普法二國言之以火器著名者敗而火器未著名者勝然則其所以必敗所以必勝者當以兵心之勇怯[illegible]務而器之有無利鈍實爲第二義灼然可覩矣以中[illegible]八省分南北兩途南人工於文詞精於書寫北人[illegible]不及焉乃北人祗效南人之筆硯精良紙墨華美而[illegible]於幼小之年耳濡目染如南人之勤學無益也北人[illegible]弓馬善於馳騁南人亦不及焉乃南人之效北人但購[illegible]名馬高車勁弓健矢而不能如北人手足胼胝耐習勞苦無益也以同一中華之人南北異宜尙不能事事相師反客爲主乃一旦欲强開天闢地以來數萬年之人心風俗驅迫之以效法西洋雖以漢武秦皇之威其不能有尺寸之效亦明矣臣愚竊謂目下中華之於東西洋情勢有無足慮者三不易學步者三大有可爲者三敢爲　聖明詳陳之按泰西大小各國以數十計

而不能統於一尊最大者爲俄爲英爲法爲美而普魯士後出亦頡頏其間與中土從前之戰國絶相似互相聯絡互相猜忌更互相防維故歷次條約中必云如後有施恩之處各國一律均沾其牽制鈐索之隱情大可概見斷不能一國獨啟兵端使我駕馭得宜操縱有法則彼且爲我用使爲鷸蚌可也使爲冰炭可也卽或不然亦必有此疏而彼尙親一違而衆不合斷不致各國同時決裂與我爲難此無足深慮者一也西人雖勇於戰事而興兵則甚愼甚難必一國中君臣紳商詢謀僉同且籌有巨餉方肯命將卽如道光二十年洋兵初來正林則徐爲兩廣總督威名最著遂不敢遽犯廣東特乘浙江之隙及占據定海大可接踵內犯乃仍向天津訴寃次年二月奕山在廣東議和給予六百萬已可罷兵苟非

裕謙剝皮爲纏於甯波則江甯二千一百萬斷不致如此之甚也咸豐六年葉名琛與之爭執入城一事輾轉年餘始將省城攻陷迫僧格林沁在天津擊沈洋船一隻法國急於報仇矣至下年春命上海道吳煦令商人與之講解只給兵費六百萬一切仍照戊午原議其各兵即可撤回乃端華肅順拒之於內何桂清薛煥拒之於外洋人無可如何始大隊北上其時洋兵麕聚上海載來戰馬三萬匹在洋涇濱游牧中國共見共聞正髮逆迭陷蘇常使洋人乘利逐便翻然改圖以攻天津之兵先據杭湖爲賊前驅則固唾手可得耳而西人未奉君命不敢爲也以洋人前後數年情節度之其善戰而不輕於決戰實已昭然矣蓋華軍雖不能與之海上交鋒若陸路鏖兵則洋人自揣亦無必勝之劵且我之兵勇調募

可以不窮彼則來者只有此數全仗潮勇漢奸爲之前隊而已此無足深慮者一也洋商自十三口通市以來其在中國購房屋長子孫已二三十年戀土情深惟利是急一有變故其數千萬貲財產業皆付蕩然故前數年屢次爲中土勦賊非其向化之獨眞乃其自謀之更切苟非萬分怨恨豈肯自害其羽毛上年東洋無故饒舌在京威公使尚出而排解其不願通商各口岸攪擾爲池魚之憂亦確然可證矣雖東洋人心險詐叵測與西洋人不同不可不爲之備然通商各口岸有西洋人貿易在斷不令其獨力鴟張此無足深慮者三也西人兵法最嚴而養之最厚其兵餉多於中華數倍雖一隊千人十死八九其一二成尚且直前不退每船數百人終日寂然無聲所派在船分段巡查者持鎗往來足無停趾不

但無故無一登岸者即在船亦無酣嬉高卧之人鎗礮器械纏索什物不惜厚費必新必堅終日淬厲如待敵至即礮子之光滑亦如毬如鏡大小合膛加以規算測量故其礮能命中致遠無堅不摧雖王子貴人一經入伍與齊民等凡勞苦蠢笨事皆習爲之桅高數丈緣索以登必行走如飛盡各兵之所能方爲水師提督行伍之中從無一官一兵可以倖進此法律之精嚴中國不易學者一也西酋奉命出疆爲全權大臣者行止皆可自決其督兵時臨陣作何開仗每於未定計之先廣諮博訪必集衆人所見擇善而從雖走卒末僚皆可預議及既定策之後即王公貴人不能搖撼一切無知浮議更屏而不顧故下情無不上達而善策不能中撓敵之山川形勢兵將之强弱多寡城郭之遠近平險必先期偵探確

實宣示各兵皆能胸中了了更各授以地圖臨時再三申誡合衆心爲一心操有勝算方肯舉動從無孟浪從事之時此用兵之詳慎中國不易學者二也西洋舊制除臨陣死亡無論外凡所獲之囚傷者醫之死者殮之生者養之絕無摧辱陵虐之事兩兵相接使命往來不加梗阻一豎白旗立即止仗不得無故傷害逐日戰事准局外士人隨時紀載無所諱飾爲將之勝敗苟布置實非其罪爲衆論所稱者各國皆可錄用如現在法國麥馬韓之類此待將之寬厚中國不易學者三也有此三長故其人必心精力果敗少勝多兼之船堅礮利始克收其奇效否則孟子所謂兵革非不堅利也委而去之而已兵將法律之精且嚴者其本也輪船火礮之利且速者其末也有本而無末雖强弩不能穿魯縞矣談洋務者

於西人之根本長技獨不一深長思之何哉夫中土之於西
洋未必百事不如亦未必百事皆勝其間人情風俗各有所
長而天理所存則無二致今人但知西人處處恃强處處恃
勢而不知平時優卹其民信使其軍仍不能逃出中土聖賢
之大道至理且舉措之間時有一二暗合者此其所以强也
世人皆以西洋爲智而臣獨以西洋爲愚惟其愚也故用心
能專製器能精而中土之聰明十倍過之其不專不精處則
皆聰明誤之也世人皆以西洋爲譎而臣獨以西洋爲騃惟
其騃也故政令嚴肅軍律整齊而中土之圓融亦十倍過之
其不整不肅則又圓融誤之也今欲與之角逐求其富强之
效必先探其富强之源究竟各國得力之實際乃由軍民一
心法令嚴整乎抑僅在於船礮猛烈所向無前乎苟能執其

兩端而詳辨之則朝廷之上飭紀整綱發號施令孰先孰後
孰緩孰急之次第自有主持而不眩於道謀築室矣又洋人
之擅長在海戰爭在此謀利亦在此國初鄭成功竊據臺灣
　聖祖仁皇帝移沿海之民三十里以避之鄭氏遂爲我困
此即不與爭海之效也此時誠棄海之利害與洋人而但恃
陸路兵民之心以勝之彼必技無所施矣溯自道光庚子起
至今三十年内地與洋人交鋒惟廣東三元里義民八十三
村及臺灣各社兩次大創之皆不能恃鎗礮之猛而但恃人
心之堅前者已死後者再進洋人之利器竟亦不能致力從
前捻匪盛時各省各縣築墟其墟不過秀才監生乃一發號
施令數十墟中百萬人皆能爲之效死如果沿海地方官皆
能如墟長之恩信及人則平日之民皆臨事之兵雖一呼而

數千萬皆集矣船礮乃呆物待人用之而靈民心兵心乃活
物激之可以必死其間優劣天壤相判矣先選沿海之督撫
再選沿海之州縣如身之使臂臂之使指上下聯絡萬衆一
心中土有船有礮固足以取勝外洋即無船無礮亦必卓然
有恃而無恐與其費二三千萬買非人不行之船礮何如只
用一千萬或減釐捐或墾荒產即可收沿海萬里之人心乎
夫天下之大兵刑錢穀之煩邊府海防之重一一綜核其名
實振作而有爲使各直省中無一民不安其生無一官敢曠
其職節無益之費以薄斂於民間求有用之才各專以要任
船礮固不必廢而不講但不專恃船礮以自强兵將要在練
之使精更當求其兵將之敢死將見薄海内外同仇敵愾衆
志成城國勢蒸蒸日上外洋之人各有耳目自然既敬且畏

不敢妄求其辦洋務之大臣恪守條約以恩信結之斷不致
有無端要挾欺蔑之事再歷一二十年我　皇上春秋日富
英明神武上荷天心眷佑機會方來亦如乾隆朝準夷故事
定可復數世之仇洩數天之憤目前固不必急急速求奇效
徒亂人心製器則畫虎不成臨陣則羊鶴不舞以舉棋不定
累　廟算以狼狽相倚啟外疑竭千百萬小民之脂膏購東
西洋唾餘之船礮有百損而無一益此天下士庶紳者所異
口同聲而無敢上訴者臣不勝愚戇急迫之至謹冒死上陳

議覆謝祖源奏請練習洋務人才疏　總署王大臣

十二月初六日欽奉　諭旨謝祖源奏時局多艱請廣收奇傑之士游歷外洋一摺著該衙門議奏欽此由軍機處恭錄行知到臣衙門欽遵覈議伏查該御史原奏內稱自同治年間遣使外洋除使臣由　朝廷特簡外其隨員或取在館供事及肄業官生學術旣未淹通器局尤多猥瑣卽所延幕友亦僅專司文牘並無瑰奇磊落之才其中出色人員不過學習機器通譯語言久之習與性成甚至有樂效其飲食起居便其車馬衣服者其人殊未足膺異日干城之選臣愚謂國家帖括取士經濟卽寓乎文章今翰詹部屬中不無抱負非常者可否令出使大臣每國酌帶二員給以護照俾資游歷一年後許其更替願留者聽其才識出衆者由出使大臣

密保旣備他日使臣之選亦可多數員熟悉洋務之人等語臣等維使絕域者必資異材習邊情者存乎實歷今外務日繁誠宜廣爲儲材以收羣策羣力之效總理各國事務衙門查自奏請　簡派出使以來其始原藉聘問鄰國爲名冀得游歷殊方周知其國俗地形强弱夷險以及練兵制器榷商開礦諸要務旣而規模漸定分遣使臣駐紥由該使臣遴派參贊領事等官分駐通商津要勘驗記載各情隨時稟報又有出洋學生以資練習北洋大臣復屢派武弁工匠陸續前赴各國船廠礮廠學習技藝用意不爲不周歷年奉使及參佐人員亦多取材於曾任翰詹部屬之人查出使隨員向由使臣自行奏帶跋涉萬里更換不易必須爲地擇人以責若成而效指臂其不能拘定京外現在候補候選人員惟材是任勢不得不然也若夫供事學生由各該使臣奏帶出洋者取備繕寫文移繙譯書問而已其機宜重大事務何嘗取辦於末秩使盡去此曹則筆札之繁舌人之選豈能槪責之使臣一身且其中未嘗無可造之材卽或有沾染外洋習氣者亦可由該使臣隨時督察分别撤參以示懲儆至該御史請於翰詹部屬中由出使大臣酌帶每國二員一節竊惟周髀九數疇人命官考工五材庶士分職班固志前代藝文於經典外列敘兵書術數方技諸略此皆專門利用之學聖人不廢原夫古時造士器數之學本與義理之學並重故足以通經致用官效其能近世士大夫非無才識閎通學問淹博之人而限於方域囿於見聞語及環球各國交際之通例富强之本計或鄙夷而不屑道所謂少見多怪其勢然也夫外洋

測算竊自中法制器相材源於考工營陣東伍乃古者司馬法步伐進退之遺開采五金仿於周禮丱人之官測繪地輿亦晉人裴秀成法禮失求野豈彼智而我獨愚特中士習爲游談其平日留心講習者艮少耳是以欲周知中外之情勢必自游歷始然各國事理與中國不同彼之藉游歷以傳教者無論已其他或默計中裔相通道里或私繪山川形勢或考求物產盈虛或陰測煤鐵礦苗非空勞跋涉者且彼士之人强力堅忍置之雪山冰嶺而不辭中土之人筋力柔脆偶涉瘴癘風濤而生畏況不習西國語言文字卽身歷其地亦與暗聾何異今人於海疆牙錯之形直省鹽鐵之數一切利病尚或未能瞭然心目而遽欲舍己芸人忽近圖遠安必其有實濟乎就目前而論我之所亟惟在察敵情通洋律諳製

造測繪之要習水師陸戰之法講求稅務界務茶商牧礦諸事宜雖未能遽底於精深亦當先得其大要查出使各國大臣不乏差遣之員外國每年中例有避暑不辦事之月又多賓祭燕閒之日相應申請飭下出使各國大臣隨時分飭屬員游歷境內考覈記載分門講求並督出洋武弁學生等學習各項技藝董勸並行以收實效該員等本月支薪水毋庸另給經費至翰詹部屬中如實有制器通算測地知兵之選堅樸耐勞志節超邁可備出洋游歷者可否請　旨飭下翰林院六部覈實保薦並咨送總理各國事務衙門考覈再行奏請發往各國游歷由出使大臣就近照料應需出洋薪水屆時由總理各國事務衙門酌定數目在出使經費項下發給所有臣等議覆緣由謹合詞恭摺具奏

請豁除舊禁招徠華民疏　　薛福成

奏爲時勢互殊例意已變擬請申明新章豁除舊禁以護商民而廣招徠恭摺仰祈

聖鑒事竊臣　瑚查

國朝順治康熙年間始嚴海禁當時因鄭成功父子竊據臺灣窺犯江浙閩粤招誘平民脅爲死黨寇勢滋蔓沿海騷動不能不創立禁例以大爲之防凡閩人在番託故不歸復偸渡私回者一經拏獲卽行正法厥後臺灣既平務在與民休息不欲生事海外康熙五十六年禁止南洋貿易一案經九卿議定凡出洋久留者行文外國解回正法蒙

聖祖仁皇帝特恩令五十六年以前出洋之人俱准回原籍

雍正六年奉

諭出洋之人陸續返棹而彼地存留不歸者皆甘心異域違禁偸往之人不准回籍欽此乾隆十四年復奉

高宗純皇帝特諭將私往噶羅巴充當甲必丹之陳怡老嚴加懲治貨物入官大抵昔日海盜未殲鄰交未訂彼出洋之人禁之則可以孤寇黨弭釁端不禁則慮其洩事機傷國體且承平之世地廣而人不稠人散則土益曠深維至計首懸厲禁非苛待此出洋之民也時勢爲之也自道光二十二年以來陸續與東西洋諸國立約通商英國江甯和約第一條華英人民各住他國者必受保佑身家安全美國續約第五條中國與美國人民前往各國或願常住入籍或隨時來往總聽其自便而秘魯條約及古巴華工條款亦於出洋華民鄭重再三庇之惟恐不周籌之惟恐不至每於海外要地設

領事官以保護之誠以今者火輪舟車無所不通瀛環諸國固已近若戶庭邇於几席勢不能閉關獨治且我
聖朝煦濡涵育逾二百年中國漸有人滿之患遂不得不導傭工以擴生計開商路以阜財用順民志以聯聲氣張國勢以尊體統蓋海禁早弛風氣大開一視同仁無間遐邇前例已不廢而自廢不刪而自刪非偏厚此出洋之民也時勢爲之也臣於光緒十七年
奏派道員黃遵憲爲新嘉坡總領事宜屬令到任後詳察流寓華民情形覈實稟報茲據稱南洋各島華民不下百餘萬人約計沿海貿易落地產業所有利權歐洲阿剌伯巫來由人各居十之一而華人乃占十之七華人中如廣瓊惠嘉各籍約居七之二粵之潮州閩之漳泉乃占七之五粵人多來

往自如潮人則去留各半閩人最稱殷富惟土著多而流寓少皆置田園長子孫雖居外洋已百餘年正朔服色仍守華風婚喪賓祭亦沿舊俗近年各省籌賑籌防多捐鉅款競邀封銜翎頂以誌榮幸觀其拳拳本國之心知
聖澤之浹洽者深矣惟籌及歸計則皆蹙額相告以爲官長之查究胥吏之侵擾宗黨鄰里之訛索種種貽累不可勝言凡挾貲回國之人有指爲逋盜者有斥爲通番者有謂爲偷運軍火接濟海盜者有謂其販賣豬仔要結洋匪者有強取其箱篋肆行瓜分者有拆毀其屋宇不許建造者有僞造積年契券藉索逋欠者海外羈氓孤行孑立一遭誣陷控訴無門因是不欲回國間有以商賈至者不稱英人則稱荷人反倚勢挾威干犯法紀地方有司莫敢誰何今欲掃除積弊必

當大張曉諭申明舊例既停新章早定俾民間耳目一新庶有裨益蓋黃遵憲體察既深見聞較熟故言之詳切如此臣竊惟保富之法肇於周官懷遠之謨陳於管子民性何常惟能安彼身家者是趨是附中國出洋之民數百萬粵人以傭工爲較多其俗雖賤視之尚能聽其自便衣食之外頗積餘財至今濱海郡縣稍稱殷阜未始不藉乎此閩人多富商巨賈其俗則待之甚苛拒之過峻往往擁貲百萬羈栖海外十無一還且華民非無依戀故土之思也國家亦不非行驅禁之政也特以約章初立之時未及廣布明文家喻戶曉遂使累朝深仁厚意澤不下究化不遠被奸胥劣紳且得窺其罅以滋擾累爲淵毆魚爲叢毆爵甚非計也夫英荷諸國招致華民開荒島爲巨埠是彼能借資於我也華民擅幹才操利

柄不思聯爲指臂又從而擯絕之是我不能借資於彼也及今而早爲之圖尚可收桑榆之效及今而不爲之計必至憂杼柚之空查前督臣沈葆楨
奏請將不准偷渡臺灣舊例一概豁除曾奉
特旨俞允省其文褌實政莫善於此迄今海內交口稱便出洋華民事同一律可否籲懇
天恩俯念民生痌瘝
敕下總理各國事務衙門覈議保護出洋華民良法並聲明舊例已改以杜吏民詐擾之端由沿海各省督撫及出使大臣分途切實曉諭奉宣
德意俾眾周知並准各口領事官訪其平日聲名素稱良善核給護照如是則不事紛更不滋煩擾可以收將渙之人心

可以振積玩之大局可以融中外之畛域可以通官民之隔閡懷舊國者源源而至細民無輕去其鄉之心適樂土者熙熙而來

朝廷獲藏富於民之益一旦有事緩急足倚枝榮本固厥效非淺所有擬請申明新章豁除舊禁以護商民而廣招徠緣由理合恭摺歷陳伏乞

皇上聖鑒訓示謹

奏

是疏於光緒十九年五月十六日由英倫使館發遞七月初十日奉

硃批該衙門議奏欽此總理衙門於八月初四日覆奏應如所請

敕下刑部將私出外境之例酌擬刪改並由沿海督撫出示曉諭凡良善商民無論在洋久暫婚娶生息一概准由出使大臣或領事官給與護照任其回國治生置業與內地人民一律看待毋得仍前藉端訛索違者按律懲治奉

硃批依議欽此

附陳派撥兵船保護商民片

再臣聞流寓外洋華民往往以氣餒勢孤爲他國人所輕侮西洋通例莫不撥派兵船保護商民俾旅居者增氣以自壯近者中國海軍各艦亦嘗巡歷新嘉坡諸埠華民色喜相慶以手加額謂爲從前未有之光寵惟海軍船數不多經費不裕勢難分撥兵輪久駐海外華民集貲積少成多未嘗不願供給船費稟請酌派軍艦稍長聲勢從前兩廣督臣張之洞曾議勸辦此事未及就緒設令果有成效則海軍省養船之費而有歷練之資兵船無坐食之名而著保護之績商賈傭工捐貲不少頗霑利益使臣領事權力雖弱亦倚聲援一舉而數善備焉臣屬總領事黃遵憲相機利導據稱閩商未肯出力事難必成臣是以有招護商民之請蓋華商有力者之在外埠商務之旺衰繫之軍實之強弱繫之即西人亦視之頗重也理合附片密陳伏乞

聖鑒謹

奏

粵省創設水陸師學堂以儲羣材疏

張之洞　吳大徵

竊惟古今人材皆出於學學之爲事講習與歷練兼之近日海防要策首重水師兵輪次則陸軍火器外洋諸國於水陸兩軍皆立專學天文海道算學輪機礮械營壘工作製造分類講求童而習之畢生不徙其業是以稱雄海上我　朝聖武恢閎中國人材所萃將才何一不備兵法何一不精特是時勢不同船礮機算諸端至今日而巧者益巧烈者益烈若欲因時制變罔非設學不可近年天津福州皆設水師學堂而天津兼設武備學堂以練陸師誠以二者不可偏廢也廣東南洋首衝邊要兼籌應儲水陸師器使之材較他省爲尤急光緒三年前督臣劉坤一捐銀十五萬兩奏明生息爲儲養洋務人才之用光緒六年前督臣張樹聲撫臣裕寬於省城東南四十里長洲地方就將款內撥銀建造學館分派教習考選學生肄習西洋語文算法用項取之前次息銀特以限於費絀定額較少此外有關兵事諸端未能肄及臣之洞到任後察看該館生徒學業尚堪造就改名博學館於奏請籌辦閩粵兩省開設學堂各務摺內聲明在案臣等審度時勢公同籌商擬即就其地改爲水陸師學堂並須添購地段增建堂舍教習所以區功課而臻完備其水師陸師均各額設七十名先挑選博學館舊生通曉外國語文算法者三十名爲內學生再遴選曾在軍營歷練膽氣素優之武弁二十名爲營學生再擬選業已讀書史能文章年十六以上三十以下之文生二十名爲外學生無論生監俱准就學其水師則學英國語文分管輪駕駛兩項管輪堂學機輪理法製造

運用之源駕駛堂學天文海道駕駛攻戰之法其陸師則學德國語文分馬步鎗礮營造三項内學生取其繙譯已曉算法已諳營學生取其兵事已歷膽氣已壯外學生取其志向已定文理已通惟營學生外學生兩途年齒較長學習外國語文稍有不便應於洋教習之外添用華繙譯一名轉爲解授以便領悟其房舍則分爲水師誦堂水師操堂陸師誦堂陸師操場陸師馬步礮操場其規制課程畧仿津閩成法復斟酌粵省情形稍有變通大抵兼採各國之所長而不染習氣講求武備之實用而不尙虛文堂中課程限定每日清晨先讀四書五經數刻以端其本每逢洋教習歇課之日卽令講習書史試以策論俾其通知中書史事兵事以適於用在堂者一律仍准應文武試以開其上進之程其營學生外學生兩途年歲不必甚幼庶可辨其志趣氣質不致虛養庸下之才語文但取粗通不必以此一端耗其心力目力總期由粗入精必不使逐末遺本水師學成之後撥入練船另設練船正教習鎗礮帆纜教習測算教習四員皆用洋弁在船課讀卽在中國沿海口岸遊行認眞練習一年之後再選其才藝尤長者分赴外國學堂兵船學習其陸師則三年學成後擇尤出洋分赴各國學堂陸軍練習水陸均令每年九月在堂三月在船在營遇有外洋有事擬照西國通例前往觀覽以資考鏡實事現在購買地基添造學舍興築場廠約估需銀六萬餘兩每月員弁薪水華洋教習薪費學生贍賚丁役工食約需銀五千兩按之津閩章程已屬節省堂中應用書籍機器隨時添置除博學館原有每年息銀六千餘兩外應

於海防經費項下開支粵省度支極絀豈敢更增用款然爲此儲才要務不得不竭力成之惟學堂事屬創始總辦者非有熟習大員未易勝任查有二品銜分省補用道吳仲翔才識沈毅思慮精詳前充福建船政提調十餘年船政始規皆其創辦嗣經北洋大臣李鴻章調赴天津委辦水師學堂亦著成效現在請假回籍經臣等函邀來粵詢商一切相應請

旨將吳仲翔發交臣等差委擬卽委令總辦水師學堂事務以資熟手至洋教習擬用三員水師駕駛洋教習一員查有福建船廠英員李家在閩期滿堪以調充陸師語文測算兼操練正洋教習一員粵省現有德弁歐披次堪以充補其副教習一員應由臣等咨商德國出使大臣向外部選訂此外應設漢教習十一員水師則駕駛操演洋文各一員華文

三員陸師則英文幫教二員德文幫教一員華文二員其稽查各堂及經管錢糧文案各委員酌用此舉現經臣等詳加籌度飭據廣東布政使高崇基會同海防善後局司道擬議章程詳請具奏前來除咨明海軍衙門總理衙門暨戶兵二部外謹合詞恭摺具陳

請派員游歷外洋疏

竊惟周髀九數疇人命官攷工五材庶士分職班固志前代藝文於經典外列敘兵書術數方技諸略此皆專門利用之學聖人不廢近世大夫每囿於見聞語及環球各國交際之通例富强之本計或鄙夷而不屑道夫外洋測算術自中法制器相材原於巧工管陣束伍乃古者司馬法步伐進退之遺開採五金仿於周禮丱人之職測量地輿亦晉人裴秀成法禮失求野豈彼智而我獨愚特中土習爲游談其平日留心講習者良少耳是以欲周知中外之情勢必自游歷始然各國事理與中國不同彼藉游歷以傳教者無論已其他或默計中裔相通道里或私繪山川形勢或考求物產盈虛或測探煤鐵礦苗非空勞跋涉者目前我之所亟惟在察敵情

通洋律諳製造測繪之要習水師陸戰之法講求稅務界務茶商收礦諸事宜應請

敕下出使各國大臣隨時分飭參贊隨員游歷境內考核紀載分門講求並督出洋武弁學生等學習各項技藝董勸並行以收實效至翰詹部屬中如實有制器通算測地知兵之選堅樸耐勞志節超邁者可否請

旨敕下翰林院六部覈實保薦並咨送總理衙門考核再行奏請發往各國游歷

招工照會議

爲照會事現准前督部堂張咨開光緒十五年九月廿五日承准總理衙門咨光緒十五年八月廿二日准和國費使照稱外洋招工之地有經紀人立市和同交易華人乘輪船來去者擠擁之苦直與牲畜無異及到招工之地該主人出錢多者華人歸伊做工與經紀人立約或一年或三年期滿之後華人仍同經紀人處所得辛苦工資悉爲烟賭花費及錢用盡復爲經紀人挾制本大臣欲擬一法如華人願意出洋種地謀生必須在出口之處海關設立公所委任中正之員管理其事同外洋招工地主或同代辦之人立約簽字蓋截凡出洋之華工每人給一憑據塡明往某處傭工每日做工幾點鐘每月工價幾何往來船費若干由外洋地主酌給該

華工在出洋之先必須在海關公所立約載明該華人在某處做工須由某處一直回華不准透留所得工貲該地主人註明簿上在海關招工公所按名分給可免經紀人誆騙惟華人出洋之時須由海關公所分往做工之地庶不致有擠擁之憂也等因前來查華人私自出洋工作爲該處經紀人挾制誆騙種種弊端事所必有今該使擬設海關招工公所係屬便民除弊起見似屬有益惟事屬創行究應如何辦法無從懸擬相應咨行貴督按照所開各節酌核辦理可也等因本部堂承准此查同治五年間准南洋通商大臣轉准總理衙門咨與英法兩國駐京公使公同約定招工章程二十二款於華工出洋一切取益防損以及嚴杜逼脅誘拐之弊立法本極詳明久經遍行遵照至開設招工公所經瑞前部堂與英國羅領事商定招工公所事宜四條札飭遵辦在案玆承准前因查和國費使所擬辦法核與招工章程內第八九十等款聲敘各節尚屬符合雖章程條款所載多有費使所未及者若將來照准開辦仍可推廣照行費使所請各節無非杜絕經紀人挾制誆騙各種弊端起見尚可照准惟華工附搭輪船一切稽查等事以及現擬設立海關招工公所均應由貴監主辦除先行咨覆總理衙門查照外相應咨會查照施行等因到本關部准此相應照會貴稅務司查照督部堂咨內事理希將華工附搭輪船出洋一切稽查等事以及現擬設立海關招工公所各節分別妥議照覆來關以憑咨覆核辦爲此照會順候日祉須至照會者

續華傭出洋防弊議

一領事官宜設立也按互市通例凡派公使駐紮國都卽爲有約之國既有公使駐其國都卽可兼派領事駐紮各地方以資分轄今如荷蘭等國中朝雖有欽使派往而各屬仍未設有領事推原其故一則防其阻止事權再則以經費太繁故未暇爲之籌及耳今則皆無此慮也蓋彼國需工正切方有求於我而吾卽以設立領事要之另立專條注明領事所有事權凡屬該埠所有華人均須歸其保護彼國招工正切斷不敢不允既設領事凡有華傭先於中國海關立約出口之時若往某地卽由該關將出口之傭姓名籍貫年貌以及工作若干月一一注明抄錄一分郵交該埠領事官迨華傭進口之時卽由領事官親爲按名查點復設立冊籍將各傭

履歷以及派往何國充當何役一一注明冊內更隨時分別傳到各傭案前訊問其工作以及園主工頭有無苛刻情形倘不照約而行卽會同該地方官秉公懲辦而領事摺內應用隨員若干差役若干均須妥爲酌定至於經費一款或僅於華傭之內每名酌抽冊金若干或概於該埠華人之中酌量抽取此官以治民卽民以奉官本無傷於王政若是則不惟經費不虞其告竭且可得有餘資以爲方便撫恤之需矣

一諸員宜隨時認眞查核也既設領事以及隨員等則辦公有人而領事須派用廉潔妥員巡行各園以察諸傭之工作如何園主工頭款待如何若有該傭懶惰則固不能姑寬而園主工頭等或有不照約款任意苛刻等情卽可據情稟覆領事官咨照地方有司會同查辦而諸傭等亦不得恃有官爲保護卽任意結黨以爲挾制倘諸傭等有犯以上情弊許該園主工頭等隨時向領事官案前控告以憑懲辦

一華人醫院之宜設立也每見華傭立約出洋者死亡之衆實堪慘目各處雖不無西醫之設然以西醫而治華人終多隔膜且華傭衆多概皆施治則不免有所草率難期周到是宜設立華人醫院畧仿東華醫院之例掄選華醫之深明症治者以爲主席凡屬華人患病俱可到院求治不取醫資如極貧之人以及華傭則可在院內居住就醫俟其醫愈出院再回工所但調醫時日久暫固難一致必更定一公道之法如入院若干日則爲之扣除注明簿中該傭工滿之時更爲之按日補回俾不致有缺憾其或不幸在院身故卽由該院醫師出結錄明係因何病致死並非抑勒等情詳於領事案

中以俟分季彙寄回華俾其戚屬家人得知其故至於設院經費則先籌諸華商及園主等募集不足卽以辦公所存之款繼之

一工食不可以妄支也今諸傭期滿之後往往仍覊留工作不能他去者皆緣煙賭與嫖所累每致預支工食故遂爲所縛耳今更爲之議定該傭每年工資若干酌核每人每年所費給回本傭所存之資卽由園主繳官代爲存貯若該工需贍家者則酌撥若干以充贍家之費若無家者則概行代其存貯放息俟其工滿之時本息給還聽其自便明白曉諭諸式人等不許爲華工除借以及賭欠等事若有爲之是爲自誤不得向公庭告發如是則諸傭不至耗其所蓄侵及工資以致歷歲覊留不能出境矣

以上數則若能實力行之以挽回此中積弊而公私兩得矣

采西學議　殷兆鏞

傳稱左史倚相能讀三墳五典八索九邱孔安國曰九州之志謂之九邱詩列十五國之風康成譜序云欲知源流清濁之所處則循其上下而省之欲判風化芳臭氣澤之所及則旁行以觀之孔子作春秋有取於百二十國寶書伊古儒者未有不博古而兼通今綜上下縱橫以爲學者也顧今之天下非三代之天下比矣周髀算經有四極四和與半年爲晝半年爲夜等說後人不得其解周禮職方疏神農以上有大九州後世德薄止治神州神州者東南一州也騶衍談天中國名曰赤縣神州中國外如赤縣神州者九當時疑爲荒唐之言顧氏炎武不知西海夫西洋即西海彼時已書於人口職方外紀等書已入中國顧氏或未見或見而不信皆未可

知今則地球九萬里莫非舟車所通人力所到周髀禮疏騶衍所稱一一實其地據西人輿圖所列不下百國此百國中經譯之書惟明末意大利亞及今英吉利兩國書凡數十種其述耶蘇教者率猥鄙無足道此外如算學重學視學光學化學等皆得格物至理輿地書備列百國山川阨塞風土物產多中人所不及昔鄭公孫揮能知四國之爲子產能舉晉國實沈臺駘之故列國猶有其人可以中華大一統之邦而無之乎亦學士之羞也今之習於夷者曰通事其人率皆市井佻達游閒不齒鄉里無所得衣食者始爲之其質魯其識淺其心術又鄙聲色貨利之外不知其他且其能不過略通夷語間識夷字僅知貨目數名與俚淺文理而已安望其留心學問乎惟彼亦不足於若輩特設義學招貧苦童穉兼習

中外文字不知村童沽豎頴悟者絶少而又漸染於夷場習氣故所得仍與若輩等今欲采西學宜於廣東上海設一繙譯公所選近郡十五歲以下頴悟文童倍其廩餼住院肄業聘西人課以諸國語言文字又聘内地名師課以經史等學兼習算學聞英華書院墨海書院藏書甚多又俄夷道光二十七年所進書數百種存　方略館宜發院擇其有理者譯之由是而歷算之術而格致之理而制器尚象之法兼綜條貫輪船火器之外正非一端如歷法從古無數十年不變之理今時憲以乾隆甲子爲元承用已逾百年漸多差忒甲辰修改墨守西人舊法進退其數不足依据必求所以正之聞西人見用地動新術與天行密合是可資以授時又如河工前造百龍搜沙之器以無效而輟聞西人海港刷沙其法甚捷是可資以行水又如農具織具百工所需多用車輪用力少而成功多是可資以治生其他凡有益於　國計民生者皆是奇技淫巧不與焉三年之後諸文童於諸國書應口成誦者許補本學諸生如有神明變化能實見之行事者由通商大臣請　賞給舉人如前議中國多秀民必有出於夷而轉勝於夷者誠今日論學一要務矣夫學問者經濟所從出也太史公論治曰法後王爲其近已而俗變相類議卑而易行也愚以爲在今日又宜鑒諸國諸國同時竝域獨能自致富强豈非相類而易行之尤大彰明較著者如以中國之倫常名教爲原本輔以諸國富强之術不更善之又善者哉且也通市二十年來彼酋之習我語言文字者甚多其尤者能讀我經史於我朝章吏治輿地民情類能言之而我都護以

下之於彼國則瞢然無所知相形之下能無愧乎於是乎不得不寄耳目於蠢愚謬妄之通事詞氣輕重緩急輾轉傳遞失其本指幾何不以小嫌釀大衅夫馭夷爲今天下第一要政乃以樞紐付之若輩無怪彼已之不知情僞之不識議和議戰迄不得其要領此　國家之隱憂也此議行則習其語言文字者必多多則必有正人君子通達治體者出其中然後得其要領而馭之綏靖邊陲道又在是如謂六合之内論而不議封故見而限咫聞恐古博物君子必不爾也

慎約議

彭玉麟

成周之建封諸侯也其誓詞曰黃河如帶泰山如礪國以永存爰及苗裔於是鐫玉版鏤金枝藏在盟府子子孫孫永保用享降及春秋互相雄長強凌弱眾犯寡有能內尊外攘事大字小者則狎齊主盟以爲諸侯主故魯史一書大抵皆紀會盟之事也然昔之所重者在修好故珠槃玉敦昭皇天而告之則重誓詞今之所重者在通商故綱舉目張列條款而晰之則重約議所謂公法者即萬國之合約章程也然法既曰公自宜顧名而思義曩者中國與英法兩國立約時皆先兵戎而後玉帛被其迫脅兼受朦蔽所定條款受損實多往往有出乎地球公法之外者厥後美德諸國及荷蘭諸小國相繼來華立約維時中國於洋務利弊未甚講求率將利益

均霑一條刊入約內一國所得各國安坐而享之一國所求各國羣起而助之遂使泰西諸國協以謀我挾以要我幾幾有固結不解之勢同治十年日本遣使來求立約兩江督臣曾國藩直隸督臣李鴻章先後商訂始將均霑一條刪去約中並載明日本商民不准入內地販運貨物限制綦嚴節經該國屢次翻悔每每斥駁現聞各國駐京公使間有會商之事日本獨不得與其尚未聯爲一氣者未必不因約議之稍異也約議之不可不慎非明徵歟至若洋人居中國不歸中國官管理試問華之居外洋者何如外國人到中國不收身價試問中國人之到外洋者何如（華人到美國每人每歲收稅銀一二元不等）且中國所徵於各國商貨之入口者稅甚輕華船至外國納鈔之重數倍於他國即以鴉片論在孟米出口每箱徵銀六十磅中國稅銀僅十磅中國出口茶稅每箱僅徵每百元之七五不上一成至英國入口所徵不下四五成至於烟台之約且強減中國稅則幾於喧賓而奪主合彼此而較之公於何有法於何有更有詞雖甚公而法甚不公者如十六款所書英民有犯事者皆由英國懲辦中國人欺凌擾害英民皆由中國地方官自行懲辦詞甚公矣不知中國之法重西國之法輕如華人與洋同犯命案華法必議抵西法僅罰鍰果孰利而孰害耶又如公法所書一千八百五十八年英法俄美四國與中國立約嗣後不得視中國在公法之外玩其詞意重視中國乎抑輕視中國乎親待中國乎抑疏待中國乎嘻異矣雖然往者不可諫來者猶可追條約非一成不變者也下屆更修和約之日宜明告各國曰某約不便於吾國某法

不便於吾民某稅不合於吾例須斟酌以協其平彼如不允則據理直爭百折不回彼亦無術以處之也且前之被彼挾而要求者以滇案未清耳今前案已結彼已無所藉口且英國於條約之內事尚未能盡行理已先詘茲彼以理相析諒人之意欲以南島歸我而換利益均霑之約李鴻章奏以南島瘠貧得地而不能治即予之球人球人亦不能藉以爲國以無用之物而增受害之約得不償失力持正論球案所以延閣也況此一役也爲謀主者薩摩人耳國人甚薩摩之日彊不以爲然者亦半現復遣官遣兵勞費不支而亦迫於清議或亦少有悔心乘其悔而圖之事尚大有可爲也高麗歷遵聖教恪守藩封而北迫於俄南迫於倭式微之嘆幾不能免於其杌隉而堪虞何必堅確以自守若與西洋諸國立約

通商俄倭雖欲思逞西人恐其妨於商務必從而助之我又從而接之彼此互救易與圖存以此制彼意在斯乎總之藩服之地與內地同以後與各國換更和約宜將恤藩一則刋入約例與之休息又復勤修邊備不遺餘力凡遇交涉之事悉以和平中正之心行其忠信篤敬之道未事無虛憍臨事無牽延有事無畏葸無事無荒怠事之應理者始終如一以行之事之不可允者百折不回以絶之據公法合約爲辨論本人情物理爲周旋即或自作不靖則曲在彼而兵威不揚我有備而同心敵愾又何畏彼之堅甲利兵也哉

通商四大宗論

楊家禾

中國自與泰西互市以來銀錢之流外洋者不可數計當就進出口各貨核之而得其要矣出口以絲與茶爲大宗進口以烟布爲大宗今則絲市壞矣而茶市之壞尤甚洋藥旺矣而洋布之銷更旺關心商務者能不爲之孰計哉蠶桑之利古惟中國九州之地無不宜蠶近則浙江之嘉興湖州江蘇之溧陽無錫獲利尤饒泰西之來中國購絲也始於康熙二十一年其時海禁初開番舶常取頭蠶湖絲運回外洋乾隆年間旋禁弛迨道光之季通商立約出洋之貨絲爲一大進款其利實與茶相終始茶之出洋也亦始於康熙初年厥後輪舶踵至華茶日興由福建浙江以及安徽江西湖廣等省產茶之區推行漸廣業茶者大率粤人居多無不利市三倍

以道咸年間爲極盛西人見絲茶之利爲中國所獨有垂涎已非一日於是法蘭西意大利諸國精究蠶務出絲日多法又巧於組織遂爲泰西諸國冠美國所產之絲不亞歐州日本之絲近頗考究各國之留心蠶務也如此中國知之英人亦知之英於商務獨重心計最工自知印度出絲無多不能與各國爭利而茶又仰給於中國未免相形見絀因於印度之北境考得其地燥濕寒暑與茶相宜廣爲種植復以重資僱我皖人出洋爲之教導盡得其法印茶遂盛洋藥本產於印度流入中國銷行日廣因之雲貴川陝晉豫蘇皖閩浙等省爭種罌粟中國之土藥日增英亦知洋藥之利不可挽回惟洋布之銷行有年度非中國旦夕所能辦英國自保其利不憚極意經營添設機張益加意紡織以供中國之用利權

獨攬英實有之夫以烟布而論烟之害人也盡人知之其病顯布則咸以爲適用致使中國女紅之利盡失而人亦漫不加察其病隱病之顯者入人已深病之隱者更不可問或謂利之所在人爭趨之烟之利厚隨地皆可種植其勢易布之利較薄於烟狃於目前之計者又往往忽之向來織布華人專恃人工西人競尚機器工半利倍中國若欲仿而行之動需巨款其勢難故中國之種罌粟者各行省蔓延殆遍布則上海一局如碩果之僅存竊恐中國利權之失不僅在絲茶而在洋藥亦不僅在洋藥而尤在洋布何則絲茶之利尚可整頓烟亦可以禁止惟布則整頓無從禁止不可深足慮也請申論之整頓之法何在絲茶兩項向爲中國獨擅之利今爲中西共有之利說者謂釐金太重足以病商此說誠是然我之釐金可減外洋之稅亦可增出口稅輕進口稅重泰西常例若我減釐一分彼反增稅一分亦無如彼何是減釐之說尚不足以盡之無已其惟精物産乎西人之於絲茶也講求盡善養蠶則有公院選蠶之法以法人巴斯陡爲最精顯微鏡以察其形知病蠶之宜去寒暑表以測其熱使冷暖之適中蠶繭之成也三日不繅蛹自化蛾齧繭而出則烘繭一法能久藏以待繅製用汽水絲白而潔繅用機器縷細而勻即破繭亂絲一經繅出均可適用凡此皆化學之功也而華人畧之茶則色香味三者並重外洋之茶遠遜中國惟採摘及時烘焙得法而已華人作事不如西人惟作僞則過之先是西人惟喜絲茶華人並滲以乾靛諸物而茶非真色矣或以野柿之葉相混恐其味苦澀而曬之與茶無異又或焙老

葉使斂一如嫩芽甚有以柳葉攙雜者茶之香味俱失種種僞製不可枚舉物産之不精正坐此耳他如放價爭買跌盤賤售皆自敗之道於西人乎何尤今使業絲茶者自知變計力求整頓亡羊補牢未爲晚也更論禁止之法洋藥一項向爲英人獨擅之利今爲中西共有之利其流毒也殆遍中國有謂宜禁外洋之進口者洋藥之來載在和約行之數十年一旦議禁勢必不能有謂宜禁内地之種植者小民惟利是視非人力所能强制禁令也皆爲具文而種者如故有謂宜不禁而禁重加洋藥稅餉者烟臺之約已行向之洋藥每百斤納稅銀三十兩者今則釐稅並徵已加至一百十兩仍屬無濟有謂宜懸爲厲禁不使華人吸食者烟之貽害已久通都大邑無論窮鄉僻壤之間幾於無處無吸烟之人無處無售烟之市一旦立予厲禁恐閭閻未易遵行然則若何而後可曰有禁私煮之一法中國烟館林立取攜良便難期禁止莫如仿香港熬煮熟膏領牌納餉之例其法印度運來之洋藥由官分售設立烟戶冊按戶派烟許有減而無增苟非由官煮以私論是殆與古禁私釀意相合今若參酌其法仿宋榷酤使設官稽察無論洋藥土藥不得私自熬膏凡售烟者責令由官領帖較他業什伯其稅祇准出售烟膏不得設榻開燈供人吸食違則嚴懲不貸吸烟之人憚其不便已吸者或可戒除未吸者亦難沾染禁止之法或於是乎得之若夫布之爲物也日用所必需本爲中西共有之利今反若爲西人獨擅之利其在十餘年前英國各織機約有十三萬餘張美國有十五萬數千張印度亦有一萬餘張此後添設者甚

多其織成之粗細各布運入中國者卽以光緒十五年而論按照海關貿易總冊所載約有一千四百萬餘疋計銀二千五百萬餘兩棉紗約在七十萬擔計銀一千三百萬兩其間如美國之布雖不亞於英而銷數之多究以英及印度爲最我中國之織布局僅在上海一隅設機四百張每年約出布二十四萬疋其定章載明有人仿辦祇准附股入局不准另行開張抑何隘也近歲如張香濤制軍擬於湖北省另立一局尙未開辦夫以中國之大歲銷洋布至一千數百萬疋可知民間標布扣布梭布之利盡爲所奪整頓與禁止兩窮其術若僅恃此四百張機織出布二十四萬疋誠不能敵其萬一矧謀之十載始有規模縱使極力擴充而利權之收回尙不知在於何日坐使每年三四千萬金之巨款流出外洋可

勝浩歎竊謂東西各省種棉者不知凡幾若各就其地悉令民間改用西法其織成之布將不可勝用閩中陳伯潛閣學近購機器分置鄉閭卽此意也更有進者中國講求西學不遺餘力製造等局各省林立鼓鑄日興獨於織布之機張從未有議及者果能於軋花紡織布等器具自行製造再得所在有司實力勸導俾知機器之利可以補人工之不足或一家自置數器或數家共置一器推廣行之將布縷日裕又何慮銀錢之日絀也哉

通商論

通商非西制也亦非新法也中國古昔盛時已有行之者矣日中爲市交易而退此爲通商所自昉降及成周大公之九府圜法管仲之府海官山何莫非通或疑孔孟言教商務爲緩不知孔子對君則云來百工則財用足孟子勸王則云市廛而不征法而不廛則天下之商皆悅而願藏於其市明明重商昭示來許漢興始頒明詔令商人不得衣錦乘軒以示限制唐宋而還代沿其陋遂至脈絡不通精華易竭水旱頻仍老弱輾轉愚民從而生心上下於焉交敝況今五洲通道風氣日新各國皆以商立國而謂我獨守成規能與之競爽哉蓋商務興則脈絡貫通國家必隱受其福商務衰則精華日竭國家必顯受其虧一定之理也竊以爲及今宜參酌西

法設立商務衙門與總理衙門相表裏實力奉行不准敷衍通商各局設立司員使之研究進出各貨何者可以擴充何者可以製造並諭令駐紮領事勸令各埠巨商集資購製兵船保護由國家慎選練達人員經理駕駛量加津貼所費無幾實足收無形之效矣又云孟子之告彭更也子不通工易事則農有餘粟女有餘布旨哉斯言通商一途卽以其所有餘易其所不足者也彼此交相易卽彼此交相益者也益之在於不足者如人所必需之物來日多而價日賤也益之在於有餘者如惡棄於地之貨去路暢而利路開也且往來轉運之商人又可緣之以弋利是通之者一而益之者三也況乎三者之外更有富國之一道焉以中國各新關稅則而計三十年前僅歲徵八百萬金今乃增至二千三百萬金苟使

中國自今日始再行推廣商政即歲徵五千萬金僅指顧間事耳謀國者於此自宜博考良法擴充出口貨物爲第一義是故有地而不知用與無地同有人而不知用與無人同膏腴之地無人播種惟彌望荆榛而已勤儉之人無資本以供其藉手惟頹然坐廢而已苟有資本即有器具然又非尋常耰鋤織紝已也必有機器以輔之機器愈多出貨愈廣地主人工皆藉機器而增利益然又必水則通水道造輪船陸則開通衢築鐵路無一不通道路即無一不廣利源苟使水路不通則村農禾稼如雲而無以達諸市集時而斗米僅五十錢且無人過問矣彼嗷嗷待哺之狹鄉至願以五金購之而不可得不且交受其斃乎若使增造火船火車以通之則利與弊適相反又不但運貨之速也價亦漸廉生物之處以能

廣銷售故雖廉而猶利用物之處以貨多之故愈便而愈喜其廉於是乃交收其益中國本至腴之地又多勤於工作之人惟少創用機器耳似不若暫延西人擇要創開水陸各路以及各新工作華人無不知其益自能逐漸仿行或謂外人得入內地不啻奪華人之口食此大謬不然試思所延西人不過數人或十數人數十人而止即歲糜二十萬金以五年計之不過百萬金而工作繁興道路四通八達運廉價省貨又精巧華人不購自有之物而猶購洋物者未之有也漏巵之塞歲可以千萬計不特此也中土工廉物衆自用有餘價必甚廉且可出口而收外人之利夫亦何庸深閉固拒爲哉

廣學校論

今之自命爲通儒者以洋務爲不屑鄙西學爲可恥有習其語言文字者從而腹誹之且從而唾罵之甚至屏爲名教之罪人嘻甚矣夫所貴於儒者貴其博古耳通今耳試問今之儒者通各國語言乎通各國文字乎即叩以各國之名能通知乎徒拘拘於制藝之末而學問經濟盡於是而已矣方今海防孔亟而所謂熟識洋務者不過市儈之徒正宜培養人材攻彼之盾即藉彼之矛誰謂西學可廢哉又況西學者非僅西人之學也名爲西學則儒者以非類爲恥知其本出於中國之學則儒者當以不知爲恥即以文字論古之制字者本三人下行者爲蒼頡從左至右而旁行者爲佉盧從右至左而旁行者爲沮誦泰西之字實本於佉盧也天文歷算本

蓋天宣夜之術周髀經春秋元命苞等書言之詳矣墨子曰化徵易若鼃爲鶉五合水火土離然鑠金腐水離本同重體合類異二體不合不類此化學之祖也均髮均縣輕重而髮絕不均也均其絕也莫絕此重學之祖也臨鑑立景二光夾一光足被下光故成景於上首被上光故成景於下鑒者近中則所鑒大景亦大遠中則所鑒小景亦小此光學之祖也亢倉子云蛻地之謂水蛻水之謂氣汽學之祖也禮經言地載神氣神氣風霆風霆流形百物露生電氣之祖也關尹子言石擊石生光雷電緣氣以生可以爲之淮南子言黃埃青曾赤丹白礜元砥歷歲生澒其泉之埃上爲雲陰陽相薄爲雷激揚爲電鍊土生木鍊木生火鍊火生雲鍊雲生水鍊水反土中國之言電氣詳矣至於圜一中同長方柱隅四讙圜

規寫殳方柱見股重其前弦其軔法意規員三神機陰開剞
劂無迹城守舟戰之具蛾傳羊坽之篇機器兵法皆有淵源
墨言理氣與管子關尹子列子莊子互相出入韓非子呂氏
春秋備言墨翟之技削鵲能飛巧輗拙鳶班班可考泰西智
士從而推衍其緒而精理名言奇技淫巧本不出中國載籍
之外儒生於百家之書歷代之事未能博攷乍見異物詫爲
新奇亦可哂矣但西學規例極爲詳備國中男女無論貴賤
自王子以至於庶人至七八歲皆入學在鄉爲鄉學每人七
日內出學費一本納（合中國錢三十文）在城爲城學每人一月出學
費一喜林（合中國銀一錢七分）如或不足地方官代補其曰鄉曰城者
特就地而言之其實卽鄉塾也塾中分十餘班攷勤惰以爲
升降其不能超升班首者不得出塾學藝鄉塾之上有郡學

院再上有實學院再進有仕學院然後入大學院學分四科
曰經學法學智學醫學經學者第論其教中之事各學所學
道其所道無足羨也法學者攷論古今政事利弊及出使通
商之事智學者講求格物性理各國言語文字之事醫學者
先攷周身內外部位次論經絡表裏功用然後論病源製藥
品以至於胎產等事更有技藝院格物院均學習汽機電報
織造採礦等事又有算學化學攷驗極精算學兼天文地球
句股測量之法化學則格金石植動胎溼卵化之理再有船
政院武學院通商院農政院丹青院律樂院師道院宣道院
女樂院訓瞽院訓聾瘖院訓孤子院養廢疾院訓罪童院餘
有文會印書會別有大書院數處書籍甚富任人進觀總之
造就人才各因所長無論何學必期實事求是誠法之至善

者也中國取士止分文武兩科文科專尙時藝錢穀兵刑非
所習也武科雖以騎射技勇見長究之武經尙未識爲何書
遑問韜鈐前次髮捻等匪跳梁其建大功而蕩羣醜者武科
中人乎抑非武科中人哉然而武科正大可用也方今戰守
之策不外水師火器兩途誠能於武科中設三等以攷試之
一試以山川形勢進退之方二試以算學機器製造之能三
試以測量鎗礮高低之度其兼擅衆長者不次超遷其專工
一藝者量材任事選將之道將於是乎在近年來我　朝總
理衙門派幼童出洋學習萬里從游法至良意至苦矣但童
子何知血氣未定性情心術愈染而愈失其本來盡棄其學
恐盡變於夷者也不如將西國有用之書條分縷析譯以華
文刊行各直省書院每院特設一科請精於泰西之天算地

球船政化學醫學及言語文字律例者爲之教習或卽以出
洋學習之學成返國者當之其學徒則選十歲以上廿歲以
下不得過長以致口音之難調亦不得過穉以致氣質之易
染又或於科歲兩試所錄文武俊秀擇其有志西學者亦相
當者就其性之相近專習一科其理易通其效更速又況名
列庠序咸知自愛既可以收當務之益復不背於聖人之教
而諸生之數奇不偶又別開一途以博取功名誰不樂於從
事哉至於在院膏火宜倣龍門書院章程官爲籌備肄業期
滿歷試上等者准赴京都同文館或總理衙門攷驗攷驗之
後或給以經費赴外國大書院學習三年或派赴總理衙門
及船政機器等局當差或充各國出使隨員繙譯庶幾人材
日廣風氣日開不獨西人之所長兼何難駕西人而上哉至

現　京都設有同文館滬上設有方言館近復創立中西書院廣其額至四百餘人分爲兩院其法以疏通文字者爲超等以年齒稍長而讀書多者爲一等其餘各有差凡三等超等一等以午前學西學午後學中學二等以午前學中學午後學西學三等以年較少專習中學而緩西學恐以西學分其心也粵東與蘇州新設有西塾專教西語西文西算設綫案報測電諸學設額雖少可以漸推而漸廣爲洋務培植人材正未可量鄙人聞之固不禁喜色相告也

通使論

鄭觀應

昔漢武帝詔舉茂才異等可爲將相及使絶域者誠以出使之選與將相並重折衝樽俎贊美皇華胥於是乎賴一不得人則辱君命損國威所關非細故也今中國與外洋各國通商立和約誼日敦設爲使臣聯絡聲氣則彼此之情終虞隔閡雖有和約何足恃雖有公法何足憑哉使臣者國家之耳目也其所駐之國必知該國之情形凡陸兵之數水師之數庫款之所入所出交涉之何親何疏商工船械如何精細講求故泰西公例凡通商各國必有公使以總其綱有領事以分其任又慮威權之不振簡兵船往來游歷以資鎭撫而備緩急事或未協彼此悉心公議或請各國官紳裁斷以期必協而後已其慎重也如此邇來中國人民出洋貿易傭工者年多一年不可勝計（中國之人經營出洋者爲天下之至衆故欽差領事等官比天下各國更宜加隆顧中國未設欽差以前外邦政府尙知愛護華民多方招致既設欽差領事之後外邦設法竟抽華民身稅極力驅除或疑中國到彼爭食今其見逐情理使然夫爭食者豈止華民何以不逐他國而獨逐中國是其薄華民者乃所以薄欽差薄欽差乃所以薄中國薄欽差者何爲其不知西國之例動多可嗤也薄中國者何爲其不行於富强之法而徒誇其大也中國外部及出使各官必須全用深通西學深明西例之士則庶乎其得矣）洋人每肆欺凌無由伸理乃倣西例於各國設公使於華民寄居之埠設領事遇事往來照會按公法以審其是非援和約以判其曲直保吾民禦外侮維和局伸　國權使臣之所繫不綦重歟夫通使者中古邦交之道也春秋時賢士大夫必周知列邦政教之隆替民情之向背俗尚之好惡國勢之盛衰（採聽各國軍務消息人員某國現用何樣新式輪船鐵艦礮臺槍礮礮臺形勢如何兵官才能如何或採訪不全必能得其大概雖糜費亦有所不惜所派偵探之員槪須武員知兵事者或隨同公使前去或另派游歷總之無處不有平日洞悉各國强弱盛衰之故如

有戰事則措施自中機宜矣用能事大字小各協其宜今泰西數十國叩關互市聚族來居此誠中國非常之變局於此而猶不亟講外交之道遴公使之才烏乎可哉華民之出洋者就南洋之西班牙荷蘭英美各屬考之歲輸稅銀自一二元至百數十元不等暹羅本我舊屬乃亦仿西法歲徵我民身稅否則拘作苦工雖有公使領事其如鞭長莫及何曩者法越多事彭剛直檄委潛赴越南金邊暹羅新嘉坡等處偵探敵情返粵後上書當道畧謂法蘭西侵佔越南其國危亡已同朝露然越南亡而暹羅緬甸未即亡也現在緬甸王暴虐昆弟失和英萌廢立之心不自安轉倚法援爲英所忌恐愈速其亡向聞暹緬二國素稱恭順附近各島如英法和西等國之屬土華民流寓其間者不下數百萬人亟宜簡派公使駐紮南洋

所有南洋各國如越南緬甸暹羅小呂宋及英法各國屬土之華民悉歸統轄即選各埠殷商或已舉爲甲必丹中外信服者爲領事聯絡聲氣力求自强仍仿西人在華訓練民團以資保護令各埠商民捐資購置一二兵船公使乘之出巡各埠庶信息靈通邦交益固聲威既壯藩屬不敢有外向之心以兵衛民即以民養兵一舉兩得無逾於此或疑各埠華人多借洋人以自重董事亦各樹黨援不肯受約束於華官持節南行動多掣肘可奈何此則兵力之不逮而權勢所由不行也非有水師兵艦出洋巡緝不能折外人凌侮之心非有老成練達精明强幹之才難以勝公使領事之任夫各國廣招華工美國獨限制華工前往外人之虐待應如何設法保全與國之苛條應如何峻詞拒駁斯非使臣之責歟使臣簡在　帝心　朝廷用人自有權衡固非愚言所敢論至若每屆使臣持節奏調人員如參贊領事繙譯隨員等官尤當格外慎選使臣參贊領事識其國語言文字律例凡事可以立談情意必然相孚蓋參贊爲使臣之副凡交涉大事彼之得請於我者或從或違我之求於彼者或可或否皆賴參贊與使臣商定而行使參贊毫無才猷則使臣可者亦可之使臣否者亦否之亦安用此參贊爲故必熟悉情形洞明利弊始能匡使臣之不逮而措置不至失宜繙譯隨員則又使臣之喉口手足也凡事之大者由使臣親裁小者必令其代理或辦署中案件或與洋人周旋至辯論公事惟繙譯是賴曲直所關輕重皆須得體苟喉舌手足運掉不靈必於全身有礙矣若夫領事一官關繫尤重華民百萬良莠不齊小而錢債紛爭大而命盜案件使臣之

不暇兼顧者調停審斷皆於領事是資領事賢則商民既安邦交亦日睦不肖則矜情任性不但流寓華民失其庇護而且外人輕藐口舌滋多彼此往來必多扞格難免不因此失和所謂參贊領事隨員繙譯尤當格外慎選者此也似宜明定章程毋得濫徇情面援引私親必須以公法條約英法語言文字及各國輿圖史記政教風俗考其才識之偏全以定去取就所取中明分甲乙以定參贊隨員領事之等歷不足乃旁加辟舉如有餘則儲候續調倘出洋多次辦事勤勞允符人望者即可由繙譯隨員薦升領事參贊備歷各國薦升公使如有始勤終惰或沾染洋習措置乖方者上則由公使特參下則許同僚公訐咨明總署覆核得實奏請除名夫子以可進之階則羣才思奮課以難寬之罰則不肖懷刑庶外

可爲四國之羽儀內可塞終南之捷徑矣自使臣以下各官無論出洋久暫務將所辦各事以及地方風土人情國政商務工藝土產隨筆登記回國進呈擇要刊刻以示天下庶知己知彼決勝無形此三代詢事考言之成法也戊子歲曾遣京曹分往各邦游歷惜非王公大臣又不曉該國語言文字雖畧知中外利弊著述等身不能坐言起行亦與繙譯西書者無異耳抑更有進焉者泰西各國無論國之大小公使皆以等第分班次頭等可隨時入見君主請茶會面商要事不致隔膜二等先期約定止能接見外部君主茶會勢分不及今土耳其希臘日本各小國皆遣頭等公使分駐各邦而中土堂堂大國行走班次乃反居其後於體統有關礙於交涉亦動多掣肘擬請嗣後駐劄英俄兩國使臣均以頭等派充

增費無多而收效甚遠國體亦因之而尊矣且出使官員亦宜酌增公費使之足用（昔總署所定出洋各員薪水數本不多今復經屢次核減則各員必有以簡陋貽譏外國者惜小失大甚無謂也）一切車馬服飾皆不可過事寒儉以壯觀瞻而尊　國體所駐之國其官吏有應接見者固宜交相拜訪詢悉情形其不應接見者斷不可恣意往來俾知使臣之尊貴　國制之嚴明如是則華洋之人見而敬服專對有才賢於十萬師遠矣至如膽識兼優聲望夙著當諍則諍當從則從當行則行當止則止迴積議如轉環化巨禍爲細事使於四方不辱君命如漢之蘇子卿傅介子唐之顏真卿宋之富弼炳炳諸賢至今不朽英風亮節今豈無人有志之士所爲奮然而興也

公法論

鄭觀應

公法者萬國之太和約也中國爲五洲冠冕開闢最先唐虞三代相承爲封建之天下秦併六國改爲郡縣歷漢唐以迄今莫之或易其間可得而變易者宗子之封藩疆域之分合也其雖變而莫之或易者槪不得專禮樂征伐之權也然均有相維相繫之勢而統屬於天子則一也統屬於天子一故內外之辨夷夏之防亦不能不一其名曰有天下實未盡天覆地載者全有之夫固天下之國耳知此乃可與言公法公法者彼此自視其國爲萬國之一可相維繫而不能相統屬者也可相維繫者何合性法例法言之謂夫語言文字政教風俗固難强同而是非好惡之公不甚相遠故有通使之法有通商之法有合盟合會之法俗有殊尚非法不聯不能相

統屬者何專主性法之謂夫各國之權利無論爲君主爲民主爲君民共主皆其所自有他人不得侵奪良以性法中決無可以奪人與甘爲人奪之理故有均勢之法有互相保護之法國無大小非法不立列邦雄長各君其國各子其民不有常法以範圍之其何以大小相維永敦輯睦彼遵此例以待我亦望我守此例以待彼也且以天下之公好惡爲衡而事之曲直登諸日報載之史鑑以褒貶爲榮辱亦擁護公法之干城故曰公法者萬國一大和約也今泰西各國兵日强技日巧爭雄海陸將環地球九萬里莫不有火輪舟車我中國海禁大開講信修睦使命往來歷有年所又開同文館集西學譯公法博考而切究之如此詳且備矣然所立之約就通商一端而言何其矛盾之多也如一國有利各國均沾之

語何例也烟台之約强減中國稅則英外部從而助之何所仿也華船至外國納鈔之重數倍於他國何據而區別也中國所徵各國商貨關稅甚輕各國所徵中國貨稅皆務從重何出納之吝也外國人至中國不收身稅我中國人至外國則身稅重徵今英美二國復有逐客之令禁止我國工商到彼貿易工作舊商久住者亦必重收身稅何相待之苛也種種不合情理公於何有法於何有而公法家猶大書特書曰一千八百五十八年英法俄美四國與中國立約嗣後不得視中國在公法之外又加註而申明之曰謂得共享公法之利益嘻甚矣欺也然則如之何而可曰約之專爲通商者本可隨時修改以圖兩益非一成不變者也稅餉則例本由各國自定客雖强悍不得侵主權而擅斷之宜明告各國曰某

約不便吾民某稅不合吾例約期滿時應即停止重議其不專爲通商者則遣使會同各國使臣將中國律例合萬國公法兩兩比較同者彼此通行異者各行其是無庸越俎代謀其介在異同之間者則參稽互考折衷至當勒爲通商條例會立盟約世世恪守有渝此盟各國同聲其罪視其悔禍之遲速援賠償兵費例罰鍰以分勞各國若必怙惡不悛然後共滅其國存其祀疆理其地擇賢者以嗣統焉庶公法可以盛行而和局亦可持久矣雖然公法一書久共遵守乃仍有不可盡守者蓋國之强弱相等則藉公法相維持若大强大弱公法未必能行也大强者即古之羅馬近之拿破崙第一雖有成有敗而當其盛時力足以囊括宇宙震懾羣雄橫肆鯨吞顯違公法誰敢執其咎大弱者如今之琉球印度越南

緬甸千年舊國一旦見滅於强鄰諸大國咸抱不平誰肯以局外代援公法致啟兵端不特是也法爲德蹶俄人遽改黑海之盟法無如之何也土被俄殘栢林不改瓜分之約各國無如之何也然則公法固可恃而不可恃者也且公法所論本亦游移兩可其條例有云倘立約之一國明犯約內一款其所行者與和約之義大相悖謬則約雖未廢已有可廢之勢然廢與不廢惟在受屈者主之倘不欲失和其約仍在兩國當照常遵守至所犯之事或置而不論或諒而概免或執義討索賠償均無不可由是觀之公法仍憑虛理强者可執其法以繩人弱者必不免隱忍受屈也是故有國者惟有發憤自强方可得公法之益倘積弱不振雖有百公法何補哉噫

南洋各島國論

吳會英

中西關鍵全在南洋今欲嚴中國門戶之防絶外夷覬覦之漸必自經理南洋始南洋之東西諸島環繞儼然海國長城殆天造地設之險以保我中夏者也漢以後職貢稱臣共球相屬南洋從無西夷患梁書天竺傳稱與安息大秦在海中交易不聞設埠也唐書訶陵傳稱大食畏悉莫之威不敢加兵不聞據土也是時嶺南海間珍寶山積中國權其賦稅以充斥天府號爲南庫島國之利抑亦中國之利也迨有明中葉葡萄牙西班牙荷蘭接踵西來葡萄牙據滿剌加地問漸及於內地之澳門西班牙襲取吕宋荷蘭則攘奪瓜哇三佛齊蘇門答臘浡泥文萊馬神吉理問諸國之地又從而鼓棹月港盤踞臺灣肆擾舟山普陀雖逾時揚帆西遁然彼西夷

巢穴已布滿南洋矣邇來英吉利法蘭西內侮之始又以南洋爲逆旅其故何哉地不與中國毘連密邇而口岸斜對西國船用夾板火輪遞相接應近者一二日遠者五六日徧歷諸島諸島之達中國亦復如之方今南洋濱海之國印度全境爲其所有即越南暹羅緬甸素隸典屬者亦皆割地輸金大受挾制加以南洋中荒島如澳大利亞巴布亞西里百摩鹿加大小無慮數十彼皆懇闢招徠日漸富庶處心積慮可爲寒心履霜堅冰其來有自嘗慨有明之假以澳門及置吕宋瓜哇諸國於度外者實與棄大甯東勝河套哈密同一失策元代好尚武功史弼之征瓜哇亦不爲無見惜功未立耳至今日而盤踞有年欲如鄭氏之驅逐紅毛固萬不可得惟西夷法相強弱頗有六國縱橫氣象近則稱雄西土盛推德奥幾與俄美並駕齊驅英法聞已稍遜至荷蘭葡萄牙於西夷中最爲弱小西班牙亦非甚大其橫噬南洋將來變遷實可預料即如亞墨利加本英吉利屬部自華盛頓起而立國至今與諸大國抗衡我未見南洋諸島中國人民立業者億萬必無華盛頓其人也且美之開國以英人殘虐故今中國商於南洋亦多畏苦今若設官其地與之立約不准掊克聚斂虐我商民彼不奉約偕各國公使執萬國公法與彼理論如商民中有雄傑出衆者授以領事等職俾審其山川之向背圖其幅員之廣狹測量其海道之淺深並偵探西夷動靜以聞西夷如有勾引東洋潛謀爲害於中國中國得而預備此即漢家隔絶羌胡之微意也況今器械精良仿模西法海彊有事命將出師參用夷夏鼂錯有言以蠻夷攻蠻夷中國

之長技也於南洋乎何有

南洋論

陳次亮

今之籌海者毋遽及西洋也籌控制南洋而足矣明成祖之明能見萬里之外矣維時泰西商舶甫得窮探印度泛海而東而中國之寶船已震兵威於瓜哇浡泥諸島終明之世二百餘載畏神服教朝貢弗衰迨中葉以還始乞地澳門竊據臺灣以爲窟穴西士之聰穎者亦得以巧思奇器自達於京師然癬疥之疾蠛蠓之蟲毫不足爲中國輕重入者主之出者奴之亦當日赫濯之聲靈有以懾之也本朝威武所加偏於西北而東南沿海自臺灣一島外均度外置之各島夷隔絕重溟無所歸命西人遲之又久乃漸肆鯨吞蠶食之心倚其珠璣材木香椒珍錯之饒以運售於中國故南洋者西人之外府也中國棄之而後西人得而竊之者也論者輒謂泰

西各國相距七萬里限以重瀛雖鞭之長不及馬腹而不知其精神命脈均在南洋苟能次第挽回因海外之華民以漸收其權利則因宜制變此虜已在掌中矣控制之方厥有四策一曰設官司新嘉坡領事權輕望淺往返稟命動輒兼旬而距粵東海程不過三日宜於其地專駐使臣管理各島華民交涉之事各埠均設領事以隸之經費所需概由內地籌給二曰護商旅商旅所萃不可無官以理之尤不可無兵以護之南北洋海軍宜歲時游歷仍准各埠保舉商董捐置兵輪以順民情以張國勢三曰建學校人必讀書明理而後聰穎特達不甘受制於他人西人於屬地之民咸加抑勒亦遂無能自拔者宜由國家於每埠撥給帑金數千剏建書院廣勸中外富商巨賈捐集膏火之資教以中西之學慎選山長嚴定課程即由領事各官主持經理四曰舉賢才生齒至數百萬之衆茂才異等豈曰無人在上者無以勸之斯湮沒不出耳書院肄業諸生宜仿內地歲科兩試由使臣兼管學政選補博士弟子員錄送科場官給資斧願就藝學科者聽之果於中西各學總貫淹通使臣保送到京破格擢用則山陬海澨無棄材矣夫西人閱歷既多狡譎滋甚華民之寄居其地者固未易遽脫羈絆就我範圍然各國生齒不繁勢力相等欲興商埠必用華人所患者西人皆學而華人不學故終爲人役耳歲費數萬金以羅海外之才以待歐西之變他日必有奇材碩彥應運而生爲海上之夫餘以藩屏中國者故海大水也西人成梁者也華人問渡者也南洋者東西之樞紐而他年大一統之權輿也

崇聖學以廣教化論

日本長崎中島文廟由世奉漢學之日人所建旁設講堂以五經四書課子弟每歲上丁至其地行釋菜禮日人之崇奉聖教及通解漢文者皆得與焉凡歷三世後人猶崇奉不衰及明治維新詔下廢各廟祭祀適我派員駐紮遂由華理事官主祭迄今已十餘載祭時建廣江三帮各司庶事而由理事署總其成惟是借地於人終非長策曾經理事署總其成惟是商李星使欲另行創建星使以此事爲海外難得之遭逢立囑司馬回署後選擇基址以便鳩工其款由使署及各理事署派捐外復詳請總署行咨各省督撫司道集腋成裘定欲高其宮牆煥其堂奧俾外人瞻仰威儀肅然起敬而我華人歲事奉祀教澤涵濡禮義廉

恥之心亦可維持於不敝噫此聖學昌明教行海外之一大轉機也夫中國之尊信孔子猶泰西之尊信耶穌也西人每逢禮拜之期凡在教中無論男女老幼皆得至堂中行禮聽講鄭重其事肅恭其儀雖遠隔重洋寓居他國而所到之處猶必建禮拜之堂行禮拜之禮以寄其敬慕之意獨我中國於尊崇聖學之禮尚覺缺如雖每年春秋兩候各府州縣例有丁祭之文亦惟官與紳始得執事其間維彼小民誰得窺見宗廟之美百官之富雖有心香一瓣亦無由入而拜跪一致其誠況僻在外洋目所睹者外國之衣冠身所習者外國之風俗積久相沿詩書禮樂之遺亦幾漠然忘之矣得李星使及張司馬爲之大起宏規振興聖教行見衣冠秩秩俎豆莘莘下舞上歌蹈德詠仁小民於耳濡目染之餘忽睹漢官儀注有不勃然興起者耶吾以爲日本爲然他埠亦何莫不然中國人民遠涉重洋謀衣食於泰西各國者不下數十萬雖關山遠隔猶時有念中邦之教澤懷故國之威儀者惜無人提倡而誘掖之故漸趨於異俗耳竊以爲文廟之設不但宜於日本即各洋各國凡有華人薈萃之處均宜一體創設文廟以見教化之宏且海隅有志之士亦多聞風興慕自設文廟者如南洋泗水等埠孔子之教盛行彼都人士自行建廟馨香俎豆惟肅惟誠可見海外之人尚不忘聖澤若得國家提倡又何患教之不興也哉夫人心所恃以維繫者禮義廉恥耳設爲之示以規模廣其教化使海外徂夫穆然見中國盛軌將見士習禮義民知廉恥人人有重聖之心即人人懍尊王之義從此聖學昌明風行海外積而久之即異國之

人且有慕義向風願作聖人之徒者吾知所過者化所存者神聖教之感人直漸被於無窮矣

五印度論

吳廣霈

攷印度卽天竺漢書稱爲身毒又名愠都斯坦其疆宇區分五大土東北隣廓爾喀北踰雪山與西藏接界東連緬甸東南西南皆臨大洋北接俾路芝西北接阿富汗界周圍約六七千里周時爲婆羅門王輾轉至如來教王中間亦嘗併於波斯按印度沿革古有日朝月朝云並出於天神中間嘗併於波斯土耳其印度習教源流先係婆羅門不知其緣起佛經所謂外道者是至漢初佛教大盛通國崇奉及蒙古入王强入回教蓋印度本係佛教至元大祖遂乃鑾算端南抵北印度雪山之界後益發兵征討以駙馬撒馬爾韓王帖木耳王其地强民入回教至明建文間創立大蒙古號盡有五印度全土威權頗盛由是悉廢佛法及寺像而婆羅門始教未

廢其教僧爲國中第一品士人奉之惟謹迨英人入踞又建天主耶穌堂强士人入其教而回教爲一衰然遺廟存者尚多非如佛教之墜地也故印度史稱蒙古朝然第元族非元裔也荷蘭人航海東來首至其地設埠通商次法蘭西人亦至皆視若囊中物迨英人後來居上荷蘭法蘭西嫉之兩助蒙古王阿郎克散與英人戰卒爲所敗於是相率他去會阿王卒世子阿申阿卽位英人遂於恆河之側購還加爾各答故租地練精兵築堅壘壘名維廉英王之名也自是英人之盤踞深固不可動搖漸次逐去蒙古諸王悉攘其地前此彈丸租界竟成一大都會至今垂二百年蹊田奪牛迄無敢過而問者知天下事半歸於勢力稱仁慕義無爲也當荷蘭法人之助蒙古豈眞恤難扶危哉亦皆爲英人所爲耳殆不能得志則荷蘭散佔蘇門答臘以南之島法人西據安南之西貢爭先務得各逐鯨吞所尤涎而不能得者則中華沿海屏蔽耳近乃欲於北印度小國西基昔當之間假道開築鐵路捨緬甸直達滇省其居心尤爲叵測是在當軸者堅以御之以固藩圉非然者恐蹈天之禍不在海疆而在陸路以蠶食啟封豕長蛇之禍而亞洲大局愈不堪問

禁販奴論　　彭玉麟

國家戶口日廣生齒日繁謀食之徒往往不擇地而蹈以單孑一身涉重洋萬里致使　天朝百姓受奴辱於洋人誠可憫矣其尤爲慘酷者粵東澳門汕頭等處西人設招工館應其招者名其人爲豬仔人也而畜名之卽以獸畜之命名之意已乖天常然此猶明明招之也更有寓粵洋人串通奸商誘賣鄉愚於秘魯古巴亞灣孥等處其始或炫之以財或誘之以賭又或條指爲負欠强曳入船有口難伸無地可逃每年被拐者動以萬計及抵彼埠充以極勞極苦之役少憩卽刑告假不許生入地獄之門死作海島之鬼且其中不無良家之子貴冑之兒不能勞苦駭死風濤望斷家鄉斬絕宗祧誰無良心而忍聽其如此哉後雖此風稍熄近又故智復萌

刑者不可復贖往者不能復返不亟思所以禁之則中國之良民不盡入異域之畜道乎近賴兩廣總督張樹聲關心民瘼造次出示嚴禁沿海地方拐販又與招工局嚴立條約凡應招之人先取親族甘結次取街鄰保結然後報明華官華官親加詰問果實情願毫無逼勒然後令該局造具清冊正副兩分詳載年貌籍貫並中保姓名送華官蓋印至出洋時聽華官登舟按名查驗後方准駛行卽以副冊咨行當地領事官領事官於船到時亦按名查驗如有冊上無名或姓名年貌不符者卽以拐販論船主加等懲辦船沒入官其無領事之處永遠不准招工如是則拐販之風可以絕卽情願應招者某處若干人某年若干人皆有成案可攷中外均便稽查洋人見中國之鄭重民數如此其至也亦不敢肆意凌虐此誠萬不可緩之急務也卽已出洋爲奴之人亦不可徒作旁觀之太息宜令各國公使領事認眞清查密爲保護昔有販阿洲黑人爲奴者英國集商禁止出資贖釋堂堂　天朝果能自庇其民仿英人贖黑人之例是誠出水火而袵席之也然而言之匪艱行之維艱積習難返鉅款何籌視溺而不援天下無此忍者從井以相救天下又無此仁人是不過徒託空言而不能見諸實事也可慨也夫可慨也夫

禁煙論　鄭觀應

煙之爲害深矣禁煙之議亦夥矣始也操之過急繼又失之過寬遂使錮疾纏綿充塞宇宙敗壞不可收拾以至於今日也當議和定約之時若能堅持前議商酌可開兵費可增而鴉片必不許入境當亦唯命是從何則彼時出產無多運售中國者歲不過二千餘箱彼固易於改圖也吸食尚少各省仿種者未致蔓延我亦易於查禁也此機一失吸食日衆販運日多遂爲進口大宗之巨款查洋煙先到香港轉運各口歲計約大土五萬箱小土四萬箱其金花土及在新嘉坡等處華人所銷者不在數內歲約十萬箱以爲常每箱價值約五百餘兩除關稅捐款外洋商約得四百兩左右統計每歲出口銀四千餘萬兩今直省相率仿種甚至川黔全境皆是歲約十二萬箱箱重百二十斤合計煙土約二千六百四十萬斤以每人歲食六斤計之以土十灰六熬膏土約五成灰約七成層層折算實每人日食四錢七分零當得四千四百萬人而傭工小販之依此爲生者約十之一其餘自種自吸者或相倍蓰年年坐困於此犯法傷生廢時失業者不下千百萬人於是中國之智士莫不痛悔從前之失計而思有以禁絕之嘗考日本與英國立約鴉片土不許入境例止三斤以配藥之需如違約關口拏獲全數充公或竟拋棄於海有闖關者每斤鴉片罰洋十五元我國亦宜設法嚴禁吸食並仿日本條約請各國勸英國一律行之況英國好義之士亦深以流毒中國違背公法爲恥立會議禁英國禁煙會董事亞力山打自倫敦來游印度中國查探洋煙是否有害華人曾偕廣學會董李提摩大仁濟醫院總理慕維廉到招商局與余一談問有無良策余將即所擬禁煙論告之謁我使臣陳說利害而英之政府終遲疑不決者蓋數十年來恃此以致富强

而本國煤鐵礦產之饒漸非昔比印度兵餉賴此支持苟我能借箸代籌使無大損則彼亦何樂而不爲也然即禁洋土之來而不能禁內地之種亦非正本清源之法也夫每歲四千餘萬金之漏巵千萬餘口之鴆毒洵非一朝一夕之故其所由來者漸矣迄今痼疾日深療救猝難奏效症候多變換方亦少成功聞印度歲出鴉片煙英國官爲之經理召商販運以時消息之我中國不禁則已苟欲禁矣即宜破除成見不分內外一體嚴禁欲內禁必先外禁不妨招商集股創設公司吳瀚濤大令曾偕馬觀察奉檄赴印度與英督商辦此事再三辯論始允將印度所出之鴉片盡歸我華商公司承辦逐年遞減以五十載爲期即行截止惜總督批駁謂招商承辦明設公司殊於　國體有礙而此議遂停天下有心人均爲歎息獨不思廣東籌防捐礮臺捐闈姓捐賭捐皆係招商承辦者乎果能與印度商辦並可責其擔保如有偷捐從重罰賠省內地無數緝私經費五十年後煙不禁而自絕矣便孰便於此者至民間吸食亦宜逐漸嚴禁而絕萌芽內禁之法有二一曰定限期由各處地方官出示曉諭吸煙之人即四箇月內一律報明報後以一年爲限一體戒絕如逾限未戒官則削職士則褫衿吏則革役商則罰鍰兵則除名一切下等之人則治其罪既經嚴辦仍予半年展限改過自新倘再屆期不改立發邊遠充軍以儆效尤而除積獘風行雷厲孰復甘蹈刑章哉然而立法雖善奉行尤在得人否則適啟官府之苛求吏役之需索捕快地棍之訛詐魚肉鄉愚欺壓良懦而於禁煙之事仍無實效可觀耳此急以馭之之法

也二曰編籍貫通飭天下將食煙之人逐一查明無論官商軍民編成煙籍謂之煙民照差役例不准應試不准當兵不准捐納職銜不准充當紳士平民不准與婚其有秀才舉人進士詞林及現任官已吸煙限三年戒清由族長或同鄉官具稟地方官註銷煙籍之名如逾限尚未戒淸立即革職不稍寬假如此明示區別嚴定科條一挂煙籍即不得儕伍平民庶父勉其子兄勉其弟妻勉其夫既吸者將痛改前非未吸者亦不敢再沾陋習是乃攻心之法王道之功較之勢迫刑驅徒滋紛擾者大不同矣此緩以治之之法也然而草偃必風行上行則下效要必政府左右無吸食之人然後可禁部寺京朝左右無吸食之人然後可禁外省疆臣左右無吸食之人然後可禁僚屬將帥左右無吸食之人然後可禁弁

兵現任無吸食之人然後可禁候補幕府無吸食之人然後可禁師儒職官無吸食之人然後可禁士庶胥役無吸食之人然後可禁平民故欲禁煙必自上始若爲上者吸煙而欲禁羣下之不吸雖朝申一令焉曰禁煙館暮申一令焉曰禁土棧而民將嗤嗤然笑之以鼻也嗚呼如是而曰禁何惑乎終不能禁

海國公餘輯錄卷三上終

海國公餘輯錄卷三下

嘉應張煜南榕軒輯　　弟鴻南耀軒校

名臣籌海文鈔

使才與將相並重說　　薛福成

昔漢武帝詔舉茂才異等可爲將相及使絶國者使才與將相並重久矣孔子亟稱子產其相鄭以潤色辭命爲功管仲天下才而平戎之役文辭彬雅爲周天子所賓敬秦漢而後中國疆宇廣矣即令日拓日遠不能無與並立之國有並立之國不外戰守和三事戰資乎將守資乎相和資乎使殆有交相爲用而不可闕者且相臣主內政使臣主外務綏外則內方可治外與內相表裏也將臣尚武功使臣尚文辯辯勝則力可勿用辯與力相補救也是故有百年安邊之計定於

三寸舌者富弼之使契丹是也有一介行李之馳賢於十萬兵者陸賈之使南粵是也近數十年火輪舟車無阻不通瀛環諸國互爲彼鄰實開宇宙之奇局英法俄德美數大國各挾勝勢以相陵相伺彼與我通商定界立約應之稍一不審往往貽患無窮而使臣之責乃益重吾觀西洋諸國或以宰相及外部大臣出爲全權公使或以大將軍及兵部大臣出爲全權公使其視將相與使臣無纖毫軒輊焉大抵使臣宜國威覘敵勢卹民瘼宜與廟堂謀議翕然相通至於造船製㪥之法練兵儲才之要或攷其新式或偵其密計以告我將帥而爲之備緊惟使臣是賴是故無賢相之識與度不可以爲使臣無賢將之膽與智亦不可以爲使臣夐乎艱哉中國可膺此選者尙寡安能應變而不受人侮非士大夫之才力

不如西人也亦在有權力者之開其風氣而已矣

南洋諸島致富强說

薛福成

南洋諸大島星列棊布固有千餘年前入貢中國自齒外藩迄今轉式微者亦有亙古荒穢廣莫無垠人迹不到者自西人相繼南來占踞諸島僅閲一二百年而疆理恢闢民物蕃昌無不有蒸蒸日上之勢將謂恃西人之經理乎則雖其本國數萬里究竟來者不藉多也謂藉土人之奮興乎則狉榛之俗囿於方隅風氣未大開智慧未盡牖也然則其所以漸樹富强之基者不外招致華民以爲之質幹而已矣大抵古今謀國之經强由於富富生於庶所以昔人有生聚教訓之說然謀庶富而欲自生之自教之已覺其迂矣今彼乘中國之患人滿而鳩我閒民闢彼曠土數十萬人無難驟集也不待生也中國之人秀者良者精敏者勤苦耐勞者無不有之稍以西法部勒之而成效自著矣非若土人之顓蒙難教也西人所留意經營者惟聚之之法而已矣泰西諸國用此術者獨英人爲最精自香港新加坡以及非般鳥澳大利亞皆能驟變荒島爲巨埠荷蘭西班牙亦知華民之可用始則勉招之繼則虐待之甚有羈禁之使爲奴誘脅之使入籍者而其功效乃終遜於英遠甚然其所以自立於南洋者莫非藉華民力也余嘗攷越南暹羅柬埔寨等國雖往往多受西人約束而貿易開礦諸利權華人操之者六七西人操之者二三土人則闃然無與焉至若呂宋噶羅巴婆羅洲蘇門答臘澳大利亞等處商礦種植之利華人約占其大半惜乎受人統轄中國又無領事官以保護以至失勢被侮若使中國仿西人之法早爲設官保護則南洋諸島之利權未嘗不隱分

之惜乎失機者數十年一旦覺悟已多牽制惟英之屬島已允我設領事官而當事者猶以費絀爲辭不願多設是中國有可富可彊之機而不知用也亦終於貧弱而已矣謂之何哉

海防説

傅雲龍

水師莫重於海防海防莫重於兵輪臨事言戰未事則言防南北洋無慮數千百里不勝其防而節節防與不防等一疏百慮矣輔水軍之陸師尚以聚而效況兵輪礮艦快船之重兵能不擇要扼耶橫沙之港淺潮之灣輪不必巨炮亦不必重一百五十匹馬力足矣逸以待勞無事則巡境內海面而鐵甲大輪分泊最要以時互易無事則以其一周游海國風潮既狎膽識自增矣有久頓則荒慮耶彼不遠數萬里航海交兵未有不籌通糧之舟避險之地者亦未有不探旁出之口繞後之津者第而曰何者爲無定之防何者爲有定之防莫若寓有定於無定而擊其所必救以無定濟有定而使之進不支而退無倚道紆則費大情移則餉糜將不戰而走矣凡防近登宜扼遠口防前擊宜策後抄砲台宜泥不宜石水雷宜虛不宜實綜而論之必居不敗之地而後可戰必得能戰之人而後可守又必識守戰皆宜之時而後可和

閱瀛環志略圖說　　薛福成

念昔鄒衍談天以爲儒者所謂中國者乃天下八十一分之一耳中國名曰赤縣神州赤縣神州内自有九州禹之所奠九州是也不得爲州數中國外如赤縣神州者九乃所謂九州也於是有裨海環之人民禽獸莫能相通者各爲一區乃爲一州如此者九乃有大瀛海環其外爲天地之際焉司馬子長謂其語閎大不經桓寬王充並譏其迂怪虛妄余少時亦頗疑六合雖大何至若斯遼闊鄒子乃推之至於無垠以聳人聽聞耳今則環游地球一周者不乏其人其形勢方里皆可覈實測算余始知鄒子之説非盡無稽或者古人本有此學鄒子從而推闡之未可知也蓋論地球之形凡爲大洲者五曰亞細亞洲曰歐羅巴洲曰阿非利加洲曰亞美理駕

洲曰澳大利亞洲此因其自然之勢而名之者也亞美理駕洲分南北中間地頸相連之處曰巴拿馬寬不過數十里皆有大海環其外固截然兩洲也而舊說亦有分爲二洲者即以方里計之實足當二洲之地是大地共得六大洲矣惟亞細亞洲最大大於歐洲幾及五倍余嘗就其山水自然之勢觀之實分爲三大洲葢中國之地東南皆濱大海由雲南徼外之緬甸海口溯大金沙江直貫雪山之北而得其源於是循雪山葱嶺天山大戈壁以接瀚海又由瀚海而東接於嫩江黑龍江之源至混同江入海之口則有十八行省盛京吉林朝鮮日本及黑龍江之南境内蒙古四十九旗西盡回疆八城暨前後藏剖緬甸之東境括暹羅越南南掌東埔寨諸國此一大洲也由黑龍江之北境迄瀚海以北外蒙古八十六旂及烏梁海諸部西軼伊犂科布多塔爾巴哈台環浩罕布哈爾哈薩克布魯特諸種自鹹海逾裏海以趨黑海折而東北依烏拉嶺劃分歐亞兩洲之界直薄冰海奄有俄羅斯之東半國此又一大洲也雪山以南合五印度及緬甸之西境兼得阿富汗波斯亞刺伯諸國土耳其之中東兩土此又一大洲也夫亞細亞既判爲三洲余又觀阿非利加洲内撒哈爾大漠之南有大山起於大西洋海濱互塞内岡比亞之南境幾内亞之北境尼給里西亞及達爾夫耳之南境延袤萬餘里直接於尼羅江之源此其形勢殆與亞洲之雪山葱嶺界劃中外者無異尼羅江又曲折而北以入於地中海是阿非利加一洲顯有南北之分矣今余於志略所稱北土中土者謂之北阿非利加洲志略所稱東土西土者謂之南阿

非利加洲此又多一大洲也而南洋中之噶羅巴婆羅洲巴布亞諸大島則當附於澳大利亞一洲夫然則九大洲之說可得而實指其地矣雖其地之博隘險易不同人民物產之旺衰不同然實測全地之方里謂其八十倍於昔日之中國自覺有盈無縮所謂裨海者若紅海地中海皆是矣即有沙無水之瀚海亦可謂之裨海即中國東隅之黄海渤海有日本三島障其外亦可謂之裨海是裨海與大瀛海殆一而二二而一者也而彼所謂九大洲者在鄒衍時豈非人民禽獸莫能相通者乎至於禹迹之九州要不出今之十八行省若福建廣東廣西貴州諸省則禹貢並無其山川今以置余以上所敘一州之中約略計其方里要亦不過得九分之一然則禹迹之九州實不過得大地八十一分之一而禹貢所詳

之一州又不過得大地七百二十九分之一其事殆信而有
徵也

振百工說

薛福成

昔者聖人操制作之權以御天下包犧神農黃帝堯舜禹周公皆神明於工政者也故曰備物致用立成器以爲天下利莫大乎聖人聖人之制四民並重而工居士農商之中未嘗有軒輊之意存乎其間虞廷颺拜垂殳斨伯與皐夔稷契同爲名臣周禮冬官雖闕而攷工一記精密周詳足見三代盛時工藝之不苟周公製指南針迄今海内外咸師其法東漢張衡文學冠絕一時所製儀器非後人思力所能及諸葛亮在伊呂伯仲之間所製有木牛流馬有諸葛燈有諸葛銅鼓無不精巧絕倫宋明以來專尚時文帖括之學舍此無進身之途於是輕農工商而專用士又惟以攻時文帖括者爲已盡士之能事而其他學業瞢然罔省下至工匠皆斥爲麤賤

之流浸假風俗漸成竟若非性麤品賤不爲工匠者於是中古以前智創巧述之事闃然無聞矣泰西風俗以工商立國大較恃工爲體恃商爲用則工實尙居商之先士研其理工致其巧則工又必兼士之事吾嘗審泰西諸國勃興之故數十年來何其良工之多也鐵路火車之工則創其說者曰羅哲爾曰諾爾德而後之研求致遠者不名一家火輪舟之工則引其端者曰迷路耳曰代路爾曰塞明敦而後之變通盡利者不專一式電報之工最闡精微者則有若嘎刺法尼若佛爾塔若倭斯得若阿拉格若安貝爾練鋼之工最擅聲譽者則有若西門子若馬丁若別色麻若陪爾那若囘特活德製槍之工則有若林明敦若吆者士得若毛瑟若亨利馬梯尼製礮之工則有若克魯伯若阿模士莊若荷乞開司若那

登飛其他造船造鋼甲之工則有德之伏爾鏗英之雅羅法之科魯蘇造魚雷造火藥之工則有奧之懷台脫德之刷次考甫德之杜屯考甫泰西以人姓爲人名自鍊鋼以下大抵以人名爲廠名卽以廠名爲物名者居多當其創一法興一廠無不學參造化思通鬼神往往有讀書數萬卷試練數十年然後能爲亙古開一絕藝者往往有祖孫父子積數世之財力精力然後能爲斯民創一美利者由是國家給予憑單俾獨享其利則千萬之巨富可立致焉又或獎其勳勞錫以封爵卽位至將相者莫不與分庭抗禮有欲然自視弗如之意則宇宙之大名可兼得焉夫泰西百工之開物成務所以可富可彊可大可久者以朝野上下敬之慕之扶之翼之有以激厲之之故也若是者人見謂與今之中國相反吾謂與古之中國適相符也中國果欲發憤自强則振百工以前民用其要端矣欲勸百工必先破去千年以來科舉之學之畦畛朝野上下皆漸化其賤工貴士之心是在默窺三代上聖人之用意復稍參西法而酌用之庶幾風氣日變人才日出矣

論不勤遠略之誤說　薛福成

昔宰孔譏齊桓公不務德而勤遠略後世庸懦避事者流藉爲畏難自恕之辭而天下益以多事不知桓公之病在暮年多欲內政不修管仲死而賢才衰內寵多而羣小進葵邱之會雖稱極盛亂機已兆則不務德一語足以概之蓋非遠略之不當勤正因不知修德無以立遠略之基也且桓公居方伯之任尊周攘夷乃其職耳獨惜其德量不宏見小欲速昧於遠者大者則君子不能無病焉竊嘗謂古今事變不同卽所以御之者亦異齊桓公之時當北伐山戎南伐楚勢也不得謂之遠也漢武帝之時當攘匈奴開滇粵運也不得謂之遠也唐太宗之時當翦突厥撫回鶻權也不得謂之遠也迨元太祖囊括俄羅斯席卷五印度餘威震於歐羅巴遠則遠矣何嘗非審乎機以奮厥武哉今者環瀛五洲近若戶庭通商萬國邇於几席任事者尤當高視遐矚恢張宏猷然後有以導其窾持其變數十年來中國不勤遠略之名聞於外洋各國莫不欲奪我所不爭乘我所不備瞯瑕伺隙事端遂百出而不窮夫惟不勤遠略是故琉球滅而越南隨之越南削而緬甸又隨之其北則黑龍江以南烏蘇里河以東勘界一誤蹙地五千里其西則布哈爾布魯特哈薩克浩罕諸回部盡爲俄羅斯所吞併而哲孟雄什克南廓爾喀諸部皆服屬於英吉利卽朝鮮之近居肘腋臺灣之列在屏藩者亦恆啟他國眈眈之視夫惟不勤遠略是故香港西貢小呂宋噶羅巴等處各有數十萬華民而不能設一領事美屬之三藩謝司戈英屬之澳大利亞華民皆自闢利源而無端失之反受

他人驅逐夫惟不勤遠略是故商務無一船越新嘉坡而西小呂宋而南者而兵船遊歷亦不踰此出使大臣或瞢然於條約之利病而不知久遠之計封疆大吏或惘然於邊防之得失而惟偷旦夕之安以此應敵以此立國其不至召寇納侮者幾希邑有富人擅陂田之利天雨湖水溢隄將壞或告之曰隄壞田必沒盍築諸富人曰隄去吾田遠何築爲無何隄果壞田盡沒年穀不登家以驟貧彼富人固知田之當護而不知不護隄之不能護田也嗚呼時局之艱危甚矣强鄰之窺伺深矣當事者漫不加察苟圖自便玩愒歲時猶偃然曰不勤遠略也此之謂無略此之謂舍遠而不知謀近此之謂任天下事而不事事

酌增領事說　陳次亮

各國領事之在中國者威權無限儼然治民治事之官也實則護商之官耳故其國商務少者或以商人充之或竟不設領事惟法國領事職兼護教動輒稱兵要挾杌隉多端中外刑律不同交涉案情必須會審領事之權利遂推廣於治民大阿倒持實礙中朝體製英復增派一副刑司駐滬有罪者援情準律始定爰書固緣明慎用刑亦慮領事之不諳法律耳英人通商各國其領事無兼轄民情者惟屬地如印度巴拏大澳大利亞之類始派刑司而香港上海亦然是儼然以屬地視之矣日本初約與中國同此次換約之時已經更正中國向於日本設領事官專管中倭詞訟而轉不關商務情形隔膜一變而盡失其本來今商約將成此官亦撤名實久喪無庸更愛其羊矣中國擬立香港西貢新加坡領事屢議始成而香港一埠終無成說因外國擬設領事皆先試辦一年某公必欲三年故竟作罷論也華人之在外埠者統歸西官管轄雖設領事亦苦事權不屬受制於人然領事以護商爲職不理民詞此西國之通例也護商之事不在銖銖而校之寸寸而度之也在平日通達外事聯絡商情潛收中國之利權隱繫遠人之視聽苟得明通公正之才以久任此職則上維國體下順民心其補救於深微隱閭之中者實非一二端所能罄也且華人之出洋者其苦累也深矣其拘囚屈辱也亦甚矣始也由於匪徒串通洋商誆誘鄉人之愚拙者名曰豬仔至澳門左近拘入洋船載至南洋各埠售之於墾地之西人慮其私逃羈以鐵索朝牽而出暮牽而入少惰則加

以鞭撻賤之如奴隸役之如馬牛狺語獰聲食不果腹其載運出洋也數百人閉置一艙昏悶而死者已三之一抵埠以後饑餓疾病鞭箠而死者又三之一僅延殘喘不及一成其稍有技能作工勤奮能得主人歡心者因而積漸致富不過千百中之一二耳然挾貲而去旣憂異族之羈留出險而歸復苦同鄉之訛索控諸地方官吏復從而魚肉之當九死一生之際幸脫虎口而搏蠅頭乃轉棘地荆天欲生無路此可爲寒心酸鼻者已而其所以致此者則因出口之際旣已不及稽查抵埠之時復苦無人管轄以致進退不得去住兩難而各埠情形不同有巨賈殷商自設輪船行棧者有僅有小康之戸自食其力者有全係工役仰食於人者論者欲設領事輒以就地籌款爲辭冀括彼私財以爲公用而兵船不至

威望不孚華民受虧毫無挽救操守不謹中外所輕更有各省賑捐斂財海外比年常駐新架坡者至有十三局之多乞貸卑猥益爲遠人所笑嗟夫天下事尚可言哉雖然東南洋數百萬華民固中國之蒼生赤子也西人開埠必招華民華民旣多其埠之興可立而待否則荒涼寂寞太古荆棘如英美之新舊金山墨西哥巴西秘魯古巴各埠袤延至西貢緬甸印度錫蘭及西人新闢之非洲南洋萬島開闢之始皆廣招華民華民工作勤食用省薪俸廉百產蕃昌陡然富庶然後其本國及他國之工人從而嫉妒之殘害之驅逐之天下之不平孰有過於是者然而逐者自逐新闢之埠仍不能不招也誠派熟習情形深明大略之人周歷各埠經費擘畫定立保護華商華工章程派一大臣駐紮新架坡主持其事澳門香港汕頭厦門四處專設領事華工出洋將往何埠與其國立約給憑訂立年限仍聲明日後去留自便不得有擅行驅逐傷害等情否則向其國家索賠巨款華商出洋則給憑不立約亦須照會各國保護維持如西商在中國之例均不得向本人擅索規費則每年出洋之民可以確知其數而其源淸矣東南洋各洲各島須查悉華民若干或貧或富爲工爲商何國所屬有約無約其埠之華民滿萬人以上者一埠設一領事否則數埠總設一領事國家籌給薪俸必優必豐統歸新架坡大臣管轄平日職守專以撫字工商保全人命物業爲主爭競鬬毆瑣事不與外人爭判斷之權新架坡須撥萬金設立中西大學堂以教聰穎子弟各埠商民有家業子孫因而失學者准領事稟明該管大臣奏聞請款爲倡再

因本地捐集經費設立學堂果有明達之才由大學堂考驗得實保送來京聽候錄用因宜制變除舊布新恤其艱危開其知識則其流亦潔矣夫人才者萬事之根本也學堂者又人才之根本也說者動謂中國之於南洋權勢久失雖糜巨萬無補時艱不知南洋各島在有明嘉靖以前本朝貢之國耳中葉以後明人棄之然後西人得而取之蹊田奪牛倚爲外府精神命脈皆在此間其取之者人才也其棄之者無人才也西人旣驅策華民盡除榛莽種種開礦之利擅絕寰區乃轉迫逐摧殘竟忘開創艱難之自有其功者不得食其報華民之勤且愿也人之所悲亦天之所憫也以設官開其始以立學考其成不爭旦夕之功不惜度支之費而惟以潛移默化收效將來使數百萬之華民智慧漸開才能漸出則有

人有土有土有財吾知天之所以報之者將必有在矣否則自棄其地自棄其民有明之覆車未遠矣彼西人堅忍沈鷙無利不搜獨不可以待南洋者待中國乎又豈不可以用南洋之華民者用中國之華民乎此海内有心人所爲惄然憂悚然懼也

大興商埠說

陳次亮

自黄帝日中爲市首山鑄銅太公因之有九府圜法管子立闤闠作女閭府海官山以通天下之貨今之論者以霸術斥之若黄帝太公獨非王道乎夫商務之興衰錢幣之輕重隱視萬國九州之廣狹以爲差太古之時居民渾渾噩噩老死不相往來偶有所需粟布交易而止矣三代以下土地日廣生齒日蕃民用日增則貨殖日重陶朱計然之術徧行於寰區漢世桓寬鹽鐵之書文學大夫詰難萬端而不能相勝人情之所便天意之所通萬古聖王之所不可禁也然西通坡印東抵倭韓往日商途際海而止明永樂時乃始遣寶船載瓌貨出南海通西洋以收番舶珠犀之利自是而後泰西巨賈絡繹來華而澳門而臺灣而香港而沿海沿江各口華人

之出洋經商傭工謀食者亦不下數百萬人英人擅利六州多財善賈君臣上下併力一意專以通商闢埠爲要圖每於山陬海澨荒涼寂寞之區瓶興廛市未及數月而街衢洞達樓閣崇閎百貨駢闐萬商雲集重以電燈煤氣徹夜通明電報輪車終朝飛達潔清整肅如入化城所謂天下之商賈皆欲藏於其市天下之行旅皆欲出於其塗者也而其旁之中國城鎮轉復崎嶇蕪穢如沸如羹盜賊横行荆榛載路税差衙役窕辱平人剪綹打降欺壓良懦以此例彼顯判天淵中人之家及富商大賈無不挈眥攜眷適彼樂土廱附他人其留者多困苦顛連不能自給相形見絀奈之何哉故西人商埠之制整齊嚴肅決爲三古遺規而不容執後世因循苟且之爲强行軒輊也今中國果確知受病之所在決計開物成

務通商而惠工則此商埠者固中國五行百產之菁英所出焉藏焉交易流通以與天下萬國商民相見者也苟其街道之墊隘如故舍宇之卑陋如故水泉之鹹澀汚穢如故捕務之不修盜賊之不禁也如故游匪蠹役之敲詐訛索也如故則貨物闐溢而遠人不來雖欲通之乃反塞之矣且中國動言聖道以上種種積弊豈聖王之盛治所宜有乎簡陋因仍殆非所以昭示萬國欲申而禁之廓而清之亦不過一紙官文奉行故事而已其所以積漸頹靡以至於此極者非伊朝夕矣惟有仿克恰圖買賣圈及江海各埠租界之式凡輪舟鐵路電報所通之地及中國土產礦金工藝所萃之區一律由官提款購買民田自闢市埠開衢建屋而歲課其租金一切詳細章程均仿西人工務局成法現在各埠租界之側亦

一律清釐隙地興造樓房正其名曰華市以便華商居止貿易且免西人託名射影佔地益寬如近日上海租界地基蔓延至百里以外彼以重値餌我愚民流弊深微未知所底使皆由中華自闢商埠則此疆彼界雖欲尺寸侵越而不能今通商之地日益多佔地之謀日益甚非自闢華市以清其限則官司隔膜無可稽查以利誘民何求不得然此猶患之小者也中國自行建埠而歲月取租由內之商部外之商政局經理其事仿周禮司市之制貨物出入有數可稽卽可改徵落地稅銀而盡撤天下釐金以蘇民困按月按季所徵之租課除設捕修道諸費外仍可成裘集腋上濟度支東西兩洋各國歲需皆倚此為大宗之入款則商賈通而民不為病釐捐撤而國不患貧復古時關市之征改後世權宜之制開渠鑿道養無算之閒民殖貨通財闢無涯之利賴此則益國便民之大者有能攬持全局愛養黎元讀三代以前之書知四海以外之事者乎願得與之上下古今借箸而一籌之也

多製兵輪護商說　陳次亮

今之論者輒因中日交兵海軍失事藉口於兵船之無用中國之無人謂中國無人固也謂兵船無用則非也上年大東溝之役兩國調集兵輪各出全力以相搏雷轟電擊破釜沈舟西人自謂英法海戰以來罕有如是之奮不顧身將性命鴻毛輕於一擲者若平日護商兵船散泊海中藉張聲勢不常備戰安有危機不過按期會操練習槍礮以壯已民之膽氣繫外國之觀瞻而已可以隱杜侵陵潛銷事變矣前此中國海軍游駛新架坡中國商民所由瞻望旌旗而歡聲雷動者也惟海中道路沈礁暗綫艱險殊多英國分駐外埠之兵輪自保護商民外專以攷察海圖爲要務日省月試歲課其成皆以日記繪圖考其殿最萬一有事則全地球之海道孰

遠孰近孰險孰夷通國之人一覽瞭然更無疑滯實有益於行程之遲速戰事之短長兵機之利鈍因商輪來往只行常道萬不能周囘徧歷盡悉其淺深曲折之所由然也中國南北洋兩軍興復萬難再緩內處通商各處亦宜各駐兵輪方免彼族動輒稱兵要求無厭一通一塞受制於人至護商兵輪應先以南洋爲主每駐一領事至少須駐一船此項薪糧可由商人捐助當日新架坡庇能各埠本有捐置兵輪之說也惟管輪駕駛必須得人操演測量必有圖說此則各國所同者英法俄美各國之兵輪與商輪無大區別恆有平日運貨載客絡繹往來有時改作兵輪即爲國家備戰者因輪船久泊繡澀苔黏轉須修整於暇時收取水脚津貼弁兵不惟熟悉海程並可無須另給養船之費耳中國事事隔膜各省客輪或購或造迨竣功以後體制尊嚴寄泊江海之間除載送官紳終歲不一開駛而薪糧糜費動數千金商輪則自擅利權亦不上濟國家之急官自官商自商無益而有損矣嗣後守口巡閱兵輪大可仿照各國章程辦理而國家稍加津貼即可任意往來聞南洋華商已自有輪舶多艘行駛各埠惟慮華官需索轉倚英人旗幟爲護符誠能開誠佈公酌補公費發給公械假以管帶武弁各頭銜無事則海天轉運儼然商部之章旗有事則艦隊聯翩高列海軍之位號聲威遠震與有榮施必有願爲公家出力者惟船非堅固戰時仍充運船如被敵艦擊沈仍須查明撫恤賠繳此於濟用之中仍寓恤商之意者也

地球說

高雲麟

今之談天者均言地球之說始自西人其證有四以爲天下至平者水至廣者海今試於海岸用遠鏡遥窺去舟必先見舟隱後見桅隱若窺來舟則先見桅旗後見舟艦夫舟大桅小人所知也大者易見小者難見又人所知也今乃反之蓋由舟浮水面而爲地之圓處所蔽故桅雖小轉先見耳其證一也又當明武宗時西洋葡萄牙有人由西駛行過大西洋亞墨利加洋由太平洋南洋印度洋小西洋仍回大西洋葡萄牙若地形不圓何能自西往自東還乎其證二也又赤道北則見北極不見南極赤道南則見南極不見北極若地非渾圓觀星者安有南北之異其證三也又地形蔽月則月蝕惟地體圓故闇虛之蔽月者亦圓若地形方則影亦方矣其

證四也有此四證地圓之說瞭如指掌雖天靜地動說有不同而地球總無異議似其理惟西人知之矣不知中國古書雖未明言地球而周髀所載測日景之法與授時所載測月蝕之法實已隱具其理徒以西法言之其可證地圓者四端之外亦尚有三焉一則證以地心之吸力按西洋測地之士言地中含有電氣能吸引一切萬物故土石泥沙層層相麗然地心吸物之力其勢必周圍相等若地形爲方則地體四方之直線與四角之斜線度數不等吸力安能均平乎二則證以熱道溫道寒道晝夜之長短熱道正當日下日光僅能及其半面故四時晝夜均平溫道以斜面受日光其經度由廣漸狹故近日則晝長夜短遠日則晝短夜長而近熱道與近寒道處其晝夜之長短亦差有異若二寒道則其形斜倚其經度則由狹而至於無故其晝夜長短之差迥異溫道近二極處至有以半年爲晝夜者蓋由近日則日光能照其全故半年皆晝遠日則日光僅及溫道故半年皆夜此時刻所由分也使地非如球何以由廣漸狹由平漸倚乎三則證以天地自然之氣如吹水成泡其形皆圓作風氣機方者易毀蓋天形既圓則下降之氣其聚於中心者亦圓氣之聚於中心者既圓則重濁之凝而爲地者安得而不圓曾子曰如天圓而地方則是四角之不揜也此地圓之說之最古者夫尚書考靈曜所云地有四游又與西人天靜地動之說不謀而合然則地球之說豈獨西人知之哉

風性表說

楊毓煇

風者氣也氣順時而遭變風因氣以轉移故其性有疾有徐其勢有順有逆其信有大有小其力有剛有柔然而格致家何以能明其底蘊則以測驗之功也一經測驗何以竟探厥精微則以器具之妙也蓋推驗風性之器如風雨表測風器風力表其用皆精請詳說之風雨表約有數種極準風雨表創自福而丁輪風雨表創自胡克彎管風雨表創於該路撒克自記風雨表創於米勒那測山者以尼古類氏所造爲良航海者以費次來所造爲善他如强水風雨表水瓶風雨表波爾敦之金弧風雨表費策之眞空盒風雨表浩蓀之長尺風雨表莫不精良其法有佛逆有度數有水銀管所記空氣改變之事爲記事點無論風雨燥濕一測可知如空氣極燥

則下水銀高三十一寸定晴則高三十寸五分晴則高三十寸天時不定則高二十九寸五分雨則高二十九寸大雨則高二十八寸五分風雨大作則高二十八寸此爲定法而其預卜風雨之事尙有十端一水銀上升極遲則知天定能晴二水銀升空氣燥夏日減熱則知將有北風俟雨下乃天晴三升水銀空氣濕且減熱則知將有風雨自北而來四水銀升時有南風則知將晴五水銀停空氣燥冷熱得中則知天必久晴如忽然速降必將風雨大作六水銀降速時有西風則知大風雨將自北來七水銀速降有時北風則知有大風雨若夏爲雹冬爲雪八水銀降空氣如濕且加熱則知風雨將自南來九水銀降空氣燥冬日增冷則知將雪十水銀降時若前數日天晴而暖則知將雨及大風用能測驗極準且其用又甚普卽如礦中恆多毒氣氣之秘也固無慮氣之發也卽有損若有風雨表則凡毒發及一切危險之事水銀必降有時水銀高點忽然下落尤宜加意防閑斯可有備無患是其有裨於礦務非淺也農家春耕秋穫專賴風雨得時若但憑臆度以爲風而未必果風以爲雨而未必果雨既有風雨表則風雨皆可先知不難預爲佈置是其有益於農務良多也船家漁家用之可以避颶風而不致遭危險是又有功於航海格致工藝用之可以測天空知燥濕是更有助於人工然則其用不亦宏乎此風雨表能驗風性之說也測風器專測風性其器不一英人陸萍生及林德所製最爲簡便然陸萍生所製者下端有座座上豎以直軸軸之上端聯以四輻輻頭有杯如球形其直軸之下端有螺絲能撥動小齒輪

小齒輪卽撥動大齒輪輪面如時辰表式中有針能指出各輪旋轉之數如風小其性緩則旋轉之數少風大以及烈風颶風其性疾則旋轉之數多故風性剛柔疾徐均能於表面指出其表面宜用四數一指萬數一指千數一指百數一指十數試驗時先看第一面之萬數再看千百十等數筆而記之則常年風性如何均可知矣林德所製者略異於前器之兩端悉用玻璃彎管一端口直一端口向於外中有一板上畫分度按在長樞之上能自轉動其頂上有對風板恆對正風之方向用法將水裝入玻璃管無風時二管水面齊平風來時無論大小兩管水卽有高低觀其高數齊於板上之分度若干卽知風性之大小分數寸數也此測風器之驗風性之說也不特是也化學家考驗礦質就有風力表焉蓋研究

五金等質所用之燈或爐悉賴吹風而風性必須勻和不可多多則易於誤事不可少少則亦不爲功於是化學家製表以驗風力其表下爲木座並連進風管座上連雙彎玻璃管管中有水銀管旁有度數用法將進風管連於燈或爐旁而吹之則不進風時兩管水銀齊平進風時受風之一邊之水銀壓之向下而對面一管之水銀獨自升高觀水銀下若干度則知風力若干大倘水銀久不搖動必係風力平勻水銀時有高低必爲風力參錯以此測之百無一失此風力表能驗風性之說也尤有說者測驗風性其法尚多不但恃乎表也卽如測風勢流動及方向順逆只須用片板作風旗竪於長竿軸上下作表針以指定盤之分度則風勢之流動順逆無不知矣如察風性剛柔只須作方尺平板板後有活尺及轆簧如洋秤式倘以板面正受風而視活尺之分寸則風性之剛柔無不曉矣如考風行速率只須作一器內有螺絲以軸正對風而觀螺絲旋轉遲速則風行之速率無不明矣嗚呼測風之術至今日不誠精且備哉

各國教門說

王韜

天下皆有一教以爲綱維蓋牖世覺民之所不廢也考自佛教行於印度回教盛於天方天主耶穌教被於西洋而語其支派各有不同印度佛教分而爲三一曰墨那敏教卽印度國舊教也一曰喇嘛教卽西藏之黃教也一曰墨魯赫教卽西藏之紅教也天方回教亦分爲三一曰由斯教卽婆羅門舊教也一曰穆罕默德教卽穆罕默德所刱行於阿丹者也一曰北阿韃教則其兄子所傳行於巴社者也天主耶穌教亦分爲三一曰加特力教卽天主舊教也一曰波羅特士敦教卽耶穌新教也一曰額利教卽希臘古教也言乎各教所行之地則自中南東三印度而緬甸而暹羅而西藏而青海而南北蒙古皆佛教也自西印度之巴社阿丹而西之阿非利加洲而東之葱嶺左右哈薩克布魯特諸游牧而天山南路諸城郭以及歐羅巴洲之土耳其國皆回教也其大西洋之歐羅巴各國外大西洋之美利堅各國則皆天主耶穌教也其與我中國安南朝鮮日本之儒教屹然共立爲四此外又有火教神教散處於各方亦有土蠻之流俗尚祀鬼無所謂教者當我中國未通於外所行者惟堯舜禹湯文武周孔之道中庸言修道之謂教亦非別有所謂教也印度自佛未出世以前皆婆羅門教以事天治人爲本卽彼方之儒也自佛教興而婆羅門教衰佛教衰而婆羅門教復盛一盛爲耶穌之天主教再變爲穆罕默德之天方教皆婆羅門之支派蓋歐洲之學其始皆根於印度由漸而西故天主天方有時皆不出乎儒教之宗旨卽我中國自古至今道術分裂儒分八

墨分三老莊之道亦分數支蓋與佛教同教天主教之異流同源無以殊也嗚呼自教術多端同中立異鬭諍堅固於一教中自相胡越欲泯畛域而會大同蓋亦未易言矣故聖王在上因其教不易其俗齊其政不易其宜今中國各教皆備雖其教旨各殊而奉天治人則一也安知昔之以遠而離者今不以近而合乎前見申報言西國無佛教夫西國固無佛教然未嘗無道教其人蓋散處各國了然修練名曰巴柳士艮教歐羅巴阿非利加兩洲皆有之特不若各教之紀年建朔耳因論教而并及之以見中西之教之未嘗不可合也

藝成於學說

陳次亮

中國之工藝何以不如泰西也曰學不學之分耳中國之購機器開製造者有年矣何以終不若泰西也亦學不學之分耳泰西之學何所昉哉昉於近百年來剏行新法之人剏法之人又何所昉哉昉於五六强國喜新尚異爭名逐利之心然而天下之人不以爲非且孜孜然慕而效之者何哉以其有益於國也有益於民也效之者有大益不效之者而有大損也蓋藝也而進乎道矣故曰天也一舟也行止聽乎風一車也遲速憑之馬五千年來未有之改耳有華忒者緣著壺之氣衝蓋有聲始悟爇之有力推之以擊石推之以運煤推之以起重而火輪新法實始萌芽父作之子述之不憚十反以求其利弊而輪舟之製遂成獻之英君錫以世爵然僅一

小輪信船藉以遠通音問也旣而設學以教之立廠以造之而數十丈之巨舟數千匹之馬力海天萬里絕跡飛行繼之以快艦巡船雷艇鐵甲每一時行二百里而輪舟之用始神然而水道雖通陸路仍虞梗阻也復有人推廣此意剏造輪車嵌以鋼條墊以木板車行其上神速無倫每一時行三百里於是水陸聯接視萬里如戸庭幾幾乎縮地之神方補天之秘鑰矣復悟金鐵相摩生電之法機輪磨盪陰電陽電生生不已如環之無端而電報作焉其始也迅寄一音僅以防輪車之撞擊耳至今日而電綫三匝環繞全球鐵筩沈浸於海中銅竿森立於地上環地球十萬里通信不逾一時推之於照夜之燈則卓立雲霄光明如皎月推之於傳音之器則懸隔山海聲息猶比鄰疑鬼疑神胡天胡帝而推原本始則

皆由若壺熱力之一事開之由是以火蒸水以水化氣以氣行輪以輪生電馳至天下萬事萬物皆入於機皆出於機物之細也入毫芒力之大也推山岳上關國計下益民生四海風行五洲嚮應此豈泰西之智士所能爲乎然而孰爲之天爲之也天假手於西人以成玆地球一統萬國會同之法物也環球十萬里大小數百國非輪舟鐵路何以捷往來非電線德律風何以通文報或卉衣木食或穴處巢居或飲血茹毛或窪尊土鼓將使冠裳棟宇大啟文明非以一人作十人百人之工何以給民生之日用也今各國呈奇效瑞萃我中華而中國二千年來工師失傳已久因循簡陋不思變通轉使海外小邦以器物之精良出而傲我習遠而忘近騖虛而失實得精而遺粗皆不學之過也天將以器歸中國而以道

行泰西同軌同文闕萬國同倫之大化所謂凡有血氣莫不尊親者此其時矣取彼良工同我郅治昭以文物獲其王侯孰重孰輕爲得爲失何去何從必有能辨之者

按諸君論說各抒已見言之不厭其詳無一非爲工商起見蓋工以謀食一不得所流落必多商以牟利一不得當折閱不少保護之道不得不先事預籌也設官分治始免彼之侵陵駐兵有船始免彼之脅制興立各島書院肄業有人庶兼通中外語言文字彼此情形無所睽隔因時制宜當務之急無有急於此者無如當設不設當駐不駐當與不與坐視數百萬華民沉溺其中而終無起色吾錄諸君論說甚望當軸者早見施行共挽時艱庶亡羊補牢未爲遲也

交涉彙說

崔國因

蓋觀於今日之交涉而歎天地之狹人心之險也禍患每生於萬里之外兵戎卽兆於玉帛之間無可避也無可遠也天下之强國首推俄其地跨歐亞兩洲皆在萬里之外而兵力所及卽足爲患其在歐洲也兵逼德界則德有戒心逼奧則奧有戒心逼土耳其波斯阿富汗則不僅有戒心而直有覆亡之慮矣其在亞洲也造西里亞之鐵路增琿春之兵建黑龍江之船隖則我有戒心而朝鮮日本亦不能無恐矣美與智利分赤道南北而因兵船水手一案幾至搆兵英人由緬甸造鐵路以規滇法人由越南興火車以達粵阿非利加洲亙古以來鴻荒未闢而歐洲各國羣起而分裂之皆遠隔萬里者也德奧義聯盟以防俄法此玉帛之會自守之見也而

俄與法聯盟俄又與土耳聯盟俄之與法與土實世讎也德法有不可解之讎而結好無間亦牴牾時形美因喀羅連島教士之案而責義英因祕林海峽之案而責美俄法因埃及之事而責英俄因勃爾加鼇亞之事而責德中國沿江會匪鬧教之案興而法欲聯歐墨亞洲各國水師以要挾雖好會無間而擾攘不休居今之世奚可局淺近圖耳目而高言耀德休兵哉水師之力英之兵艦至五百有零法稍遜之俄又遜之次則義德日三國亦可稱雄美國水師居第七中國居第八日本居第九日本今年以水師之力不敵中華乃於法國訂造鋼甲三艘亦黽勉企及之意也法與日美與墨互增入口稅以相抵制法重美國豬肉入口之稅俄增英國棉紗入口之稅烏拉乖墨洲小國耳亦增入口之稅以足國用義

禁美國煤油入口美禁歐洲窮兵入口皆内政之可自主持者也若夫美國之近政則駐美之使尤耳熟而能詳焉其測天文也則有算學諸士挾貲赴祕魯以測南半球其測地理也則有商務諸人赴尼格拉以通東西洋水道其講海防也則建礮臺於太平洋購聖駝馬島於丹國增海口之巨礮造極速之兵艦講求礮穿兵艦塞漏之法措置兵艦中途添煤之地試白鐵之甲造電氣之船其蒐軍實也則造無煙之火藥至猛之炸藥創鋼綫纏身之礮試電氣之車考連珠之礮煉礬精以代鋼藉水力以生電其講富國也則與歐洲墨洲各邦立報施條約增入口之稅收丁口之費禁入境之彩票賽珍於希卡果免稅於夏威仁鐵路入款四千萬有餘本年所入之款至四萬六千萬有餘直駕英國而上之矣至於博士新得致雨之法隨時隨地可以立沛甘霖其說不經乃聞農部已撥巨款試驗各省亦且以貲定購則又似非子虛相距較遠未能目覩姑志之以備一說云耳

各國互相抵制說

崔國因

按萬國公法地球通行而弱與强之勢不同卽從與違之情各異大抵强者自抉籓籬但以公法繩人而不以自律也惟抵制之法行則使之不得不平始之兩相敵者卒之兩相合如楚子木欲屈齊而晉以朝秦抵之楚成王方圍宋而晉以分曹衞制之外洋交涉亦如是耳往者姑置勿論試卽以近數年之事證之德奥義三國聯盟俄法亦聯盟德君聲言兵力足以勝俄俄亦聲言兵力足以勝德法人以爲兵力足以復讎德人亦謂兵力足以一戰此以責言相抵制也造鐵艦者以防礮彈而制鐵艦者又造水雷造水雷者以轟鐵艦而制水雷者又造鐵網此以機巧相抵制也美英爲祕林之案互捕漁船法日爲新約未成互增稅則美加墨西哥入口稅墨亦加美國入口稅英欲制俄之佔巴美爾俄以取印度抵之法欲制英之脅挨及英以突尼斯之礮臺抵之此以報復爲抵制也綜觀各國交涉之道援公法者十之一用抵制者十之九且援公法者必有抵制以爲之繼方今英稅關與美爲難美知駁詰無益卽以限禁英船抵制一舉措間而英卽改除舊章此明效大驗也

輪船說

泰西輪船之設過五十餘年而其盛也則在內地五口通商後故今航海輪船又莫多於英國其先有塞明敦者蘇格蘭人也嘗造小輪船以自游戲繼造稍大者爲客商帶江之用以未能盡善而廢時美國人富拉頓客於法國亦造輪船法主那波倫見而稱之仍以法製未周行未甚速置勿用而富初心不易措資返國於紐約克地方又製輪船一具人咸非笑越五年工始竣試之初甚便及至中流舟忽不行富復察其弊之所在而精思之條理之又年餘始得任意行駛遂傳其制惟是同一船而明輪與暗輪制亦有二明輪者設兩旁藉蒸氣行之若划槳然如船身稍側則一輪出水無力一輪入水深而運卽難不若暗輪之隱於船尾舵前軸順輪機盡

入於水一經旋轉輕不費力因其輪如螺紋故名螺絲輪近英人又造水輪船祇以一輪隱船旁又有二管水從船底入因轉輪之力催水由二管出水勢湍急向後洩卽令船行管內復設機關能使進退自如也聞泰西輪船有長七八十丈立五烟櫃者余未之見其來內地貿易之船則長三四十丈廣四五丈深亦如之可載三千四百礮（每礮計十七石）然火輪器具居其半也每船自船主外各司事等共有百三四十人火輪器並厨房設中桅前兩旁有長巷以通客房房計四十餘間間容三十人中桅後爲飯廳桌長七八丈人坐四五十飲饌多外洋風味晚則燈火通明兩旁夾室十餘間間懸玻璃燈二火鏡一燭光四映何啻千門萬戶舟行晝夜不息以寬綽如居里巷食物復咸備登者渺不知在滄溟中也至司船披圖辨疆域測日計路程桅置針盤定方向又懸鉛舵以量淺深繩板以驗遲速有寒暑表陰晴器定氣候而占風雨其所以行之者正非草草計一船之成不特費鉅工繁抑且器精法密冬置煖炕夏懸風扇扇以數十人抽拽涼生四座百人會食無揮汗者其船如遇順風一周時可行一千五百里亦快然哉

鐵路說

鄭觀應

夫水行賫舟陸行賫車古之制也民生自然之利也至今日而地球九萬里風氣大通以日行百里計之環球一周累年不能達文軌何由一聲問何由通乎天乃假手西人以大顯利用宜民之神力於是而輪船火車出焉以利往來而捷轉運風馳電掣迅速無倫誠亙古未有之奇製也中國版圖廣大輪船之利亦既小試其端矣獨火車鐵路屢議無成聚訟盈廷莫衷一是竊未見其可也美國西北之佘山郡瀕海曠遠自設鐵路近通東部遙接金山於是百貨流通商賈輻輳戶口陡增百萬有奇此鐵路之便於通商也德法搆兵時德提督謂法使曰如戰則我國可於十四日中在邊境集軍十萬糧械俱備後果踐其言克獲全勝此鐵路之便於用兵也

俄國所築西卑里亞之鐵路不日可成其道里所經與俄之聖比德羅堡京及墨斯科城一氣銜接所屬大西洋之地與暉春扼要之境亦節節相通考歐洲至上海若取道蘇彝士河歷程四十四日若取道美洲干拿打歷程三十四日有此鐵路不過二十日可到就通商而論其地貫歐亞洲之北境將來各國行旅多出其途俄人即可坐收其利若偶有邊釁則由俄京至中國邊境僅半月程而我調餉徵兵動需歲月急遞甫行敵已壓境矣今英法俄三國爭造鐵路以通中國包中國之三面合之海疆已成四面受敵之勢矣英由印度造一路逾克什彌爾北抵廓爾喀分支至西藏之大吉嶺與藏地爲隣一路由緬甸之仰江以達阿瓦暹距滇邊法由越南造鐵路以通雲南廣西俄自東北彼得羅堡至西北西伯里亞一帶之地凡造鐵路一萬餘里循黑龍江而南告成而後商賈往來便捷愚民無知惟利是從我能保護之則百姓爲我之百姓也我不能保護而人能保護之則百姓即爲人之百姓緬甸之屬英越南之屬法琉球之屬日本吉林東北各部之屬俄其明證矣且口外荒地甚多開墾甚便一有鐵路內地無業之民相率而至膏腴日闢邊備日充商旅日集大利所在人爭趨之荒遠遼闊之區一變而爲商賈輻輳之地而我之境內未有鐵路則荒涼者如故貧瘠者如故也彼此相較貧富相形而欲邊境之民盡甘槁餓而不爲敵人用也其可得哉若彼以一旅之師長驅直入則邊陲千里闃其無人壁地喪師可以立待故敵無鐵路我固不必喜新好異爲天下先若人皆有鐵路而我獨無則必敗之道必不能支

之勢也外國有行軍鐵路寬徑尺餘或二尺地面不必鋪平下置木樁架以鐵楞用則搭不用則卸仿而行之運兵載糧尤爲簡易至火車以美國之式爲最善工價則中國較廉故舊金山車路皆僱中國人興造至鐵軌需費尤鉅必須自造若購之西國則失利多矣溯自河運改行海運以來輪船往還費省而效捷議者或虞海道不靖敵兵邀截欲復運行舊制而勞費不貲愼焉何如以議復河運之費移開鐵路之爲愈也嘗訪諸西人其利有十所得運費除支銷各項及酌提造費外餘皆可助國用其利一偶有邊警徵兵籌餉朝發夕至則糧臺可省兵額亦可酌裁其利二各處礦産均可開採運費省而銷路速其利三商賈便於販運貿易日旺稅餉日增其利四文報便捷驛站經費亦可量裁其利五中國幅

員遼闊控制較難鐵路速則巡察易周官吏不敢踰法其利六二十三行省可以聯成一氣信息便捷脈絡貫通而國勢為之一振其利七中國以清議維持大局拘攣束縛頗難挽回有鐵路則風氣大開士習民風頹然丕變而士大夫之鄙夷洋務者亦可漸有轉機其利八歲漕數百萬石河運海運皆糜費無算一有鐵路則分期裝載瞬抵倉場巨款可以撙節其利九各省所解京餉道路迢遠覊段累重中途每致疏虞鐵路既通則斷無失事之患其利十有十利而無一害復何憚而不行哉而泥之者則曰造路之後奪鋪驛夫役之利一害也修路之時廬舍墳墓當其衝者必遭拆毀二害也他日猝為敵乘禍發倍速三害也不知鐵路之旁其左右歧路人馬皆能行走火車所運貨物應於某處卸載者仍須車

馬接運且物產之流通日廣則人夫之生計日增何害之有鐵路遇山巔水曲均須繞越架空鑿洞亦可駛行廬舍墳墓亦猶是也何害之有中國所購兵輪商舶苟有器無人皆可資敵何獨於鐵路而疑之獨不可宿兵以守之乎且地當敵衝臨時拆斷鐵軌數截十丈五丈之間彼即無能為力而我腹地仍得往來自如何害之有往者議造輪船電報羣疑衆謗既費半途既而毅然舉行至今日而天下之人異口同聲共知其利矧鐵路之利倍於輪船而中國陸路之多倍於沿海何可遲疑顧慮坐誤機宜致他日受制敵人悔之不已晚耶查西商承辦鐵路如有軍務先為國家運兵運糧繳費腳力照算不使商人吃虧有餘暇方准裝運客貨憶往年晉省洊饑費數十金不能運米一石一石之米須分小半以餉運夫得達內地濟飢民寥寥無幾餓殍之慘言之痛心設有火車當不至是況當日運費數百萬金苟移造火車亦可成鐵軌八九百里今雖事後之言得失之數必有能辨之者夫中國大勢西北土滿而東南人滿若有鐵路以流通之則東南之民可以謀生於西北西北之棄地可以開墾如東南政在養民之謂何而忍聽其貧瘠流離竟不一為之所哉

電報說

鄭觀應

電報創於丹成於美繼乃徧行於泰西山海阻深頃刻可達各國陸路電報皆設於國家商民發電者官收其費以所入濟局用而歲有所贏用之兵間尤足以先事預防出奇制勝普法之戰普人於大軍所到之區徧設電線而盡毀法人之電線法京聲息不通遂以敗法所謂先發制人後發制於人者非電報不足以當之矣　國家版圖式廓幅員之廣冠絕寰區各省距京師遠則數千里近亦數百里合沿海沿邊諸屬國屬部屬藩週圍約四五萬里鞭長莫及文報稽延近日番船暢行華洋雜處兵機萬變瞬息不同一旦有事疆埸飛章入告　廟算遙頒動稽時日而彼以電線指揮如意如桴應鼓如響應聲一遲一速之間卽勝負所由決矣近年各省

電線八達四通其爲利便人皆知之而創造之初幾經辯難幾費經營始克於羣疑衆謗之中翕然定議成見之不易化而風氣之不易開也若是電報如此則鐵路可知今日之排斥火車亦猶當日之阻撓電線也電線字碼皆中華字數數千百字皆由數字所生從一至十交相編輯彙承玉軒京卿及盛杏蓀劉薌林唐景星朱靜山諸觀察公稟　傅相札委會辦津滬電線時曾與同事者有萬國電報通例測量淺學電報新編各書各電報局及各口書局均有售者如有機密可先約定照電報號碼或加或減則外人不得而知今使署及各埠殷商亦有另編號碼合數字而成一字費用更省事機更密而消息更靈故電線輪車鐵路火器四事孰爲之天爲之也天將使萬國大通合地球爲一統非是不足以通往來達文報也邇日外國盛行德律風之法畧如傳聲之器亦藉電線以通百里數百里之遙彼此互談無殊晤對各國商埠及其國家行用寖多費用尤廣亦電報之別格矣又聞照德律風之式用電氣寫字此間舉事而書彼處亦照式而寫筆跡分毫無誤惟電報雖已暢行而造電配藥之法中國知者甚罕豈西人故秘其傳歟抑華人心性粗疏未能深求其故歟蓋電之爲用際地蟠天今所用者未及一萬分之一約而言之生力生光二事而已矣電報取用之氣係意大利人嘎剌波尼及佛爾塔二人考驗製成由以强屬與金屬相感而生謂之溼電法用紅銅用白鉛薄片對數重疊每對隔以强水浸透之厚紙復以二銅絲聯之卽能生電佛氏云因其紙易破則機滯無力乃以玻璃杯爲電池後又有人造長箱

內以磁片分爲數十格箱蓋下安銅鉛薄片數十對以銅條聯之每對一格內儲强水用時但加蓋於箱則二金相感生電較多其力愈旺而溼電之學大興尋丹國人倭氏復創磁電二氣合一之說法人阿拉格與安貝爾二人復以銅絲繞成螺形以驗之電氣每繞一匝則力倍增以鐵能生電而磁能吸電是爲磁鐵電學於是英人惠氏乃設電線於倫敦法美因之遂以徧行於天下英國總司電局比利時自言一歲中必輾轉思議務使後來之法較諸往昔益爲靈便以前發報每一分鐘止發七十五字今每分鐘可發六百字矣夫因仍者易爲力而創始者難爲功若中國能就其已然精求其理陸線水線打報機測量表乾溼電藥水皆能自行製造無假外求更復觸類旁通別成奇製天下之大豈無能者亦由

董勸之未得其人耳現在所用材料皆購自外洋總計漏卮爲數頗鉅電報學生測量未準停報久而虛耗多電碼時有舛差電桿亦多朽折外國電報皆用鐵桿日本則用銅桿我國亦宜槪換鐵桿以垂久遠各局總辦幫辦宜由報生司事推擇洊升其巡丁亦當分別等差由下遞升以期精益求精用資鼓勵外國陸路電線俱歸國家主持惟水電往來乃歸商辦今我國電線已環繞於十八行省間仍宜由　國家購回派員專辦沿邊要地逐次擴充嚴定章程節省糜費他日如有軍務卽照西例不收商報庶機密重事無從洩漏而維持操縱於國家之政體所保全者亦多矣　查西商承辦電線如在中國之英商大東公司丹商大北公司所設海線如有軍務例應委員常住該公司報房稽查不准傳遞暗碼所

有明碼電報亦須委員看過無碍軍務者方准傳遞　曩承
神機營札委在滬採辦軍械及偵探中外軍情時苦電線未通機事不密因購德律風四具軍線百里進呈　醇邸力辭奬敘冀開風氣之先今時甫十年而電報已通行天下順天者存逆天者亡先天而天弗違後天而奉天若後之君子幸勿泥古違天輕以人之國家爲孤注也謂予不信請俟將來

送許竹篔侍講出使序　趙銘

夫英猷遐騖必爭壇坫之光奇儁挺生不限區陬之識是以飛矢在上轉轂方遒運籌於中折衝斯遠然而端木連鑣於四國延陵結紵於五邦僅涉中華未踰禆海若乃仙槎西指渺渺星河紫氣東來暉暉暘谷小朱邑之萬卷目臨寰中大鄒衍之九州身馳域外而蹄歧贈策繾綣平生祖道傾尊流連日夕情之所鬯儻可言歟許子竹篔訂交構李通籍蓬萊校篇則井絡騰文蘊略而滄溟入抱屢陳
封事密叶
神謨博覽宗彝殫精大約出持三山之節風引船回歸侍雙
闕之班日臨仗曉茲以今年甲申四月由翰林院編修補授
侍講尋拜

恩命奉使泰西
鰲禁分符輔之英蕩
麟臺入對重以國書九能造命之才五善周咨之選非徒資黼黻定訏謨也柔遠之經字小之道將於是乎寄焉泰遠不隔乎蛢蠓鞮胥能達其聲教攻其行軺所至曰德意志曰法蘭西曰意大利曰和蘭曰奥大利亞之數國者皆在黃道以北黑海之西夷堅所不志章亥所未步也使指有歸請爲揚搉昔者晉憂子駟惟彊是從秦背令狐惟利是視今之絕域積有斯風充狙欲而求訓時虎飽而殺怒君子懼焉抑知官非都護道在羈縻憑一介之遙通示八荒之無外大川之涉信及豚魚敝邑之間取其麋鹿相與捐細故尋舊盟採白狼槃木之歌守黃龍淸酒之約若是者爲締交大秦古寺曾祀

祆神首善書院乃來教主膜拜盛於竺國威儀虐於帝師意大利實始濫觴法蘭西於焉樹幟遂使爲叢歐脅升木教猱雖難語以革心當隱使之帖耳若是者爲弭釁飛車入貢楛矢來庭學神弩於眉珠賦寶刀於大食古來利器半出窮荒德意志者席戰勝之威侈鉤强之備戈船橫海鬬艦若山槍飛火以雷轟礮發機而霆駴銀誇飾杖鐵號迦沙則以加令之智囊儲征南之武庫總其犀櫳貢我鯤濤若是者爲肆武時購德國鐵艦二未至將弁在洋學駕駛故云門闗稽稅周漢相沿市舶置司宋元彌盛夷考南洋列埠瓶自和蘭爰及

神州益通旁國行綃絮於徼外植葡萄於苑中數馬歸資蹊牛論罰然而宏羊鞀算非西域所得爭李牧市租詎北庭之可貸雖崇大體貴示微權若是者爲阜商交聘者錯於途廷

勞者待於境重門洞啟邸舍宏開彼呼中土爲仙宸我履滄瀛若平地亦知泰爲大鳥未可獨招佛視海鷗無妨狎處於以靖邊候治國聞游紀而發金壺宅交而辨銅柱若是者爲測微長春西游之記劉郁西使之編副在職方垂爲掌故以之上窮倚柱下察廣輪山川風土之殊政教器名之別犂靬善眩波斯多珍有異必搜無奇不錄譣周髀四隤之說拾疇人九算之遺若是者爲蒐佚且夫縱橫者才也凝靜者志也涵濡者化也潤色者文也君於專對之詞曹爲識時之俊傑披郤道窾漆園之旨可尋排難解紛魯連之風何遠競緌胥涀非繞指以爲柔謀斷兼資且虛心而集益必能燭機於先兆繼好於後來至於藻采所敷華風與被雞林市上定傳居易之詩吐谷渾頭行皮子昇之卷瑤林珠樹地望爭誇電策

飇輪天機欲舞彼都士女豔李揆之姓名異域公卿服徐陵之翰札子弟置諸莊嶽齊傅幸其無咻出洋學生赴德國各廠習藝者由使館考校金水產自雲州楚材信其可用中土機器製造物料多自西土購來此又俱歸陶鑄益富雕鎪寫賓館之餘閒足道山之清話者矣僕馮唐易老燭武無能垂白相嘲勝青滋媿比值輶軒之出首從析木之津槐雨浣襟蘭風振袂相思煙墨話文字之前緣極目滄浪悵帆檣之遠渡攬轡且難乎爲別贈車則不若以言爲送飛鴻藉當前馬鑿空萬里敢期博望之受封報最三年再俟韓侯之入覲

贈西士傅蘭雅纂格致彙編序　薛福成

格致之學在中國爲治平之始基在西國爲富强之先導此其根原非有殊也古聖人興物以前民用智者創巧者述舉凡作車行陸作舟行水作弧矢之利以威天下所謂形上形下一以貫之者也後世歧而二之而實事求是之學不明於天下遂令前人創述之精意潛流於異域彼師其餘者研究日精競智爭能日新月盛雖氣運所至豈非用力獨專歟方今海宇承平中外輯睦通使聘問不絶於道西國之討論中華經史者不乏其人而吾儒亦漸習彼天文地輿器數之學涉其藩若浩博無涯究其奧則於古聖人制作之原未嘗不有所見焉甚哉格致之功之不可不窮其流也西士傅蘭雅先生英國之通人也航海東來二十餘年矣通曉中華語言

文字於繙譯西書之暇取格致之學之切近而易知者彙爲一編按季問世不憚採輯之煩譯述之苦傅君之用心可謂勤且摯矣顧吾謂中國數千年以來材智迭興固未嘗無好學深思之士造乎其極者第自周禮冬官一書既佚而操藝者師心自用擅其片長以眩於世學士大夫又鄙棄工藝而不屑道而古先聖哲所作述之絶學遂亡詎知泰西各國殫億兆人之智力潛闚造化之靈機奮志經營日臻富强以雄視宇宙即間嘗攷其大凡其齊動力之輕重疾徐而製器者曰重學即攻木攻石攻金之工也剖別物質各殊其劑以程材者曰化學即治人卝人之業也以火化水使積力而生動者曰汽學即蒸釜酒龍之製也凹凸晶鏡令光點遷就而利視者曰光學即陽燧銅鑑之各適其用也其他磁石引針琥珀拾芥即電學之權輿也一尺之棰日取其半萬世不竭即幾何學之妙用也吾華讀書之士明其道者忽其事工師之流習其業者昧其理多未明曉西法故不能互相引證抉其精要然其學未嘗不可攷而能也傅君彙編出而知人格致之實用庶幾探索底蘊深求其理法之所以然風氣既開有志之士鍥而不舍斷使古今中西之學會而爲一是則余之所默企也夫

重刻海國圖志序

左宗棠

邵陽魏子默深海國圖志六十卷成於道光二十二年續增四十卷成於咸豐二年通爲一百卷越二十有三年光緒紀元其族孫甘肅平慶涇固道光燾懼孤本久而失傳督匠重寫開雕乞余敘之維

國家建中立極土宇閎廓東南盡海島嶼星錯海道攸分內外有截西北窮山水之根以聲教所暨爲疆索荒服而外大險無垠距海遼遠以地形言左倚東南矣然地體雖方與天爲圜固無適非中也以天氣言分至協中寒暑適均則扶輿清淑所萃帝王都焉歷代聖哲賢豪之所產也海上用兵泰西諸國互市者紛至西通於中戰爭日亟魏子憂之於是蒐輯海談旁摭西人著錄附以已意所欲見諸施行者俟之異日嗚呼其發憤而有作也人之生也君治之師教之上古君師一也後則君以世及而教分撮其大凡中儒西釋其最先矣儒以道立宗受天地之中以生者學之釋氏以慈悲虛寂式西土由居國而化及北方行國此外爲天方爲天主爲耶穌則華於隋唐之間各以所習爲是然含形負氣鈞是人也此孟子所謂君子異於人者也其無教者如生番如野人不可同羣此孟子所謂人異於禽獸者也釋道微而天方起天方微而天主耶穌之說盛俄英法美諸國奉天主耶穌爲教又歧析而二之因其習尚以明統紀遂成國俗法蘭西雖以羅馬國爲教皇其人稱教士賚遺外出行教故示尊崇然國人頗覺其妄聊以國俗奉之而已今法爲布所敗教皇遂微更無宗之者是泰西之奉天主耶蘇固不如蒙與番之信黃

教紅教也釋氏戒殺絕紛足化頑獷時露靈異足懾殊俗其經典之入中國經華士潤飾旨趣玄渺足以滌除煩苦解釋束縛是分儒之緒以爲說者非天方所可並也天主耶穌非儒非釋其宗旨莫可闡揚其徒亦鮮述焉泰西棄虛崇實藝重於道官師均由藝進性慧敏好深思製作精妙日新而月有異象緯輿地之學尤稱專詣蓋得儒之數而萃其聰明才智以致之者其藝事獨擅乃顯於其教矣百餘年來中國承平水陸戳備少弛適泰西火輪車舟有成英吉利遂蹈我之瑕搆兵思逞並聯與國競互市之利遂以海上多故魏子數以其說干當事不應退而著是書其要旨以西人談西事言必有稽因其教以明統紀徵其俗尚而得其情實言必有倫所擬方略非盡可行而大端不能加也書成魏子歿廿餘載事局如故然同光間福建設局造輪船隴中有華匠製鎗礮其長亦差與西人等藝事末也有迹可尋有數可推因者易於創也器之精光淬厲愈出人之心思專壹則靈久者進於漸也此魏子所謂師其長技以制之也鴉片之蠱癰養必潰酒後益醒先事圖維罌粟之禁不可弛也異學爭鳴世教以衰失道民散邪慝愈熾以儒爲戲不可長也此魏子所謂人心之寐患人材之虛患也宗棠老矣忝竊高位無補清時書此彌覺顏之厚而心之負疚滋多竊有俟於後之讀是書者

西學略述序

曾紀澤

記曰辟如行遠必自邇辟如登高必自卑老氏亦云合抱之木生於毫末九層之臺起於累土千里之行始於足下蓋天下事業文章學問術藝未有不積小以高大由淺近而臻深遠者泰西之學條別派分更僕難數學成而精至者大抵撼風霆而揭日月奪造化而疑鬼神方其授學伊始往往舉孩提之童所能言能知匹夫愚婦所不屑道者筆之爲塾鈔編之爲日課耆彥師姆諄復道之不以粗淺爲恥翻以躐進爲戒其向學易而爲學有次第此泰西學者之所以衆多學而成名者亦因是而濟濟焉試舉一二端明之論光色之學曰白者諸色皆備黑者諸色皆無諸色皆備則不復受色故以色著白紙常推而拒之顯露於紙上諸色皆無則能受衆色

故以色著黑紙常納而入之隱晦於紙中夫繪白紙而顯露繪黑紙而隱晦此孩提之童所能言能知匹夫愚婦所不屑道者也然泰西學士由此理以證日質之所有辨虹蜺之七色窺玻璃之三角定藻繪之彰施攷影相之宜忌其學無窮極焉又論寒熱之學曰五金傳熱羽毛不傳熱投鐵杖一端於火火外之鐵遽不可執焚獸皮將盡而未盡者仍可執此傳熱不傳熱之證也狐貉足以禦寒非狐貉能生熱也惟其不傳熱故能護藏人身本有之熱夫投鐵杖與獸皮於火可執不可執之別此亦孩提之童所能言能知匹夫愚婦所不屑道者也然泰西學士由此理以攷求太陽地心之熱力與一切機器鍵轄火輪舟車蒸汽生力之大凡稽化學生尅之源察冷暖漲縮之理儲水銀鑄鋼鼓以製寒暑之表風雨之鍼五緯彗孛地球月輪藉攝力以環日地火震山空陽生颶循定軌以行災推測之眇通乎神明其學亦無窮極焉所謂積小以高大由淺近而臻深遠者非其效歟總稅務司鷺賓赫君擇泰西新出學塾有用之書十有六種屬英國儒士艾先生約瑟譯成華文書成問序於予予嘗忝持使節躬至歐洲每欲纂輯見聞編爲一帙事務紛乘因循不果今閱此十六種探驪得珠剖璞呈玉遴擇之富實獲我心雖曰發蒙之書淺近易知究其所謂深遠者第於精微條目益加詳盡焉耳實未始出此書所紀範圍之外舉淺近而深遠寓焉詎非涉海之帆檝燭暗之燈炬歟古稱通天地人爲儒又曰一物不知儒者之恥儒豈易言發軔於此書就性天之所近更著研躭之力其於專門之學殆庶幾乎爾雅訓記之文急就奇

觚之字賈董揚班於是乎興吾人而有志於西學則雖以爾雅急就章視此編焉可也

異域風謠序

地毬凡九萬里水居其七有土斯有人不過十之三耳夫人生莫不有欲能以禮節之則思得其正孔子刪詩不廢鄭衛夫豈無故哉凡以示勸懲之意而寓無邪之旨焉方今之天下一大列國也五大洲之說始於明至今日而詳盡帆輪所至視中外於一家雖風氣不同而人心則一益嘗博考羣籍而得其梗概矣在東曰亞細亞洲其地東距東洋中國在焉餘則有蒙古朝鮮日本琉球及俄羅斯之東境西距紅海黑海地中海其國則有五印度阿剌伯南距五印度海其國則有越南暹羅南掌緬甸及南洋羣島北距冰海其國則有布哈爾波斯愛烏罕俾路芝基發諸回部土耳其之東中兩境此亞細亞之大略也其教尚儒釋間以回教其人寬博而强

毅在西北爲歐羅巴洲黃海注其中黑海界其東地中海橫其南大西洋海浮其西烏拉大山亙其北都於黃海東岸之彼得羅堡者俄羅斯也都於西岸之斯德哥爾摩者瑞國都於南岸之哥卑的給者嗹國也迤東爲普魯士之東部曰伯靈瑞國之西爲瑙威其都曰格里士持阿拿嗹國之南普魯士之西爲日耳曼實居歐羅巴之中普魯士之南日耳曼之東爲奧地里亞其都曰維也納奧地理亞之東南枕黑海接亞細亞爲土耳其其都曰君士但丁土耳其之南爲希臘其都曰亞德納斯日耳曼之南爲瑞士瑞士之南斗入地中海爲意大理亞列國日耳曼之西北臨大西洋海爲荷蘭其都亞摩斯德爾登荷蘭之南爲比利時其都曰不魯捨扯斯日耳曼之西比利時之東爲普魯士之西部兩都夾日耳曼之

左右蓋普魯士日耳曼之分國也比利時之南普魯士西部之東南瑞士之東爲法蘭西其都曰巴黎斯法蘭西之西爲西班牙其都曰馬特西班牙之西臨大西洋海曰葡萄牙其都曰斯里波亞法蘭西北有倫敦蘇格蘭阿蘭爾三島鼎峙海中爲英吉利倫敦卽英吉利之所都也此歐羅巴之大略也其教宗耶穌天主其人機巧而堅忍在西南曰阿非利加洲其地廣莫而荒昧僅西北一隅近印度海紅海地中海其國則有埃及一曰麥西努北阿阿西尼西亞等國無所宗尚其人椎魯而愚直勇敢而多力受役屬於歐墨卽唐書所謂崑崙奴也在西爲亞墨利加洲分爲南北兩境南亞墨有巴西孛露卽秘魯智利波非里亞金加西臘等國北亞墨之大國曰米利堅卽花旗小國爲墨西哥餘無所聞其地半爲英法人

所開其教宗耶穌天主其人溫厚而敦信以阿非言之則蒙昧未啟以亞墨言之則風氣方新也又南洋之極東有大荒島曰澳大利亞又曰南亞細亞卽世所稱新金山也其地自爲一洲約二萬餘里今人比之亞細歐羅亞墨利加阿非爲五大洲而實英人闢之故屬英吉利華人旅居於此實繁有徒教門宗尚不一風俗亦無可採故論五洲之土地亞細亞爲最大亞墨頗與相埒阿非視亞細亞之半歐羅視阿非之半澳大僅甌脫耳考之輿圖當無差謬余作萬國風謠亦爲有書可據不敢臆造其事不越乎男女各國之形勝物產間一及之蓋以風謠名則不得旁及他務也如必講求柔遠之經職守會盟之略則全書具在請悉心探討焉此篇不過當卧遊之具云爾

朔方備乘序　　李鴻章

古之儒者博學而不窮故多聞多志必繼之以精知然後略而行之未有不通天下之志而能成天下之務者也吾觀周官所記有職方掌天下之圖凡四夷八蠻七閩九貉五戎六狄人民穀畜之數要無不周知其利害矣又有土方懷方合方訓方形方及山師川師邍師匡人撣人察宇內之土地形勢與夫山川林澤之險易且約其邊制著之周禮勒爲成書使學者童而習之長而有以通知天下之故以備國家緩急之用後之學者閫一隅之見忘深遠之慮舉四裔之事概置之存而不論之條不亦隘乎且夫三代之時王畿不過千里征伐不出五服猶可執不勤遠略之說也而聖人已憂之必爲之圖設之官著之於書使周知而預爲之防如此其至況

封建既廢關市已通輪舶火車瞬息萬里異域遐荒邇若咫尺顧乃局守堂室視聽曾不及乎藩籬是豈可久之計哉傳有之曰知己知彼大學之言治平知己之學也周官之言周知知己而兼知彼之學也自來談域外者外國之書務爲夸誕傅會實多游歷所紀半屬傳聞淆譌疊出又或展轉口譯名稱互歧競尚瑣聞無關體要以云徵信蓋亦難之不知史傳所存官私書所紀參考互校可得而詳自非彊識洽聞精心遠見之儒罕能究其源流證其得失竊見故員外郎銜刑部主事何秋濤究心時務博極羣書以爲俄羅斯東環中土西接泰西諸邦自我

聖祖仁皇帝整旅北徼畫定界著錄之家雖事纂輯未有專書秋濤始爲彙編繼加詳訂本

欽定之書及正史爲據旁采圖理琛陳倫炯方式濟張鵬融趙翼松筠以及近人俞正燮張穆魏源姚瑩之徒與外國艾儒略南懷仁雅裨理之所論述並上海廣州洋人所刊諸書訂其舛譌去其荒謬上

聖武之昭垂下及窩集之要害爲考爲傳爲紀事爲辨正自漢晉隋唐迄於明季又自

國朝康熙乾隆迄於道光代爲之圖各爲之說凡八十卷

文宗顯皇帝垂覽其書賜名朔方備乘進

呈之後書旋散亡吏部侍郎黃宗漢因取副本擬更繕進復燬於火秋濤之子芳徠奉其殘稿來謁篇帙不完塗乙幾徧鴻章爰屬編修黃彭年與畿輔志局諸人爲之補綴排類復還舊觀圖說刊成全書次第亦付剞劂竊謂是記雖止北徼一隅

然學者由是而推之則章亥所不能步杳客所未及周無不可按籍而稽更僕而數是戴記所謂考道以爲無失可以精知略而行之者也

俄土搆兵記序

余澍疇

俄羅斯與土耳其搆釁始於我　朝康熙年間百餘年來干戈不已光緒丁丑俄國第九次伐土論者謂此次搆兵實爲近年最大之戰事亦實爲近年最大之時事何者俄之欲逞其雄圖有囊括之志者已非一日其伐土也意不在土實欲爭土之亞洲通黑海出兩河拊背扼吭以薄印度而思得志於亞洲特於土兆其端耳然則此役顧不大哉西國之有戰事也其兵官嘗有親往觀戰者我中國向無人觀戰其戰事如何而勝如何而敗及勝敗既分如何而和皆置之罔聞知疆場之事何時蔑有若不諗悉敵情而能不爲敵所制勝者鮮矣英法助土攻俄以四國之師圍攻其西巴士多卜魯城並彼得羅海口俄人堅拒載餘而卒能禦大敵保雄都非善守者曷克臻此是役也藉口弔民隱慝叛逆今日會議明日處和而卒不免暴骨一遑及戰事既與俄軍渡河後驕矜已極孤軍獨進卑厘刺之戰一敗塗地幾至全軍皆墨及取士迫架之險兩軍死者不可紀數雖曰兵無常勢水無常形而輕疾爭利最犯兵家之忌未有不至於敗裂者若夫各國始圖滅土繼欲保土而卒也爲土議和分土屬地其縱橫捭闔之術牢籠變遷之謀誠非局外人所得而思議者英舶之進達得尼河也土已爲城下之盟各國皆不敢爲戎首俄必百端要挾出黑海通兩河以遂其大欲而印度東南洋立見其害英以兵法有進無退決意行之藉以策勝算成和局誠可謂得其要領矣然吾於是竊有感焉今日泰西之强國曰英吉利曰法蘭西曰俄羅斯曰美利駕近年崛興者曰普魯士

即德意志國其次如奧如意如葡如荷如比如丹如班牙瑞士威瑞巴西秘魯諸國皆昔爲海外渺茫今則中外通好互市扣關不啻六合一家鐵路輪船朝發夕至英自得五印度繼有南洋諸邦又開藩於香港與我中國鄰俄羅斯立國在歐亞兩洲之間而暉春一埠踞我上游逼我疆圉日本朝鮮貼其肘腋美里駕一水可達中土法蘭西漸有越南强隣四塞耽耽環伺以中國獨治之天下變而爲四洲相通之天下誠開闢至今未有之創局也夫天既創開闢以來未有之局人不得不爲開闢以來未有之事泰西之競富爭强鬬智尚力成爲風俗鮮有數十百年如中國之共享太平安於無事蓋其利害過於分明而義理不足以化其暴戾此海國之所以卒遜於神州者我中國原不可棄其學而學焉而無如舟車火器機捩兵法算學輿圖文字語言新法之層出情僞之變端彼皆挾以傲我蔑我者以爲我不逮彼也故今日者所以紛紛效法西學者勢之出於不得不然也向使我閉關絶市西人不來中國而安用此爲哉雖然今日統地球之人而來我中國正以供我驅策資我歷練牖我靈明西學中學本無二理習西學者非徒以舟車火器算學輿圖語言文字專其一端足以供鈔胥講貨殖備行伍作繙譯而已必度勢審時實有見夫國家大利大害之所在遠慮深識察微知著折衝乎樽俎雍容乎壇坫消弭於不覺勘禍亂於未形猶學中學者非徒以記誦詞章獵華摛豔八股墨卷滑調空腔足以博功名取富貴而已必讀書確有所得發而爲文章代聖賢立言與經子同功異用出而爲事業作國家柱石與日月

炳耀爭光隱爲大儒出爲名臣此皆從本源中得來豈徒恃半幅臘丁百篇時墨以求生活者其造詣能至是哉當今時勢艱難非得人不爲功欲求其西學如彼中學如此與夫中西淹博貫通體用一致者持此以相天下士誠恐罕得其選無已則降格以求一材一藝皆有可觀集小成而爲大成是又在用者之各得其當焉此編並西事雜著四卷無名氏草創於庚辛之間本年春季由高涼旋省閒居適有法人越南之役檢取舊本而編次之自愧鄙俚無文未能潤飾友人見之曰兵事原貴事實涓涓細流未必無補於河海再三慫恿刊梓爰不敢淹沒付諸手民雜著四卷容俟續出不免貽笑方家惟願　高明大雅君子進而教之則幸甚矣

籌鄂龜鑑序

張羅澄

今天下五洲雄峙各不相下時人比之戰國七雄俄羅斯爲古大秦國亦以七雄之秦目之虎視耽耽狡焉思啟歐洲各國畏之甚防之嚴籌之不遺餘力嚮者俄欲滅土耳其英法率師遏之厚集兵艦於地中海借阿富汗疊與俄戰以殺其勢俄計遂不能逞英法以土爲屏蔽併力禦俄所以自衛我中國仗英法禦俄之力南七省不慮有俄患頻年俄不得志於歐西乃百計以勤東略故西卑里亞鐵路若成俄將發難於東三省兵輪從黃海出犯則北洋海疆皆震今年嗣王加冕我國命大臣往賀已許其代修東省鐵路而旅順膠州各要害又許之停兵艦開埠頭撤我藩籬躪我庭戶直鼾睡於我臥榻之上愚夫淺見憤日本割地償金之辱動以援俄脅日爲得計噫可勝嘆哉雖然東省患俄世或知之而俄爲吾蜀患則鮮有能見及之者蜀後藏衛有關雞嶺焉其山大且高懸據其上可以俯視三藏俄鐵路已抵其境意欲何爲藏衛若亡蜀將自儆蜀儆而滇黔湘鄂之禍深天下胡能有甯日此杞憂所爲深慮而卻顧也矧傅相馬關議和日本據有金復海蓋七州縣英德米利堅諸國援局外例作壁上觀俄獨與法同盟攘臂而起兩國會師相向德復從之日讋其威反我遼陽侵地俄豈有怨於日哉蓋視東省如囊中物不使日人先探其囊耳時勢至今惟視俄法之親疏爲我國安危所繫俄法交分則兵端可靖俄法交合則戎禍方殷不急爲籌恐一旦俄犯東三省窺北洋法出兩粵應之俄出關雞嶺攻西蜀法出雲南應之諸道興師遙相牽制我國顧此失彼

應接不暇雖武鄉侯復生亦將坐困余環顧域中澄觀世變每讀何鄉爲樂土安敢尙盤桓之句未嘗不嘆息痛恨於時勢之變亟也手無斧柯奈之何哉惟冀當道諸公取
上諭卧薪嘗膽一言銘諸心刻諸骨一腔熱血純然忠義痛除積習力戒浮文整飭吏治以與生民休息勤求西國新政爲富國强兵之謀與各海邦共守公法而其秘鑰則在依日本爲輔車不可思小忿而忘大耻彼俄因中日之戰結法以爲遠應我即可取俄法之鑒結日以爲近援守望相助中日之盟好益親俄法之詭謀自息天下在宥猶運之掌以此籌俄而豫爲備固不待卜之蓍龜無可掩之明鑒矣夫知己知彼百戰百勝不入虎穴焉得虎子欲已俄患而不能洞見其癥結何適而可故吾友海甯陳俠君痛時俗援俄脅日之非特

搜輯籌鄂龜鑒一書於俄土地人民政事及邇來會盟交涉各項洪纖畢具燭照無遺其書已成浼余爲序余不惜大聲疾呼以爲主張大局告俄而不然是使余多言也俄而或然而不然余得先洩其謀而謀中寢則季梁在隨未始非御敵之一端也謹以挽回時局苦衷書於簡首以諗將來

盛世危言序

彭玉麟

盛世危言一書香山鄭陶齋觀察所著也陶齋原名觀應少倜儻有奇志尙氣節庚申之變目擊時艱遂棄學業學西人語言文字隱於商日與西人游足迹半天下攷究各國政治得失利病凡有關於安內攘外之說者隨手筆錄經年累月成若干篇皆時務切要之言語云識時務者爲俊傑反是則爲俗吏迂儒當今日之時勢强鄰日迫儼成戰國之局雖孔孟復生亦不能不因時而變矣嘗讀春秋知當時君相無不周知各國山川險要風俗民情君臣賢否日求富强之策不以資格限人似無異於今日泰西各國我　朝懷柔遠人海禁大開亦當知某國何以興某國何以衰知己知彼洞見本原方有著手之處豈徒尙皮毛購船礮而已乎余賦性木訥

不諳洋務今閱是書所說中國利病情形瞭如指掌其忠義之氣溢於行間字裏實獲我心故綴數語亟勸其梓行問世以期與海內諸公采擇而力行之將見孔孟之道風行內外莫不尊親彼族之器我能製造日新月異自然國富兵强四夷賓服奚不可以是書爲左券也哉

日本國志序

薛福成

東方諸國足以自立足以有爲者惟中國與日本而已日本創國周秦之間通使於漢修貢於魏而賓服於唐最久亦最親當唐盛時日本雖自帝其國然事大之禮益虔喁喁嚮風常遣子弟入學觀摩取法用能霑濡中國前聖人之化人才文物蓋彬彬焉與高麗新羅百濟諸國殊矣唐季衰亂日本聘使始絶内變既作馴至判爲南北製爲羣侯豪俊糜沸雲擾其迭起而執魁柄者則有平氏源氏北條氏足利氏織田氏豐臣氏德川氏七八百年之間國主高拱於上强臣擅命於下凡所謂國政民風邦制朝章往往與時變遷紛紜糅雜莫可究詰中國自元祖誤用降將黷武喪師有明中葉内政不修奸民冒倭人旗幟羣起爲冦遂使日本益藐視中國顓

顓獨居東海中茫不知華夏廣遠一二梟桀者流輒欲憑陵我藩服齮齕我疆圉憪然自大甚驁無道中國拒之亦務如防制水如垣禦風勿使稍有侵漏由是兩國雖在一洲情誼乖違音問隔絶近世作者如松龕徐氏默深魏氏於西洋絶遠之國尚能志其崖略獨於日本攷證闕如或稍述之而惝怳疏闊竟不能稽其世系疆域猶似古之所謂三神山者之可望不可至也咸豐同治以來日本迫於外患廓然更張廢羣侯尊一主斥霸府聯邦交百務並修氣象一新慕效西法罔遺餘力雖其改正朔易服色不免爲天下人譏笑然富强之機轉移頗捷循是不輟當具可與西國爭衡之勢其創制立法炳焉可觀且與中國締交遣使睦誼漸敦舊嫌盡釋矣自今以後或因同壤而世爲仇讐有吳越相傾之勢或因同盟而互爲唇齒有吳蜀相援之形時變遞嬗遷流靡定惟勢所適未敢懸揣然使稽其制而闕焉弗詳覘其政而瞢然罔省此究心時務閎覽劬學之士所深恥也嘉應黄遵憲公度以著作才累佐東西洋使職光緒初年爲出使日本參贊始創日本國志一書未卒業適他調旋謝事閉門賡續成之採書至二百餘種費日力至八九年爲類十二爲卷四十都五十餘萬言歲甲午余蕆英法使事將東歸公度郵致其藁巴黎屬爲之序且曰方今研使力而又諳外國情勢者無逾先生願得一言以自壯余瀏覽一周喟曰此奇才也數百年來𥙷有爲之者自古史才難而作志尤難蓋貫穿始末鑑別去取非可率爾爲也而況中東暌隔已久纂輯於通使方始之際乎公度可謂閎覽劬學之士矣速竣剞劂以餉同志不亦盛乎他日者家置一編驗日本之興衰以卜公度之言之當否可也

送同年王子裳比部内渡序

許景澄

州外有州同證談天之辨客中送客先收過海之颿子裳同年學攬八紘身行萬里子昇文筆入吐谷而爭傳楊六儒衣厭西蕃而將去余以菲陋忝托嘉招媿虁駒以末由羡見蝎之生喜於斯別也蓋不能已於言焉溯自龍庭受吏鯷壑傳郵槃敦困於周旋犀翠眩夫琛麗浮圖擘迹罕迣於精文戶數登書或違於翔實子裳則地當清暇志樂網羅見竹杖而察津迷藉羊脾而占日景仲山寶鼎求諸野而猶存休屠金人徵於古而匪妄侯風地動即靈憲之緒餘書草旁行亦佉盧之孳乳莫不秘諸蔡帳記以隋珠行見都講問奇編摩絕代之語京師錄副潤色北盟之編斯其所快一也大地之體肖乎橢圓四洲之樞懸於北極既由布祘而顯亦藉挂席為

稽然而磐石坂長競傳身熱條支海大或憚風遲雖志鶩於遐征或情均於畏道子裳將登驛路更出美邦繞地一週擊水九萬與日輪而俱騁悟人趾之相當自西徂東既窮大章之步如黃在卵乃得渾天之詮以視抵皮山而輒還訪王母而不見一公兩戒之迹未越方隅裴矩三道之圖匪由涉履詎足衡茲遠蹠媲此名游斯其所快二也　國家典崇軺傳惠逮賓僚每循考績之期爰予懋官之賞於是南樓妙選蠻府高資或文媲孟堅勒封山之頌或辨高董晉解市馬之爭莫不感激於禮羅畔援乎好爵子裳序勞未滿掉頭竟行僅攜徑路之刀惟獲葡萄之種天山偶度無意封侯郎署重來依然不調爰居攸止匪鐘鼓所能娛焦朋既翔奚藪澤之足戀斯其所快三也天倫之樂洗腆為榮行役之悲來諗是亟是以子陽矢孝不與叱馭同倫太眞勤王猶引絕裾為疚況乃玉關春隔噬指無靈毳幙天低望雲何處瞻言親舍彌動欷歔子裳以征夫聿至之辰值壽母維祺之慶攜來虜酒佐脩髓之供擘出蠻花增萼跗之茂錄龜茲之樂府即叶仙璈乞天竺之根因為祈善果始知菽水之養甘於椎牛當歸之謀勝乎遠志斯其所快四也雖然同颿鼓好既遂逍遙之遊應管霜鬐豈無氣類之感余與子裳班荆甬上聯騎京華館舍論詩闤闠石鼎市樓貰酒醉脫吳鉤及夫登臨衛律之樓覽眺染干之帳邊聲四起撫素琴以愉心衣塵日緇崇蘭佩以相勖亦復連影蛩駏洽德輔車一旦折柳傷離贈策言别因晨風而無路保歲寒以勘儔是又行者之所欣居者之所戚也已拂廬雪消河梁塵動天吳守其行篋蜚廉鼓其高檣

滄路方周神皋佇屆値洛陽之親友傳語憑君尋天姥之煙霞來思俟我

請纓日記序

邱逢甲

玉關烽警正班定遠出塞之年銅柱雲摩是馬伏波登壇之地書生面目頓改戎裝海上么麽羣驚將令然而封侯投筆便消磨蘭臺舊史之才誠子傳書亦散佚浪泊旋師之後未有刀頭環影半鏡方飛盾鼻墨痕成編快覩如請纓日記者也我維卿方伯夫子三垣奎宿早耀文光八桂名流夙饒奇抱於蠻觸交爭之日正和戰未決之秋賈誼上書請繫匈奴於闕下陳湯獻策將維屬國於關西始則一介行邊終乃偏師搗穴於是本子雲之典冊寫小范之心兵紀事成書編年仿體以一身之涉歷關全局之轉移蓋非陸賈持節僅事羈縻終軍棄繻空談慷慨綜觀全事可得言焉當其覓駿燕臺聽簫吳市大江東去洗出雄心秋色西來鬱爲兵氣方謂伯

通廡下定有才人要離塚邊不無奇士苟能數五十餘國使虜情盡在掌中亦可率三十六人奏邊功全資幕下無如酒徒零落擊筑難聞遂使煙水蒼茫買舟竟去五羊停棹未看嶺上梅花萬馬窺邊且眺關城楊柳誠以編板橋雜記浪拋詞客才華不若展故篋陰符略見英雄本色越南舊隸黃圖久藩赤縣三年修貢屢鐫金葉之書萬里待封頻艤銀河之棹乃者粲粲熊羆共駭西人之衣服眈眈貙虎將奪北地之燕支如使卧榻之側鼾睡竟容將毋火維之區全藩盡撤公於此行蓋欲授策孱王傳書俠客同扶殘葉永拱中樞苟輿服而保脾洩楚尚有材則甲楯而棲會稽越猶可國知不獨駕漢官之駟乘相如自侈諭蜀之文方且賵齊國之魚軒管子將行復徧之策也爾乃富良江上王氣消沈眞臘城中妖氛震撼平章方以鬬秋蟲爲樂事尚書乃以撰降表爲世家鑄翁仲之金人難威夷狄挽安陽之神弩坐失河山公知韓將背洹水之約而事秦楚終出方城之師而滅蔡君卿雖尚存口舌叔寶已全無心肝回望珠江再航瓊海則此記也固擬之風土記而不倫較之利病書而更覈者也然而龍尾伏辰遂亡虢祀虬髯仗劍或王扶餘如得尉佗黃屋左纛上表稱老夫臣婆留玉帶錦衣開門作節度使仍可賫爲外藩自勝淪於他族卽或夜郎自大竹王之種已稀南交可宅西母之圖宜益將使二千餘年之故土仍隸中朝三十六郡之舊圖再編交趾亦必號召豪傑乃能申畫郊圻則有劉牢之本南國梟雄黃漢升亦西州豪士越南舍長城之萬里昧國士之無雙公知時局之已更遂乃露章而復上蓋以中國有

聖人之世爲王者大一統之圖必不置羌宦沈墨於無何有之鄉舍鄧臉靡步於不可通之域則當吾

皇神武能馭英雄何不我馬馳驅再通山澤果而得郭中令之書承嗣屈膝感陸士衡之薦戴淵抒誠橐鞬道左誓復蔡州釃酒江頭志吞朔虜亦可謂知人善任將不難計日成功矣無何吐蕃詰渾大尉而請盟倭人誤石尚書以款局官書火迫催赴昆明心計灰飛難羈炎徼當斯時也去留兩非倏忽萬感仰天長嘯日寒白虹斫地悲歌斗墜紫氣明知大同之塞雖戰勝而馬市終開無如廣武之軍方屯定而鴻溝已畫繞朝適所謀不用子野惟颿喚奈何乃於進退維谷之秋頓有驚喜自天之信聞沙陀之鴉軍破林邑之象陣於是彊臣決主戰之議大帥上籲留之章蓋當戎服方加冰銜特晉

天子亦知公眞可用矣第以乍辭郎署未能全付軍符非關李廣之數奇實待賈生之才老故雖當金戈鐵馬之場歷瘴雨蠻烟之際航海搗燕之策未見施行分道伐吳之師又多自競奇計屢擯而勿用壯懷終鬱而不伸然而公之才固未嘗不畧見一二也其守諒山也碻磝乍敗符離新潰糧絀而無籌可唱乞米徒書將驕而有檄難徵强兵何策魚陣晨壓狼烽夜衝越甲屢鳴吳軍盡墨公乃氣懾虎狼畫周猿鳥李臨淮作帥色變旌旗程不識行軍令嚴刁斗遂使殘軍復振敗局能支至是而後大帥悔知之不早用之不盡而前失已不可追矣其攻宣光也縋陰平而入蜀度陳倉而下秦萬險備嘗一軍曲達方將扼兀朮於金山北虜絕無歸路擒孟獲於瀘水南人不生反心月暈而圍已合雲壓而城欲頹金人

見宗岳而呼爺夏賊畏范韓而墜膽此亦法人自縱橫海上睥睨寰中以來所未有之困者矣則此記也謂之爲相斫之書則過儗之以大事之記非今者也今者銀河洗甲凱旋而柳色當樓瀛海開藩判畢而芸編滿案始搜伍籍將付手民子長酒肉之簿饒有史材髯仙嬉笑之詞皆爲文料蓋一時兵交之事一人戰迹所關而屬國興亡之局兵家勝敗之機胥於是乎寓焉或謂公間關萬里奔走三秋所願未遂當鳴不平其事屢乖宜多過激何以史臣以成敗定英雄公則多平心之論術士以興亡歸氣數公則抉人事之微得毋故示曠達務爲恢張不知公含和飲粹藴英蓄華娜嬛瑣記皆名臣奏議之餘幕府叢談無文士言兵之習非特著嶽嶽之才抑亦表淵淵之度况昔者燕然勒石之詞塞上從軍之作多屬油幕從事筆墨爲緣蠻部參軍土風是記公始則口含雞舌遍吐天香繼則事坌牛毛難資人力乃能挽弧射狼搦筆繡虎當下馬作露布之日爲飛鴻存雪爪之思斯又分其餘事足了十八耗我壯心獨有千古者矣嗟夫瞻文昌於天闕惟上將最有光芒紀列傳於史官獨名臣備書言行方今四洋畢達五大在邊瀛海非終無事之時天下正急需人之日所願公本繪畫乾坤之筆爲蕩清海宇之圖衙齋運甓陶桓公志靖中原帷幄陳籌張留侯材堪獨將將上軍中之日報方畧館汗簡宏修掃海上之巢痕紀功碑濡毫待作

出使英法義比四國跋

薛福成

昔征夫原隰詩詠夫皇華使者輶軒語傳夫絶代蓋咨以四方之故定以八月之行諏謀則遠而有光謠俗則採而還奏迹征紀事由來尙矣余歷聘四國已踰一年凡舟車之程途中外之交涉大而富彊立國之要細而器械利用之原莫不筆之於書以爲日記總其大略可得而言焉夫習之來南丞叔於役爰有迹造此其權輿然祇涉歷於寰中尙非馳觀於域外若乃香港孤峙今爲百粤之門西貢始通古屬九眞之郡尋海嶠於頓遜則有新嘉之坡望山嶼於翠藍則有錫蘭之島於是日當天而正赤水沸海而微紅矗矗童山浪浪暑雨遂過亞丁之岸復經埃及之河大食荒沙駝鳥能走排沬頫水鰩魚善飛其間苦熱於印度之洋遇風於地中之海鳶

跕跕而下隨颶隆隆以上盤蓋行三萬五千程歷三十有四日始至法國繼駐英京巴黎繁華則瓌貨山積倫敦富庶則巨賈川流義大利之通使最先申其舊誼比利時之置君差後洽此新邦舉凡飈輪電軌之馳驅俱入夕課晨興之紀載此行程之可記者也恭膺

簡命遠賫

國書所以愼固邦交恪共使職禮也於是敬蠲吉日入謁王庭牘副旁行語繙重譯君王君后備飭其儀文頌辭答辭務崇其體制鞠躬則禮簡而肅握手則情摯而殷雖非漢諭尉佗陸賈奉書而往差比唐親回鶻殷侑承命以行若夫時際公餘事同私覿聽樂觀舞折簡以招邀酒讌茶會肆筵而款待是蓋風殊中外禮尙往來從俗從宜在所不廢而況酬應

既浹情好斯聯

天子萬年國主則簽名致賀

中朝元旦外臣則投刺傾誠宛乎縞帶之歡允矣敦槃之盛此交際之可記者也竊嘗遠稽大地四隤之說近覽環球萬國之形沿革必詳廣輪胥準大抵政治風俗易地而不同文字語言轉音而卽異溯海中之交市遞遏於昔時料國內之勝兵遞傳夫今制故其治國以經商爲本其教民以講武爲基競利爭雄更衰迭盛擬以春秋摟伐而亦重同盟方之戰國縱横而未聞游說然而彊弱相制大小相維或約章之所不及遵或公法之所不能限善度地則捷足先得務勝人則不戢自焚坐大者儼若建瓴始彊者漸思方駕至於君主民主官紳共治之主爵員武員上下議院之員尊卑泯其等差

選舉憑以聲望其分曹治事任久而責專其出政施刑令嚴而法簡公會所以成務學堂所以儲材他若種樹專司周衢設表禮誌宿息井樹傳稱治道成梁以古方今殆不之過總而論之其道如墨子故必尙同其政如商君故必變法雖興廢固非一致而締造各逾千年此政俗之可記者也且夫和仲之宅昧谷用察璣衡伯陽之至流沙當攜圖籍凡玆西學實本東來故制作因於攷工測算昉於周髀唐一行銅輪之轉效之爲車船元駙馬火器之遺演之爲槍礮由是智紉巧迹日異月新火船則鐵脅鋼甲遠勝於木輪鐵路則穿洞造橋較難於平地礮則圓徑殊製槍則遠率異宜而且障以露堡暗臺輔之蚊船雷艇悉屬用兵之要允爲制勝之經至於電氣聿興風行殆徧質分乾溼氣薄陰陽以傳郵則萬里瞬

通以製用則百方咸備織布之器頗便於民生攻礦之機有裨於地寶推之同體異體化學闡其精均髮均縣重學衍其緒溯光學之祖判二光與一光考汽學之流別蜺地與蜺水此藝器之可記者也蓋自簡書遠役聞見稍多輒有日鈔藉資貽錄然且間登成案附綴鄙辭事有舊而可循語有奇而非創陳年公牘歐公嘗取以覆觀海外文章蘇子亦據其論議雖云願學茲愧未能嗟乎時事方殷外交宜慎收利權於西國念流寓於南洋並著斯篇當籌厥策庶幾裨諶爲命先資乎獲野之謀騶衍大言無取乎談天之論云爾

英法俄德四國志略跋　何鏞

是編爲同鄉沈仲禮司馬所撰司馬自幼殫於泰西之學語言文字無一不精而又能使中西一貫且周遊外洋者數年即其所身親目覩以及考之於古證之於今其有吻合者則留之不合者刪改而增損之其爲文也簡而賅其用意也深而遠見之者但以少許勝人多許而珍之猶其測之以淺者矣或疑司馬所志何以僅此四國豈海外之國惟此四者爲大故特筆記此外皆等諸自鄶以下乎此則近乎勢利之談司馬所不爲也有以爲司馬雖周歷數年而親爲詳考祇此四國餘則有所不暇及故就其所確見者筆之於書其不確者皆不敢濫入也卽此可見司馬實事求事之意然實事求事則司馬之素心也而以爲見聞較確者惟此四國餘皆忽略視之夫豈其然吾蓋深思久之而知所以特志此四國者正其胸中之邱壑平生之經濟所因此而流露焉者也方今大勢俄羅斯逼處東邊暉春黑龍江壤地相錯而俄人不能得志於黑海必思另尋出路以一遂其吐氣揚眉之志則其所耽耽虎視者不卜而可知矣爲中國計者莫不曰俄患不可不防也既欲防之則安得不知其國中之事人情風土疆域山川文學武備皆覘國者所當知故記之獨詳而與俄聯絡一氣者則莫如法法國之通好於俄非眞有愛於俄也亦不過爲乘機進取之計觀於安南之奪知法人之志不在俄國下蠶食鯨吞有不顧其理之所安者則法之宜防亦與俄等防之又安得不先知其國中之事物產製作一一默察而備記之此其所也余嘗謂中國之禦俄也莫善於結英英人

能拒之於黑海不使出則以水師俄不及英也司馬殆與余有同心故於英國爲之冠而不厭其詳焉蓋我欲與之聯絡結契以期爲他日之聲援則必深知其性情早聯以氣誼而後彼此可稱知己而莫逆於心倘我不能知彼則彼卽能知我而其意氣閒終有不能浹洽之處若我能深知夫彼相孚以誠則彼自能深信夫我而相交以義如此則兩國之交固而彼此可以互相倚依我固恃英之助英亦可以恃我之助斯外患不足虞矣惟德與法實爲世仇雖法亦曾侵俄而爲俄所敗亦曾侵英而爲英所破惟德則受創獨深亦最近故德之於法刻刻防之法之於德亦時時圖之法合於俄則德必合於英彼奧義諸國雖與德近而與俄法多有姻婭盟約恐不可恃德而欲防法之合俄以復仇舍英於中又奚屬乎

近來中國與德交誼頗篤購德器用德人較之英國不相上下而法人未必不相忌嫉英雖阻俄於黑海而近年以來駸駸乎有不能復阻之勢非不能阻蓋阻之於此者遏之於彼也英於法未嘗不可合而英若有疑於法法亦若有疑於英德未嘗不可合於俄而俄若不愜於德德亦若不愜於俄此時爲中國謀者於英德則結之於俄法則防之英德與中交情愈固則俄之謀沮雖有狡焉思逞之志亦不敢遽爾肆意然則欲結之欲阻之而可不知其國之備細者乎兵法云知己知彼百戰百勝故爲將者急急於悉敵情而納交者亦必當稱知己此則司馬先撰此四國志略之意也乎余與司馬交有年矣見其於華文則金石詩古皆能貫而通之於洋務則以光化電重諸學皆能抵掌而談如數家珍輒欽佩之前者曾以地球之圖縮印於紈扇上以見貽知其於輿地之學必有心得而又羨其運意之精巧至今什襲藏之茲者蒙自金陵郵寄此書以見示其書之盡美盡善桂序江序言之詳矣因就其言外之意書數語於篇末司馬其哂之否

如赤縣神州者九賦 以題爲韻　　許　郊

有鑫測客結貫月之槎膏御風之車行歷萬里窮海內之地輿踏輭塵於冀北萃冠蓋與簪裾荆楚則大龜納錫維揚則陽鳥攸居青瞻泰岱兖會灘沮探形勝於雍豫怡風景於梁徐自謂九州之大縱亥步之所如迺造渺滄主人而致辭曰夙聞吾子半世豪遊天下幾徧足跡笑漫遊雒雒之朱誇裘馬翩翩之赤抵掌雄談宇宙俱窄軌轍所經必有紀遊之一冊曷取證於夏書質夷堅與伯益主人曰嘻以子所歷證吾所聞何如是之淺見也聿稽神禹山川既奠州區以九統乎郡縣括之曰赤縣神州均屬中夏之畿甸然此僅寰瀛之區南朔東西未及周徧試與按地球之圖量分野之線窮域外之方輿儻周游乎不倦則衡以州數中國祇八十一分之一

子將聆之而神眩客乃前席曰習聞內典分四大洲曰東勝神洲西牛貨洲北俱盧洲而以南瞻部洲屬函夏其說豈無因耶又聞西人分五大洲曰歐羅巴洲利未亞洲亞墨利加洲墨瓦蠟尼加洲而中華附於亞細亞洲之內其言何不倫耶今承明教創論甚新天空海闊不覺馳神惟證以耳食析合之數大半由甸先生其指迷焉俾得觸類而引伸主人囅然曰某之目論本乎戰國之騶桓寬王充並斥其迂怪虛妄營惑諸侯宋邵堯夫衍皇極轉稱其立說之有由夫九之爲數以一配八以二配七以三配六以四配五含夫易理豈容膠滯以求其云環以裨海各爲一州規其大旨亦謂中邦之幅員迫隘外洋之輦域互修子好遊乎吾與子游客曰其人民何如乎主人曰或爲徐福之後嗣或溯箕子之始封品類尙屬溫雅或號大夫或稱天野或鏤煩兮冒彩或結胷兮跂踝山經備載信非虛假濯楊枝以淨齒覆箬葉以代瓦琉璃圍屏金玉晉壁冰雪寒沍終歲隆冬草木榮敷四時盛夏天之外區判乎高下風土不齊有如此者客曰其禽獸何如乎主人曰抵鳥鵲以玉璞兮豢孔雀以珥牖乘犀車而擘流兮匊鮫珠以盈斗輸黃龍之一雙兮何論坐爲隆而背爲九聚赤鸚翡翠之倫兮隨鳳舞鸞歌之後看獅象之柔馴兮已牛馬之御走假六畜以名官兮視孕乳以察星紐凡珍禽奇獸之紛陳兮悉重洋之所有客聞主人言不覺怗然改容默爾自顧契緒綸兮甚悶愧管窺兮殊誤問答既終負手徐步但見煙幕翠巘日銜碧樹遙矚無窮遐心隱注歸途轉紆入室向暮遂挑鐙以搆思兮因泚筆而爲之賦

籌海賦 以葱嶺無塵鹽池息浪爲韻

浩浩乎波濤掀空四望溟濛氣涵宇宙界失西東水則滔滔而洋溢山則隱隱而青葱幻神奇兮樓市忽衝突兮艨艟極八蠻七閩五部九種之戎莫不游行出沒方舟可通似此海疆遼闊海國崆峒可任其波譎雲詭奔騰充斥於無窮乎有東表主人望洋而嘆曰今者海澨荒疎海氛馳騁域混夷華勢淪邊境拓蹠梟獍之奸跋扈蛟螭之猛若不急策海防預防邊警恐備不足兩浙之江險不恃三山之嶺也乃進晏然先生而問曰僕亦切願潮平海島風靖海隅長城妙算天塹全模而空談紙有束手全無先生宏才卓識何以使干城有寄何以使烽燧無虞何以攝魚龍之暴何以爲鯨鱷之驅尙可揆情度勢而明以教吾先生曰時哉君欲息滄溟之浪清

函夏之塵乎夫籌防禦之資而不規其要者算雖工不神籌守備之法而不握其全者民可使不親況籌海之謀與籌邊之策其形勢亦絕不相倫請竭我管見畧舉以陳然猶在徵調之盡善與勝任之得人一在測要害黃沙之浦青山之尖築壘久伺堅壁遐瞻或藏兵於洲島或設伏於閭閻有道以通偵探有村可儲米鹽扼險屯戍立法精嚴毋使舍近圖遠而疎漏見嫌一在神驅遣拔營立營之役巡江巡夜之師邏奸宄於荒島角技擊於雲湄校閱毋間更代以時樵採勿擾乎村落侵漁勿及於陂池而又編蛋戶以固兵衞錄釣船以絕盜賫自得指臂相使而無不左之右之一在利器械水雷水雷製成精刻藥線藥箱互加拂拭衝波誇艨斗之輕躡浪藉皮毬之力稍矛列而波面寒旌旗摩而潮頭折銅皮鐵甲之船雲帆風檣之植莫不羅備整齊按時修飭似此籌防有不冦盜遠颺風波永息乎主人聞之肅然神驚豁然心曠於是按海圖沿海上佐元戎召部將遞置營壘廣儲兵仗旣艮策之克遵亦相機以裁量行之幾年而閩浙數千里濱海之區共享平波靜浪矣

右籌海文一卷輯近日諸公所作也竊謂中國門庭大啟時局更艱通商之地即行教之地泰西諸國輪船周行動借保護爲名由海入江者屢屢矣當軸者方謀抵制之法創招商局而取息甚微設船政局而遇戰屢蹶即所購外洋軍火咸鈍敝不適用此無他利歸中飽不得其人而理故也茲錄諸公之文類皆洞悉形勢愷切詳明將何以興利除弊將何以保國衛民無不極力振頓以實心行實政上紓　九重宵旰之憂疏議具在願後起者留心體察共任仔肩兼籌善策庶有以挽時艱於萬一也煜南識

海國公餘輯錄卷三下終

槎使游歷詩歌

海國公餘輯錄卷四

嘉應張煜南榕軒輯　弟鴻南耀軒校

槎使游歷詩歌

目錄

海國公餘輯錄卷四

嘉應張煜南榕軒輯　弟鴻南耀軒校

槎使游歷詩歌

賽馬行　王之春

古人重射御其道由藝成武靈始用騎意氣殊縱横勝文兼
試劍猶懼儒者輕歐西事武備磬控飛遙程絶纆迅奔電當
春乃盛行天池龍種阿剌伯星精上駟巴陵城桃花叱撥一
瞥間顧盼自雄何專精駛騄那止千萬匹舉國若狂同齊盟
風前迴立健腰褭六轡在手塵不驚中爲圍廣若郢畫泥融
沙淨道砥平層樓遠矚騂騮逝聲傳烏烏西樂賡民主遙臨
伯理璽一一親爲月旦評滕薛爭長亦戲耳豈以勝負相紲
贏寓兵於農用此意移步換形皆雄兵士女如雲飛車軌耳

鬢相磨先後爭登臺偶作壁上觀氣清天朗爲怡情

西末喇山行偶雩　吳廣霈

山行沐秋潔天風洗宿霧青猿啼絶澗黄蝶引行輅板屋架
窮巖松花落古樹崔巍上百盤穩策輪蹄度白日忽西匿行
雲没前路平鋪蔚銀海濃捲拂晴絮峭壁立千丈瑤草紛無
數舉頭一仰矚白帽忽吹去仙境絶人蹤想見談經處瀑雨
滌凡襟回首發神悟

通蕃事蹟石刻歌　蕭掄

石在劉家港天妃宮壁明宣德六年正使太監鄭和
副使太監朱良都指揮朱珍等立辭載永樂三年統
舟師往古里等國時海寇陳祖義等聚衆三佛齊國
抄掠蕃商生擒厥魁至五年回還永樂五年統舟師
往瓜哇古里柯枝暹羅等國國王各以方物珍禽奇
獸貢至七年回還永樂七年統舟師道經錫蘭由國
王亞烈若奈兒負固謀加害賴神顯應得備遂生擒
其王至九年歸獻尋蒙宥歸國永樂十二年統舟師
往忽魯謨斯等國有蘇門答剌國僞王蘇幹剌寇侵
王遣使赴闕請救就率兵勦生擒僞王至十三年歸
獻是年滿剌加國率妻子朝貢永樂十五年統舟師
往西域忽魯謨斯國進獅子金錢豹西馬阿丹國進
麒麟番名祖剌法并長角馬哈獸木骨都東國進花
福祿並獅子十剌哇國進千里駱駝並駝雞瓜哇國
古里國進糜里黑獸方物皆前古未有聞王各遣男
弟捧金葉表文朝貢永樂十九年統舟師遣忽魯謨

斯等各國使臣久侍京師者悉還本國各國王貢物
視前益加宣德五年仍往諸蕃開詔舟師泊祠下思
昔皆神明護助勒文於石

金支翠羽雙玉虬靈妃縹緲飄雲斿築宮祀神頌神德通蕃
事蹟前朝留是時成祖繼大統囊括六合朝諸侯輿圖思闢
蘇祿國正朔遠被扶南洲柯枝阿丹盡向化瓜哇古里咸懷
柔表文金葉呈瓌麗使臣拜舞丹螭頭麒麟神物亦充貢駝
雞角馬喧長楸納姑妹珍詎足數白狼槃木甯堪侔不知何
德能致遠萬里乃遣中璫求觀軍容使乘樓艦伏波將士修
戈矛扣刀光壓鮫人室傳箭風情蜃母樓龍伯羽民各驚怖
扶桑若木窮探搜靈妃況復能助順神燈鬼馬如同仇組係
名王獻太社手擒逋寇清荒陬幾回下瀨兵勢振鯨奔鼉駭

空嗍啾誰憐風濤將吏苦且喜職貢梯航修我聞在昔太平世占風測雨知天厤越裳南服重九譯遠奉白雉朝西周聖王盛德八荒服踰崑越海輸共球招徠詎假博望節轉戰不勞荀彘舟一從旅獒誡前事太保動色陳王猷不貴異物賤用物珍禽奇獸聖所尤何爲遠跡涉瀛海頻年使者星槎浮干城豈無衞霍輩將兵乃用貂璫流内官預政昔有禁高皇垂訓嚴春秋似聞王師靖難日惠宗左右通陰謀洎登大寶念誠款心腹之寄任漸優如和如艮本厮養鷹犬小效聊一收豈知監軍成故事後來帷幄專運籌首壞家法任奄寺厲階馴致王振與劉瑾履霜堅冰此其象摩挲片石心煩憂江山既改遺烈盡誰圖王會陳鞮鞻靈妃廟下一懷古厤姑同此滄桑愁東望當時放洋處海雲黯淡風颼飀

此詩專咏太監鄭和下南洋事所至各國止聞責其貢獻方物未聞經營土地收入版圖留待後人蠶食據而有之使荒陋之地頓成富庶坐享其利者數百年失此機會良可惜也錄此見中國通南洋自和始

游各種博物院　　王之春

菁華日洩鬼神忌覩物知名西人智物生何止億萬計習尚風行聚珍異雪泥重欲窮歐洲舟車所至汗漫游洪纖巨細異庭宇鈎心鬬角能旁搜通都大邑固應爾窮鄉僻壤經綢繆幾如温嶠燃犀俯照之牛渚東坡望海驚奇之蜃樓飛潛動植徧九有古今中外開雙眸目眩神揺嘆觀止易地皆然比比是何時何處何物多英德法俄不勝指一言蔽之曰博物快游那得不狂喜

疇人歌　　徐灝

授時大統之術至明季而愈疏泰西利瑪竇熊三拔諸人推測精微實有功於天學不得以中西異視而故爲軒輊也近瑪吉士著地理備考復述哥伯爾尼闍之說以爲日輪居中而地及諸曜皆環繞升降於其間算家驚爲創獲據尚書考靈曜言地與星辰四游升降於三萬里之中鄭氏康成本之以注周禮土圭測景其說與周髀算經略同又河圖括地象春秋元命苞亦皆言天左旋地右轉是西士所妙悟者我中國已先有之余昔嘗著論竊謂七政右旋之度即左旋之差而差數繁不如東行之度簡也故古人以此命法而非不知其故也頃見吳太史嘉善夏署正鸞翔與舊友鄒秀才伯奇皆神明於象數者乃爲是詩以

質之今者臺宮測候已積歲差黄赤大距其度漸朒是宜及時考覈以闡奥理繼絶學焉此固疇人家所有事也

歐羅巴人入中國幾何妙算窮豪芒縱横入綫割圜體遂化弧角爲萬匡精心孤詣信超絶更傳負重兼韜光西人輪機諸器謂之重學遠鏡之學謂之光學有明末造失天紀扣槃揣籥空旁皇疇人子弟各分散禮失求野資梯航不知彼法本自我如青出藍圓出方我　朝厤數邁前古作者維　聖述者明　聖祖御撰律厤淵源高廟宣廟竝作後編又宣城梅文鼎所著厤學疑問會蒙　聖祖御筆親加評點天元肇造借根術西人數典猶未忘西人名借根方日阿熱巴達拉猶華言東來法也溯從羲和宅暘谷機衡重器陳明堂隸首商高久代謝鮮于洛下爭頡頏漢唐以來幾推嬗五十四家紛短長或談災祥辨分野竟昧渾蓋如參商高人冥心悟元理淺夫咋舌嗟望洋艱難天步實幽

渺誰能傳翼遊穹蒼在易之革日治厤乘時損益斯乃昃靈臺遵守四輪法橢圜角度加精詳乾嘉迄今閱百載黃赤距緯聯雙璜側聞已改立成表歲差漸積久愈彰何人手操絫黍尺四餘七政從天量今則四餘七政躔度謂之量天尺翳余幼學讀保氏九數涉獵徒淺嘗天生慧業有人在胸中列宿森懷藏密測躔離驗盈朒便從分秒追尋常泰西近察大地轉一陽獨處天中央地毬如月及眾曜拱日環繞羅成行算經毖緯舊有說四游升降非荒唐乃知古人具卓識特爲布算提宏綱天牽日月向西沒舉頭萬古常相望前賢立法貴易簡西士挾術多矜張願通中西勒會要著作一代成典章諸公精力早辦此毋令墜緒終茫茫

西人以鏡映眞歌

西洋國中番賈胡鬅鬙黃髮雙碧瞳短衣禿帽皮鞋烏侏離言語堪胡盧火船高天雙輪轆海程九萬九千餘艱難至此胡爲乎云有絕技人難如不同女媧摶泥塗不同金鑄范大夫不同絲繡平原圖丹青粉墨俱不須頃刻現出人人殊師傳是否爲耶蘇五羊城裏賃屋居闤中婑婧攜妻孥好事不少賢與愚戶限踏破羣爭趨洋錢日獲滿一車吾聞其事虛疑誣先覩爲快登其廬金支翠羽紅珊瑚瑪瑙硨磲明月珠陸離光怪一室儲七日禮拜方南膜聱牙詰曲言喁喁刀乂爲進花燒豬盧卑美酒浮玉壺鴉片燒出香如酥客來相勸何勤劬欲試其法云徐徐竿頭日影卓午初一片先用玻璃鋪徐以藥水鏡面敷納以木匣藏機樞更覆七尺巾羃疏一孔盌大頻覘覷時辰表轉剛須臾須臾幻出人全軀神傳阿堵知非虛陰陽黑白分明俱此中有人眞可呼畫師乍見增長吁直奪造化無權輿百年之內難模糊在鏡中央豈可污我思推究無其書博物當待張華徒吾曹本是山澤臞自有眞面常存諸無勞相照供揶揄四聲重譯知解無詩成一笑迂倪迂

西洋八音匣歌　李晌

秋河在戶秋夜長離離花影疎映牆主人留客開虛堂酒闌語倦燈無光忽聞絲竹調宮商清音脆節堪斷腸嘈嘈切訴悲秋娘昵昵軟語偕王昌紅情碧怨誰商量換羽移宮低復昂春禽變音爭垂楊秋雁叫月投瀟湘就中一段尤琅琅毋乃古調名楓香白雲停空花落牀余亦涕淚沾衣裳欲歇未歇還鏗鏘潛入階砌催啼螿四壁簾幙垂相望疑有歌姬吳

越妝搊箏擘阮紛成行紅紅記曲嬌專房不然挾瑟邯鄲倡夏侯衣障東西廂不然別室圍歌郎紫雲紫稼齊芬芳主人一笑非所當子所擬議皆荒唐袖出一匣小以方餘韻入耳猶砰訇開緘縱我觀厥藏豈有革木匏絲簧但見銅具森鋪張片片精於百鍊鋼圓者如轂方者筐臥者如梳立者槍神樞秘竅存中央鉤心鬬角歸毫芒形雖可睹意不彰寸鑰一轉爭跳踉鞭風掣電無此狂閉匣側耳重端詳眾手雜遝非一雙眾音繁會非一腔腰間掌上皆可將令人不肯思教坊誰與製者云西洋我聞其國本海疆古里瑣里諸番旁天與巧藝超尋常航十萬里通　大邦番禺城外收風檣持索高價侔琮璜魯班丁緩工之良見此得毋走且僵主人旁坐神飛揚橙柑手擘黃金黃自言性耽歌舞場早遊三晉踰太行

北走燕趙南金閶一官楚鄂趨蹌蹌暇日多爲聲妓忙邏迯槽子雕文鶱低攏側撚搖明璫鳥爪爲甲鶯爲吭更深不知半臂涼但覺一舉空連觴自從投紱歸故鄉不逢佳會今幾霜村笛嘈晰橫斜陽惟賴此匣差我償破除病鬱袪愁傷愁病幾如雪沃湯旦夕周旋焉可忘兼省纏頭千萬强（木蘭詩賞賜百千强）從今遂不憂空囊勸余濡筆裁詩章擬金戛玉能交相微吟未畢林鳥翔明河曉没天茫茫

偕同人觀跑冰園　　王芍巖

泥滑滑戰兢兢御飛車履薄冰亭皐直落數十步是何嬌健得未曾鋼條嵌地痕碾玉轍跡破紋聲裂繒連袂嬌癡小兒女寒光退避熱血蒸拳足附背疊偎抱往過來續若相乘飛燕身材應善舞如熊意氣多飛淩有時並肩雙挽手毫無假借殊自矜老夫偶立高閣處未免豪情勃然興西俗冰嬉久成例士女如雲皆精能堪笑宴安本疏懶暖閣行酒輒呼朋冰天雪地大自在以此視彼何足稱

晤龔仰蘧星使　　王芍巖

禍福相倚伏智者防未然安危不旋踵達人能自全國事勝家事血熱心憂煎安得同志人時局相斡旋逢君在海國喜色來眉巔津門昔訂交已逾二十年此日一再晤得毋前生緣祇今膺使　命萬里徒瞻天可憐合肥公始終任仔肩思比來歙刺幸有裴度氈鞠躬猶未已和議始從權奈何多要挾條約頻糾纏王事正棘手疇能安枕眠昕夕坐行館軍報飛電傳不日别君去天外吟歸鞭捧日近霄漢别袂隔雲煙臨别何所囑彼此當勉旃

印度苦荒行

征人于役離家園他鄉忽逢白日鬼非鬼乃人認依稀肩擱骷髏面糊紙眼大鼻高頤深凹身似壞屋東西倚大風一吹忙抱樹放手恐作紙鳶起道旁借問子胡然口不能言但手指指向腹中與我看腹皮反攸背骨抵有人認是某家兒知余素非遊惰子不幸逢此鞠凶年鬻妻賣子竟至此凶年殺人亦有限無奈凶不自今始去年大水復大旱大旱纔終又大水堯有九年湯七年十六年總一年裏米價日貴布日賤典盡衣裳救一餓爾時救餓竟忘凍來日凍餓齊攻體一條生路在野菜甘苦遑問荼與薺下手春蠶食葉聲剡盆鐵硯欲穿底貧甕每與富飧並菜在野而米在市有菜有米豈易得菜必帶根米帶秕初從衆米中見菜繼從衆菜中尋米邇來並米亦無之一菜之外水而已野無青草可奈何又向古樹動刀机欄作斷頭將軍嚴蕉作剜心丞相比榆皮煮盡非學仙桐葉翦碎豈封弟異味驚倒百歲翁囫圇吞之亦覺美美則美矣漸蕭疏可口之樹亦無幾亡之命矣復何言呼天天亦如充耳但願大生廣生天速下大死廣死盲地也有心欲救之突出白壤麵相似名士畫餅亦可餐野人與塊非無禮遂令倮蟲有數變一變牛羊二螻蟻今又三變作蚯蚓未到黃泉先飲是誰知許入不許出可憐胸中橫塊壘撲滿已滿撲不得百餓不死一飽死或云某地頗豐年費盡殘力謀遷徙談何容易輕去鄉手囊背襁肩行李十處門關九不開裏腹猶行三百里小兒須仗大兒扶壯夫反爲老夫累未幾坐者哭臥者張口無聲但見齒日暮骨肉無人收前去又豈

有生理欲斷不斷氣一縷不如死者長已矣

傷心慘目一至於此何減監門流民圖

阿芙蓉歌　蘇時學

有物産溫都團圝類人面置身湯火間沸鼎自熬煎丹成疑作膏色惡臭如靛其毒甚烏頭其名曰鴉片厥狀古未聞爲害今乃見前明番舶來萬里達畿縣喚作阿芙蓉本草入論譔聊云備刀圭非能佐珍饌　國朝定臺灣中外盡安奠地大生有蕃邪妄始潛煽聚羣不逞徒日飲恣歡醼買醉比醍醐投餐非粥麵留爲枕席娛更以瓜果薦茗飲豈殊科米汁亦同傳諄諄藍鹿洲先憂雪維霰始但供宵談久迺滅常膳酩漿還作奴巴菰可爲殿況迷博踘場流連曲房宴高會所必需嘉賓更相餞下不遺市兒上且達邦彥眞能絡英雄非

獨誘愚賤吁嗟百年間東西朔南遍我聞古佛邦天竺迺禪院流傳梵夾書奚啻千萬卷不聞罌粟花幻作優曇現誰歟始作俑天誅定當譴又聞偪都南毗連界諸甸有路達滇黔微茫通一線駛風抵閩廣航海亦云便況乘火輪船激水疾如箭誰遣歐羅巴居奇獨專擅垂涎中國財得隴有餘羨我但吸煙雲彼遂濫金絹念茲蟻穴微終防潰隄堰矧此蚩蚩氓知識每昏眩甘心陷井危束手葛藤纏一噴還一醒三嗅更三嚥入座旃檀香高枕雲霞絢潮汐候不諐饑饉害重洊愁腸徹夜煎仙骨經時鍊錙銖較必嚴涓滴丐猶戀青燈學道成紅荳凝情縴斗室聚淫朋深閨泣良媛斥賣盡田園典易至釵釧里鄰每交譏親戚更相唁鵠面鬼揶揄鳶肩眾矜炫癯鶩石上猿弱訝風中燕精鋭歲銷磨筋骸日疲倦形存

心已死魄落膽猶顫三人不滿百嘲諕見謠諑凡茲受害端莫能窮筆硯爲膏身自焚已溺手應援回頭若知非合掌各稱善賦詩效芻蕘充耳莫如瑱

自鴉片入中國中國貲財吸取殆盡嗜此者沈迷不返讀此詩令人輒喚奈何

火輪船歌　龔易圖

蓬蓬勃勃煙騰空咿咿軋軋輪翻風不動如山疾如馬牙檣錦纜皆無功水弱偏能濟火烈舟行乃至同車攻西洋奇器恣淫巧直欲鑿空欺鴻濛無邊誰能測海外有恃遂敢週寰中滄溟搏擊九萬里計日可至何從容我昔聞之未能信登舟詳視明雙瞳機衡錯雜鉤筍角大盤小筦靡琤瑽焞湯百沸聚水力一氣貫注交相通金輪鐵軸自旋轉不脛而走光

熊熊鋭頭劃海海水破破痕兩道施奔虹海神震愕百怪避驅走魚鼈蛟鼉龍轟雷掣電精且鋭濤頭萬馬吾從東會閩越裳昔重譯指南遺製傳姬公中華尚德不尚力遂使技巧流西戎近時操刀能學製郢斤宋削糜人工閉門而造出合轍涉川有賴茲蒙衝我聞蠻貊能篤敬波濤憑仗信與忠不然舟中皆敵國作楫之材將焉從自來在德不在險萬方向化今喁喁如天帝載胥帡幪藝成而下何所庸操舟捩舵馭以正四夷之守從其隆

閱克魯伯礮廠　王芍巖

機械叢生天地窄不重衣裳尙兵革精刻豈復餘地留奇巧更創克魯伯克魯伯伊何人範金冶鐵無比倫霹靂車改後膛式無堅不破神乎神父子繼業舊廠存超心冶鍊專其門

分贓合并谷魯生輸攻墨守翻乾坤天發設機秘陰符日月祕虧相吐吞吾聞其語未見之適來考證方稱奇五花八門走雷霆發皆洞的神鬼悲地無堅城人奪氣吾家武庫或遜茲我知造物有深意一亂還應生一治五洲大和同六合敦信義武備雖修盛文物公法既行渾才智縱有鐵甲鐵礮亦奚爲全球雖大履如夷聲敎所漸化同軌豈徒富强立其基擴充此意在善變制器尙象利乘便君不見漢陽巨廠屬中原爐炭陰陽變鍛鍊通工相見無相妨肯使歐西利權擅

感懷

人生自古重倫理况是平時稱知己今有人焉勢利交有初鮮終深可鄙方其酒酣耳熱時指天誓日同生死解衣推食本尋常出則同行臥同起不特寢食與之俱甚至婚姻聯兩

美門前車馬縱紛紛二人斷金我與爾當時瀝膽與披肝膠漆雷陳安足比誰料包藏有禍心外似讓恭內奸究一旦其人變故來反眼無情肆讒毀解紛排難已難言陷阱添石竟若此不以爲德反爲仇堪嘆人情薄如紙不見古來金石交軼事班班載在史或與共患難或爲託妻子或與通貨財或爲存宗祀今人豈不及古人胡以喪心至于是記否歡樂契好時感佩誓言猶在耳奈何利盡交便絕任人唾棄不知恥翻手爲雲覆手雨鬼蜮爲心伊胡底男兒結交尙情義不情不義何足齒試爲納手自捫心清夜能毋顙有泚其始尙見重其人由是觀之今已矣感茲聊作不平鳴歌成不計詞之俚敬告諸君慎結交結交要自擇交始在昔先民曾有言君子之交淡如水

筆筆跳脫往復纏綿如怨如訴可泣可歌結句尤覺淡而彌旨

登山巔望希馬山雲開雪見燦若堆銀萃此奇觀遂成長歌一首　吳廣霈

噫吁嚱神且奇看山直盡西南陲千峯萬壑相追隨我陟千峯萬壑頂自謂衆巇皆嶁嵉須臾風抉嵐烟開猶龍巨嶺蟠天來蟠天傳聞二千丈撐持宇宙包元胎上有鴻荒不化之冰雪下有盤古未闢之草萊山不可登雪可見嶙峋燦爛如披練白日照耀鬬光彩青冥動宕生驚眩倚伏千層勢轉穹晴雲如絮遮頭童一夜流泉走江海金沙西去恆河東自昔邱仙通此路又聞元祖迴天步鐵門千丈聳巑霄猶在茲山最卑處茲山自古絕人迹陰陽萬變誰能測恥學諸蠻橫犁

眉白頭横臥支南極支南極寒瓊潔雲開遥見金銀闕藐姑仙子駐霞驂口嚼瑶花鍊冰骨峯頭睡醒瞰人寰西燭陽烏東鏡月自笑狂奴有奇癖久思五嶽拄筇節何期海外得奇觀豁目盪胸驚咋舌歸來白眼謝羣峯扃藏毋溷乃公轍懸綫著屐世豈無探幽笑讓塵中客

觀打復爾山麓山泉　王韜

平生酷有看山癖每至登山足愈捷巉巖鳥道千百盤振衣直上興難遏行行瀑布走山隈奔崖百丈聲如雷怪石峥嶸不可得劈開青嶂如龍飛龍飛畢竟歸滄海浩瀚千年曾不改渾涵大地佐陶鈞洗濯雙丸發光彩水哉水哉洵莫測世人但見在山日我來掬水洗塵胸熱血牢愁渙然釋回頭長笑謝山靈一鞭落日千林黑

閲英國胡力樞船廠並魚雷船商廠　王芍巖

幕天席地槖籥工陰陽爐炭飛炬紅光芒騰霄萬丈起運錘一擊聲摩空巧匠鑿山吸山髓刳木冶鐵開鴻濛踵事加厲逞奇秘巨靈失顧來罡風君不見英廷設廠胡力樞船形礮式羣舉隅萬五千人效鞲鼓霹靂響應山岳呼宋斤歐冶各有執衆聲無譁相奔趨商家有此博大無古來善事首利器如有所譽必有試演驗發聲如雷霆果能取資非兒戲商廠更悦觀魚雷巧奪天工爭化裁推陳出新任狙擊所向齏粉驚魂摧機簧連綫似爆竹萬靈雨泣天爲哀南洋購置戰守利金甌鞏固息喧豗中華船政亦久矣舊章率由繼難起迂儒尚欲咎水師餼羊一去胡底止睠願發憤復雄風經營煤鐵策商工一轉移間强且富中西步武將毋同

海水曲　吳廣霈

海水泠泠兮其深不可測洪波千萬丈下有蛟龍窟馮夷冏兩相出沒雲旗烟駕何倏忽既乏溫嶠犀復渺湘妃瑟縋幽釣隱神所疾勺蠡醮指空抑鬱憤來欲借周侯劍斬卻鯨鯢答天眷坐令萬頃桑田見時乎不來日月如電等閒鈍折腰中練其一

海水闊兮蕩無涯涵天浴地噴雲霞長鼉巨鱷利齒牙殺人掛置骨如麻活活西流果何極古來浪說黃河槎大地八萬九千里一氣渾轉無終始空聞橫海斬樓蘭幾見支機犯牛女莫問嚴君平由來今古多升沈擊雷鼓兮吹鸞笙一笑凌蒼空復情其二

海水其清兮誰移我情緬彼成連兮善鼓瑤琴風潮吞吐萬籟闃七條絃上聲愔愔聲愔愔寄遐心世無鍾期兮疇識此音解衣赤足登孤岑凌虛望古發長吟其三

海水碧兮雲物幽孤舟掛席衝寒流懷仙侶兮隔瀛洲我欲從之道阻修青天淡淡兮開雲羅娟娟涼月兮生蒼波平生秋興兮今宵多美人遲暮兮將奈何獨奈何兮扣舷清歌紛紛窮達皆同科有酒弗醉兮胡蹉跎其四

浮海至巴黎紀程百韻　宋育仁

乘潮出黃浦發夕泛海流表裏懸明月空水蕩悠悠梵言踰塵海茲岸號南洲（佛書喻塵世爲苦海喻成道爲彼岸今西書稱亞洲者佛書稱爲南瞻部洲海爲南海）伏鷩起羣島靈山如可求（出吳淞南行入浙境望見諸島西名果臘近浦陀山佛書所稱南海岸浦陀山也）浙江南入海名邑落荒陬招寶對虎蹲出沒若沈浮（過鎭海口兩山對峙左爲招寶右爲虎蹲）古來限窮髮掌故有時修道光始通

津遠航欵來遊（道光年英吉利商船航海到中國泊招寶山時未有火輪）火輪飛海水五口遂通輸適越昔趨庭登山望此邱廿年如隔世感目涕沾濡（同治初先君官鎭海丞時余年始數齡曾侍遊招寶山望虎蹲至今廿餘年矣）月落四暝陰衣溼風啾啾日出霞光曙平明見泉州炎風赤道來三日到汕頭（舟南行偏西二十七度過福建泉州境望見海道諸山行赤道下天氣漸熱）入港見翠微雲氣冐山樓蜂房疊層闉礮平通九馗（入港行里許泊香港層山蒼翠上有雲氣洋樓背山面海因山基層疊而上望如蜂房中通闤闠街道修平略如上海）嘉樹鬱青蒼夾道何儵儵燎燎行未央一息聊淹留對島峙九龍咫地棄不收華路啟山林夏聲大有由（香港對面爲九龍山廣東轄地香港舊爲荒島道光王寅爲英所據招徠商會建造市廛遂成巨埠居民十二萬八船戶三萬人沿海之地每中國一畝歲收課銀百餘兩山地少減亦數十兩故一隅之地收課銀八十餘萬）雷瓊昔云遠儋耳感行蓀前賢遷謫來今我獨無郵（出香港南行右爲瓊州境）晨經越南境波平鑑潛虬古聞重譯貢戶庭

今不緑大通信有時固爲中國憂佛書言滅度後三千年天下當大通以時數考之其言當驗暮入瀾滄浦潢汙見培塿入西貢江口循山麓曲折行十五海里泊西貢進港江口與瀾滄江入海口平行相距甚近南圻屬西貢百艤溢旁周咸同間越南殺敎士法兵艦往攻順化不克而退遂入此口啟釁兩次割南圻六省設西貢總督治之光緒初法據有越南設西貢巡撫轄南圻六省其原設之西貢總督改爲東京北圻南圻東埔寨四處總督華民聚隄岸轉粟逾萬艘華民聚市處名隄岸計五萬人分居南圻各省者尚有二十餘萬貿易以運米爲大宗歲出米至一千八百萬石征斂頗繁苛淄澠信難調法國稅則有身稅招牌稅貿易稅房稅地基稅進口稅稅款甚重身稅惟取華民進口皆閩廣貨華人自相買賣而取稅倍重吏議成閉市居民望有鳩光緒十九年法復立新章尤爲苛細華商罷市進口貨皆不至星使登岸商人邀至閩廣會館所稱中華會館是也商者率衆數十人具呈訴諸苛細狀求使者至法求轄免眞臘鑑前車暹羅甚之謀東埔寨舊爲眞臘國服屬於法法設巡撫治之去年法復用兵暹羅進取湄江以西兩省三日新格坡柔佛國已墟新格坡或譯新加坡本柔佛國地嘉慶二十三年英以兵船奪據之其王退居近島交衢聚成都熙攘來相投西

里及瓜哇交廣與駱歐暹羅交印度土人號巫尤奇服或燋齒桑艾語嚾吺英立埠不稅進出口貨以廣招徠由是商旅雲集華民居此者十五六萬多閩粵人此外民族多至數十種有印度及葛羅巴所屬諸島西里百瓜哇之屬土人巫來由族黧黑嗜檳榔多燋齒蘇門對麻甲此焉實襟喉猶見漢官儀橫海獨無侯新格坡二百六十海里至麻六甲海峽右爲麻六甲左爲蘇門答臘爲新加坡之外戶出此則爲印度洋新加坡及閩粵海口之門戶也駐有總領事流寓華民尙知有中國商家堂屬有對聯門挂頭銜燈巡海兵船偶一至無常駐者暮入蘇門峽遱羅山氣幽蘇門答臘山長約八十海里其山尾盡處名勃拉司對亦有山列樹青蔥洋人名之日滑船微風生瀾漪浩蕩沒海鷗鏡清無纖塵時時見文鰩颶颸西南來鯤運起吞舟衝浪硉前卻驀波汨若泗寄身渺一粟望天如覆甌天吳已肆虐赤熛復我遒三日已愆期五日猶不偩身無四凶罪投荒實諸囚萬物矜耳目攖甯聖所優聞道力不任懷德庶思柔晨經巴德峽雨來天忽黝雲垂水壁立舉目

盡胡愁船主縛桅檣水手登如猱出險身猶慓再生歎且謳過巴德峽近錫蘭境沿海岸有山舟行避浪近山麓天忽雨有疾風橫掠舟對面不辨向舟勢欲薄山船主自縛桅指引舟向約半刻時始出險慶再生矣清歌夜鼓琴蹲舞歡相酬南蠻昔跳月索偶搜其逑雙雙今實來易妻或承羞西人跳舞本於南蠻跳月之俗然彼乃男女初婚胖合今則夫妻同赴會各隨所悅交易而偶舞亦倫矣避風泊海隄云是克倫貢抵錫蘭之克倫博此地無馬頭泊舟海中英人築隄岸海長一里許高厚出海面約三丈界成一彎以障洪濤克倫博一作格崙坡一作科郎埠或云斜郎宴大浪來齧磯飛沫噴起濤格里蕩王居荷荷爲之蒐環涂備興工營國置汝酋昔時有新格里王居開殿城初爲葡萄牙所并繼屬荷蘭嘉慶元年始爲英所奪據壘築招徠建礮臺兵房敎堂書院鐵厰監獄關署修鐵路自挪拉里山頂至開殿山之中間置大酋於開殿卽使西紀程所謂高諾英人稱其大酋爲格男浮中國譯之爲總督巡撫皆以意爲之其本意猶言管理人耳新加坡以內華人稱之爲兵頭錫蘭古化城湟槃仍首邱三剎有遺塵毘盧日少儔高臥疲津梁菩提蔭有樛錫蘭古獅子國是佛降生滅度處自爲英據佛

敎久衰僅存三剎一日開來南廟有如來臥像磁質長三丈有菩提樹云佛降生時先棲此樹僧出貝葉經售與客號爲名剎僅一住持而已前經阿剌伯西去埃與猶阿剌伯回國與印度接境迤西爲猶太埃及舊國皆已并於英矣舊敎已淪胥操戈起爲仇其民轉愚魯黧面務而句婦女環鑷鼻高冠身沐猴乞錢泗海底沒身如一漚廣漠多不毛民類僅有噍置戍更設官驅使如馬牛七日踰亞丁海頸狹若湫左盼見狠荒斥鹵野無睬猶太舊敎本自東來耶穌生於猶太長於埃及爲猶太舊敎祭司長所殺其徒保羅約翰等傳敎又見殺故耶穌敎徒誓滅舊敎其實耶穌受洗於猶太之舊敎約翰敎本東來且承佛氏之遺說自穌克得拉島至亞丁一帶土人皆印度阿剌伯種人皆黧黑以巾冒首婦人鼻上鑷環多至五六男高冠兒童駕獨木小舟游海面見客舟索錢擲水中則爭泅而取如魚蛙然地多童山斤土土人粗蠢英人建礮臺駐兵二千設官於此土人貧且愚凡粗工重役皆令土人爲之過亞丁約三時入紅海口兩山矗立海面約三洋里水底有噍中間可行者僅一里英語名勃白耳門譯言謂之哭海頸也紅海左岸爲阿非利加洲境炎方道紅海風來轉颸颸孟夏收恢台冷然天氣秋綠淨鏡明波陵

鯉貫如鮋三日蘇彝士道咫一何庱明鐙照夾岸權星如綴旒古時兩州限僝工實旁俅鞭石人海水踧地成通溝夥頤信無資疏濬不時扰右顧見埃及山水信清脩文毅自東來銘刻猶可搜粵稽蟲鳥篆遺取絕代輶欲諭象胥言恐詒眾楚咻蘇彝士河舊爲阿非利加與歐羅巴兩洲分界海舟至此須易火車交替賴賽樸斯集股開鑿令與地中海相通河道狹處懸球於表大如瓜入夜沿河排列紅綠二色燈以照船行每段分布挖泥機器十里設以電局按船收稅歲用不貲河岸西爲埃及山川清秀舊時石刻存者尚多土人影照出售字體繁重多畫蟲鳥形字直行與西文旁行者異埃及在中爲西在西爲東疑三代象胥論語言所及停輪發波賽禆海進乘桴半程阿散德希臘泊無絲士耳介强鄰幸免翦爲俘蘇彝士河北岸爲波賽又半日程抵亞勒散德士耳其大埠也英既征服埃及設總督治之建公署於此士耳其盛時地跨歐亞二洲及與俄搆兵而勢蹶英法出而議和各割其地彼僅以自存舟經士耳其之康第島接希臘境浹辰過枚息卡臘見山椒羅馬盛文物通工亦綢繆叢臺峙參差軌涂絡罝罘山花海上聞芬芳服已攸梅息那海峽左爲昔昔來島其鎮日梅新郎梅息之轉音右爲意大利之南省卡腊勃來其鎮日而愛及兩岸皆山火車往來如織樓閣參差山花遍嶺舟過香聞誠勝境也晨經考息島馬賽不踰餐希臘前考牧法船攘其揄海隄交虎牙礮臺對鈕鍪水閒緯鐵船橋衡轉環疆三面俯山墉一方阻上游商利四遠來形勝此爰諏清晨過考息卡島即至馬賽不半日程馬賽開地最古五六百年前希腊人先至是處遂成都會後爲法人所奪盡力經營街衢闊大層壘蔚起其地勢三面倚山一面當地中海口老海口舊築礮臺南北對峙後又於老海口外更築長隄兩道爲新海口新舊海口之間爲水欄四皆有鐵橋機輪開合以水壓力運動甚便鳴鐘發車棧霆奔馳電旂書若雷雨作呹若乘風飈旋轉見山川歷彔辨田疇一宿二千里中棧還數休由馬賽至巴黎火車一宿至停輪五六次每次五分鐘久則十分鐘平明巴黎都喧塡略難侔民富在興工管墨握其闤泰西既同風寰宇借前籌周官亡所守求野信云賙禮樂俟君子誰爲宏遠猷

渡印度洋得短律四章　吳瀚濤

怒濤吹不盡竟夕鼓闐聞大海落殘日孤帆搖暮雲擒王憐鄭監投筆愧終軍北望同心遠相思寄紫雯

蠻煙向晚暗倚楫攬星辰北斗低沈水南箕近接人檣燈寒鎖霧鈎月淡浮春欲把攙槍掃天狼勢未馴

泛泛八千里汪洋片島無魚龍爭出没烟水極含濡南陸風濤壯西歐氣象殊人間盡腥土何處更方壺

澤國氣蕭森懷人九曲心間持謫仙句坐對海濤深流水不盡意天風識此音塵中多郢曲何苦費高吟

乘兜游東山歸途見燈火如繁星得短句二首

稅駕鷲峯西回頭萬壑低秋雲扶健筆野市雜雕題月白哀猿嘯林青老鶴啼巉巖絕人境何處是仙梯

十日山中住渾忘客裏身遥山臥冰雪繁火亂星辰嘯傲空今古行歌愧隱淪桃花流出否愼勿餌魚人

舟中雨水天一片茫無所見口占短律一章

四望白無際乾坤晦若昏濤聲爭雨勢水氣匝天痕海闊山都盡舟輕浪欲吞回頭見飛燕鄉思共君論

感事五律五首　宋育仁

萬馬渡遼河千營夜枕戈城亡諸將在律喪兩軍和伏闕書何用憂時淚苦多獨憐持漢節歸雁望雲羅

江海隔中原論都已枉論艅艎先失水猿鶴尚乘軒東海慚高蹈西鄰畏責言嘔餘心血在朝夕作潮翻

藺足返秦庭臺灣未解兵潛師謀鄭管侵地劫齊盟星火催和約樓船息戰聲如何聞越甲不恥向君鳴

投筆一書生今朝定請纓竊符驚魏寢還璧返秦城孤憤遭時忌艱難愧位輕聞雞中夜起未悔去承明

詔書遲不報命下悔蹉跎坐失軍需急何堪歲幣多揮戈懸漢日銜石誤虞羅豈見臧文仲赬顏遇卞和

武備學堂四首　王芍巖

有備方無患堂堂水陸師承平文字尚濟變武功宜德藝成均地英才敎育時糾桓罝兔意華夏讓諸夷

立法期無弊綢繆在未然程功西學重得力幼童先韜略論三六英豪聚萬千時艱誰補救製造有新編

憂盛危明意歐洲若是班波濤容測海霹靂許開山戰法師黃帝心機亞魯般升堂原一樣屹立德英間

侯服頓稱王多年克自强分曹官十部合眾約三章丁壯皆

兵籍輿圖寓戰場幾疑參仲氏有勇且知方

聽西人女士徵集樂歌曲終感賦　王詠霓

明月出西海客愁知夜深有人倚長笛邀我聽胡琴聞樂生新感殊方冀賞音玉關春已老折柳爲誰吟

贈英領事馬君　丁廉

矯然一鶴孰同儔君是人間第一流半壁河山資保障隻身天地寄遨遊名賢隨處風情見傑士談交臭味投此日河梁分襼後夢魂常繞海東頭

正月元旦天氣晴和風日都麗口占一章聊以遣興五古　丁廉

暖風颺晴旭春意融芳林匆匆一歲去舊臘無從尋梭擲與箭離抵死催光陰憶昔離家時日暖嬉鳴禽春事猶未半良

夜值千金何爲出門去惘惘來烟潯鵬程十萬里刻意憑登臨主人情最重故友交逾深天涯徵一氣風雨矢同心當此新歲至時景費沉吟白雲渺無極何處通鸞音旅懷不自適時把濁醪斟柳條放新碧大半愁痕侵賦詩且題壁長嘯出烟岑

題查掄先孝廉歐西航海圖　王芍巖

天水相連繞地球歐西何足盡遨遊瀛洲路近君應到宦海帆高我未收放眼滄溟供一瞬側身今古有千秋無妨鑿空開圖畫看取圖中認得不

泊西貢　王之春

天寶物華行處有富貴眞臘君知否炎荒朽壤成膏腴海國擘畫啟戶牖君不見西貢一隅華岸隄近年庶富屬巴黎車

過六街水流走樓高百尺綵鸞棲夷場華界復分壤估舟鱗次湄江上賞心更闢大花園不惜餘地留空曠四靈聚族百物生池清草茂皆天成如入畫圖意閒遠別開風景勞經營奈何征重到人稅取盡錙銖利會計儼然重鎮截南圻未必美利無流弊要知有人乃有土開國立家在自主盛衰興廢轉移間既悔亡羊牢可補百端交集心上來擊鐵如意傾金罍南洋商埠此較近互相雄長風氣開中華行政尚寬大安土重遷無招徠城民不藉山川險足用空籌天府財畢竟古今異時勢咫尺變遷須化裁邦交自古講信義中立不倚策風雷六合以外不論議區區富强何爲哉

巴黎行　王之春

地球行近七萬里境入巴黎縱奇詭眼花撩亂興狂發城開

不夜侈華靡士女酣嬉國無愁惟日不足復夜遊闤闠雲連屋薇日睥睨泰西雄歐洲窮兵黷武相戕賊天意挽回不可得崛起空說拿破崙中分竟爲民主國立國畢竟當自强後言美利先通商果能虎視持牛耳何用蠶食吞越裳師心自用忘顧忌以力服人等兒戲安知在後無黄雀螳螂捕蟬殊不意使臣經過停征軺心如懸旌時摇摇傷今弔古無限意屬詞比例成歌謡成歌謡紀游歷從大夫後執鞭箠增 天子光重壇席莫非王事愼西行後視今猶今視昔

游倫伯靈觀瀑歌　　王韜

同治戊辰夏五月我來英土已半年眼中突兀杜拉山三蠘游屐聽鳴泉巖深澗仄勢幽阻飛泉一片從空懸我臨此境輒叫絶頓洗塵俗開心顔居停主人雅好事謂此未足稱奇

焉去此十里有名勝風潭廣斥萬頃田上有飛瀑如匹練下有雜樹相妍鮮爰命巾車急往訪全家俱賦登臨篇其日佳客踐約至遂與同載揚輕鞭初臨猶未獲奇境漸入眼界始豁然意行不憚路高下踈花密蔭如招延澗窮路盡更奇闢忽如別有一洞天水從石竅疾噴出勢若珠雪相跳濺至此積怒始奔注一落百丈從峰巔側耳但覺晴雷喧聲喧心靜地自偏徑穿犖确躡澗石獨從正面觀眞詮四顧幾忘身世賤來往忽冀逢飛仙萬山擁翠若環合中有一朶芙蓉妍惜非胸中具邱壑坐使腕底生雲煙媚梨女士工六法定能寫此圖其全勝情妙墨發奇想盡將造化彤神傳嗟予窮厄世所棄胸貯萬斛憂愁煎山靈出奇爲娛悅今以文字相雕鐫我鄉豈無好山水乃來遠域窮搜研昨日家書至海舶滄波隔絶殊可憐因涉名區念故國何時歸隱江南邊

駐俄旬日都門内外縱所游歷隨時紀之亦足以資考證新見聞也共得五章　　王之春

王宫

宫闕何壯麗不越闤闠盡人可瞻仰附近民居環君貴民豈賤熙熙相往還非不事土木疾苦切痌瘝寶藏博奇古金碧光斑斕想見開刱時圖易復思艱立國自唐宋雄峙出瀛寰子孫能保之自强無弱孱彼得更崛起移兹波羅灣祇惜隔城外丸泥封其關豎儒渺聞見傳疑比神仙我朝素通聘遠來敕書頒重門洞内外一見快老慳列國遜雄風莫謂若是斑

博物院

古今出奇巧取之當以約天地産菁華聚之當用博邇來博物院列邦苦搜索耳目所未經迹象或未著有時委泥沙否亦東高閣有俄啟土宇地方何廣漠刻意求新奇議論費穿鑿五都目既眩小儒舌應嚼攷據幾何代珍藏嚴扃鑰傳神到油像古音留雅樂數典設裳衣采金列鼎鑊其餘不勝觀珠寶任叢錯旁門通宫院創造久斟酌凡物鍾所好况與民同樂鑒賞出君公多取不爲虐

天主堂

天人本一體陰陽無兩歧設教重神道使由不使知秦漢愚黔首法令多參差宋元廓疆域風行同夏夷何期敎旨同奉天爲主持愛雖無差等亦存救世思降生千餘年假託人始疑堂皇起宫觀至今如神祇粉飾窮奢麗金錢廣佈施此敎

嚴戒律誰敢汝瑕疵我來非頂禮聊復瞻仰之高閣庋經典廣殿崇階墀諸夏雖有君肅穆或遜玆（泰西諸國君民皆行敬而敎堂重於王宮）未免喟然歎發聾欲吼獅彼族尤信好余情難詭隨洋洋徧海外豈徒俄羅斯

海軍機器造紙各局

立國重文教强國先武備時勢異古今蒼蒼果何意一自强弱分成城須衆志誰爲借箸籌善事當利器西北有大邦形勝若天賜府海而官山苦寒偏得地多年創海軍設局窮格致黑海直長驅天山誰暗覬氣挾鐵甲飛非復樓船類武庫不勝收行當及鋒試坦白任人觀英雄無顧忌其餘車同軌鐵路廣推暨再逾四五年暢行里可記境接海參崴彼此邊陲寄相爲唇齒邦通商收美利近復更錢鈔畿内稱盛治製紙仿蔡倫經營到文字雄長當歐洲庶幾樹一幟

書局

天下皆同文篆籀爲最古海外有聲敎希臘文字祖極盛或難繼後來疇步武所貴溯源流非徒事訓詁藏書帝王家不媿圖書府傑閣四五層標題相參伍挼羅千百年珍賞無朽腐漆書勝木皮石刻滿廊廡崇文國乃興好名吾無取藏之者何人上繪竝頒賈鑄像鎮書廚彼族歷世主地雖瀛環外接壤占車輔（友邦惟中俄連界處最多）字列經典中學海任網罟縱觀心何幸辨識功殊苦高文在典冊畢竟推中土四庫多包羅書目燦織組儒臣經校定大成非小補

過地中海

少小有奇志壯年作遠遊扶搖無雙翼飛凌四大洲誰知承接處乃在歐洲頭亞丁監其腦波塞扼其喉中有蘇士河貫通如脈流終古任橫亙應貽愚公愁筋骨不聯屬能無巨靈憂鼓輪幸到此嘯傲登航樓水深如醮墨寒氣欲垂裘風利不得泊乘槎勝張侯此事有天幸多福非自求

過蘇彝士新開河

五丁何用等閒開又值龍門鑿險來瀛海苦填精衛志華峯奇擘巨靈才湖山變盡仍流水（内有大小二湖俗名大苦小苦謂其水味苦無生植者也）天地爲爐劃劫灰一旦豁然千古利富强無道詎生財

夜游馬賽各市賦此

鞭走羣山峙兩行暢通商務展夷塲波濤到此都停蓄鐙火無邊入莽蒼賓賽肯居諸國後游蹤忘却一宵長館人大類虬髯樣肅容當門若有光

夜入柏林

昨夜今宵記未眞渾身草草是勞人（昨夕戌刻展輪今晚對時即至）千鐙煥彩迎車幌餘雪銜寒逼地勻道假鄰封成過客身持使節亦前因樽前僉說俾司馬羨殺他邦柱石臣

呈俄皇七律二首

累朝修好固同盟特遣行人數萬程如日重瞻雙鳳闕前星回首五羊城膺符應運新承緒當璧徵祥舊著名上館緇衣榮使節更蒙握手慰馳征

東華世冑溯銀潢帝錫年齡應壽昌雨雪來斯人樂歲卿雲糺縵史書祥珠槃好合衣裳會環海澄淸日月長中夏使臣勞念舊客星何敢比嚴光

雪夜游鄉景觀跳舞會即事

十分清極不知寒怒馬飛車報夜闌攜手有人冰上立賞心樂事畫中看商音變徵關河感古調移宮抗墜彈歌管歐西盛茶會我聞如是亦殊觀

俄主遣翰林院挨田承旨來館繪喜樂圖並從事各官意切摯維大有去思留名之意因賦二律

西極行來促簡書氣能完璧景相如　中朝禮已通和好異域人猶問起居自古綏邊推屬國即今繪像到扶餘贅毫畫院新承旨儀表應教進玉除

妙傳眉宇入丹青忘勢言情許肖形寫照有時煩象譯蜚聲早已過龍庭日華耀采人生色雲漢爲章筆有靈賓從聯翩成上客披圖爭識使臣星

過德相畢司馬宅 譯卑斯麥即畢司馬

法普成盟迹已陳琦瓏共事政維新 畢佐德卅年合衆連橫拔去奥國外兼并三十九國始成偏安與毛奇逢龍贊成厥功甚偉 淮陰自是無雙士秦誓先尊一个臣豈但知名從海內還應越境訪斯人過門不入空洄溯想見英雄露角巾

維多利亞花二首　曾紀澤

玉井蓮花十丈青奇葩終古不凋零長梯摘實來西域太華騰光照北溟聖瑞雖非堯歷莢霸圖猶兆楚江萍藐姑仙子如冰雪肇錫嘉名比德馨

自騰光燄照狉榛漸列禎祥比鳳麐桂府仙娥離皓魄蓉城舊主降紅塵品香蘭合稱王者論豔蕉猶號美人收取園林名貴氣乘時併作一家春

次韻答日本人金尾藍田

詩律探源飯顆山郵筩酬唱各羈閒遭時情異三閭憤感事愁添兩鬢班責自西鄰憂未已交聯東國誼相關輶車記取先生句共濟羊腸九折艱

題日官所藏石拓賀季眞草書孝經

四明狂客酒中仙詩句崑山片玉傳詩酒餘閒揮草隸紈縑眞蹟散雲煙一編醉帖來滄海萬里迴光照剡川長史蕭疎虔禮密權量銖寸定誰賢

黎蒓齋觀察奉使日本入都

廿載交親結笠簦桑田成海谷爲陵長林選勝朝攜酒旅館論文夜對燈東去瀛洲雲好色北朝　天闕日初升親朋問我支離態齒豁眸昏百不能

八月十五夜森比德堡 并引

森比德堡爲鄂羅斯國所都地瀕北海艮天佳節月明雲散是日國人頂禮祆神鐘聲四起耳目所觸感慨叢生酒後成章質諸僚友西人謂海潮爲月吸引結句采用其說或者爲後來詩人增一故實耶

祆廟園樓百仞高梵鐘清夜吼蒲牢見聞是處駝生背官職無名馬有曹明鏡喜人增白髮奚囊搜句到紅毛冰輪何事搖滄海去作長天萬頃濤

戊寅臘月至法蘭西國謁其君長授受　國書慰勞艮厚頌及先人退爲此詩

聖澤覃敷大九州冠裳萬國荷天庥籠閒白雉陳螭陛旗繡青龍照蜃樓閬苑風隨仙露重　敕書香帶　御烟浮從來忠信行蠻貊莫訝戎王問故侯

送陳荔秋太常使西班牙諸國
詞曹禮寺總聲名午夜卿雲擁使星萬古奇文增舊史四方
專對仗遺經　龍章越海頒西域鵬翼培風起北溟談笑三
年勳績嵗歸來吾與酌湘醽
十一月晦日泊紅海盡處登航樓乘涼見舟人所蓄白
鴟口占一律己卯元日補錄之
九萬扶搖吹海水三千世界啟天關從知混沌猶餘竅始信
崑崙別有山朔雪任迴温帶熱南薰不轉鬢毛斑女牀丹穴
尋鸞鳳却見雕籠養白鷴
送邵筱村回京二首
朝雨輕塵灑節旄離觴勸盡紫蒲桃大鵬運海迴三島翔鶴
凌風上九皐秋到窮荒霜信早天連瀛匯月輪高加餐崇德

為君壽鞭策風霆莫六鼇
倉卒珠槃玉敦間待憑口舌鞏河山功成燕頷軍留塞利逐
蠅頭虜叩關貢馬頒茶增互市雕龍炙輠動朝班仗君此去
紓籌策更為庸駑乞　賜環
送左子興之官新嘉坡領事二首
花萼初春日未中左郎夭矯氣成虹藏身人海雞羣鶴展足
天衢鳳勒驄涵養生機宜守樸指揮能事莫矜功旅亭無物
裝行篋贈汝箴言備藥籠
外坂鹽車豈足多驊騮屏不與同科苦瓜鸛垤賡零雨酸棗
龍淵塞潰河顧我自嗟還自笑喜君能詠又能歌三年歡會
駒過隙不盡深杯奈別何
留別劉芝田太常二首

英蕩辭朝候雁來年年不與雁俱回雲雷有象隨蓍變鬢髮
無情藉鏡催自媿多言常越職姑求寡過敢矜才節旄方落
羝羊乳更喜同岑匪異苔
昔別明公東海隅相逢西海各羈孤八年何異駒過隙百事
慚非馬識途英國使兼俄國節前車光借後車珠公歸更有
無窮事異日東行莫憶鱸
次韻答日本使大鳥圭介公讌詩二首
嘉釀如澠斗斛量主賓談宴絕關防青疏畫閣闌干院綠意
春生薛荔牆互慶友邦成璧合同歌樂歲得金穰酒闌分惠
新詩草晚靄雲煙繞畫堂
海客叢談任洸洋世儒翻謂不狂狂欣看妙筆雙關意似放
明珠十乘光曉日扶桑蒙谷朗春風棠棣比鄰香獅鷹隆替

罷消息付與虞人絜短長
次韻答王子裳詠霓四首
大食犂靬黠戛斯史誇王會漢唐時　熙朝化及三千界仁
術賢於十萬師一德咸孚灰應琯四鄰征戰客爭棋　廟堂
方重安邊策漸補羊牢未是遲
拏破崙坊紀戰功威名當日此洲中兼收符璽王三國强設
敦槃會八戎萬礮凝烟天宇暗百城流血海波紅乾谿一敗
前功棄未息蠻荊獷悍風
謬佩銅符駛傳車頰中存舌粲生花吾人縱解雕龍辯敵意
方同碩鼠睽英蕩有期隨反節包茅無貢附歸槎艱難歷盡
成功小雨泣孤臣海一涯
無翼雲鵬掠海飛乘之東去換征衣八年風雪身將老五夜

波濤夢已歸邂逅酯醪先自醉激昂佳句復相暉未知此別
重逢日泛梗飄蓬約再依

次韻答許竹筠四首

志趣徒宗范慶州佐時無可紀勳謀奇書嬾復貍頭譯豪氣
消成繞指柔海國八荒蠻觸靖　朝堂九列鳳麟游高風未
敢師垂釣恰羨鱸魚歲歲秋

昔年南檄驟鏖兵將帥桓桓授鉞征鼇極三山終古峙鯨濤
萬頃霎時平敵軍宵遁紅江岸電報朝騰頊紫禁城戰罷珠
槃新插血　皇威從此震寰瀛

谷道防軍未可裁軍儲何處利源開礦金投冶光凝日鏤水
行軍響迸雷　赫怒直將平四表殺機那慮發三才樹人
遠作百年計衆土終成千仞臺

鬢髮相憐瘴霧侵客中酬勸酒杯深雲霞鬱鬱暮天話風雨
淒淒秋夜吟各荷　聖恩魚在藻同縻好爵鶴鳴陰公門
桃李春無極示我英賢去訪尋

贈曾劼剛出使英法　　郭筠仙

十洲天外一帆馳踪跡同君兩崛奇萬國梯航成創局數篇
雲海賦新詩罪原在我功何補壯不如人老更悲要識國家
根本計殷勤付託悵臨歧

酒肆卽席賦　　王詠霓

我從北海渡英倫又見名都景物新三島晝沈千日霧六街
燈漾四時春盤飧漸識冋中味樽俎叨陪席上珍知有鳳鸞
飄泊感暫時萍聚倍相親

安南感事　　吳廣霈

地近炎荒古不寒久從椎髻廢衣冠空聞圻域分南北已見
閭閻雜漢蠻土壤膏腴民力惰山川平衍霸才難紛紛蝸觸
知何底不滿書生一笑看

偕眉叔出游至海濱閒眺　　吳廣霈

蕩蕩長途接海雯一鞭游騁又斜曛出牆秋色高於樹隔浦
遙帆淡似雲塵市儘饒山野趣清時猶練水犀軍書生壯志
終當遂拂劍摩空動斗文

渡海二律　　吳廣霈

萬里滄溟一夜開雙輪激水轉殷雷森森島嶼排雲出獵獵
天風捲地來獨向空蒼摩混沌欲從造化問元胎浮漚粟粒
功名小到眼難消是霸才

笑把龍泉倚舵樓遠山如髮送飛舟朝游碣石搖瓊管暮醉

天池倒玉甌日月無私雙跳盪風雲有意一勾留伏波横海
須臾事李廣何庸恨不侯

景軍鐃歌五首　　李受彤

廿年簪筆侍承明一出都門便將兵殺賊歸來看草檄纔知
霍衞是書生

載酒江湖杜牧之感春樓上夜題詩請纓便是韓忠武兒女
英雄事事奇

椎牛犒士一軍歡月照瀘江劍氣寒（宣光河卽瀘江）灑徧烏支頭上
血征袍三日未曾乾

幾人屠狗賣漿中能捍邊關卽是功亡命莫欺西夏去張元
吳昊本英雄

搗穴犁庭事豈難憤時誰共寸心丹連朝鉅鹿城邊戰諸將

皆從壁上觀

交趾舟中口占絕句四首　吳廣霈

黑風吹海雪花飛極目微雲四塞稀東岱輪蹄南溟浪一年兩度涉勞機

晝霾沈山夕照明蠻烟瘴雨勢縱橫排檣雲陣排山浪大塊文章也忌平

鵬翼垂天怒不休西風吹夢落浮漚圖南漫許誇寥闊海外從知更九州

到此詩情信不孤一輪明月貯冰壺夜深抗手吟仙句驚醒驪龍獻寶珠

過五印度隨輿成詩八絕　吳廣霈

催上鑾車趁曉晴當頭朝旭掛銅鉦蒼官列道如排仗都為山靈管送迎

萬里勞人未息機零零草露溼征衣高峰吐欵隨雲落吹去紅塵化雨飛

發脈崑崙第一支天梯石棧極參差懸崖百丈迎人綠想見如來面壁時

怪石奔崖谷轉雷千條急瀑走山隈洞中黑壤隨泉出疑是乾坤太古灰

倦鳥愁猿奈若何斷崖纔過又危坡僕夫笑指雲深處記取雙輪一一過

神秀天鍾信不誣看山到此昔人無憑誰絕妙荊關手難寫岧嶤萬疊圖

瞥眼千峯足底經天風吹袂響泠泠遙山終古頭顱白羞畫蛾眉學送青

不負平生汗漫遊八荒雲物恣冥搜庸庸五嶽歸來容慢與狂奴鬭遠眸

錫蘭雜詠六絕句

嶺嶠當年戰血紅南來蘇武有遺蹤慈烏望斷歸何日贏得諸蠻識相公（葉相曾居加爾各搭望海樓）

謁法元奘事不虛說經野鹿有精廬尚留大藏三千乘零落人間劫火餘

雪山西幹走恆河婦子相將洗濯多聖水難平亡國火始知眾孽未消磨

佛跡南行向錫蘭道留足印落伽山如何中夏皇王地也襲斯文太強顏（普陀一名落伽山）

布地黃金事有無我來考古一長吁栽完古貝栽罌粟黑白乘除理暗符

炎炎烈日午難遮底事清涼樂境誇雜樹盈堤多不識西風開徧木棉花

除夕海上遙念鄂渚申江大有一夜鄉心五處同光景遠適異邦撫時感事率成四絕　王之春

碧海青天四顧空融和應候有東風遙知此夜不成寐想到行人幾處同

春申江上餘今夕黃鶴樓邊又早春草綠河南情脈脈征衣相念未歸人

漸近三更又一年封侯夫壻少團圓勉將吉語除煩惱鏡聽佳音更卜錢

捧日丹忱仰　九霄阿拉洋面度今宵瞻天萬里神先往一朶紅雲夢早朝

檳城雜詩八首　王恩翔

星坡更渡庇能去猶是飛輪兩日程雲木萬行山半壁綠陰如海是檳城（庇能一曰檳城）

長隄一望海山蒼車馬喧闐到海旁最是西人安息日踏歌椎鼓打毬場（打毬場在海旁）

琴尊攜入亂峰巔下有煙波盪畫船上巳清明都過了品茶來試石流泉（石流泉爲檳埠名勝處）

喬木陰陰列萬章法輪初轉頓輝煌自從八部天龍護極樂人來禮梵王（極樂寺在阿意淡殿宇宏麗）

踏到幽栖意淡然愛他白石與清泉一泓滌罷身無垢曳屐僧房借榻眠（阿意淡浴室最爲雅潔）

欲探山水借圖經帽影鞭絲曲徑停立馬椰林墩上望濛濛雨氣海珠青（海珠寺面臨大海爲一方之勝）

丁字簾櫳亞字欄銀屏九曲障春寒燕閒亦是圍棋墅人物風流晉謝安（燕閒別墅爲同人燕飲之地）

徹夜華燈照海紅泊槎烟水杳冥濛倘勞太史占星象人在天南二島中（英屬埠頭息力第一檳城第二）

壩羅雜詩八首

茫茫春草綠如煙路遠千峯鐵軌連今夜壩羅江上宿不知月色爲誰圓（壩羅爲大霹靂總埠）

小溝流水自西東插竹編籬大概同好是一行鴉踏屋檳榔樹外月濛濛（林間草屋以鴉踏葉蓋之宛如茅舍頗幽雅）

鬱呢窄袖製單衫林下同游有籍咸瑤草琪花春欲晚洞天來訪道君巖（道君巖距壩羅數里靈秀敞豁獨擅其勝）

開行七石換車停笙鶴雲中集萬靈洞府約尋南道院紅毛樓閣海山青（英路程以三路半爲一石南道院石洞玲瓏尤爲奇絕）

谷口猿啼草木長巖扉深鎖古雲涼蠻姬膜拜生拿督也學西天禮象王（昔時有老人騎象入石洞不出巖扉自掩傳爲仙去者稱曰生拿督蠻女游春過此則膜拜之）

越羅低襯鳳頭鞋新到珠娘未上街笑語高樓醉春讌花光交映夜銀牌（夜銀牌爲碼官所設粵江珠娘多在此招客）

綠陰庭院畫簾垂氣吐如蘭馥可知碟子小堆蘿角草玉臺斜倚捲烟絲（倡家多設蘿角草捲烟絲待客）

秀娘風韻勝徐娘窄窄衣襟楚楚裳綰就巫雲好螺髻七枝蓮蕊照明璫（有秀娘者明眸善睞爲十一姝中翹楚也）

抵荷蘭游園園官請題得一絕　斌椿

遐方景物倍鮮妍得句偏聯翰墨緣今日新詩纔脫稿明朝萬口已流傳（謂所題詩旋印入新聞紙數萬張徧傳海國）

到瑞國謁大坤命入御園游覽敬題一絕爲大坤壽　斌椿

西池王母在瀛洲十二珠宮詔許游怪底紅塵飛不到碧波青嶂護瓊樓

俄京雜咏　王之春

舊都懶說墨斯科比德城中安樂窩遠向和林過沙漠不愁黑海有風波

冰天雪地共誰偕結伴行經大海街羣挈馬單廊下出大毛風領小皮鞋

每思選勝到芬蘭當作華清出浴觀易地皆然偏就近天魔易得美人難

鄉景曾覩跳舞場大家拍手笑聲狂曲終有酒須同醉魚子鵞肝信口嘗

宮牆高峻近民居憂樂同民景象舒入目晶瑩無隔閡方珪圓璧聚瓊琚

架懸十字貢心香禮拜傳經有敘堂石柱不妨鑲孔翠寶光還更燿金鋼

湟瓦江邊任跑車園分冬夏地幽遐微行往往逢君后試劍誰驚白帝蛇

駢羅百貨燦生光皮幣金砂擅富强只有金龍舊茶店獨留字號認華商

使東雜咏　何如璋

清水洋過黑水洋羅針向日指扶桑忽聞舟子懽相語已見倭山一點蒼

自過花鳥後目之所極一望無際水初作淺碧色漸作蔚藍更爲黝黑至廿五日申正駕長命舟師登桅遥望少頃云已見高島蓋近日本境矣

縹緲仙山路竟通停舟未信引回風煙嵐萬疊波千頃不在詩中即畫中

廿六日巳刻到長崎初入口彎環回匝山皆古秀可愛松翠萬株中有煙雲繚繞之態即古之所謂神山者耶

八閩兩粵三江客鼓棹相迎誼獨親笑問東遊各情況大家都是過來人

華商寓此者分三幫約七八百人亦聞有勝朝遺臣後裔居此已十數世者

東頭呂宋來番帕西面波斯闢市場中有南京生善賈左堆棉雪右糖霜

中人多以棉花白糖來南京生者彼尊我之辭生猶言先生也永樂朝倭大將受明册封爲藩王立勘合互市故有此稱

入境宜觀令甲懸誰誇過海是神仙游踪應少餐霞癖不近清明也禁煙

日本煙禁極嚴吸食販賣者均處重刑

童男丱女渡三千鏡璽流傳遂萬年滄海漫漫新樂府詩人猶自笑求仙

距長崎百餘里有熊趾山山有徐福墓紀伊國亦有徐福祠日本傳國重器三日劍日鏡日璽皆秦制其立敎首重敬神亦方士法門

天生海峽勢迴環一鑑平湖入下關寄椗晚沽村市酒坐看漁火帶湖還

是晚泊下關一名赤馬關土人名爲小長崎山勢環拱泊舟佳處也此口未通商而市廛似頗繁庶登岸匆匆一觀尚未悉其形勝

極目茅亭海市通蜃樓層疊搆虛空街衢平廣民居隘半是歐西半土風

未初到神戶口一名茅渟海港口南敞山嶺北峙番樓廛肆依山附隰約里許然東人所居皆仄隘通市以來氣象始爲之一變

豐臣奮迹開雄鎮石壘深濠大坂城三百六橋餘霸業淀川嗚咽暮潮聲

大坂繁庶街衢如棋盤大小橋三百餘處淀川縈貫其中有石城表裏兩層石巨方或二三丈濠深莫測中有臺甚高遠望十餘里鎮兵駐之平秀吉之所築也

剩水殘山舊國都前王宮闕半荒蕪司閽老吏頭垂白猶記當年輦道無

初六日乘火車往西京游覽故宮大坂府知事先以電信告守者已至老吏導入有日紫宸殿者頗莊嚴其他稍殺俱暫頹廢矣

盤曲蒼松拂檻低池邊芳草綠萋萋忘機卻有穿林鳥不管游人只管嗁

宮中有御花園引水爲池水從石罅瀉入曰青龍瀑池上草樹繁茂尤多蒼松遷都後除門前守吏外殆無人迹

險過江行遇石尤由艮瀨戶急停舟漁人不解風波惡閒弄寒潮狎海鷗

初八早由神戶啟輪東南行至由艮瀨戶瀨戶者譯言峽也出峽即大洋是日天氣驟變風浪險惡不可行沿峽而西泊加大島以避之

彈指滄桑迹屢移石填蠡測總成癡阿誰快訂麻姑約親見蓬萊水淺時

西人初來互市在橫濱外口下田港嗣以地震地形改易不可泊舟乃立約移神奈川市場開山填海化灌莽爲肆廛矣

磴道盤雲三兩家蒼松蟠曲石槎牙山翁遲客茶鐺熱親瀹寒泉試嫩茶

由伊勢山渡平沼橋海岸山巔有園依巖壑以點綴之結構甚佳主人見客遠來瀹茗相餉湯作湛碧色味似龍井彼上品也

家書遠寄憑郵便一紙何嫌值萬金五嶺極天隔瀛海鯉魚風緊碧波深

東人公私文報設局經理名曰郵便置櫃中衢任人投之定期彙收分寄無遺漏者所收資局中供用之餘皆入公

聘問儀脩三鞠躬免冠揖客甚雍容承書卻訝雲霞爛拜祝新霑膏雨醲

廿四日赴王宮呈遞　國書王免冠拱立敬受出入三鞠躬王答如禮其容甚肅而其禮甚簡

叡山松柏鬱寒雲東照宮前日易曛野老不知時事改尚持錢賽故將軍

余游上野東叡山山有神宮祀故將軍東照公宮前松柏環植寒翠蔽日野人持錢赴賽者踵相接也跪而合掌不知喃喃作何語

賓筵酒饌翻新式樂部笙歌倚舊聲沿習太平唐代舞諸伶白首憶西京

日宮宴客改用西式酒闌召伶人奏蘭陵王破陣樂及唐代太平舞二闋頗饒古趣蓋西京舊時樂工今比之廣陵散矣

負郭芝山鬱萬松漫天風雪舞羣龍客居自笑耽幽癖時聽寒濤雜晚鐘

十二月廿一日移寓東京芝山月界僧院院外萬松盤鬱風起濤生與山寺疏鐘相答都市中殊得山林之趣

天門詄蕩五雲春萬國衣冠拜舞辰西望觚棱遙稽首數千里外二人行

既來東[illegible]館駐節越十日爲我四年元旦如璋以海外行人謹偕副使率隨員行慶賀禮瞻望　闕廷如在天上

使琉球雜咏　林麟焻

手持龍節渡滄溟璀璨宸章護百靈清比胡威臣所切觀風先到卻金亭

徐福當年採藥餘傳聞島上子孫居每逢卉服蘭闍問欲乞嬴秦未火書

匹練明河牛斗橫龔琴衙鼓欲三更思鄉坐擁黃紬被靜聽盤窗蟖蝪聲

射獵山頭望海雲割鮮挏酒醉斜曛紙錢挂道松楸老知是

歡斯部落墳

王居山第兔園開松櫪樱花倚石栽多少從官思授簡不知若箇是鄒枚

奉神門內列鵷行乞把天書鎮大荒喚取金縢開舊詔侏儒感泣說先皇

閟宮甍角壓山原將享今看幾葉孫二十七王禋祀在鼇圭錫卣見君恩

譯章曾記茌都夷槃木白狼歸漢時何似島王懷聖德工歌三拜鹿鳴詩

宗臣清俊好兒郎學畫宮眉十樣粧翹袖招要小垂手簪花砑帽舞山香

望仙樓閣倚崔嵬日看銀山十二回笙鶴綵雲飛咫尺不教弱水隔蓬萊

纖腰馬上側乘騎草圈銀釵折柳枝連臂哀歌上靈曲月明齊賽女君祠

久稽異域歲將徂自笑流連似賈胡三老亦知歸意速時時風色相桐烏

右游歷詩歌一卷近年諸星使所著也乘一葉舟行萬里路奇情異景歷歷在心本入境問俗之例結與國聯袂之歡發爲詩歌不同凡響昔太史公周游名山大川作文有疏宕氣今諸公之詩亦然余忝膺檳嶼領事諸使往還匆匆一面即展輪去今讀其詩不啻如見其人恍置身九洲三島間親見其吮毫拈筆時也彙爲一冊嘗置案頭非徒備觀覽也時寓高山仰止之思焉焜南識

海國公餘輯錄卷四終